# iPhone 6

## Die verständliche Anleitung

von

Hans-Peter Kusserow



Vierfarben

# Liebe Leserin, lieber Leser,

vermutlich haben Sie auch schon einmal davon gehört: Wir sollen nur einen Bruchteil unseres Gehirns tatsächlich nutzen. Mancher mag sich nun denken: Ist ja nicht weiter schlimm, geht doch auch so. Aber mal ehrlich, wenn wir es in der Hand hätten, würden wir es schnell ändern.

Spätestens seit ich das Manuskript unseres iPhone-Experten Hans-Peter Kusserow gelesen habe, weiß ich jedenfalls, dass mit dem Kulthandy eine Menge mehr möglich ist, als ich mir vor Jahren durch Herumprobieren angeeignet habe. Und gerade beim neuen Betriebssystem hat sich Apple förmlich selbst übertroffen – alles beileibe keine Spielereien, sondern ungemein nützliche Funktionen für den Alltag: Mit dem iPhone 6 und – noch etwas komfortabler – mit dem iPhone 6 Plus schreiben sich Ihre Textnachrichten nun quasi wie von selbst, und wenn Sie mögen, machen Sie nicht einmal einen Finger krumm, wenn Sie es per Stimme bedienen oder Audio- und Videonachrichten verschicken. Sie haben mit Health Ihren Blutdruck und alle Ihre Fitnessdaten immer im Blick und vergessen dank der Mitteilungszentrale garantiert keinen wichtigen Termin mehr. Unser Autor erklärt Ihnen alles schrittweise und anschaulich: vom Telefonieren über das Surfen im Internet bis hin zum Fotografieren oder Musik hören. Und mit den praktischen Anleitungen werden Ihnen auch die Nutzung der kostenlosen iCloud und die Familienfreigabe für Einkäufe im App Store wie selbstverständlich von der Hand gehen.

Dieses Buch wurde mit größter Sorgfalt geschrieben und hergestellt. Sollten Sie dennoch einmal einen Fehler finden oder inhaltliche Anregungen haben, freue ich mich, wenn Sie mit mir in Kontakt treten. Für Kritik bin ich dabei ebenso offen wie für lobende Worte. Doch nun wünsche ich Ihnen viel Freude beim Entdecken und Ausprobieren!

**Ihre Isabella Bleissem**
Lektorat Vierfarben

isabella.bleissem@vierfarben.de
www.facebook.com/vierfarben

# Auf einen Blick

Sie haben Fragen, Wünsche oder Anregungen zum Buch?
Gerne sind wir für Sie da:

Anmerkungen zum Inhalt des Buches: isabella.bleissem@vierfarben.de
Bestellungen und Reklamationen: service@vierfarben.de
Rezensions- und Schulungsexemplare: sophie.herzberg@vierfarben.de



An diesem Buch haben viele mitgewirkt, insbesondere:

**Lektorat** Isabella Bleissem
**Korrektorat** Marita Böhm, München
**Typografie und Layout** Vera Brauner
**Herstellung** Maxi Beithe
**Einbandgestaltung** Eva Schmücker
**Coverfoto** Apple Incorporated
**Satz** Maxi Beithe
**Druck** Offizin Andersen Nexö Leipzig

Gesetzt wurde dieses Buch aus der ITC Charter (10,5 pt/15 pt) in Adobe InDesign CC 2014.
Und gedruckt wurde es auf mattgestrichenem Bilderdruckpapier (115 g/m²).
Hergestellt in Deutschland.

Bibliografische Information der Deutschen Nationalbibliothek
Die Deutsche Nationalbibliothek verzeichnet diese Publikation in der Deutschen Nationalbibliografie; detaillierte bibliografische Daten sind im Internet über http://dnb.d-nb.de abrufbar.

**ISBN 978-3-8421-0145-6**


1. Auflage 2015

Vierfarben ist ein Verlag der Galileo Press GmbH
Rheinwerkallee 4, 53227 Bonn
www.vierfarben.de

Der Verlagsname Vierfarben spielt an auf den Vierfarbdruck, eine Technik zur Erstellung farbiger Bücher. Der Name steht für die Kunst, die Dinge einfach zu machen, um aus dem Einfachen das Ganze lebendig zur Anschauung zu bringen.

# Inhalt

## Kapitel 4: Nachrichten senden und empfangen ... 93



## Kapitel 5: Im Internet surfen mit Safari ... 113

# Kapitel 1
# Start mit dem iPhone

Endlich ist es da – das lang erwartete iPhone 6! Es kommt in zwei Größen daher, einmal als 5,5 Zoll großes Modell, das iPhone 6 Plus, und einmal als normal großes Modell mit 4,7 Zoll. In diesem Kapitel zeige ich Ihnen, wie Sie Ihr iPhone, egal welches Modell Sie nun besitzen, so einstellen, dass es für Sie persönlich den größten Nutzen bietet und Ihnen nebenbei auch noch richtig viel Spaß macht.

*Das neue iPhone 6 und das iPhone 6 Plus zeigen echte Modelqualitäten. Die Geräte kommen groß und schlank daher, und auf dem Display führen sie elegantes Apple-Design vor.*

Das iPhone 6 wird – wie auch schon seine Vorgänger – mit einer schicken Verpackung ausgeliefert. Darin befindet sich neben der Garantie, den obligatorischen Apple-Aufklebern und einigen Informationen ein Stecker mit einem USB-Anschluss, das sogenannte *USB-Netzteil* oder auch *Lightning-Ladekabel*. Dieses ist wie auch schon beim Vorgänger relativ schmal und passt somit auch in flache Steckdosen.

Weitere wichtige Zubehörteile sind zum einen die Kopfhörer, die in einer speziellen Transportbox verpackt sind und dort auch aufbewahrt werden können, und ein sehr unscheinbares, filigranes Werkzeug, das zum Auswurf der SIM-Karte dient. Es sollte für den Fall der Fälle gut aufbewahrt werden. Wie Sie es handhaben, lesen Sie gleich im nächsten Abschnitt.

## Die SIM-Karte einlegen

Um Ihr iPhone überhaupt als Telefon nutzen zu können, müssen Sie zuerst die SIM-Karte einlegen. Der SIM-Karten-Schacht befindet sich ungefähr mittig auf der rechten Seite des Geräts. Sie erkennen ihn an einem kleinen Loch **1**, das zum Öffnen verwendet wird.

Damit Sie den SIM-Karten-Schacht öffnen können, liefert Apple Ihnen ein kleines Werkzeug mit, das Sie in der Hülle mit der Garantie und der Kurzanleitung finden. Dort ist auch eine kurze Bildanleitung aufgedruckt. Hier erkläre ich es Ihnen etwas ausführlicher:

1. Lösen Sie das mitgelieferte Werkzeug (die »Stimmgabel«) aus der Halterung, stecken Sie es in das kleine Loch an der rechten Seite, und drücken Sie so lange, bis der Schacht etwas herausfährt. Das kann besonders beim ersten Mal etwas schwierig sein, gelingt aber mit ein wenig Geduld. Wenn Sie das mitge-

lieferte Werkzeug später einmal nicht zur Hand haben sollten, können Sie das Ganze auch mit einer aufgebogenen Büroklammer oder einem ähnlichen Gegenstand erledigen.

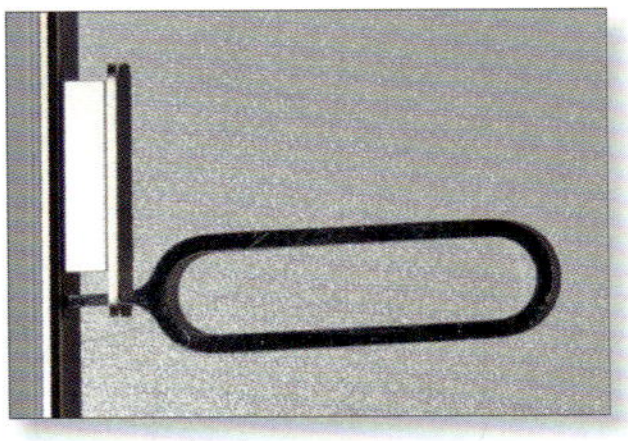

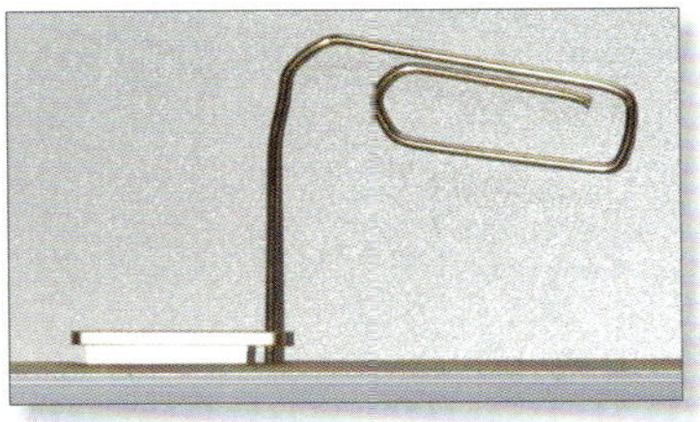

2. Ziehen Sie den Schlitten komplett heraus, und legen Sie die SIM-Karte so ein, dass sie passt. Sie erkennen das an der abgeschrägten Ecke der Karte oben links.
3. Schieben Sie anschließend den SIM-Karten-Schlitten wieder in den Schacht. Ihr iPhone gibt dann erst einmal die Meldung aus, dass die eingelegte SIM-Karte gesperrt ist.
4. Tippen Sie auf **Entsperren**, und Sie gelangen sofort auf einen Bildschirm, auf dem Sie Ihre vierstellige PIN eingeben müssen. Den PIN-Code finden Sie in Ihren Vertragsunterlagen!

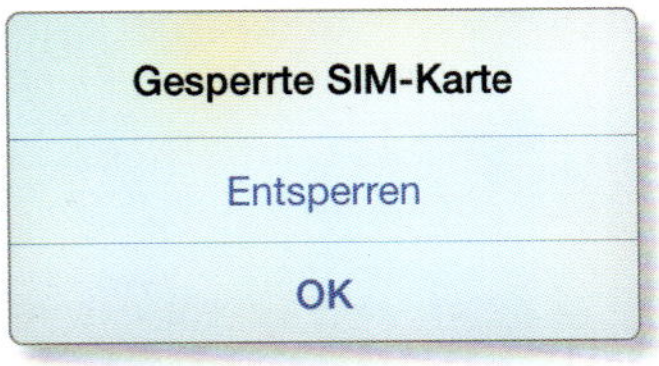


5. Bestätigen Sie anschließend die Eingabe mit OK, und in aller Regel wird die SIM-Karte daraufhin schon aktiviert.

Zur Information habe ich Ihnen einmal die Entwicklung der SIM-Karten dargestellt. Der Trend zur Miniaturisierung ist hier deutlich zu erkennen.

Sie sehen von links nach rechts: die normale SIM-Karte früherer Handys, die Mikro-SIM-Karte des iPhones 4s und schließlich die neue Nano-SIM-Karte des iPhones 6.

INFO

**Die richtige SIM-Karte?**

Apple verwendet für sein iPhone 6 sogenannte *Nano-SIM-Karten*, die noch etwas kleiner sind als die handelsüblichen SIM-Karten, die noch bis zum iPhone 4S verwendet wurden. Die Provider haben dieser Entwicklung aber bereits Rechnung getragen und Karten produziert, aus denen man die Nano-SIM-Karte herausbrechen kann ❷.

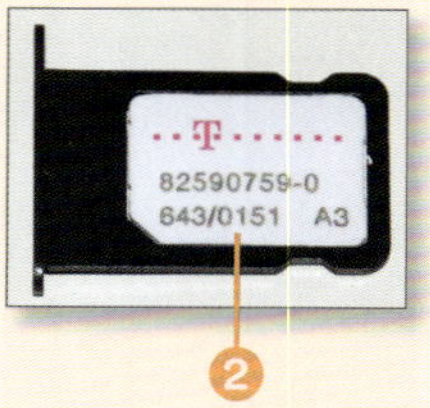


## Ist iTunes installiert?

Ganz besonders wichtig, um Ihr iPhone mit Ihrem Mac oder PC nutzen zu können, ist *iTunes*. Dieses Programm verwaltet nicht nur alle Ihre digitalen Medien wie Musik, Filme, Podcasts etc., sondern dient auch dazu, Ihr iPhone mit Ihrem Computer zu synchronisieren.

INFO

**Download-Hinweis für Windows-Anwender**

Wenn Sie eine iTunes-Version herunterladen möchten, beachten Sie bitte, dass iTunes auch für Windows nur noch in der 64-Bit-Version bereitsteht. Bitte lesen Sie sich daher sorgfältig die Systemvoraussetzungen durch, um zu klären, ob Sie die neue Version 12.0.1 von iTunes auch wirklich verwenden können.

Um iTunes zu installieren, gehen Sie wie im Folgenden beschrieben vor:

1. Laden Sie sich die aktuelle Version von iTunes bei Apple unter *www.apple.com/de/itunes/download* herunter.
2. Die heruntergeladene iTunes-Installationsdatei liegt dann standardmäßig in Ihrem *Downloads*-Ordner bzw. wird vom Mac direkt auf dem Desktop dargestellt.

3. Starten Sie den Installationsprozess nun mit einem Doppelklick auf die iTunes-Installationsdatei, und folgen Sie den Anweisungen des Installationsassistenten.
4. Sobald iTunes installiert ist, können Sie es direkt öffnen und mit der Arbeit beginnen. Sie müssen vorher lediglich noch die Lizenzbedingungen akzeptieren.

Sie sollten stets darauf achten, dass Sie jeweils die aktuelle Version von iTunes auf Ihrem Computer installiert haben. Um das zu überprüfen, klicken Sie in der Menüleiste auf **iTunes ▸ Auf Updates überprüfen**. Sollte ein Update verfügbar sein, können Sie es hier installieren.

## Das iPhone aktivieren

Da iTunes nun auf dem neuesten Stand ist, können Sie Ihr iPhone anmelden und aktivieren. Das tun Sie folgendermaßen:

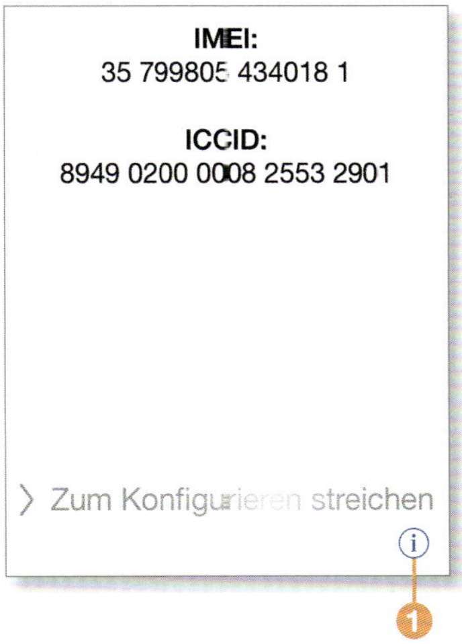


1. Wenn Sie Ihr iPhone einschalten, gelangen Sie direkt auf den in der Abbildung dargestellten Startbildschirm. Ein Fingertipp auf das kleine **i** rechts unten (1) zeigt Ihnen die IMEI- und die ICCID-Nummer Ihres iPhones an.
2. Entsperren Sie Ihr iPhone, indem Sie mit einem Finger von links nach rechts über das Display streichen.

3. Sie gelangen dadurch auf die Seite der Sprachwahl. An dieser Stelle tippen Sie auf **Deutsch**.

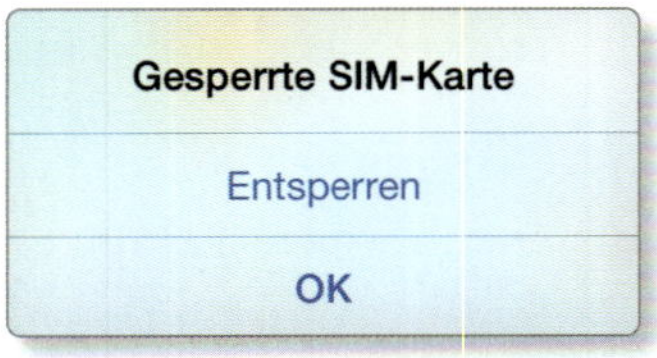


4. Wahrscheinlich zeigt Ihnen Ihr iPhone nun erst einmal eine Nachricht, die besagt, dass Ihre SIM-Karte noch gesperrt ist. Tippen Sie auf den **Entsperren**-Button, und geben Sie anschließend Ihren vierstelligen SIM-Code (PIN) ein. Bestätigen Sie diese Aktion mit **OK**.

5. Wählen Sie, nachdem Sie Sprache und PIN eingegeben haben, die Region bzw. das Land aus.

6. Im nächsten Schritt müssen Sie Ihr WLAN auswählen. Suchen Sie Ihr Netzwerk, falls vorhanden, aus der Liste aus, tippen Sie darauf ❷, und geben Sie Ihr **Passwort** ein. Haben Sie alles korrekt eingegeben, tippen Sie auf den **Verbinden**-Button ❸.

7. Nun müssen Sie die **Ortungsdienste aktivieren**. Sie dienen Ihnen später z. B. bei der Routenplanung (mehr dazu erfahren Sie im Abschnitt »Die Karten-App als Routenplaner« ab Seite 292).

8. Ihr iPhone wird nun aktiviert, was einige Minuten dauern kann. Im nächsten Bildschirm müssen Sie es konfigurieren. Wählen Sie aus den Optionen **Als neues iPhone konfigurieren** aus, wenn es sich bei Ihnen um eine Erstkonfiguration handelt.

9. Geben Sie nun Ihre Apple-ID ein, oder erstellen Sie eine neue Apple-ID, falls Sie noch keine haben.

10. Haben Sie bis hierher alles eingerichtet, müssen Sie noch die Nutzungsbedingungen akzeptieren.

11. Anschließend können Sie entscheiden, ob Sie iCloud verwenden möchten. Tippen Sie dazu auf **iCloud verwenden**.

INFO

**Backup in iCloud?**

Wenn Sie Ihr iPhone 6 ohne einen Computer betreiben möchten, dann sollten Sie den Menüpunkt **Einstellungen ▸ iCloud ▸ Speicher & Backup ▸ iCloud-Backup** auswählen. Nutzen Sie hingegen ohnehin einen Computer, mit dem Sie Ihre iPhone-Daten abgleichen, bietet sich der Menüpunkt **Backup auf meinem Computer** an.

12. Haben Sie sich für die Nutzung von iCloud entschieden, ist der Punkt **Mein iPhone suchen** bereits vorausgewählt, was Ihnen auf einem separaten Bildschirm dargelegt wird.

13. Legen Sie nun fest, über welche Nummer bzw. E-Mail-Adresse Sie für *iMessage* und *FaceTime* erreichbar sein möchten.

14. Anschließend legen Sie einen vierstelligen Sicherheitscode fest, der zusätzliche Sicherheit gibt und auch zur Sicherheit von *Touch ID* (siehe Schritt 17) beiträgt.

Diesen Code sollten Sie sich gut merken, denn er wird öfter benötigt.

15. Legen Sie nun fest, wie Sie Ihren iCloud-Schlüsselbund sichern möchten. Sie können das entweder mit einem anderen Gerät machen, das in Ihre iCloud eingebunden ist, wie ein Mac oder ein iPad, oder Sie verwenden den vierstelligen iCloud-Sicherheitscode.

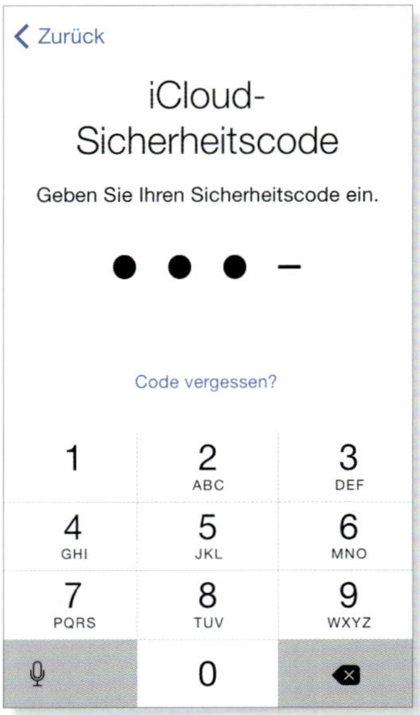


16. Im nächsten Bildschirm legen Sie fest, ob Sie die Sprachsteuerung *Siri* verwenden möchten. Tippen Sie hierzu auf **Siri verwenden**. Näheres zu diesem Thema erfahren Sie im Abschnitt »Den intelligenten Assistenten Siri nutzen« ab Seite 32.

17. Als Nächstes können Sie *Touch ID* einrichten. Damit scannen Sie Ihren Fingerabdruck, um sich auf dem Gerät zu authentifizieren. Wenn Sie sich aber noch nicht sicher sind, ob Sie diese Funktion verwenden möchten, können Sie das auch später noch nachholen (siehe den Abschnitt »Den Fingerabdrucksensor einrichten« ab Seite 372).

18. Zu guter Letzt können Sie, wenn Sie möchten, Apple bei der Verbesserung seiner Produkte helfen, indem Sie im Bereich **Diagnose** den Button **Automatisch senden** antippen. Zum Schluss müssen Sie sich nur noch bei Apple registrieren.

Gratulation! Sie haben es geschafft – Ihr iPhone ist eingerichtet und konfiguriert. Um es mit Daten zu versorgen, müssen Sie es nun an Ihren PC anschließen, es bei iTunes anmelden und dort mit allen Ihren Daten synchronisieren. Haben Sie bereits iCloud aktiviert, so sind Daten wie Kontakte, Kalender, Erinnerungen etc. bereits vorhanden, da sie direkt und drahtlos mit iCloud abgeglichen werden.

INFO

**Alle Einstellungen zurücksetzen**

Möchten Sie Ihr iPhone zurücksetzen, etwa wenn das iPhone nicht mehr ordentlich funktioniert oder Sie es verkaufen wollen, so stehen Ihnen unter **Einstellungen ▸ Allgemein ▸ Zurücksetzen** verschiedene Möglichkeiten zur Verfügung, um Ihr iPhone wieder neu zu installieren. Wählen Sie zum Beispiel den Menüpunkt **Alle Einstellungen zurücksetzen**, sodass Sie zwar noch über alle Inhalte verfügen, die Einstellungen aber neu anlegen können. **Inhalte & Einstellungen löschen** setzt das iPhone in den Auslieferungszustand zurück.

### Das iPhone bei iTunes anmelden

In der folgenden Anleitung erfahren Sie, wie Sie das iPhone zum ersten Mal bei iTunes anmelden und die notwendigen Einstellungen für die erste Synchronisation Ihrer Daten vornehmen.

1. Schließen Sie Ihr iPhone mit dem mitgelieferten Lightning-Kabel an Ihren Computer an.
2. Öffnen Sie iTunes. Nach wenigen Augenblicken wird iTunes Ihr Gerät erkennen und sich mit dem folgenden Startbildschirm melden.
3. Sie können Ihrem iPhone an dieser Stelle einen beliebigen Namen geben. Dieser Name wird später immer sichtbar sein, wenn Sie Ihr iPhone

mit iTunes verbinden ①. Sie können ihn aber nachträglich noch ändern. Sie legen hier, falls noch nicht über iCloud geschehen, ebenfalls fest, ob Sie Kontakte, Kalender und Programme synchronisieren möchten. Haben Sie alles nach Ihren Wünschen eingerichtet, bestätigen Sie Ihre Einstellungen mit dem **Fortfahren**-Button ②.

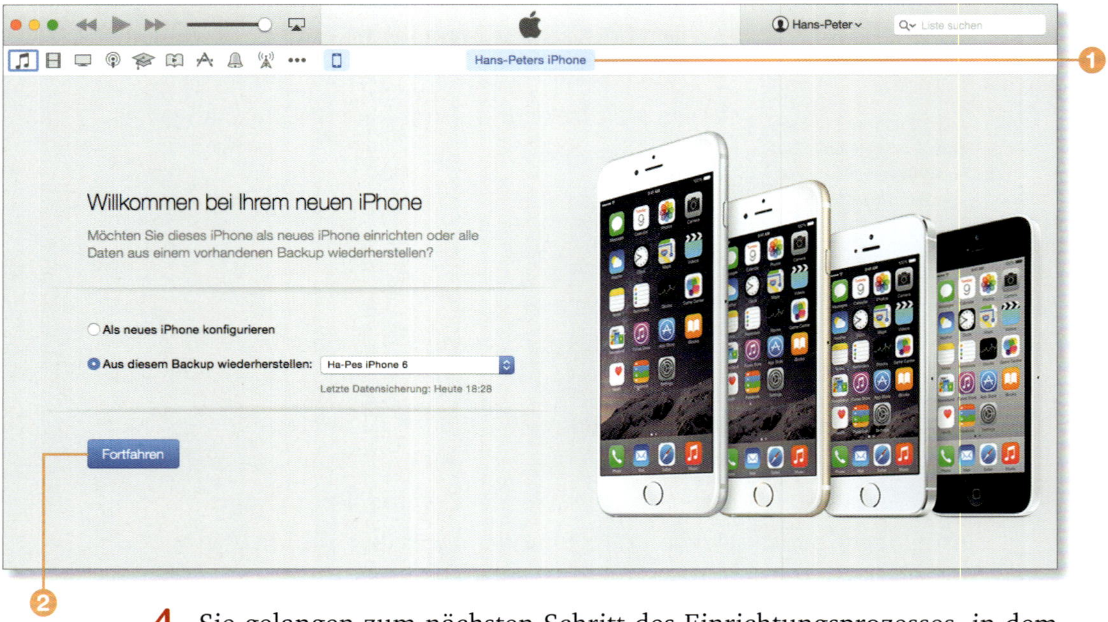


4. Sie gelangen zum nächsten Schritt des Einrichtungsprozesses, in dem Sie alle weiteren Synchronisationseinstellungen vornehmen können.

Neben der Übersicht und den Infos stehen Ihnen folgende Kategorien zur Verfügung: **Apps**, **Musik**, **Filme**, **TV-Sendungen**, **Podcasts**, **iTunes U**, **Bücher**, **Hörbücher**, **Töne** und **Fotos** ③.

HINWEIS

**Was ist eine Apple-ID?**

Eine *Apple-ID* ist die individuelle Kennung, die Sie als Apple-Kunde ausweist und mit der Sie im App Store, im iTunes Store und im iBookstore einkaufen können. Darüber hinaus wird die Apple-ID als Kennung für Ihre iCloud-Dienste und weitere Dienste verwendet. Das hat Apple ganz praktisch eingerichtet, denn auf diese Weise müssen Sie nicht für jede Aktion neue Anmeldedaten erstellen.

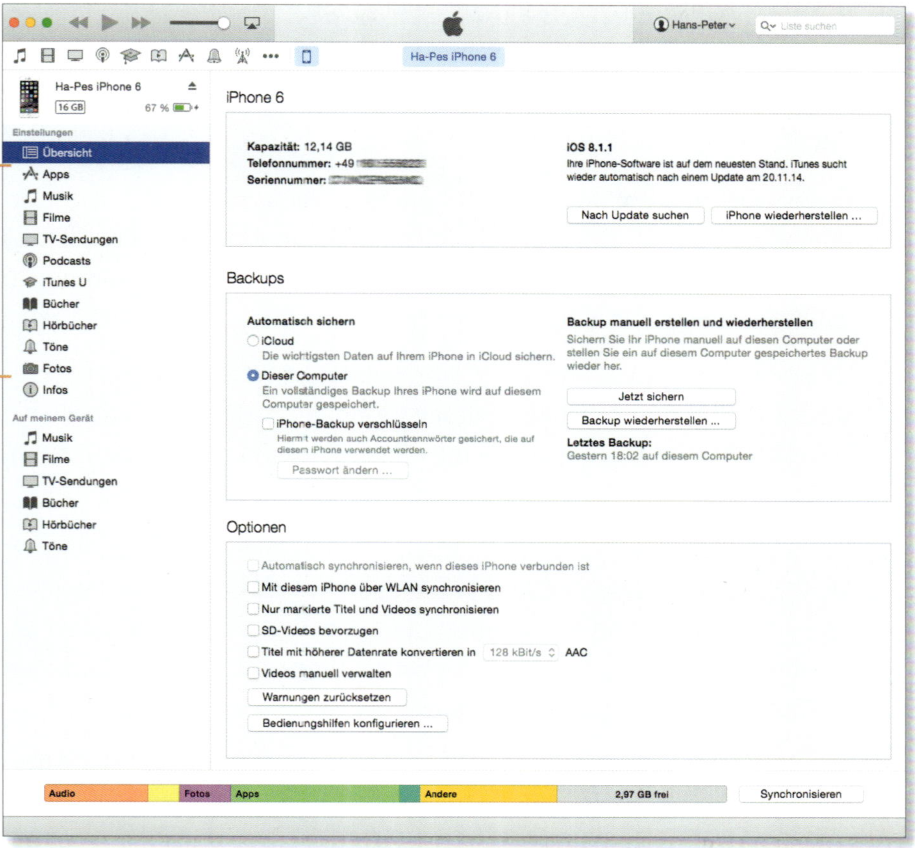


# Nach Aktualisierungen für das Betriebssystem suchen

iTunes bietet Ihnen auf der Übersichtsseite für Ihr iPhone den Button **Nach Update suchen** an, der das Programm nach neuer Software für Ihr iPhone suchen lässt.

Oberhalb davon befindet sich ein Bereich, in dem u. a. die aktuelle Softwareversion verzeichnet ist (1 auf Seite 23), sodass Sie auf einen Blick erkennen, ob Sie auf dem neuesten Stand sind. Falls nicht, gehen Sie wie folgt vor, um Ihr iPhone zu aktualisieren:

1. Klicken Sie auf den Button **Nach Update suchen**. Nach einer Weile erscheint ein Dialogfenster, in dem Sie einfach nur den Button **Laden und aktualisieren** mit der Maus oder mit der [↵]-Taste bestätigen müssen. Schon startet der Aktualisierungsvorgang.
2. Als Erstes wird Ihnen angezeigt, um welche Art von Aktualisierung es sich handelt und für welche iPhone-Modelle das Update gedacht ist. Dieses Dialogfeld bestätigen Sie mit einem Klick auf den **Weiter**-Button, um zum nächsten Schritt zu gelangen.
3. Das nächste Dialogfenster enthält den iPhone-Software-Lizenzvertrag, den Sie sich durchlesen sollten. Sie können diesen Vertrag aber auch auf Ihrem Computer sichern und ihn später lesen, wenn Ihnen das lieber ist. In jedem Fall müssen Sie ihn akzeptieren, bevor Sie die neue Software auf Ihrem iPhone installieren können.
4. Haben Sie den iPhone-Software-Vertrag akzeptiert, beginnt der sofortige Download der Software. Sie erkennen den Fortschritt des Downloads in der iTunes-Anzeige und können nun in aller Ruhe den automatisierten Installationsprozess durchlaufen. In diesen Prozess sollten Sie nicht eingreifen, da dies zu schweren Fehlern führen kann.

Nach einigen Minuten ist der Installationsprozess beendet, und Sie müssen die SIM-Karte wieder entsperren. Verbinden Sie danach Ihr iPhone wieder mit iTunes, und der Installationsprozess ist abgeschlossen.

HINWEIS

**Softwareinstallation**

Seien Sie bitte unbedingt vorsichtig beim Installieren der neuen Firmware Ihres iPhones! Unterbrechen Sie den Aktualisierungsprozess auf keinen Fall, denn das kann zu irreparablen Schäden an Ihrem Gerät führen.

## Alle Knöpfe und Schalter auf einen Blick

Ihr iPhone verfügt über einige Knöpfe und Schalter, die Sie zur gezielten Bedienung nutzen können. Diese lernen Sie im Folgenden in einem kurzen Überblick kennen:

1. Auf der rechten Seite des iPhones 6 finden Sie den Ein-Aus- und den Standby-Schalter. Die genaue Funktion wird im Abschnitt »Einschalten, Ausschalten und Standby« ab Seite 27 näher erläutert.
2. Links oben befindet sich der Schalter für die Stummschaltung. Nutzen Sie ihn, können Sie zwar weiterhin Anrufe und Nachrichten empfangen und Ihr iPhone normal bedienen, Sie hören allerdings keine Signal- und Anruftöne mehr. In einem Meeting oder bei einem Konzert stören Sie Ihre Umgebung so nicht, bleiben aber dennoch erreichbar. Wenn Sie diesen Schalter verwenden, erhalten Sie über das Display Ihres iPhones eine optische Rückmeldung, dass der Ton entweder ein- oder ausgeschaltet ist.

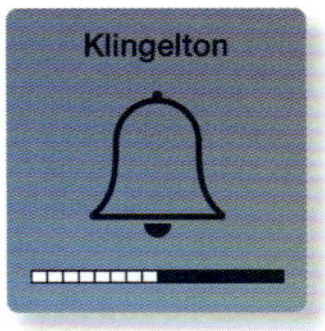


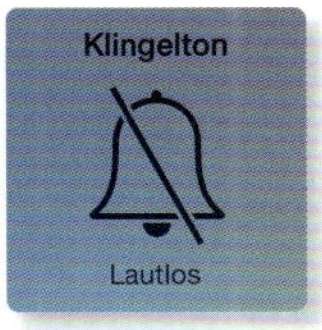


3. Direkt unter dem Stummschalter befinden sich die mit + und – beschrifteten Tasten für die Steuerung der Lautstärke. Mit diesen Tasten regeln Sie die Gesamtlautstärke, die Lautstärke von Signal- und Warntönen und die Lautstärke beim Telefonieren. Auch hier bekommen Sie eine visuelle Rückmeldung, wenn Sie die Lautstärke verändern.

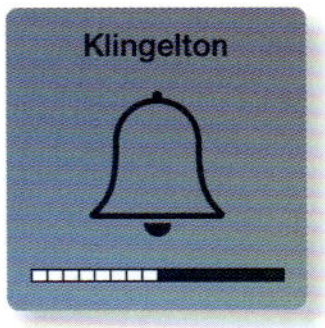

In einigen Apps wird die Lautstärkeanzeige farblich markiert, sobald Sie auf »sehr laut« stellen.

4. Diese Taste ist die sogenannte *Home-Taste* – oft auch als *Home-Button* bezeichnet –, die zentrale Steuerungstaste des iPhones. Mit dieser Taste steuern Sie ganz verschiedene Dinge. Sie können das iPhone, wie bereits erwähnt, aus dem Standby-Modus »aufwecken«, Sie steuern damit aber ebenso die Multitasking-Funktion und die Sprachsteuerung Siri. Dazu lesen Sie im Abschnitt »Den intelligenten Assistenten Siri nutzen« ab Seite 32 mehr. Mit dem Ring um den Home-Button herum führen Sie zudem noch die Touch-ID-Kennung durch, um das iPhone zu entsperren.

Diese wenigen Tasten reichen für eine schnelle Bedienung Ihres iPhones eigentlich aus. Auf die Art schalten Sie Ihr iPhone z. B. schnell und ohne Umstände stumm, wenn Sie in einer Besprechung oder im Kino sind; sie decken aber natürlich nur die Grundfunktionen und lange nicht alles ab, was das iPhone kann. In iOS 8 ist darüber hinaus noch eine weitere Funktion des Home-Buttons hinzugekommen. Das iPhone 6 als auch sein größerer Bruder, das iPhone 6 Plus, können aufgrund ihrer Displaygröße nun nicht mehr nur mit einer Hand bedient werden. Apple hat sich aber dieses Problems angenommen, und so können Sie zweimal auf den Home-Button tippen (nicht drücken, nur tippen!), und die Icons der oberen Hälfte schieben sich nach unten, wo sie für den Daumen erreichbar sind.

## Einschalten, Ausschalten und Standby

Beginnen wir mit der rechten Seite des iPhones. Hier befindet sich der Ein-Aus-Schalter (1), der gleichzeitig die Standby-Taste ist. Wenn Sie diese Taste einmal kurz drücken, »wecken« Sie das iPhone aus dem Standby-Modus auf, sodass Sie das Touch-Display entriegeln und Ihr iPhone bedienen können. Nochmaliges kurzes Drücken dieser Taste versetzt Ihr iPhone wieder in den Standby-Modus, und das Display wird wieder schwarz.

*Die rechte Seite des iPhones 6*

In diesem Standby-Modus ist Ihr iPhone aber immer noch empfangsbereit, und Sie können weiterhin angerufen werden und Nachrichten empfangen. Sie können ebenfalls die iPod-Funktion nutzen und Musik hören. Nur der Bildschirm ist dabei ausgeschaltet und reagiert in diesem Zustand nicht mehr auf Berührungen. Der Standby-Modus spart so eine Menge Strom, und Ihr Akku hält entsprechend länger.

Standardmäßig ist das iPhone so eingestellt, dass der Standby-Modus aktiviert wird, wenn der Bildschirm eine Minute nicht berührt wird. Diesen Zeitraum können Sie allerdings selbst an Ihre eigenen Bedürfnisse anpassen, indem Sie unter **Einstellungen ▸ Allgemein ▸ Automatische Sperre** einen entsprechend längeren Zeitraum auswählen.

Längeres Drücken der Ein-Aus-Taste – mehr als drei Sekunden – führt dazu, dass Sie das iPhone komplett ausschalten können. Hierfür müssen Sie lediglich den roten Schieberegler nach rechts ziehen. Ihr iPhone wird daraufhin komplett abgeschaltet.

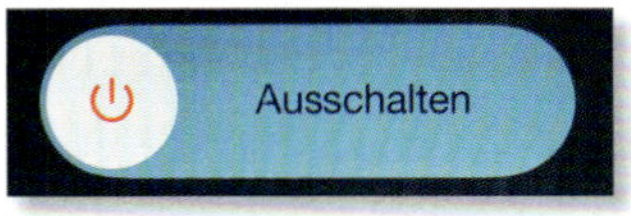


*Wenn Sie diesen Schieberegler nach rechts ziehen, wird das iPhone ausgeschaltet.*

Im Vergleich zu dem Vorgänger des iPhones 6 hat sich an den Anschlüssen wenig verändert. Über den Dock-Connector ❶ laden Sie Ihr iPhone oder schließen es mit dem mitgelieferten Kabel an einen Computer an. Über den Anschluss links ❷ schließen Sie die EarPod-Kopfhörer an.

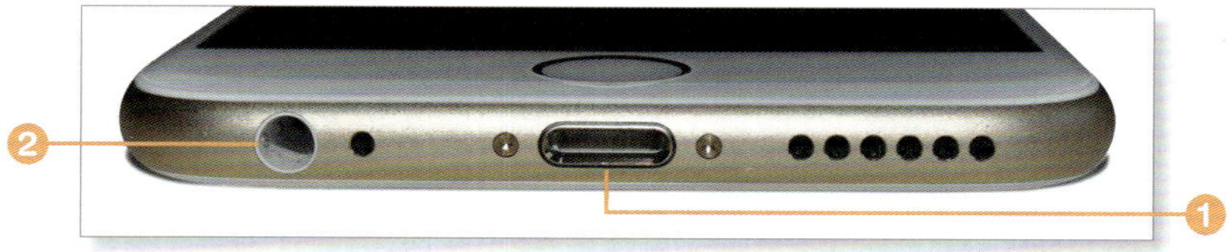


*Die Unterseite des iPhones 6: Der EarPod-Anschluss ist links, in der Mitte befindet sich der Lightning-Dock-Anschluss, über den das iPhone an einen Computer angeschlossen und geladen wird.*

## Zwischen Bildschirmen wechseln

Die einzelnen Bildschirmdarstellungen des iPhones werden als *Screens* bezeichnet. Wenn Sie Ihr iPhone das erste Mal einschalten, gibt es zwei Screens. Wenn Sie aber – so wie ich – ein Jäger und Sammler interessanter Apps sind und diese eines Tages nicht mehr auf einen Bildschirm passen, müssen Sie notgedrungen weitere Screens anlegen, bzw. Ihr iPhone erledigt das für Sie.

Insgesamt können Sie elf Bildschirme anlegen und zwischen ihnen hin und her blättern. Die Anzahl der einzelnen Bildschirme erkennen Sie an den Punkten ❸ zwischen den Apps und dem sogenannten *Dock* unten.

Um zwischen den einzelnen Bildschirmen zu blättern, wischen Sie einfach mit dem Finger von rechts nach links; Sie schieben damit sozusagen den aktuellen Screen nach links aus dem Bild, und der nächste Screen erscheint. Der weiß hervorgehobene Punkt zeigt Ihnen dabei an, auf welchem Bildschirm Sie sich gerade befinden. Das Wischen, um die Bildschirme zu verschieben, funktioniert übrigens in beide Richtungen.

## Apps starten

Das Starten von Apps ist wahrscheinlich die am meisten ausgeführte Aktion auf dem iPhone. Sie ist auch ganz einfach: Tippen Sie eine App auf dem Display lediglich mit dem Finger an. Sofort nach dem Berühren des jeweiligen App-Symbols öffnet sich die App, und Sie können sie nutzen.

INFO

**Ausschalten, wenn das iPhone nicht mehr reagiert!**

Sollte das iPhone einmal nicht mehr auf Ihre Eingaben reagieren, dann können Sie es auch komplett ausschalten und anschließend neu starten. Das tun Sie, indem Sie den Ein-Aus-Schalter am Gerät so lange gedrückt halten, bis das Zeichen zum Ausschalten erscheint. Wischen Sie nun mit dem Finger nach rechts, und schalten Sie das iPhone aus. Danach können Sie es direkt wieder einschalten.

## Mehrere Apps gleichzeitig laufen lassen

Seit der Softwareversion iOS 4.0 beherrscht das iPhone das sogenannte *intelligente Multitasking*. Das bedeutet, Sie können gleichzeitig mit mehreren Apps arbeiten, ohne eine App beenden zu müssen, bevor Sie die nächste öffnen.

1. Öffnen Sie einfach einmal mehrere Apps hintereinander, und schließen Sie diese Anwendungen wieder, indem Sie auf die Home-Taste drücken.
2. Drücken Sie daraufhin die Home-Taste zweimal kurz hintereinander, öffnet sich nun die sogenannte *intelligente Multitasking-Übersicht*. Hier

sehen Sie alle Apps, die Sie in der letzten Zeit geöffnet haben. Die Apps werden nun mit Symbol und in einer verkleinerten Ansicht dargestellt, sodass Sie besser erkennen können, welche Apps Sie derzeit benutzen.

3. Wenn Sie mehr als drei Apps geöffnet haben, sind nicht alle sofort sichtbar, weil auf dem Display immer nur drei Apps gleichzeitig angezeigt werden können. Um die anderen anzuzeigen, wischen Sie einfach mit dem Finger nach links. Mit rechts geht es wieder zurück.

4. Tippen Sie anschließend auf die App Ihrer Wahl, und sie öffnet sich an der gleichen Stelle, an der Sie sie verlassen haben. Das erneute Drücken des Home-Buttons schließt die App wieder.

Es kommt vor, dass Sie relativ viele Apps im Hintergrund geöffnet haben. Ab und zu sollten Sie diese Liste einfach mal bereinigen.

## Apps vollständig ausschalten

Mit der Zeit kann es passieren, dass Sie eine ganze Reihe von Apps geöffnet haben und entsprechend in der Multitasking-Übersicht hin und her wischen müssen. In dieser Situation ist es sinnvoll, einzelne Apps vollends auszuschalten. Klicken Sie dazu doppelt auf den Home-Button, und Sie gelangen in die Multitasking-Ansicht. Sie schließen die Apps, indem sie diese auf dem Display nach oben heraus wischen.

Diese Aktion können Sie so lange durchführen, bis alle Apps geschlossen sind. Das erkennen Sie daran, dass Sie nur noch eine verkleinerte Ansicht des Home-Bildschirms sehen. Ein einfacher Klick auf den Home-Button oder ein Tippen auf die Home-Bildschirm-Miniatur beendet die gesamte Aktion.

## Apps einrichten und sortieren

Das Organisieren Ihrer Apps funktioniert nach demselben Prinzip wie das Schließen der Apps in der Multitasking-Leiste. Angenommen, Sie haben mittlerweile eine stattliche Anzahl an Apps geladen und möchten diese nun in eine für Sie logische Reihenfolge bringen, um sich besser auf Ihrem iPhone zurechtzufinden. Gehen Sie dazu wie folgt vor:

1. Drücken Sie längere Zeit, etwa 2 bis 3 Sekunden, auf das Symbol einer App, bis alle Apps zu wackeln beginnen.
2. Nun können Sie die einzelnen Apps anfassen und an eine andere Stelle ziehen.
3. Wenn Sie eine App jeweils über den linken oder rechten Rand des Screens hinwegziehen, wird sie auf die nächste Seite bewegt. Ist dort noch keine App abgelegt, erscheint eine komplett neue Seite, die Sie nun mit Apps füllen können.
4. Auf dieser neuen Seite wird die verschobene App dann oben links eingefügt. Ein kurzer Druck auf den Home-Button fixiert Ihre Apps wieder, und sie hören auf zu wackeln.

TIPP

**Ordner für Apps anlegen**

Sie können Ihre Apps nicht nur anders anordnen, sondern sie sogar nach Themen zusammenfassen. Dazu legen Sie *App-Ordner* an. Drücken Sie dazu längere Zeit auf eine App, bis alle Apps zu wackeln beginnen. Ziehen Sie dann eine App auf eine andere, um den Ordner zu erstellen. Seit iOS 7 können Ordner auch mehrere Seiten haben und nicht wie noch in der iOS-Version 6 nur eine. Auf diese Weise können Sie auch in iOS 8 mehr Apps pro Ordner anlegen und sparen so Platz auf Ihrem Bildschirm. Wie viele Seiten ein Ordner besitzt, erkennen Sie, wie auch bei den Bildschirmen, an den Punkten am unteren Rand des Ordnerrahmens.

## Apps vom iPhone löschen

Ist die eine oder andere App nicht mehr so nach Ihrem Geschmack, können Sie sie schnell wieder loswerden. Gehen Sie zum Löschen folgendermaßen vor:

1. Löschen Sie die App einfach, indem Sie etwa 2 bis 3 Sekunden auf ihr Symbol drücken und damit alle Apps in den Wackelzustand bringen.
2. Drücken Sie dann auf das kleine Kreuzchen oben links 1 an der App, die Sie löschen möchten.

Es gibt auch Apps, die im Wackelzustand kein Kreuzchen aufweisen. Diese Apps gehören zur Standardausstattung Ihres iPhones und können nicht gelöscht werden.

INFO

**Sind gelöschte Apps endgültig verschwunden?**

Sie müssen nicht befürchten, dass aus Versehen gelöschte Apps auf Nimmerwiedersehen verschwunden sind. Alle Apps, die Sie jemals geladen haben, sind nach wie vor im App Store gesichert und können aus der App unter **Updates ▸ Familienkäufe** wieder auf Ihr iPhone geladen werden.

## Den intelligenten Assistenten Siri nutzen

Die Sprachsteuerung, die auf den älteren iPhones mehr oder weniger zuverlässig funktionierte, hat Apple bereits beim iPhone 4S durch *Siri* ersetzt. Damals handelte es sich aber noch um eine sogenannte Beta-Version, die für das iOS 8 deutlich verbessert wurde.

Siri ist ein intelligenter sprachgesteuerter Assistent, der auch indirekte und semantisch unpräzise Aussagen versteht und seine Befehle daraus selbstständig erkennt. Diese Art der Sprachsteuerung hat etwas Revolutionäres und macht vor allem viel Spaß in der täglichen Anwendung. Sie können Siri Ihre Befehle entweder ganz normal über Ihr iPhone geben oder das mitgelieferte Headset dafür nutzen.

Doch zunächst einmal möchte ich Ihnen einige Einstellungen empfehlen, die für eine reibungslose Nutzung von Siri sinnvoll sind.

1. Um Siri nach Ihren Wünschen einzustellen, tippen Sie auf **Einstellungen ▸ Allgemein ▸ Siri**. Hier können Sie Siri über einen Schieberegler aktivieren und deaktivieren ①.
2. Aktivieren Sie hier auch den Schalter für *Hey Siri* ②. Wenn das iPhone an eine externe Stromquelle angeschlossen ist, können Sie, indem Sie »Hey Siri« sagen, den intelligenten Assistenten starten. Das ist insbesondere dann sinnvoll, wenn Sie keine Hand frei haben wie beim Autofahren. Geben Sie dann Ihre Befehle einfach mündlich. Sehr praktisch!
3. Als Sprache ist standardmäßig die gleiche Sprache eingestellt, auf die auch das iPhone eingestellt ist, in unserem Fall also Deutsch. Im Menü **Sprache** ③ können Sie für Siri insgesamt zwischen acht Sprachen in verschiedenen Ausprägungen wählen (leider stehen hier nicht alle Sprachen zur Auswahl, die Sie im Menü **Einstellungen ▸ Allgemein ▸ Landeseinstellungen** wählen können).

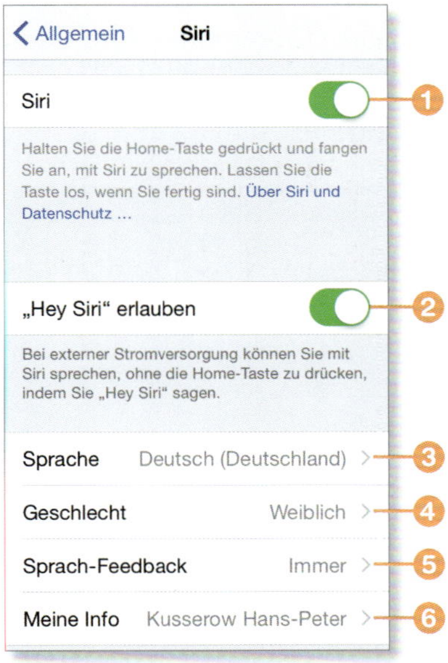


4. Möchten Sie lieber eine weibliche oder eine männliche Stimme für Siri verwenden? Stellen Sie es unter der Rubrik **Geschlecht** ④ ein.
5. Sie können ebenfalls entscheiden, ob Sie immer ein gesprochenes Feedback erhalten möchten oder nur dann, wenn Ihr iPhone an eine Freisprechanlage angeschlossen ist (diese Optionen finden Sie unter dem Menüpunkt **Sprach-Feedback** ⑤).

6. Fügen Sie unter **Meine Info** (6) noch Ihre Kontaktdaten, also Ihre eigene Telefonnummer, hinzu, damit Siri quasi weiß, wer Sie sind, und Ihre Informationen verwenden kann, um Ihnen zu helfen. Schließen Sie dann Ihre Eingaben ab.

Nachdem Sie diese Grundeinstellungen vorgenommen haben, können Sie Siri benutzen. Wie das funktioniert und was Ihr neuer Assistent alles kann, erfahren Sie in den nächsten beiden Abschnitten.

### So funktioniert Siri

Um Siri zu aktivieren, halten Sie den Home-Button einige Sekunden gedrückt, dann erscheint auf dem Bildschirm Siri mit der höflichen Frage: »Wie kann ich behilflich sein?« Das funktioniert natürlich auch mit dem Sprachbefehl »Hey Siri«, wenn das iPhone am Strom angeschlossen ist.

Nach dem doppelten Piepton können Sie Ihre Anfrage an Siri stellen, z.B. das Öffnen einer App oder der Anruf eines Kontakts, und Siri wird Ihnen, eine bestehende Internetverbindung vorausgesetzt, direkt antworten oder Ihren Befehl ausführen.

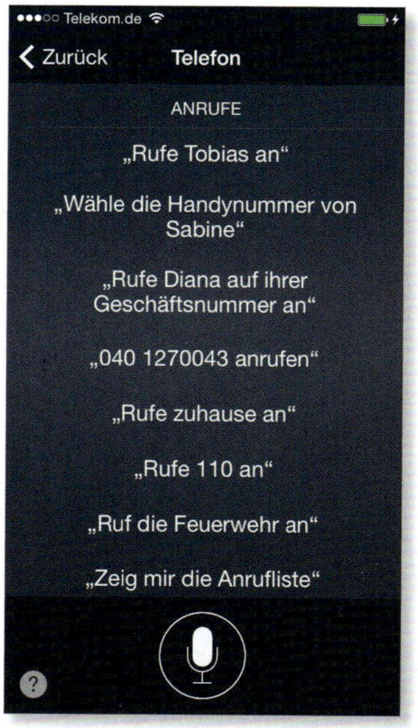

Siri hat auch ein integriertes Handbuch, das Sie abrufen können, indem Sie folgenden Befehl sprechen: »Was kannst du tun?«, oder: »Was kannst du?« Dann öffnet sich das Handbuch, und Sie sehen, mit welchen Programmen Siri zusammenarbeitet. Wahlweise können Sie auch den Home-Button so lange festhalten, bis Siri gestartet wird, und dann links unten auf das Fragezeichen tippen.

Wenn Sie im Handbuch auf den kleinen Pfeil (1 auf Seite 34) am rechten Rand einer App tippen, wird Ihnen eine Reihe von Fragen angezeigt, die Sie stellen können, um von Siri eine Antwort zu bekommen oder um eine Aktion auszulösen.

Probieren Sie es aus. Sie werden feststellen, dass sich die Art, wie Sie mit Ihrem iPhone umgehen, im Laufe der Zeit grundlegend verändern wird, wenn Sie es mit Ihrer Stimme steuern.

### So nutzen Sie Siri mit dem Headset

Falls Sie Ihr Headset für die Zusammenarbeit mit Siri verwenden möchten, bedienen Sie es genauso wie sonst:

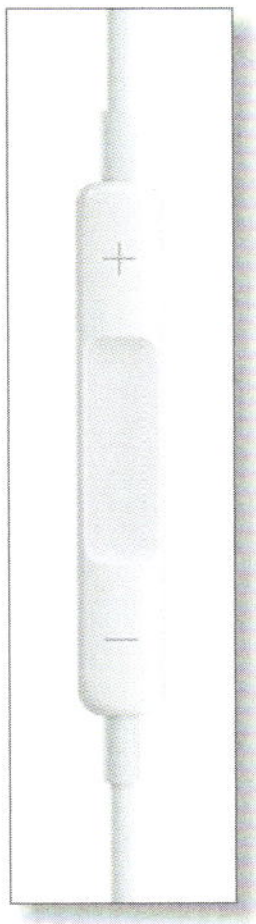

1. Um Siri zu starten, drücken Sie einige Sekunden auf die Vertiefung an der Steuerungseinheit des Headsets – auch dann, wenn das iPhone sich lediglich im Bereitschaftsmodus befindet. Oder sagen Sie: »Hey Siri.« Es erscheint das unten dargestellte Display, und es ertönen zwei Signaltöne. Anschließend können Sie Siri einen Befehl geben oder eine Frage stellen.
2. Um den Sprachbefehl so klar wie möglich formulieren zu können, lassen Sie das Kabel des Headsets frei hängen und halten es am besten nicht fest. Das auf der Rückseite des Steuerelements eingebaute Mikrofon ist empfindlich. Sprechen Sie dann Ihren Befehl.
3. Die Lautstärke können Sie an der Steuerungseinheit des Headsets über die Tasten + und – regulieren.

Die mitgelieferten EarPods und die Bedienungseinheit wurden neu entwickelt und liefern nun eine noch flüssigere Bedienung und vor allem einen besseren Klang.

## Inhalte auf dem iPhone suchen

*Spotlight* ist der Name der Suchfunktion, die Sie vielleicht bereits von Ihrem Mac kennen. Apple hat gegenüber den Vorversionen einiges an Spotlight verändert – vor allem unter der Haube. Die Suche erstreckt sich nämlich nicht mehr nur auf Inhalte, die direkt auf dem iPhone gespeichert sind, das Internet wird nun verstärkt in die Suche einbezogen. So können Sie nun beispielsweise nach neuen Filmen genauso suchen wie nach Restaurants in der Nähe. Auch Wikipedia und verschiedene Newsseiten werden u. a. in die Suche integriert.

Um Ihre Suche zu beginnen, wischen Sie mit einem Finger einfach von oben nach unten: Daraufhin wird das Suchfeld eingeblendet. Achten Sie dabei bitte darauf, dass Sie mit der Wischgeste nicht ganz oben auf dem Display beginnen, sondern etwas weiter unten, ansonsten blenden Sie die Mitteilungszentrale ein. Beim ersten Mal werden Sie über die erweiterte Suche aufgeklärt.

*Filme, Restaurants, das Kinoprogramm – die aktuelle Spotlight-Suche macht auch vor dem Internet nicht Halt.*

Bevor es an Ihre erste konkrete Suche geht, lernen Sie im Folgenden die grundlegenden Einstellungen von Spotlight kennen. Sie können nämlich selbst bestimmen, was genau Sie eigentlich durchsuchen lassen möchten.

1. Um die nötigen Einstellungen vorzunehmen, tippen Sie zuerst auf das Symbol **Einstellungen** und wechseln dann zum Menüpunkt **Allgemein**.
2. Hier wählen Sie den Eintrag **Spotlight-Suche** aus.
3. Sie gelangen in die Einstellungen von Spotlight. In diesem Dialog bestimmen Sie, welche Rubriken Sie durchsuchen lassen möchten. Tippen Sie jeweils auf den gewünschten Menüpunkt, sodass er mit einem Häkchen versehen wird. Möchten Sie ein Häkchen entfernen, gehen Sie genauso vor.

4. Um die Reihenfolge Ihrer zu durchsuchenden Rubriken zu ändern, tippen Sie einfach auf die drei Striche am Ende eines Eintrags und ziehen die Rubrik an die gewünschte Stelle.

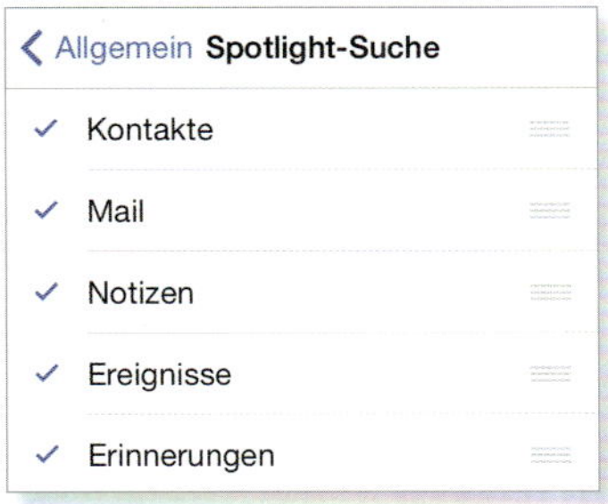


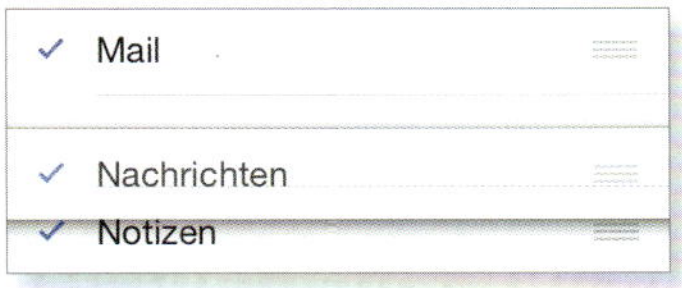


Nachdem Sie Ihre Einstellungen abgeschlossen haben, drücken Sie noch einmal auf die Home-Taste, und Sie gelangen zurück zum Home-Bildschirm.

Nun können Sie mit der Suche nach bestimmten Inhalten auf Ihrem iPhone beginnen. Nachdem Sie über den Home-Screen, wie oben gezeigt, nach unten gewischt haben, sehen Sie Ihren Suchbildschirm mit dem Suchfeld ①. Die Bildschirmtastatur wird eingeblendet, und Sie können einen Suchbegriff eingeben oder ihn mit einem Fingertipp auf den Mikrofon-Button ② diktieren (siehe dazu auch den Abschnitt »Den intelligenten Assistenten Siri nutzen« ab Seite 32).

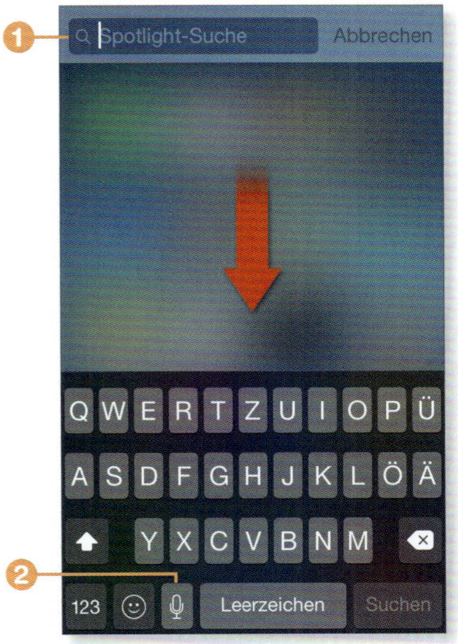


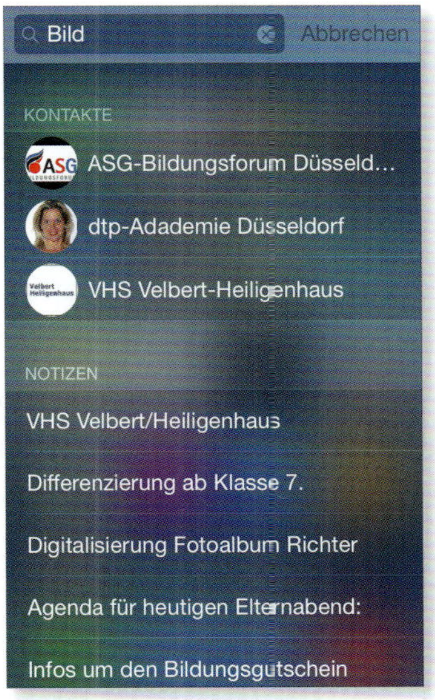


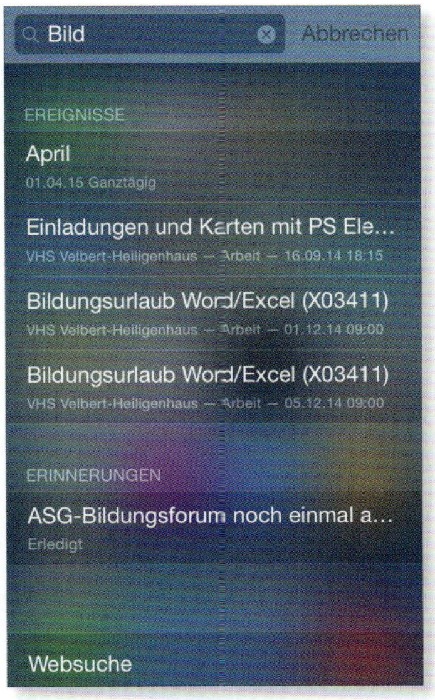

Noch während der Eingabe erscheinen schon die ersten Resultate. Das Ganze geht blitzschnell. In unserem Beispiel habe ich nach dem Begriff »Bild« gesucht und bin zu den Ergebnissen gelangt, die Sie in der Abbildung auf Seite 37 sehen.

Die Rubriken, wie **Kontakte** oder **Notizen**, werden in den Ergebnissen in der gleichen Reihenfolge angezeigt, die Sie soeben unter **Einstellungen** festgelegt haben (siehe dazu die Anleitung oben).

## Das neue Kontrollzentrum

Das Kontrollzentrum, das Sie vom unteren Bildschirmrand nach oben wischen können, bietet Ihnen die Möglichkeit, auf wichtige Einstellungen mit einem Fingertipp zuzugreifen. Das erleichtert Ihnen viel umständliches Herumsuchen im Einstellungsmenü.

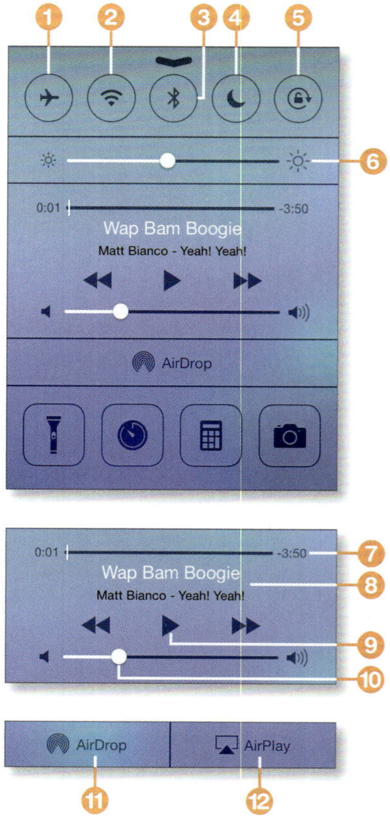


Das Kontrollzentrum ist in fünf Bereiche mit unterschiedlichen Möglichkeiten eingeteilt. Im ersten Bereich befinden sich fünf Buttons, mit denen Sie den Flugmodus ①, WLAN ② und Bluetooth ③ aktivieren sowie die Funktion *Nicht stören* ④ (siehe dazu auch den folgenden Abschnitt) und die Ausrichtungssperre ⑤.

Im zweiten Bereich können Sie die Bildschirmhelligkeit einstellen ⑥.

Über den dritten Bereich wird die iPod-Funktion Ihres iPhones bedient, und Sie können hiermit Ihre Musik abspielen. Hier sehen Sie die Dauer ⑦, den Titel und die Gruppe ⑧ des Musiktitels. Sie können außerdem die Wiedergabe vor- und zurückspulen, das Abspielen pausieren ⑨ oder die Lautstärke regeln ⑩.

Der vierte Bereich schaltet *AirDrop* 11 (siehe hierzu auch den Abschnitt »Mit AirDrop Dateien zwischen iPhone und Mac austauschen« ab Seite 41) oder aber bei eingeschaltetem WLAN auch *AirPlay* 12 an. So können Sie schnell Ihre Daten mit anderen teilen oder Ihre Inhalte an einen Fernseher, Apple-TV oder Ihre AirPort-Lautsprecher senden.

Im fünften und letzten Bereich werden Ihnen noch einige Apps angeboten, die im Schnellzugriff recht nützlich sind, wie die neue Taschenlampe 13, die das integrierte Blitzlicht ansteuert, die Uhr 14, die gleichzeitig Stoppuhr, Timer, Wecker und Weltzeituhr ist, den Taschenrechner 15 und nicht zu vergessen die Kamera 16.

Und so einfach, wie Sie das Kontrollzentrum aufrufen, können Sie es auch wieder verbergen – indem Sie es von oben nach unten aus dem Bild wischen.

Im Menü **Einstellungen ▸ Kontrollzentrum** können Sie dann noch einrichten, wann das Kontrollzentrum zur Verfügung stehen soll. So können Sie sowohl den Zugriff auf das Kontrollzentrum vom Sperrbildschirm als auch aus Apps heraus aktivieren bzw. deaktivieren.

TIPP

**So sparen Sie Energie, und der Akku hält länger durch**

Das Kontrollzentrum können Sie auch hervorragend zum Energiesparen einsetzen, denn hier steuern Sie alle relevanten Verbindungen an Ihrem iPhone wie WLAN, Bluetooth und die Bildschirmhelligkeit. Schalten Sie die drahtlosen Verbindungen per Bluetooth und WLAN nur dann an, wenn Sie die jeweilige Verbindungsart benötigen, da diese die Akkulaufzeit stark verringern. Dasselbe gilt für die Bildschirmhelligkeit. Regeln Sie diese so, dass Sie zwar noch alles gut erkennen können, das Display aber nicht unnötig hell ist. Auch so verlängern Sie die Laufzeit Ihres Akkus. Probieren Sie es aus, Sie werden es deutlich merken, wenn Sie Ihr iPhone zukünftig weniger häufig wieder aufladen müssen..

## Die Funktion »Nicht stören«

Kennen Sie das auch? Sie haben eigentlich Feierabend, aber Ihr Handy klingelt ständig, SMS treffen ein, oder Ihr iPhone meldet sich mit Terminen und anderen Hinweistönen? Das ist normalerweise zwar sehr praktisch, allerdings kann es zu gewissen Zeiten auch sehr störend sein. Seit iOS 6 gibt es daher die Funktion *Nicht stören*.

Um diese Funktion anzuschalten, schieben Sie das Kontrollzentrum vom unteren Bildschirmrand nach oben und tippen auf das Symbol der Mondsichel (4 in der Abbildung auf Seite 38). Nach Aktivierung der Funktion **Nicht stören** werden eingehende Anrufe und SMS stumm geschaltet, außerdem erhalten Sie keine Hinweistöne oder Benachrichtigungen von Apps mehr. In der Statusleiste wird Ihnen bei Aktivierung der Funktion eine kleine Mondsichel 1 angezeigt.

Sie haben aber auch die Möglichkeit, die Funktion *Nicht stören* nach Ihren Bedürfnissen anzupassen.

1. Um verschiedene Regeln für die Funktion einzurichten, tippen Sie unter **Einstellungen** auf **Nicht stören** 2.

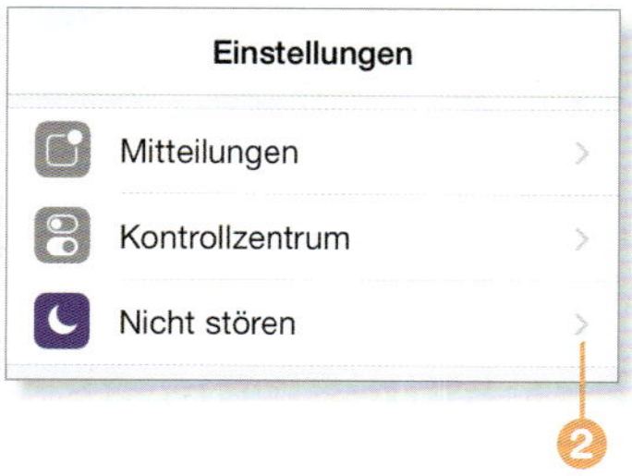

*»Bitte nicht stören« – das lässt sich auf dem iPhone ganz individuell einstellen.*

2. In dem folgenden Menü können Sie die Funktion *Nicht stören* genauer definieren und Ihren Wünschen anpassen. Stellen Sie beispielsweise eine regelmäßige Nachtruhe von 22:00 bis 09:00 Uhr ein. Aktivieren Sie dafür die Schaltfläche **Geplant**. Um die Uhrzeit einzustellen, tippen Sie auf die Schaltfläche **Von Bis**, wo sich auch die Uhrzeiten befinden (3).

3. Darüber hinaus können Sie entscheiden, ob Sie Anrufe beispielsweise von Ihren Favoriten (4) oder anderer Gruppen trotz der Funktion *Nicht stören* sowie wiederholte Anrufe (5) desselben Anrufers zulassen möchten. Deaktivieren Sie beide Optionen bzw. wird keine Gruppe erlaubter Anrufer festgelegt, werden alle Anrufe stumm geschaltet.

Haben Sie diese Funktion entsprechend eingerichtet, werden Sie nach der eingestellten Uhrzeit keine Signale mehr von Ihrem iPhone hören. Sie werden feststellen, dass die neu gewonnene Ruhe wirklich erholsam ist.

## Mit AirDrop Dateien zwischen iPhone und Mac austauschen

Diese Funktion erleichtert Ihnen den Datenaustausch zwischen iPhones und iPads seit der 4. Generation, dem iPad mini, dem iPad Air und dem iPod touch ab der 5. Generation. In der neuen Version des Betriebssystems iOS 8 funktioniert der Dateiaustausch nun auch mit dem Mac. Fotos, Videos und Kontakte können Sie so bequem von einem iPhone auf ein anderes, das sich in direkter Nähe befindet, oder auf einen Mac übertragen.

1. Um Daten via AirDrop zu versenden, müssen Sie zunächst diese Funktion im Kontrollzentrum aktivieren. Tippen Sie hierzu auf den Button **AirDrop**. Daraufhin aktivieren sich die WLAN- und Bluetooth-Verbindung automatisch.

2. Sie können nun im Menü entscheiden, wer an Ihrer AirDrop-Sitzung teilnehmen darf. Wählen Sie **Jeden**, können Ihnen alle Nutzer ab dem Betriebssystem iOS 7, die sich in Ihrer Nähe aufhalten, Dateien senden. Wählen Sie **Nur Kontakte**, können ausschließlich Ihre Kontakte, die über

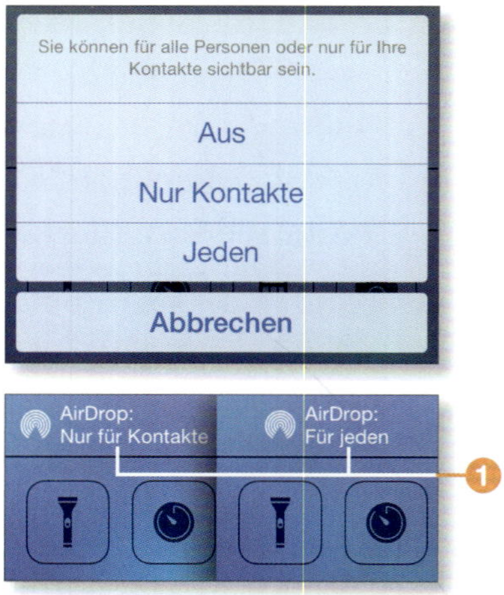


iOS 7 bzw. 8 verfügen, mit Ihnen Dateien austauschen. Im Kontrollzentrum wird daraufhin die ausgewählte Einstellung angezeigt ❶.

3. Sollte sich nach Aktivierung von AirDrop einer oder mehrere Ihrer Kontakte in der Nähe befinden, erscheinen entsprechende kleine Bilder dieser Kontakte ❷ auf Ihrem Display.

4. Nun können Sie auswählen, an wen Sie eine Datei senden wollen. Tippen Sie hierzu einfach auf das Bild des entsprechenden Kontakts. Ihr Kontakt erhält eine Anfrage, ob er die angebotene Datei annehmen möchte oder nicht.

Wenn die Person die Einladung annimmt, wird das Bild, das Video oder der Kontakt direkt auf dem iPhone des Empfängers in der entsprechenden App abgespeichert.

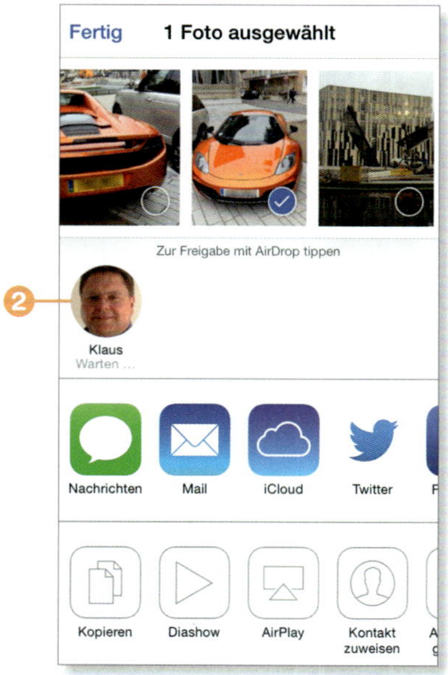

5. Wenn Sie etwas via AirDrop an jemanden versenden möchten, der über ein iPhone verfügt und sich im selben WLAN wie Sie selbst aufhält, aber nicht zu Ihren Kontakten gehört, so können Sie das ebenfalls tun. Wählen Sie dann im Kontrollzentrum unter **AirDrop** den Menüpunkt **Jeden** aus. Die Darstellung ändert sich daraufhin in eine Silhouette ③, da Sie ja nicht über ein Kontaktfoto verfügen. Alles andere verläuft so wie oben beschrieben.

AirDrop deaktivieren Sie wieder, indem Sie im Kontrollzentrum erneut **AirDrop** auswählen und in dem folgenden Menü den Punkt **Aus** antippen. Die drahtlosen Verbindungen WLAN und Bluetooth müssen Sie dann im Kontrollzentrum noch separat deaktivieren, denn – anders als bei der Aktivierung – geschieht das diesmal nicht automatisch.

### AirDrop mit dem Mac

So wie der Austausch zwischen den mobilen Geräten funktioniert AirDrop auch zwischen iPhone und Mac – eine lang ersehnte Funktion, die Apple in das neue iOS 8 integriert hat. Der Mac muss sich dafür natürlich im gleichen WLAN befinden wie das iPhone.

1. Gehen Sie auf Ihrem Mac in der Seitenleiste des Finders auf **AirDrop**, woraufhin Ihr iPhone angezeigt wird.
2. Senden Sie nun vom iPhone beispielsweise ein Bild an den Mac, der nun automatisch im Display Ihres iPhones auftauchen müsste.
3. Der Mac muss dann lediglich den Empfang bestätigen, und schon wird die Datei versendet.

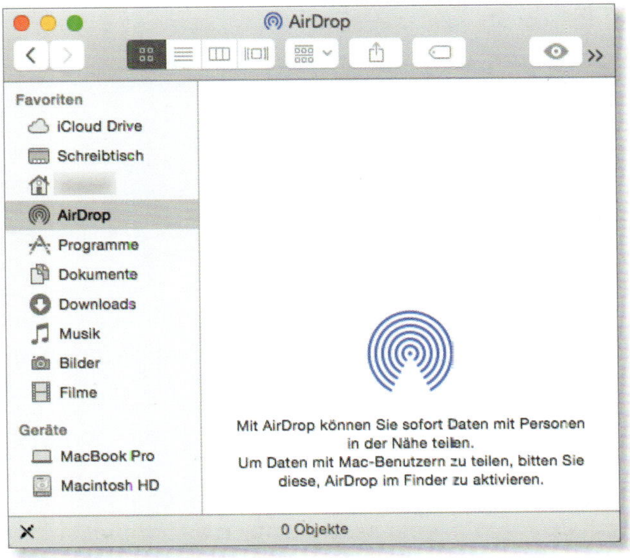

# Das Hintergrundbild ändern

Sie können mit wenigen Schritten ganz einfach auch das Hintergrundbild Ihres iPhones an Ihren Geschmack anpassen. Nutzen Sie hierzu entweder Fotos, die sich im Bilderordner Ihres iPhones befinden, oder nehmen Sie ein Foto mit Ihrer Kamera auf, und verwenden Sie es dann als Hintergrundbild. Gehen Sie dabei wie folgt vor:

1. Tippen Sie auf **Einstellungen ▸ Hintergründe & Helligkeit**.
2. Auf der nächsten Seite tippen Sie auf **Neuen Hintergrund wählen** (1), um zur eigentlichen Auswahl zu gelangen.

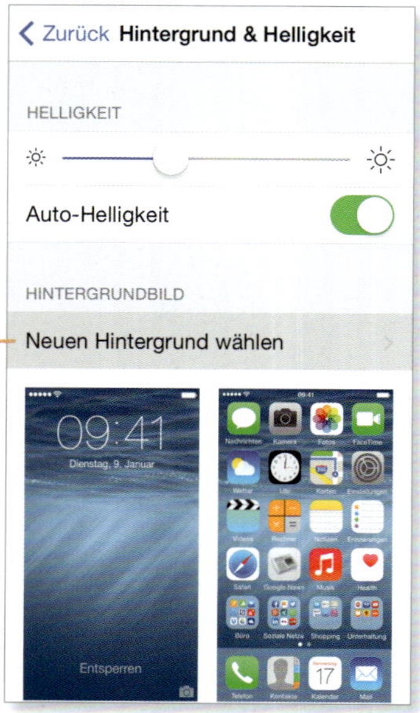


1

3. In dieser Ansicht wählen Sie, aus welcher Quelle Sie Ihr Bild nehmen möchten, um es für den Hintergrund zu verwenden. Sie haben die Wahl zwischen den Ordnern **Alle Fotos**, **Zuletzt hinzugefügt**, **Favoriten**, **Meine Panoramen** und anderen von Ihnen erstellten Alben.

   Die Rubrik **Apple Hintergrund** enthält alle Bilder, die Apple für Ihr iPhone bereits mitliefert. Es handelt sich hierbei um Bilder mit mehr oder weniger dezenten Farben und Mustern. Hier können Sie überdies zwischen statischen und dynamischen, also sich bewegenden Bildern wählen.

4. Möchten Sie ein Bild aus Ihren mit dem iPhone erstellten Aufnahmen auswählen, tippen Sie einfach auf **Aufnahmen**, und wählen Sie ein Bild aus, indem Sie die kleine Vorschau im Ordner antippen. Daraufhin öffnet sich das Bild auf Ihrem Display.

5. Skalieren Sie nun das Bild nach Belieben (vergrößern oder verkleinern Sie es), indem Sie Daumen und Zeigefinger darauf setzen und beide Finger auseinanderziehen oder zusammenschieben. Dann verschieben Sie das gesamte Bild so lange an die richtige Stelle (setzen Sie den Finger darauf, und ziehen Sie am Bild), bis Ihnen der Ausschnitt auf dem Display gefällt. Legen Sie noch fest, ob Sie die Perspektive ein- oder ausschalten möchten ❷, und tippen Sie dann auf **Sichern**.

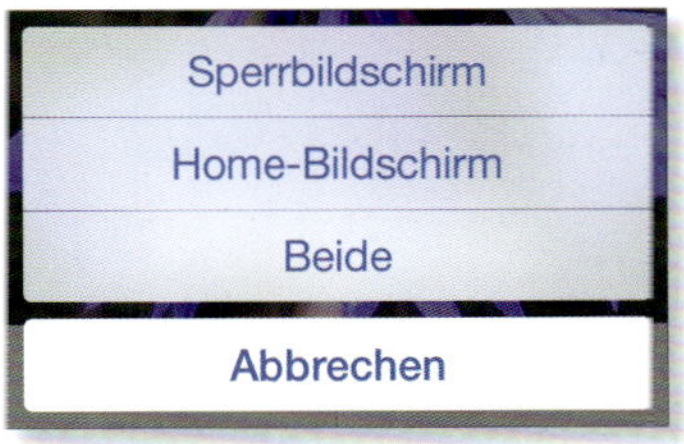


6. Entscheiden Sie, wo Sie das Bild verwenden möchten: **Sperrbildschirm**, **Home-Bildschirm** oder **Beide**. Ihre Auswahl wird automatisch gespeichert.

Das war schon alles. Gefällt Ihnen Ihre Auswahl? Das Foto wird nun, je nachdem, welche Option Sie in Schritt 6 ausgewählt haben, als Hintergrund für Ihre Apps und Ordner angezeigt oder immer dann, wenn Sie Ihr iPhone nicht benutzen und es gesperrt ist.

# Kapitel 2
# Mit der Tastatur schreiben

Das iPhone ist ein Smartphone, das ohne die üblichen Tasten auskommt. Auch hier müssen Sie allerdings häufig Eingaben machen. Die Lösung ist eine Bildschirmtastatur, die sich bei Bedarf einblendet. Wie diese Bildschirmtastatur genau funktioniert und wie Sie sie am besten bedienen, erfahren Sie in diesem Kapitel.

Fotolia, Darren Whittingham

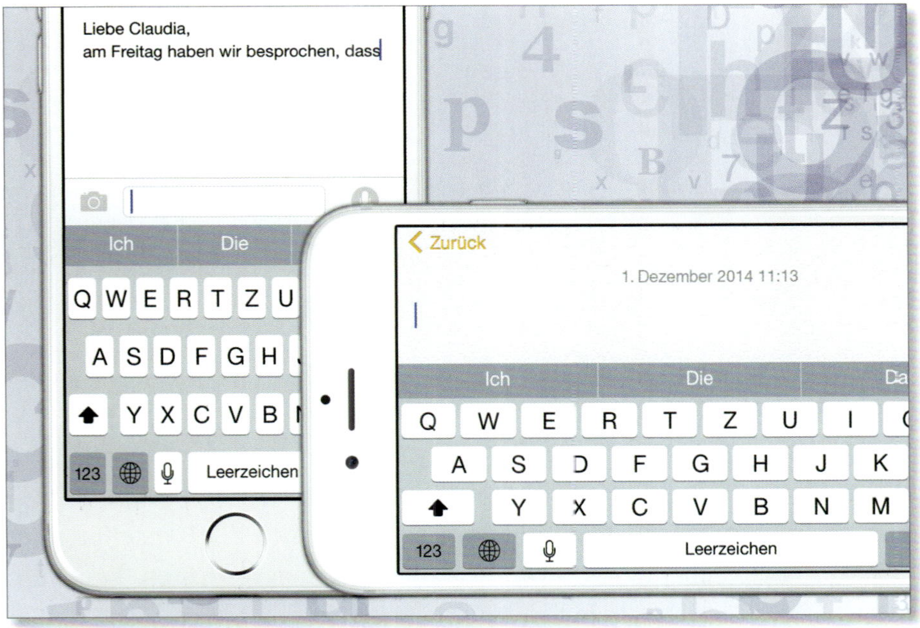


*Über die Bildschirmtastatur geben Sie am iPhone alle Texte ein – nun gibt es sie auch mit deutschen Umlauten.*

## Die Tastatur im Hoch- und Querformat

Die Bildschirmtastatur können Sie im Hoch- sowie im Querformat verwenden. In jeder App, bei der Eingaben möglich sind, steht sie Ihnen zur Verfügung. Sollte sich die Tastatur nicht automatisch einblenden, müssen Sie eventuell einmal auf das Display tippen, und schon wird die Bildschirmtastatur sichtbar. Normalerweise wird sie im Hochformat dargestellt, wie Sie in den Abbildungen erkennen.

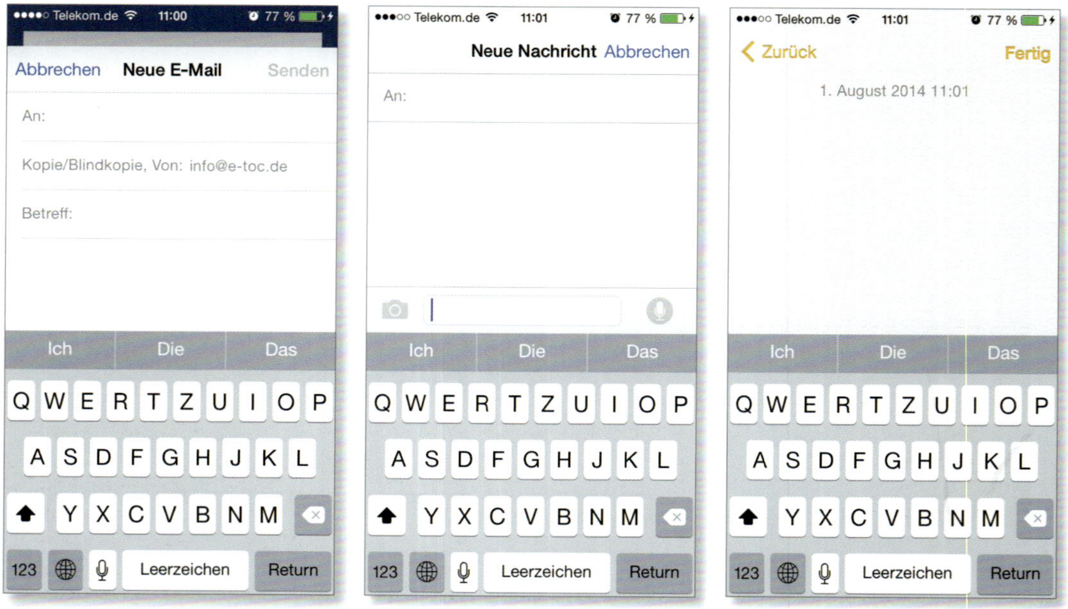


*Die Tastatur im Hochformat in drei verschiedenen Apps: Mail, Nachrichten, Notizen (von links nach rechts)*

Wenn Sie das iPhone im Winkel von 90 Grad um die eigene Achse drehen (siehe dazu die folgende Abbildung), ändert sich die Darstellung der Tastatur entsprechend, sie wird also im Querformat angezeigt. Es ist übrigens egal, in welche Richtung – mit oder gegen den Uhrzeigersinn – Sie Ihr iPhone drehen. Das im iPhone integrierte *Gyroskop* (Kreiselinstrument) passt die Tastatur immer entsprechend an. Der Vorteil des Querformats ist auch, dass die Tasten dann größer erscheinen, was die Bedienung natürlich vereinfacht.

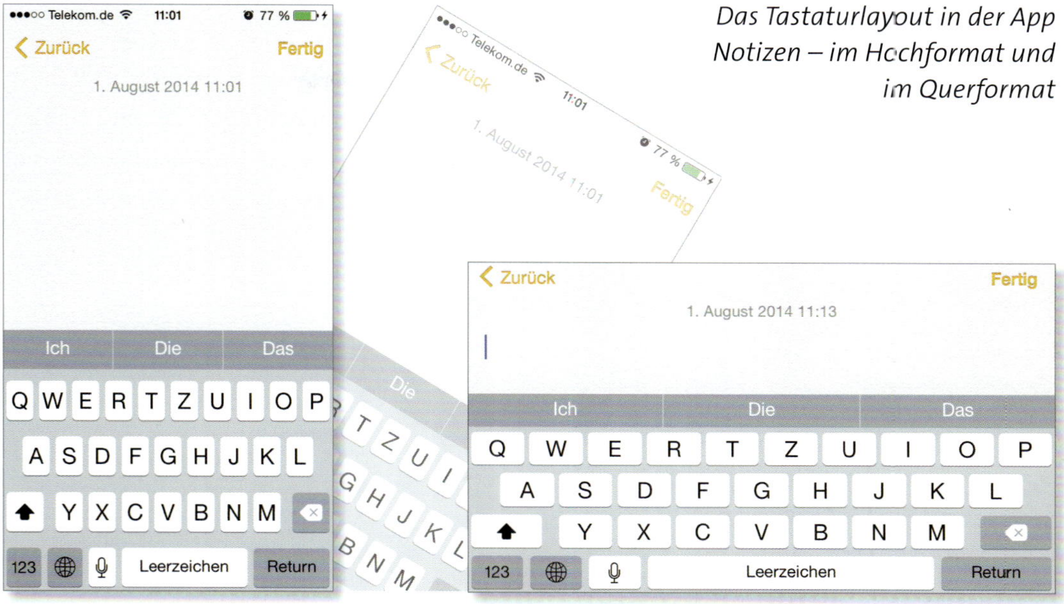


*Das Tastaturlayout in der App Notizen – im Hochformat und im Querformat*

## Neue Tastaturen anderer Anbieter einbinden

Mit iOS 8 bietet Apple nun auch die Möglichkeit, auf dem iPhone anstatt der vorhandenen verschiedene Tastaturen auch anderer Hersteller ganz nach Belieben zu nutzen. Um neue Tastaturen einzufügen, gehen Sie wie folgt vor:

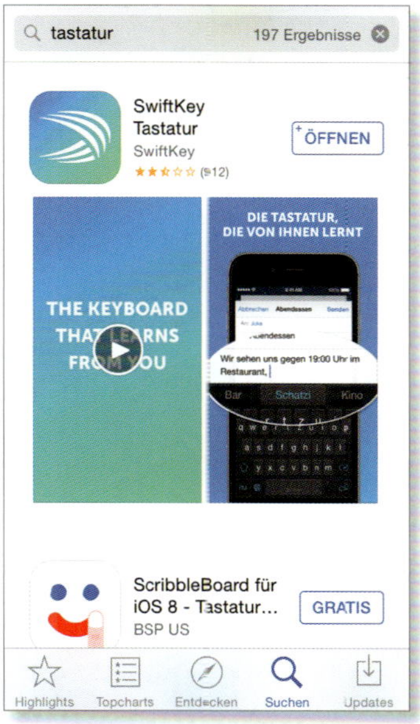


Um andere Tastaturen auf Ihrem iPhone nutzen zu können, müssen Sie zuerst eine Tastatur aus dem App Store laden.

1. Geben Sie hierzu in das Suchfeld den Begriff »Tastatur« ein, wobei Groß- oder Kleinschreibung keine Rolle spielen. Wählen Sie dann eine Tastatur aus, und installieren Sie diese.
2. Die App befindet sich daraufhin auf Ihrem Homescreen.

Ist das erledigt, können Sie darangehen, die Tastatur auch fest einzubinden.

1. Gehen Sie dazu in den Einstellungen auf **Allgemein ▸ Tastatur** und dann auf **Tastaturen**. Hier tippen Sie auf **Tastatur hinzufügen** ❶ und wählen Ihre Tastatur unter den Drittanbietertastaturen aus, in unserem Beispiel **SwiftKey** ❷. Sie finden die neue Tastatur dann unter den bereits zuvor ausgewählten Tastaturen.

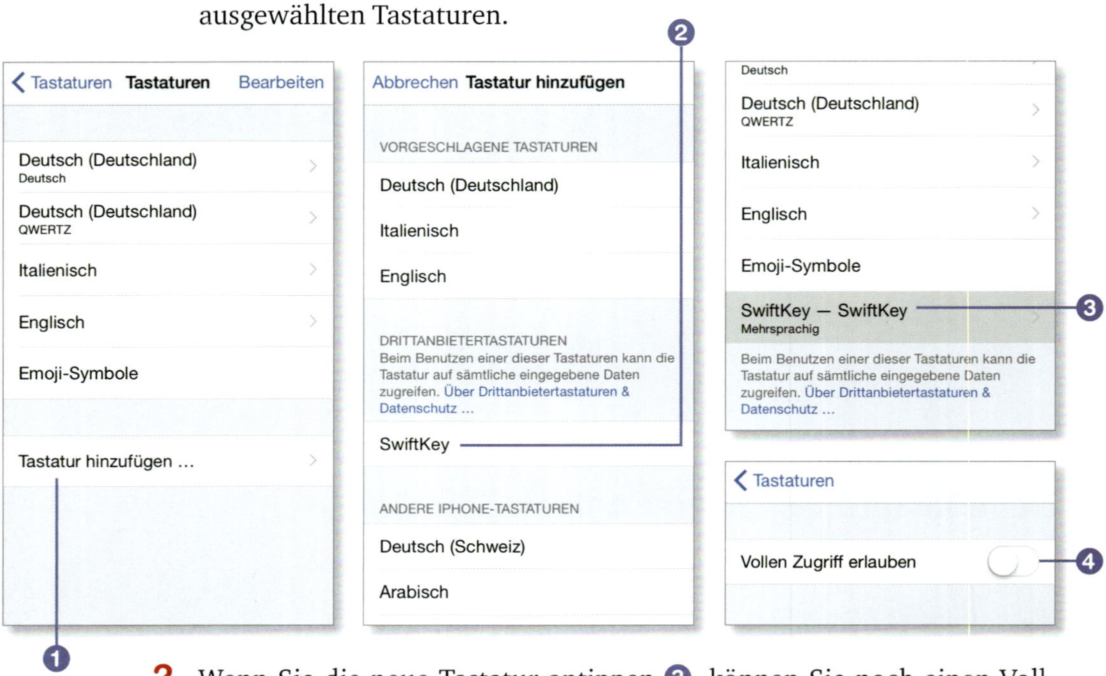


2. Wenn Sie die neue Tastatur antippen ❸, können Sie noch einen Vollzugriff erlauben ❹. Das ist meiner Ansicht nach aber datenschutztechnisch bedenklich, weswegen ich mich für **Nicht Erlauben** ❺ entschieden habe.

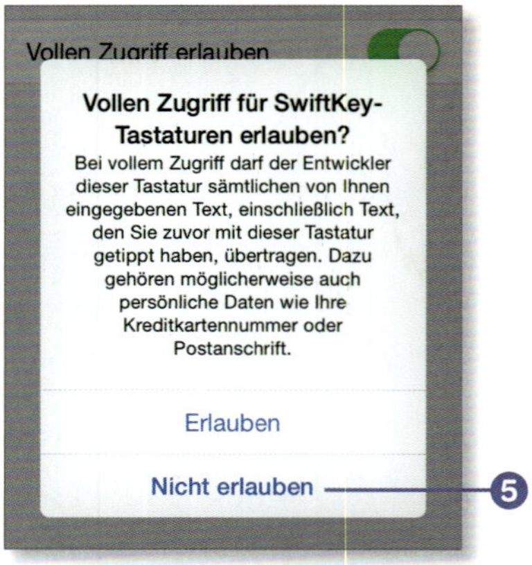


3. Um mit der neuen Tastatur arbeiten zu können, öffnen Sie einfach eine App, z. B. die *Notizen*-App. Tippen Sie dann in der Tastatur unten links auf das Weltkugelsymbol, und halten Sie den Finger eine kurze Zeit darauf gedrückt, und es erscheinen alle Ihre installierten Tastaturen. Wählen Sie hier die neue Tastatur

aus. Die neue Tastatur wird daraufhin aktiviert und kann genutzt werden.

4. Wenn Sie auf **Gesamtzugriff** tippen, werden Sie aufgefordert, den Vollzugriff zu aktivieren. Entscheiden Sie selbst, was Sie machen möchten.

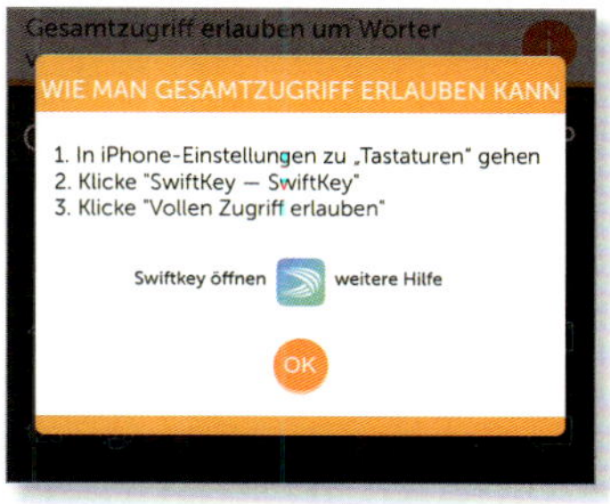


Auf diese Weise können Sie beliebig viele Tastaturen hinzufügen und so Ihr iPhone noch leistungsfähiger machen.

## QuickType

*QuickType* ist eine neue Art zu schreiben. Die Tastatur erkennt nun, abhängig vom Kontext, was Sie schreiben möchten, und macht Ihnen oberhalb des Tastenfeldes Vorschläge für Ihre nächsten Begriffe. Diese müssen Sie nicht eingeben – Sie tippen sie lediglich einmal mit dem Finger an, und schon wird das entsprechende Wort in den Text eingefügt. Das erleichtert die Texterstellung besonders beim Schreiben von langen Wörtern ganz enorm.

Wenn Sie beispielsweise in einer E-Mail mit dem Wort »Hallo« beginnen wollen, tippen Sie zuerst ein »H.« Daraufhin werden bereits erste Vorschläge gemacht. In unserem Fall (siehe Abbildung auf der folgenden Seite) ist es direkt das verbreitete Wort »Hallo«. Tippen Sie es an, und es erscheinen weitere Vorschläge. Auf diese Weise können Sie z. B. »Hallo« ❶ »mein« ❷ »Freund« ❸ lediglich durch schnelles Antippen schreiben, ohne überhaupt einen einzigen weiteren Buchstaben als den ersten eingeben zu müssen.

Probieren Sie es aus. Sie werden feststellen, dass es für viele Standardsituationen sehr hilfreich ist, QuickType zu verwenden. Wenn Sie die vielen Vorschläge beim Schreiben stören, können Sie diese auch ausschalten und zur früheren Tastatur zurückkehren. Hierfür müssen Sie lediglich in den Einstellungen unter **Allgemein ▸ Tastaturen** den Schalter für **Vorschläge: ein** ❹ deaktivieren.

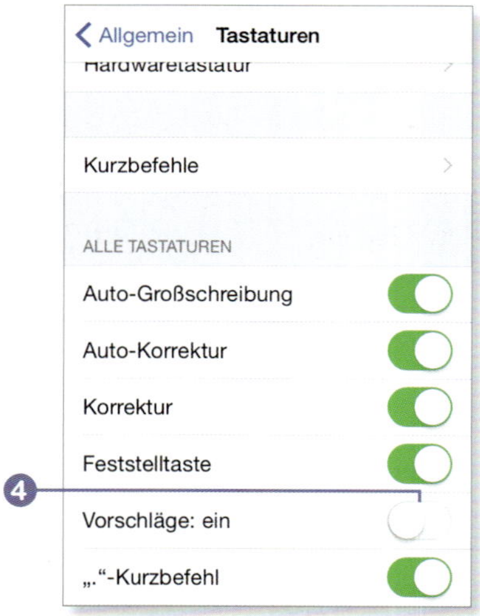

Welcher Modus gerade eingeschaltet ist, erkennen Sie auch direkt auf der Tastatur. Indem Sie auf die kleine Weltkugel tippen und den Finger etwas darauf halten, sehen Sie ganz oben den aktuellen Status ❺. Sie können den Status also auch hier verändern, indem Sie die Vorschläge durch Deaktivierung des Schalters an dieser Stelle ausschalten.

INFO

**Wann erscheint die Weltkugel?**

Die kleine Weltkugel erscheint erst dann, wenn Sie über mehrere Tastaturen verfügen, etwa wenn Sie eine andere Tastatursprache wie Englisch oder Französisch eingestellt haben.

## Einige Fingerübungen

Um auf der iPhone-Bildschirmtastatur flüssig schreiben zu können, bedarf es einiger Übung, da Sie keine haptische Rückmeldung von den Tasten bekommen. Als Erstes bietet es sich daher an, die Tastentöne zu aktivieren. Auf diese Weise erhalten Sie zumindest eine Audiorückmeldung, wenn Sie eine Taste gedrückt haben.

Diese Einstellung nehmen Sie unter **Einstellungen ▸ Töne** vor. Aktivieren Sie die Option **Tastaturanschläge** ❻ in diesem Menü. Die Lautstärke der Tastentöne steuern Sie dann über die Lautstärkeregler an der linken Seite Ihres iPhones.

Wenn Sie ein absoluter Neuling an der Bildschirmtastatur sind, sollten Sie die Tastatur zunächst im Querformat nutzen, da die einzelnen Buchstaben hier wesentlich größer angezeigt werden als im Hochformat. Die Tastatur gibt Ihnen darüber hinaus eine visuelle Kontrolle. Wenn Sie auf einen Buchstaben tippen, vergrößert sich dieser entsprechend ❼, sodass Sie sofort erkennen, ob Sie den richtigen Buchstaben getroffen haben.

Wird ein Buchstabe derart dargestellt, wird er erst geschrieben, nachdem Sie die Taste losgelassen haben. Sollten Sie einmal versehentlich einen falschen Buchstaben angetippt haben, halten Sie den Finger auf der Tastatur und bewegen ihn auf dem Display an die Stelle des gewünschten Buchstabens. Ist schon der falsche Buchstabe eingegeben, löschen Sie ihn wieder mit der entsprechenden Taste ❽. Probieren Sie es einfach mal aus. Sie werden feststellen, dass der Umgang mit der Tastatur eigentlich ganz einfach ist.

## Umlaute, Akzente und Ligaturen eingeben

Die Tastatur des iPhones mag Ihnen etwas vereinfacht vorkommen, denn das »ß« oder Sonderzeichen wie Akzente scheinen auf den ersten Blick nicht vorhanden zu sein. Sie sind aber da!

1. Um z. B. ein »ß« zu schreiben, halten Sie einfach die [S]-Taste etwas länger gedrückt. Es erscheinen dann alle möglichen Darstellungsformen dieses Buchstabens.

2. Dann wischen Sie einfach mit dem Finger so lange nach rechts, bis Sie beim »ß« angekommen sind. Setzen Sie dabei den Finger nicht ab! Dass Sie den richtigen Buchstaben ausgewählt haben, erkennen Sie daran, dass er blau hinterlegt ist.
3. Nehmen Sie nun den Finger vom Bildschirm, und das »ß« wird eingefügt.

Die typisch deutschen Umlaute Ä, Ö und Ü können mit iOS 8 auch direkt angezeigt werden, sodass Sie dafür nicht mehr die Sonderzeichenfunktion nutzen müssen. Stellen Sie unter **Einstellungen ▸ Allgemein ▸ Tastatur** die Sprache und Region auf **Deutsch**.

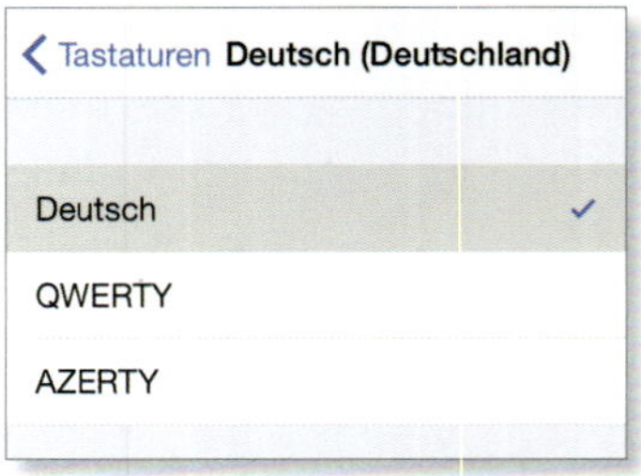


Die oben beschriebene Eingabe der Zeichen funktioniert natürlich nicht nur mit »ß«, sondern auch mit allen anderen Buchstaben.

| Buchstabe | Sonderzeichen |
|---|---|
| a | a à á â æ ã å ā |
| e | e é è ê ë ė |
| i | ì ī í ï î i |
| o | ō ø œ õ ó ò ô o |
| u | ū ú ù û u |
| c | c ç ć č |
| n | ń ñ n |
| s | s ß ś š |
| y | ÿ y |

*Die verschiedenen Sonderzeichen auf den einzelnen Buchstabentasten*

In der nebenstehenden Tabelle finden Sie die Abfolge der verschiedenen Zeichen im Überblick.

Falls Sie eine andere Sprache einstellen, ändert sich auch die Reihenfolge der zu diesem Buchstaben gehörenden Sonderzeichen. Als Beispiel sehen Sie in den folgenden beiden Abbildungen den Buchstaben »e«, der einmal auf Deutsch und einmal auf Italienisch dargestellt wird.

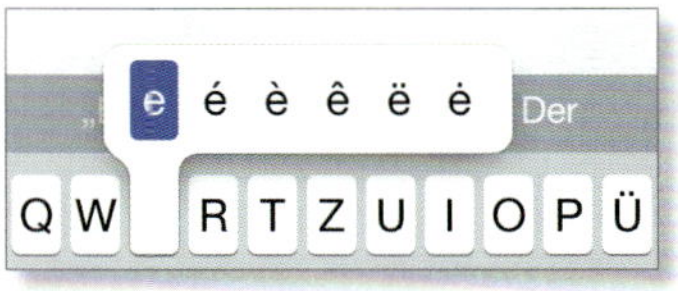


*Italienische (oben) und deutsche (unten) Sonderzeichen hinter dem Buchstaben »e«*

Wie Sie sehen, werden die Buchstaben je nach eingestellter Sprache angepasst. Probieren Sie es doch einmal mit einer anderen Sprache aus. Möchten Sie einen Großbuchstaben eingeben, müssen Sie übrigens die ⇧-Taste einmal antippen.

**INFO**

**Schnelleres Auswählen von Text**

Das Auswählen von Text geht aber noch etwas schneller: Um ein Wort zu markieren, tippen Sie einfach zweimal schnell hintereinander darauf. Es wird ausgewählt, und Sie können es dann sofort kopieren.

# Ziffern und Sonderzeichen eingeben

Um Zahlen auf Ihrer Bildschirmtastatur einzugeben, tippen Sie auf die Taste [123], und schon wandelt sich die Tastatur von einer normalen Tastatur in eine Zahlentastatur mit weiteren Sonderzeichen um.

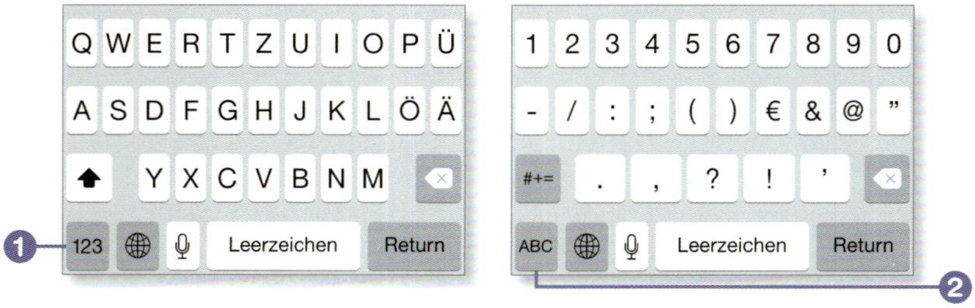


*Die Taste [123] ❶ schaltet die Tastatur um auf die Zahlendarstellung. Sie ändert sich in die Taste [ABC] ❷, mit der Sie dann wieder zur Normaldarstellung wechseln.*

In der Zahlenansicht geben Sie dann wie gewohnt Zahlen und Sonderzeichen ein. Ein Tippen auf [#+=] ❸ fördert eine erweiterte Sonderzeichenansicht zutage.

*Nach dem Antippen der [#+=]-Taste erscheint die erweiterte Sonderzeichenansicht, die sich im Wesentlichen in den oberen beiden Zeilen unterscheidet.*

Hinter manchen dieser Sonderzeichen verbergen sich weitere Optionen, die Sie erreichen, indem Sie den Finger auf der entsprechenden Taste gedrückt halten.

Die in der folgenden Tabelle aufgeführten Sonderzeichen können auf dem iPhone genutzt werden.

| Sonderzeichen | Erweiterung |
|---|---|
| 0 | ° 0 |
| - | - – — • |
| € | ₽ ₩ ¥ £ $ € |
| & | & § |
| ” | » « ” “ „ " |
| . | . … |
| ? | ? ¿ |
| ! | ! ¡ |
| , | ` ’ ‘ › ‹ ' ‚ |
| % | % ‰ |

*Alle auswählbaren Sonderzeichen in einer Übersicht*

## Die Rechtschreibkorrektur nutzen

Die Tastatur auf Smartphones ist bauartbedingt immer recht klein – auch auf dem iPhone 6 und selbst dem iPhone 6 Plus. Da passiert es natürlich schon mal, dass Sie sich verschreiben, weil Sie versehentlich auf den falschen Buchstaben tippen.

Das iPhone verfügt für derartige Fälle aber wie jedes ordentliche Office-Programm über eine Rechtschreibkorrektur, und es macht sogar schon beim Schreiben Vorschläge. Sie schalten die Rechtschreibkorrektur unter **Einstellungen ▸ Allgemein ▸ Tastatur** ein oder aus.

In der folgenden Anleitung erfahren Sie, wie Sie die Rechtschreibkorrektur in Verbindung mit QuickType nutzen:

1. Öffnen Sie eine App, in der Sie schreiben können, z. B. *Mail*, und beginnen Sie mit der Texteingabe.
2. Haben Sie aus Versehen einen falschen Buchstaben erwischt, das Wort aber ansonsten korrekt geschrieben, macht Ihnen das iPhone in der QuickType-Leiste einen Vorschlag ❶ – in unserem Fall »Hallo«.

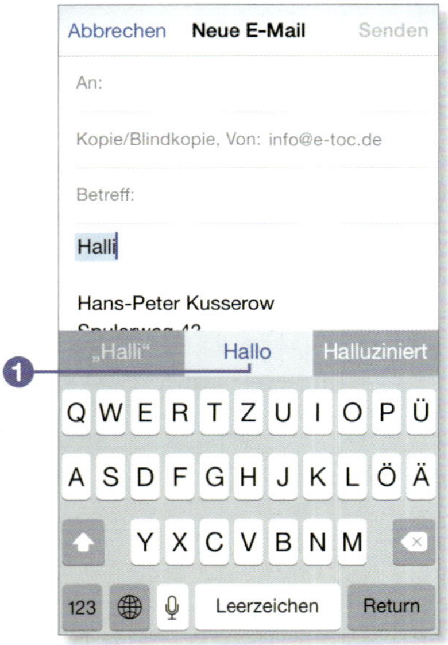


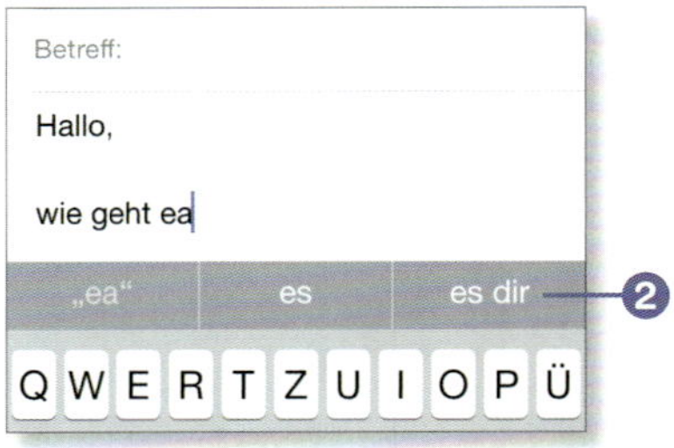


*Je mehr Sie schreiben, umso besser werden die Vorschläge.*

3. Übernehmen Sie es, indem Sie es in der QuickType-Leiste antippen.
4. Ist das vorgeschlagene Wort nicht korrekt, tippen Sie einfach so lange weiter, bis der richtige Vorschlag angeboten wird ❷.

Auf diese Art können Sie eigentlich gar nichts mehr falsch schreiben. Wenn Sie Ihre Texte lieber selbst schreiben, können Sie die Auto-Korrektur natürlich auch abstellen. Öffnen Sie dazu das Menü **Einstellungen ▸ Allgemein ▸ Tastatur**, und stellen Sie die Option **Auto-Korrektur** ab.

**INFO**

**Unterschied zwischen Korrektur und Auto-Korrektur**
Während die Auto-Korrektur selbstständig Korrekturen vorschlägt oder Wörter bei der Eingabe vervollständigt, arbeitet die Korrektur verhaltener: Sie unterstreicht falsch geschriebene Wörter, und Sie müssen auf ein unterstrichenes Wort tippen, um Korrekturvorschläge angezeigt zu bekommen.

## Zusätzliche Sprachen einstellen

Um auch in anderen Sprachen Texte verfassen und dabei die äußerst praktische Rechtschreibkorrektur nutzen zu können (siehe dazu den Abschnitt »Die Rechtschreibkorrektur nutzen« ab Seite 57), können Sie weitere Sprachen wählen.

1. Tippen Sie auf **Einstellungen ▸ Allgemein ▸ Tastatur ▸ Tastaturen**, und wählen Sie unter **Tastatur hinzufügen** eine beliebige Sprache aus. Das können Sie mehrfach hintereinander wiederholen.

2. Nachdem Sie alle Sprachen ausgewählt haben, die Sie benötigen, können Sie noch die Reihenfolge der Sprachen verändern. Tippen Sie dazu auf **Bearbeiten**, und verschieben Sie die einzelnen Sprachen in ihrer Reihenfolge ganz nach Ihrem Geschmack, indem Sie auf die drei Linien tippen und den Finger beim Ziehen auf dem Display lassen. Wenn Sie so weit sind, tippen Sie auf **Fertig** ❶.

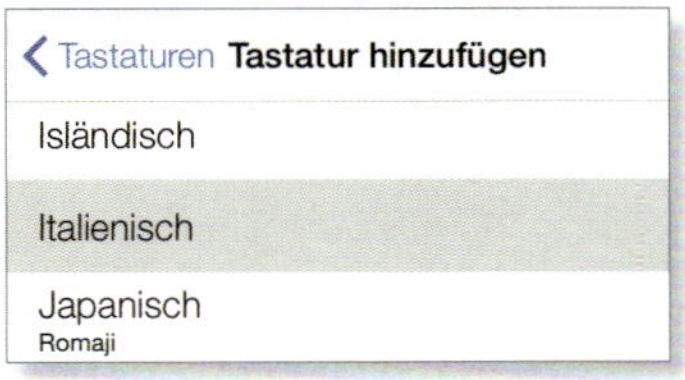

Ich zeige Ihnen die beiden in unserem Beispiel ausgewählten zusätzlichen Tastatursprachen im nächsten Bild noch einmal in der Gegenüberstellung.

*Das Bild links zeigt die englische Tastatur mit einer* `space` *- und einer* `return` *-Taste; rechts sehen Sie die italienische Tastatur mit der* `spazio` *- und der* `invio` *-Taste.*

Selbstverständlich können Sie während des Schreibens auch zwischen den einzelnen Tastaturen wechseln. Nutzen Sie dazu das Weltkugelsymbol ❷. Tippen Sie einmal darauf, und Sie wechseln zur nächsten Sprache. Wenn Sie den Finger etwas länger auf dieser Taste halten, sehen Sie ein Sprachwahlmenü, über das Sie nun auch die Sprache direkt wählen können.

Als besonderes Schmankerl können Sie als neue Tastatursprache auch sogenannte *Emoji-Symbole* einblenden, also Icons, mit denen Sie Emotionen in Ihren Texten bildlich zeigen können. Wählen Sie dafür einfach im Menü **Einstellungen ▸ Allgemein ▸ Tastatur ▸ Tastaturen ▸ Tastatur hinzufügen** den Eintrag **Emoji-Symbole** aus.

Danach können Sie diese Symbolsprache genauso wie Ihre anderen Tastaturen über das Weltkugelsymbol auswählen.

# Tipps für eine schnellere Eingabe

Bald werden Sie feststellen, dass das Schreiben relativ flott geht. Trotzdem können Sie Ihre Eingabegeschwindigkeit noch weiter erhöhen. In diesem Abschnitt gebe ich Ihnen dazu ein paar Tipps.

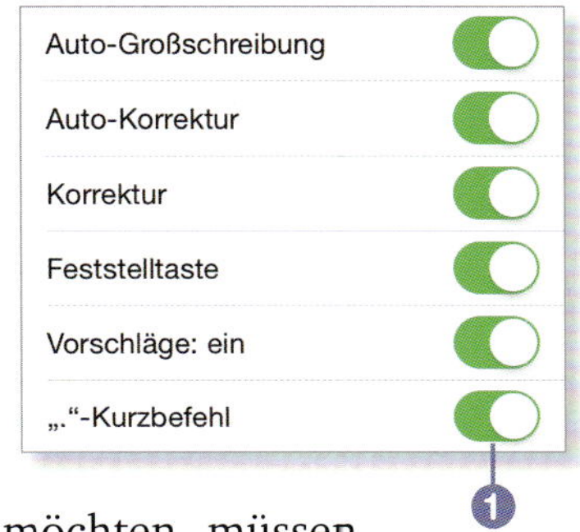


Zuerst sollten Sie sicherstellen, dass Sie an Ihrem iPhone alle notwendigen Einstellungen für schnelleres Schreiben vorgenommen haben. Dazu müssen Sie unter **Einstellungen ▶ Allgemein ▶ Tastatur** dafür sorgen, dass Sie alle Optionen entsprechend ausgewählt haben.

## Satzzeichen und Ziffern schneller eingeben

Wenn Sie einen Satz beenden und einen Punkt setzen möchten, müssen Sie nicht jedes Mal zur Bildschirmtastatur für die Zahlen und Sonderzeichen wechseln, auf der sich der Punkt befindet. Es gibt eine viel schnellere Möglichkeit, die Sie durch die Option **».«-Kurzbefehl** (1) ein- oder ausstellen. Tippen Sie einfach zweimal schnell hintereinander auf die Leertaste, und direkt am Wortende wird ein Punkt eingefügt, gefolgt von einem Leerzeichen, damit Sie sofort weiterschreiben können.

Um spezielle Zeichen wie Klammern, einen Doppelpunkt, ein Frage- oder Ausrufezeichen oder Zahlen einzugeben, gibt es auch eine superschnelle Möglichkeit: Tippen Sie auf die [123]-Taste, und ziehen Sie den Finger, *ohne ihn abzusetzen*, an die Stelle des Zeichens, das Sie einfügen möchten. Lösen Sie erst dann den Finger vom Display, wenn das Zeichen hervorgehoben wird. Es wird nun eingefügt, und das Display springt automatisch wieder in den normalen Schreibmodus zurück. Auf diese Weise sparen Sie viel Zeit.

## Die Feststelltaste

Eine weitere Möglichkeit, Zeit zu sparen, ergibt sich, wenn Sie mehrere Zeichen hintereinander in Großbuchstaben schreiben müssen. Normalerweise müssten Sie vor jedem Buchstaben einmal die [⇧]-Taste antippen, um einen weiteren Großbuchstaben zu erzeugen.

Das ist jedoch gar nicht nötig. Stattdessen tippen Sie zweimal schnell hintereinander auf die [⇧]-Taste. Die Taste ändert daraufhin ihr Aussehen.

Schreiben Sie dann das Wort, und tippen Sie zum Beenden des Großschreibmodus noch einmal auf die [⇧]-Taste. Diese Funktion können Sie unter **Einstellungen ▸ Allgemein ▸ Tastatur ▸ Feststelltaste** ein- und ausschalten.

### Eingaben widerrufen

Haben Sie sich einmal so richtig verschrieben, hilft die »Schüttelfunktion« Ihres iPhones. Wenn Sie es schütteln, widerrufen Sie damit Ihre letzte Eingabe, und anschließend können Sie dann Ihren Text erneut eingeben.

## Kurzbefehle einfügen

Sie können noch schneller schreiben, indem Sie Kurzbefehle nutzen, um etwa immer wiederkehrende Floskeln ausschreiben zu lassen. Tippen Sie z. B. »mfg«, und Ihr iPhone macht automatisch »Mit freundlichen Grüßen« daraus.

1. Öffnen Sie dazu das Menü **Einstellungen ▸ Allgemein ▸ Tastatur**, und tippen Sie im Bereich **Kurzbefehle** auf **Kurzbefehl hinzufügen**.
2. Geben Sie in das Feld **Text** ❶ den Text ein, den Sie automatisch schreiben lassen möchten, und in das Feld **Kurzbefehl** ❷ das dafür von Ihnen gewählte Kürzel.
3. Zum Schluss tippen Sie auf **Sichern** ❸, um den von Ihnen auf diese Weise erstellten Kurzbefehl zu speichern.

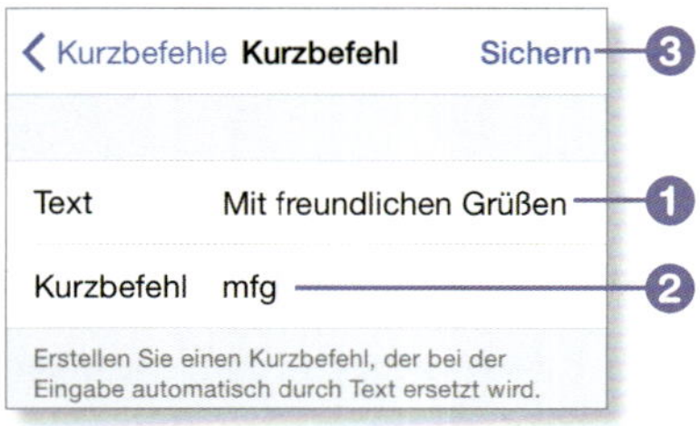


Wenn Sie in Zukunft einen Text schreiben, in dem dieser Kurzbefehl vorkommt, wird Ihr iPhone dieses Kürzel automatisch immer durch die Langversion ersetzen.

# Den Cursor positionieren und Text auswählen

Wenn Sie einen längeren Text auf Ihrem iPhone verfassen möchten, z. B. eine E-Mail, kann es vorkommen, dass Sie mal an eine bestimmte Stelle im Text springen müssen, um dort etwas einzufügen. Sie können natürlich einfach auf die Stelle tippen und hoffen, dass Sie den richtigen Punkt für Ihre Eingabe gefunden haben. Dieses Verfahren ist jedoch recht unpräzise, und Sie werden feststellen, dass Sie in der Regel nicht oder nur zufällig zum gewünschten Ergebnis gelangen. Es gibt für dieses Problem jedoch eine Lösung, die ich Ihnen hier vorstellen werde:

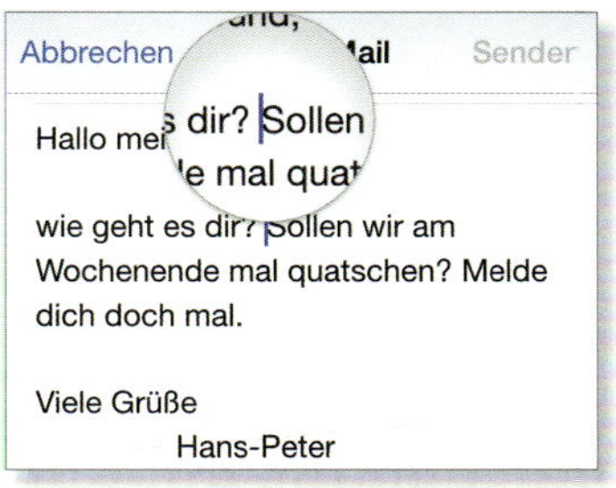


1. Tippen Sie auf den Text, und lassen Sie den Finger auf dem Display. Nach etwa zwei Sekunden erscheint auf dem Display eine Lupe, in welcher der Cursor und die Textstelle vergrößert dargestellt werden.

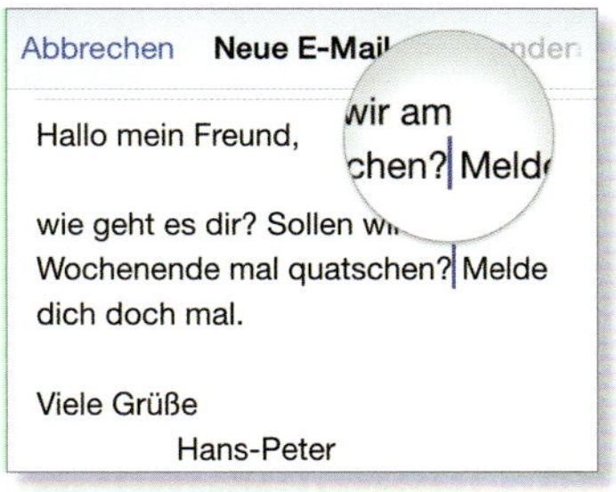


2. Ziehen Sie den Cursor an die Stelle, an der Sie weiteren Text eingeben möchten, und nehmen Sie dann den Finger vom Display. Der Cursor steht nun an der richtigen Stelle.

3. Wenn Sie das Display losgelassen haben und der Cursor richtig positioniert ist, geben Sie entweder eigenen Text ein oder fügen einen bereits vorher ausgewählten Text mithilfe der **Einsetzen**-Schaltfläche (1) aus dem Zwischenspeicher des iPhones ein.

Wie Sie Text kopieren bzw. ausschneiden, um ihn an anderer Stelle wieder einzusetzen, erfahren Sie im nächsten Abschnitt. Das funktioniert sogar App-übergreifend – z. B. können Sie Text in Safari markieren, kopieren und ihn in eine Notiz einfügen.

## Kopieren und einfügen

Wenn Sie z. B. einen bestimmten Text aus einer Notiz in eine E-Mail hineinkopieren möchten, um ihn zu versenden, können Sie das mit der integrierten Kopieren-und-einfügen-Funktion (*Copy & Paste*) erledigen. Auch Textkorrekturen gelingen so schneller.

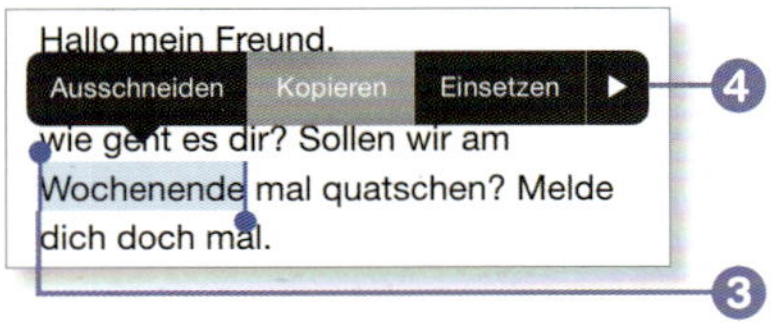


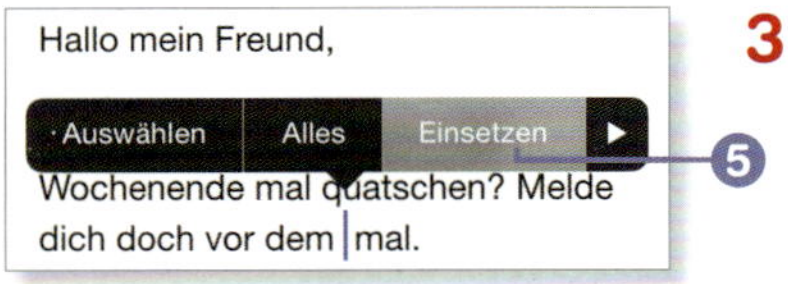


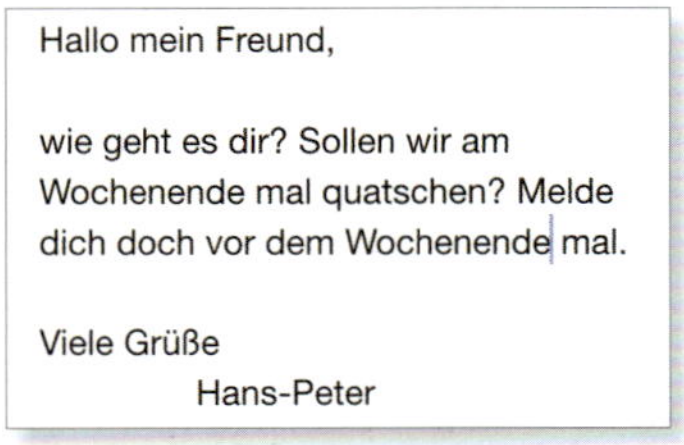


1. Um etwas zu kopieren, markieren Sie diesen Text zuerst, indem Sie einmal darauf tippen und in dem *Overlay-Menü*, das dann erscheint, auswählen, was Sie vorhaben. Hier markieren Sie entweder den ganzen Text (**Alles** ❶), oder Sie tippen auf **Auswählen** ❷.
2. In letzterem Fall wird das Wort, in dem der Cursor steht, blau markiert und mit zwei Anfasserpunkten ❸ versehen. Wenn Sie mehr als ein Wort markieren möchten, ziehen Sie einen der Anfasserpunkte mit dem Finger über den Text, bis der gewünschte Bereich markiert ist.
3. Ein weiteres Overlay-Menü erscheint, in dem Sie auswählen, ob Sie den markierten Text ausschneiden, kopieren, einsetzen oder ersetzen (im erweiterten Menü, das Sie über den Pfeil ❹ erreichen) möchten. Für unser Beispiel wählen wir den Befehl **Kopieren** aus.
4. Setzen Sie den Cursor an die Stelle, an der Sie den kopierten Text einfügen möchten, indem Sie an der entsprechenden Stelle auf das Display tippen. Wählen Sie dann **Einsetzen** ❺ aus dem Menü.

Der Text wird daraufhin an genau der Stelle eingefügt, an der der Cursor steht. Auf diese Weise können Sie auch am iPhone Ihre Texte ganz leicht editieren, ohne ständig alles neu schreiben zu müssen.

Das Ausschneiden von Text funktioniert übrigens ganz genauso, nur dass Sie statt **Kopieren** den Befehl **Ausschneiden** wählen und der Text an der ursprünglichen Stelle entfernt wird.

# Kapitel 3
# Telefonieren

Telefonieren können Sie mit dem iPhone neben allen anderen Funktionen tatsächlich auch – und das sogar sehr gut. Wie Sie alle Telefonfunktionen sinnvoll nutzen können, erfahren Sie in diesem Kapitel.

*Das iPhone funktioniert im Prinzip wie alle anderen Telefone: Erst wird gewählt, dann gesprochen. Suchen Sie einen Kontakt aus dem Adressbuch aus, oder geben Sie die Nummer über den Ziffernblock ein.*

# Eine Telefonnummer wählen

Die einfachste Möglichkeit, mit Ihrem iPhone zu telefonieren, ist das Wählen einer Nummer über den Ziffernblock.

1. Um zu telefonieren, tippen Sie einmal kurz auf das grüne Telefonsymbol im Dock.
2. Das Telefon öffnet sich. Wählen Sie den vierten Punkt in der Tab-Leiste aus, **Ziffernblock** ❶. Die gewählte Option wird blau hervorgehoben.
3. Geben Sie auf dem nun erschienenen Ziffernblock ❷ eine Telefonnummer ein, und tippen Sie dann auf die grüne **Hörertaste** ❸. Daraufhin wählt Ihr iPhone die Nummer, und Sie werden mit dem Anschluss verbunden.

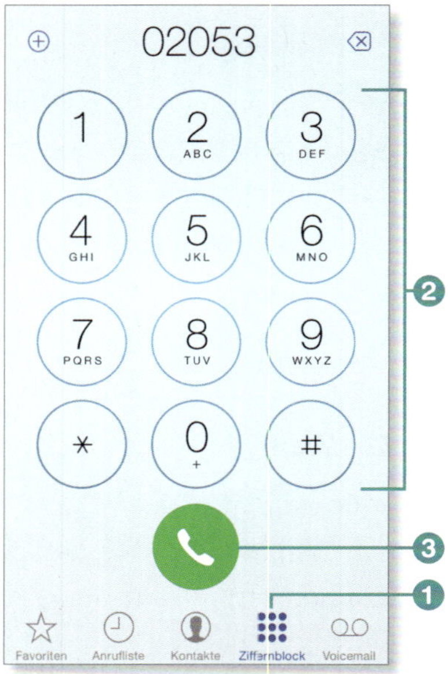


Auf dem Display wird die Dauer des Anrufs eingeblendet, außerdem haben Sie die Möglichkeit, auf mehrere Befehle zuzugreifen: **Stumm**, **Ziffernblock**, **Lautsprecher**, **Anruf hinzufügen**, **FaceTime** und **Kontakte**. Weitere Informationen zu den verschiedenen Funktionen finden Sie im Abschnitt »Mit mehreren Teilnehmern sprechen und Anrufe halten« ab Seite 78. Wenn Sie Ihr aktuelles Telefonat beenden möchten, tippen Sie einfach auf die Schaltfläche mit dem roten Hörer.

### Eine unbekannte Nummer zu den Kontakten hinzufügen

Haben Sie einmal über den Nummernblock eine Nummer gewählt, die noch nicht in Ihren Kontakten gespeichert ist, so können Sie das mit einem Fingertipp erledigen.

1. Tippen Sie links oben auf das kleine Plussymbol ❹.

2. Am unteren Teil des Bildschirms erscheint nun eine Auswahl, über die Sie einen neuen Kontakt erstellen oder die Nummer einem Kontakt hinzufügen können. Eine schnelle und einfache Methode, unbekannte Nummern zu speichern.

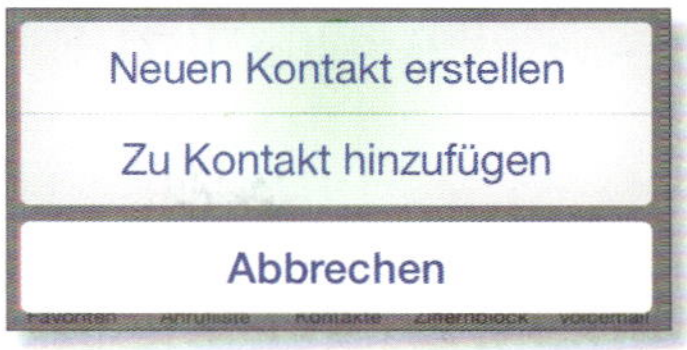


INFO

**Stummschaltung und Lautsprecher**

Wenn Sie während eines Anrufs auf die Schaltfläche **Stumm** tippen, die auf dem Display zu sehen ist, wird Ihr Mikro abgestellt, und Ihr Gesprächspartner kann Sie nicht mehr hören. Mit **Lautsprecher** hingegen können Sie weitere Personen Ihr Gespräch mithören lassen. Beide Funktionen deaktivieren Sie mit einem erneuten Tippen auf die entsprechende Schaltfläche.

### Die Wahlwiederholung nutzen

Möchten Sie eine Nummer, die Sie vorher nicht erreicht haben, noch einmal anrufen, können Sie dafür die Wahlwiederholung verwenden. Tippen Sie einfach erneut auf den grünen Hörer, und die zuletzt gewählte Nummer wird angezeigt. Nochmaliges Antippen und die angezeigte Nummer wird erneut angewählt.

## Einen Kontakt anrufen

Wenn Sie Ihr iPhone schon einmal mit Ihrem PC oder Mac oder über iCloud synchronisiert haben, haben Sie auch Ihre Kontakte, die Sie entweder mit Outlook oder auf dem Mac im Adressbuch (*Kontakte*) gepflegt haben, auf dem iPhone gespeichert. Daneben legen Sie natürlich auch direkt auf dem iPhone neue Kontakte an (siehe dazu den Kasten »Einen neuen Kontakt anlegen« auf Seite 68 oder den Abschnitt »Kontakte verwalten« ab Seite 170). Diese Kontakte können Sie nutzen, um jemanden mit dem iPhone anzurufen. Das geht wie folgt:

1. Nach einem Fingertipp auf das Telefonsymbol tippen Sie in der Tab-Leiste auf das **Kontakte**-Symbol ❶.

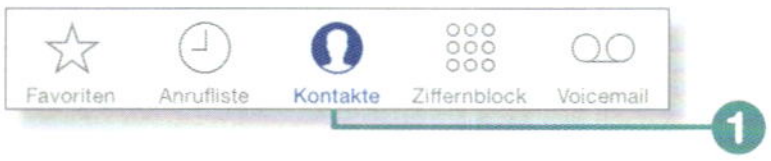


2. Daraufhin öffnet sich Ihre Kontaktliste. Durchsuchen Sie sie nun entweder nach einem bestimmten Namen ❷, oder wischen Sie von unten nach oben durch Ihre Kontakte. Um z. B. alle Einträge unter »K« aufzurufen, tippen Sie mit dem Finger auf diesen Buchstaben ❸.

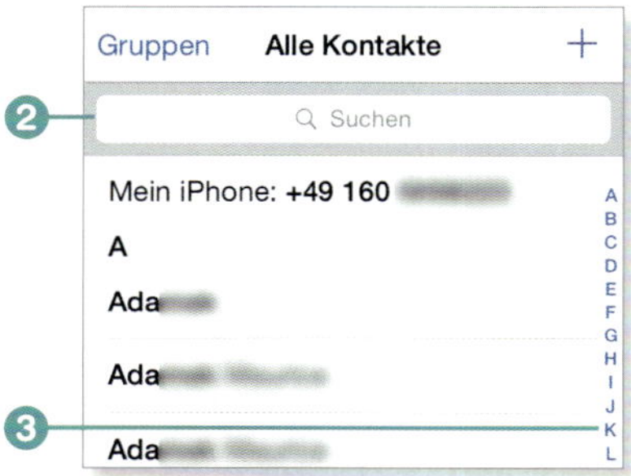

3. Wenn Sie den Kontakt Ihrer Wahl gefunden haben, tippen Sie ihn einmal an, und er öffnet sich. Tippen Sie auf die Telefonnummer, und das iPhone startet umgehend den Wahlvorgang.

INFO

**Einen neuen Kontakt anlegen**

Neue Kontakte lassen sich auf mehreren Wegen anlegen. Entweder tippen Sie auf das Plussymbol oben rechts in der Kontakte-App und tragen dann alle Daten ein, die Sie speichern möchten (Name, Nummer, E-Mail-Adresse, Geburtstag etc.), oder Sie öffnen Ihre Anrufliste und tippen auf den blauen Pfeil rechts neben dem Teilnehmer, dessen Nummer Sie speichern möchten. Im darauf folgenden Menü tippen Sie auf **Neuen Kontakt erstellen**, um einen ganz neuen Eintrag anzulegen, und ergänzen dann alle weiteren Daten (die Telefonnummer wird automatisch übernommen). Bei der SMS eines nicht gespeicherten Kontakts funktioniert es ähnlich: Tippen Sie oben rechts auf **Kontakt** und dann auf **Neuen Kontakt erstellen**.

Wie Sie Ihr Mac-Adressbuch mit Ihren iPhone-Kontakten synchronisieren, erfahren Sie im Abschnitt »Anrufergruppen synchronisieren und nutzen« ab Seite 88.

## Einen Anruf annehmen

Einen Anruf anzunehmen ist ebenfalls ganz einfach:

1. Wenn Sie angerufen werden und Ihr iPhone sich im Standby-Modus befindet, leuchtet das Display, und der Schieberegler, der sonst zum Entsperren dient, verändert sich und wird zu einem runden Symbol mit einem grünen Hörer darin. Die Beschriftung lautet nun **Annehmen**.

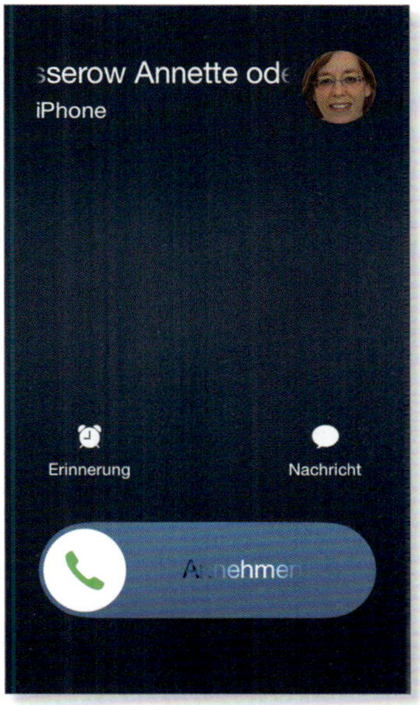


2. Entriegeln Sie das Telefon, indem Sie den Regler mit dem Finger von links nach rechts wischen. Sie können dann sofort telefonieren.
3. Ist Ihr iPhone bereits entriegelt, weil Sie gerade etwas damit gemacht haben, sieht die Annahme etwas anders aus, wie im nächsten Bild zu sehen ist. Wenn Sie den Anruf entgegennehmen möchten, tippen Sie auf **Annehmen**; wenn Sie gerade keine Zeit haben, tippen Sie daneben auf **Ablehnen**.

Wenn Sie einen Anruf gerade nicht annehmen können oder einen Anruf verpasst haben, können Sie den Anrufer darüber informieren oder ihn später zurückrufen. Näheres dazu lesen Sie im folgenden Abschnitt oder auch im Abschnitt »Verpasste Anrufe anzeigen« ab Seite 74.

## Eine Absage senden

Angenommen, Sie werden angerufen und wollen – aus welchen Gründen auch immer – den Anruf nicht direkt annehmen. Hier bietet das iPhone eine Funktion, mit der Sie den Anruf ablehnen und das dem Anrufer schnell und unkompliziert per SMS mitteilen können. Dabei stehen Ihnen zudem verschiedene Antwortvarianten zur Verfügung.

1. Tippen Sie in einem solchen Fall auf **Nachricht** ❶ oberhalb von **Annehmen**, und antworten Sie mit einer der vorgefertigten Nachrichten ❷.

2. Sie können auch einen eigenen Text verfassen, indem Sie unter **Einstellungen ▸ Telefon ▸ Mit Nachricht antworten** den vorgefertigten Textbaustein einfach mit einem neuen Text überschreiben ❸.

3. Diesen Text können Sie dann über den Punkt **Eigene** ❹ im Anrufmenü **Nachricht** auswählen wie in Schritt 1 gezeigt.

Auf diese Weise haben Sie einen persönlichen Text verfasst, der dem Anrufer als SMS zugeht, damit er weiß, dass Sie seinen Anruf nicht entgegennehmen konnten, aber wahrgenommen haben.

### Später erinnern

Wenn Sie bei einem eingehenden Anruf auf **Erinnerung** 5 tippen, können Sie entscheiden, ob Sie **In einer Stunde**, **Beim Verlassen** oder **Bei der Ankunft zu Hause** an das entgangene Telefonat erinnert werden möchten. In beiden Fällen springt der Anrufbeantworter an und nimmt den Anruf an Ihrer Stelle entgegen.

> **TIPP**
>
> **Kontakte und Rufnummern sperren**
>
> Möchten Sie von bestimmten Kontakten oder einzelnen Rufnummern künftig nicht mehr gestört werden, bietet Ihnen iOS 8 eine neue Funktion, z. B. Werbeanrufe oder -SMS dauerhaft zu unterbinden. Eine Rufnummer aus Ihrer Anrufliste (**Telefon ▸ Anrufliste**) blockieren Sie, indem Sie auf das kleine **i** hinter der Rufnummer oder dem Kontaktnamen tippen. Wischen Sie über das folgende **Info**-Menü von unten nach oben, um zum Menüpunkt **Anrufer sperren** zu gelangen. Tippen Sie darauf, und bestätigen Sie im folgenden Menü mit der Schaltfläche **Kontakt sperren** Ihre Auswahl. Die Liste der gesperrten Rufnummern können Sie jederzeit unter **Einstellungen ▸ Telefon ▸ Gesperrt** einsehen und über die **Bearbeiten**-Schaltfläche oben rechts anpassen. Haben Sie eine Rufnummer oder einen Kontakt auf die Liste der gesperrten Anrufer gesetzt, erhalten Sie von diesem keine Anrufe, Nachrichten oder FaceTime-Anrufe mehr.

Haben Sie die Schaltfläche **In einer Stunde** angetippt, wird eine sogenannte tagesabhängige Erinnerung 6 erzeugt, die Sie dann nach Ablauf von einer Stunde an den entgangenen Anruf erinnert. Wenn Sie sich hingegen dafür entschieden haben, auf **Beim Verlassen** zu tippen, werden Sie an den Anruf erinnert, wenn Sie Ihren derzeitigen Standort verlassen. In diesem Fall wird also eine ortsabhängige Erinnerung 7 erzeugt. Das Gleiche geschieht, wenn Sie **Bei Ankunft** 8 gewählt haben.

In beiden Fällen werden Sie von Ihrem iPhone an den entgangenen Anruf erinnert, sodass Sie entsprechend reagieren können. Wie Sie sonst noch mit Erinnerungen arbeiten können, erfahren Sie im Abschnitt »Die App ›Erinnerungen‹« ab Seite 165.

## Favoriten einrichten

Sie können natürlich auch noch schneller wählen als über Ihre Kontaktliste. Dazu richten Sie sich eigene Favoriten ein. Die Einstellung als Favorit gilt jeweils nur für eine bestimmte Telefonnummer Ihres jeweiligen Kontakts. Um einen Favoriten anzulegen, gehen Sie wie folgt vor:

1. Tippen Sie auf das Telefonsymbol und anschließend auf **Favoriten** ❶ – den ersten Eintrag in der Tab-Leiste.
2. Das leere **Favoriten**-Fenster öffnet sich. Tippen Sie auf das Plussymbol ❷, um einen Favoriten hinzuzufügen. Es öffnet sich wieder die Kontaktliste, aus der Sie dann einen Kontakt für die Favoriten auswählen.

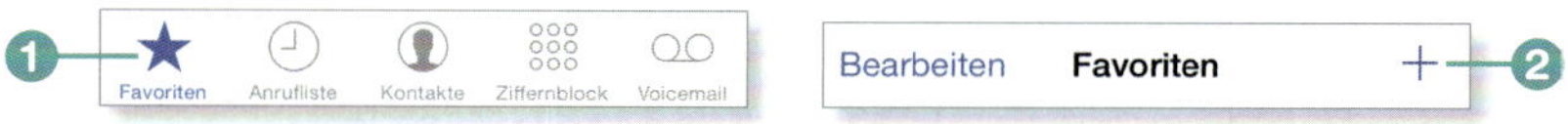


3. Nun können Sie entscheiden, ob Sie z. B. die private Rufnummer ❸ oder die mobile Rufnummer ❹ anrufen möchten, die Nummer für einen FaceTime-Anruf ❺ (Videotelefonat) oder für einen FaceTime-Audio-Anruf ❻ (also ein datenbasiertes Gespräch mit einem iOS- oder Mac-Nutzer, aber ohne Videobild) nutzen möchten.

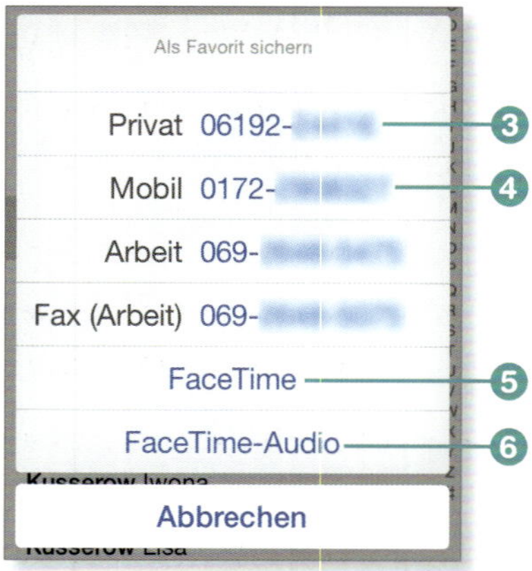


4. Wir entscheiden uns hier für einen Sprachanruf mit der mobilen Nummer. Schon ist ein neuer Favorit angelegt – in diesem Fall mit der Handynummer, was Sie rechts an der Angabe **iPhone** ❼ bzw., wenn es sich nicht um ein iPhone handelt, am Schriftzug **Mobil** erkennen. Ver-

fügt der Kontakt über mehrere Nummern, werden alle angezeigt und Sie können die entsprechende Nummer auswählen.

Welche Ihrer Kontakte zu den Favoriten gehören, erkennen Sie übrigens in Ihrer normalen Kontaktliste an einem kleinen blauen Sternchen.

INFO

**Welche Nummer in die Favoriten?**

Da ein Favorit immer nur mit einer Nummer vertreten sein kann, müssen Sie, wenn ein Kontakt mehrere Telefonnummern hat und Sie all diese für den Favoritenstatus auswählen wollen, mehrere einzelne Favoriten anlegen, z. B. für die Festnetznummer und die Mobilfunknummer separat. Das mag etwas umständlich sein, lässt sich allerdings leider nicht vermeiden. Ansonsten nehmen Sie einfach die Nummer, unter der Ihr Favorit am besten zu erreichen ist.

## Der richtige Umgang mit der Anrufliste

Die Anrufliste ist sehr nützlich, denn sie verzeichnet alle Anrufe und Anrufversuche, die Sie mit Ihrem iPhone unternommen haben. Selbstverständlich werden hier auch die verpassten Anrufe protokolliert. So können Sie leicht jemanden zurückrufen, dessen Anruf Sie nicht entgegennehmen konnten.

1. Um in die Ansicht der Anrufliste zu gelangen, tippen Sie wieder das Telefonsymbol an und wählen anschließend den zweiten Eintrag, **Anrufliste**, in der Tab-Leiste.
2. Die Anrufliste öffnet sich. Die erfolgten Anrufe werden, wenn die Nummern im Telefonbuch Ihres iPhones stehen, mit Namen angezeigt, alle anderen Anrufe mit der entsprechenden Telefonnummer. Ihr iPhone

zeigt auch an, ob es sich um eine private, mobile oder geschäftliche Nummer handelt. Voraussetzung dafür ist natürlich die gute Pflege Ihrer Kontaktdaten.

3. Die Standardansicht ist die Ansicht **Alle** (1), mit der alle Anrufe gemeint sind, die Sie mit dem iPhone getätigt haben oder die bei Ihnen eingegangen sind.

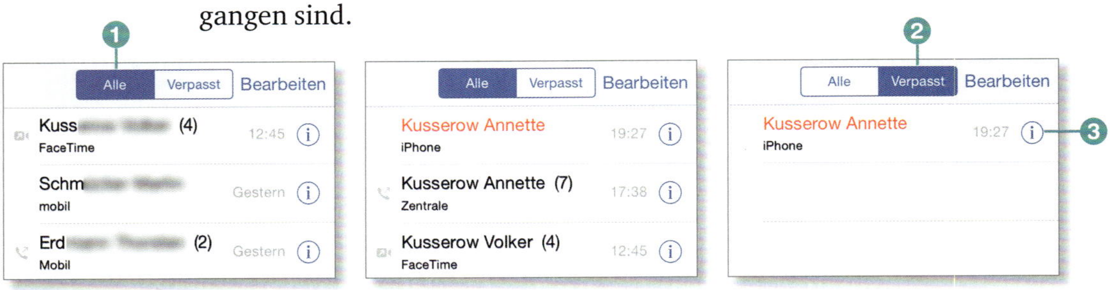


4. Verpasste Anrufe werden auf dem iPhone in Rot dargestellt, sodass sie Ihnen sofort auffallen. Diese Anrufe sehen Sie selbstverständlich nicht nur unter **Alle**, sondern auch unter **Verpasst** (2). Sie wechseln mit der entsprechenden Schaltfläche oberhalb der Anrufliste zu den verpassten Anrufen.

Sie können auch ganz schnell bei Ihrem Kontakt nachschauen, welche Nummern und Informationen Ihnen zu ihm noch bekannt sind. Tippen Sie dazu auf das **i** (3) rechts neben der Anrufanzeige. Sie sehen nun den Kontakt, wann genau der Anrufversuch stattgefunden hat und unter welcher Nummer er erfolgt ist.

Welche Ansicht Sie nutzen, bleibt ganz Ihnen überlassen. Ein Tipp: Wenn Sie unter **Alle** bereits eine lange Anrufliste haben, kann es etwas mühsam werden, über alle verpassten Anrufe den Überblick zu behalten. In diesen Fällen wechseln Sie einfach auf **Verpasst**.

## Verpasste Anrufe anzeigen

Wenn Sie einmal einen Anruf verpasst haben, ist das kein Problem. Ihr iPhone zeigt es Ihnen auf mehrere Arten an. Als Erstes wird eine Meldung auf dem Sperrbildschirm angezeigt 4. Sie können aus dieser Situation bereits zurückrufen, indem Sie das Telefonsymbol einfach – analog zum Entsperren – nach rechts schieben. Ihr iPhone leitet dann sofort den Rückruf ein.

Wischen Sie in die andere Richtung, also von rechts nach links, können Sie die Meldung aus dem Sperrbildschirm löschen, indem Sie auf das kleine Kreuzchen 5 tippen.

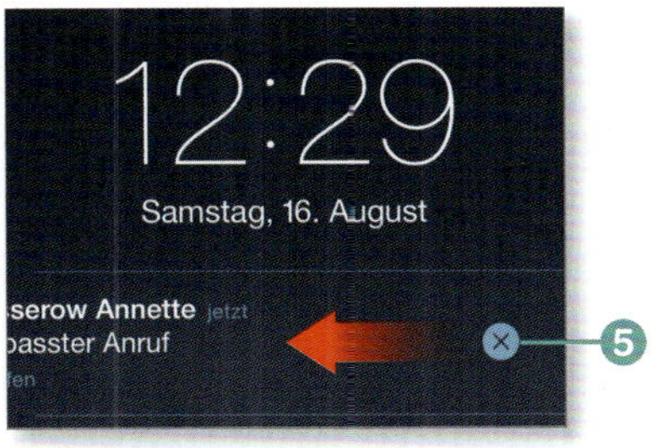


Hat der Anrufer auf Ihre Mailbox gesprochen, erkennen Sie das ebenfalls direkt im Sperrbildschirm an der Nachricht **Voicemail**. Schieben Sie, wie schon beim Rückruf, das Symbol nach rechts, um die Nachricht abzuhören. Wenn Sie Ihr iPhone entriegelt haben, erkennen Sie die Anzahl der entgangenen Gespräche an einer kleinen Zahl rechts oben am Telefonsymbol.

Schließlich erkennen Sie die Anzahl entgangener Gespräche, nachdem Sie auf das Telefonsymbol getippt haben, ebenfalls an der kleinen Zahl rechts oben am Tab **Anrufliste**. Sollten Sie bei Ihrem Provider die Einstellung gewählt haben, dass Sie eine SMS erhalten, wenn Sie einen Anruf verpasst

haben, wird Ihnen zusätzlich eine entsprechende Nachricht geschickt, die auf Ihrem Display erscheint. Bei Bedarf können Sie sich den Anruf auch über die *Mitteilungszentrale* anzeigen lassen. Ziehen Sie dazu aus dem oberen Rand des Bildschirms die Mitteilungszentrale wie eine Jalousie herunter.

Um diese Benachrichtigungen zu aktivieren, müssen Sie lediglich die Telefon-App in die Mitteilungszentrale aufnehmen. Sie finden die Mitteilungszentrale im Menü **Einstellungen ▸ Mitteilungen**. Tippen Sie auf **Telefon** 6, und schieben Sie den Regler bei **Mitteilungen erlauben** 7 nach rechts.

TIPP

**Störende Anzeige für verpassten Anruf loswerden**

Wenn Sie den Anrufer nicht unmittelbar zurückrufen, aber die kleine Zahl in der Anzeige wieder loswerden möchten, öffnen Sie die Anrufliste und schließen sie direkt wieder. Der verpasste Anruf wird trotzdem noch in Rot angezeigt, aber die Zahl am Telefonsymbol ist nun verschwunden.

## Die Anrufliste löschen

Wenn Sie Ihre Anrufliste nach einiger Zeit zu unübersichtlich und voll finden, können Sie sie selbstverständlich auch löschen. Entweder leeren Sie sie komplett, oder Sie entfernen nur einzelne Anrufe. Zunächst zeige ich Ihnen, wie Sie die komplette Liste löschen.

1. Öffnen Sie die Anrufliste über **Telefon ▸ Anrufliste**, und tippen Sie dann oben rechts in Ihrer Anrufliste auf den Menüpunkt **Bearbeiten**.

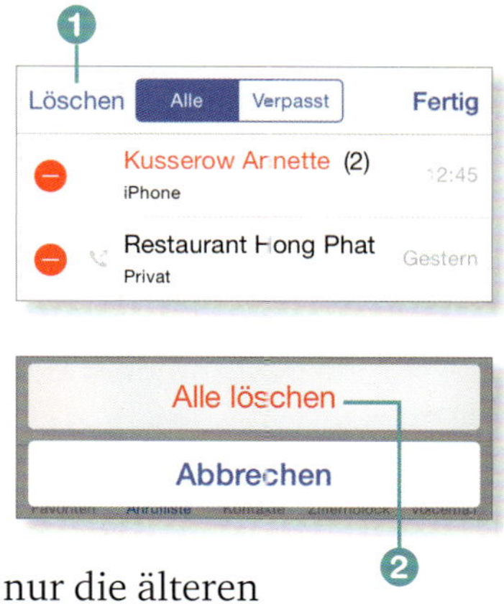


2. Das Menü verändert sich. Vor den einzelnen Einträgen erscheinen rote Minuszeichen (dazu mehr im nächsten Abschnitt). Tippen Sie auf **Löschen** ①, um die Liste zum Löschen bereitzumachen.
3. Um die komplette Liste zu bereinigen, tippen Sie mit dem Finger auf die Schaltfläche **Alle löschen** ② ganz unten.

Um aus der Anrufliste nur einzelne Anrufe zu löschen, z. B. nur die älteren Datums, müssen Sie wie gesagt etwas anders vorgehen. Wie, das erfahren Sie im nächsten Abschnitt.

### Einzelne Anrufe aus der Liste löschen

Zum Löschen einzelner Anrufe aus der Anrufliste gehen Sie folgendermaßen vor:

1. Tippen Sie in Ihrer Anrufliste oben rechts auf den Menüpunkt **Bearbeiten**. Sie sehen nun vor den einzelnen Einträgen rote Minuszeichen.
2. Tippen Sie einfach auf das kleine Minussymbol ③ auf der linken Seite des Anrufeintrags, den Sie löschen möchten, damit rechts vom betreffenden Eintrag eine **Löschen**-Schaltfläche ④ erscheint.
3. Tippen Sie darauf, und der Anrufeintrag wird aus der Liste entfernt.

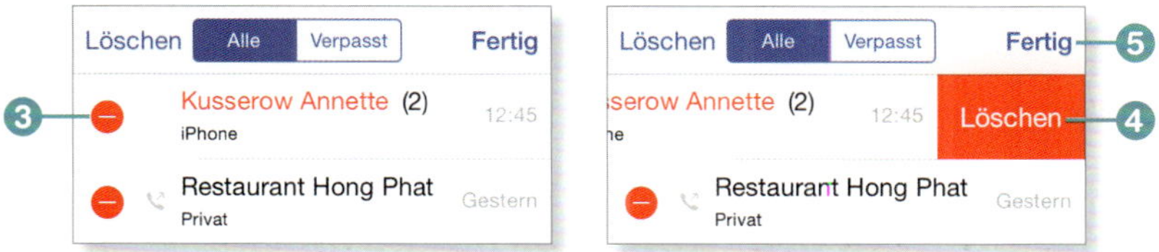


4. Um die Bearbeitung der Anrufliste abzuschließen, tippen Sie zum Schluss auf **Fertig** ⑤.

Eine noch schnellere Möglichkeit ist, den Eintrag der Anrufliste, den Sie löschen möchten, mit dem Finger nach links zu ziehen. Auch dann wird die **Löschen**-Schaltfläche angezeigt, und Sie müssen die **Bearbeiten**-Schaltfläche gar nicht benutzen.

## Wo finde ich meine eigene Telefonnummer?

Wie das immer so geht mit den Telefonnummern – man kann sich viele Nummern merken, nur die eigene vergisst man ständig. Ist ja auch kein Wunder, man ruft sich selbst ja in der Regel nicht an ... Ihr iPhone hält Ihre Nummer aber immer für Sie bereit.

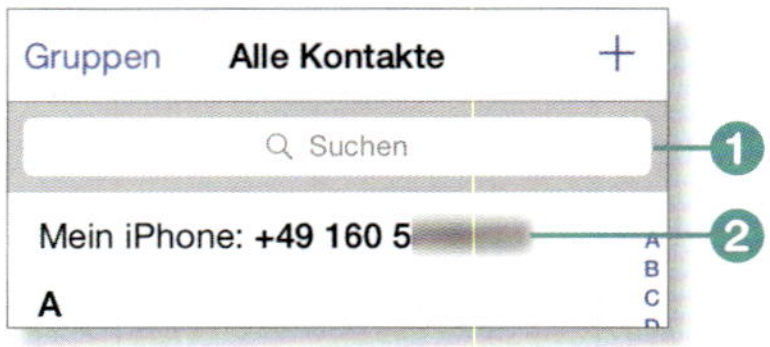


1. Um die eigene Nummer angezeigt zu bekommen, tippen Sie auf das Telefonsymbol im Dock und dann auf **Kontakte**.
2. Als Nächstes scrollen Sie bis zum Anfang, bis das Suchfeld ❶ eingeblendet wird.
3. Wenn Sie nun noch einmal mit dem Finger nach unten wischen, erscheint oberhalb des Suchfeldes Ihre Mobilfunknummer ❷. Auf diese Weise haben Sie Ihre eigene Nummer immer griffbereit.

Sie können Ihre eigene Nummer natürlich auch zusammen mit Ihren restlichen Details in einem eigenen Kontakt speichern, dann haben Sie auch die Möglichkeit, mehrere Nummern einzutragen.

## Mit mehreren Teilnehmern sprechen und Anrufe halten

Mit Ihrem iPhone können Sie auch mit mehreren Personen gleichzeitig telefonieren, entweder indem Sie die einzelnen Anrufe makeln – d. h. mit einem Teilnehmer sprechen, während ein anderer Teilnehmer auf Halten gesetzt wird – oder eine Konferenzschaltung anberaumen. Wie das genau funktioniert, erfahren Sie in diesem Abschnitt.

Angenommen, Sie telefonieren mit einem Gesprächspartner, und während des Anrufs erreicht Sie ein weiteres wichtiges Gespräch, das Sie nicht aufschieben wollen, dann können Sie dieses Gespräch ebenfalls annehmen und führen, während Sie das andere Gespräch in der Leitung halten.

1. Tippen Sie zum Annehmen des zweiten Gesprächs auf **Halten + Annehmen** ➊, wenn Sie beide Anrufe aktiv halten möchten. Der neue Anruf ist nun der aktive, und der vorherige Anruf wird gehalten. Mit dem Antippen der Schaltfläche **Beenden + Annehmen** ➋ beenden Sie das erste Gespräch und nehmen das zweite an.

2. Wenn Sie auf **Halten + Annehmen** getippt haben, werden die beiden Anrufe im Display dargestellt, wobei der erste auf »Halten« gesetzt ist ➌.
3. Tippen Sie auf den mittleren Button **An Voicemail senden** ➍, wird das Gespräch an den Anrufbeantworter weitergeleitet.
4. Möchten Sie zwischen beiden Gesprächen wechseln, tippen Sie auf die **Wechseln**-Schaltfläche ➎. Der gehaltene Anruf wird dann zum aktiven ➏.

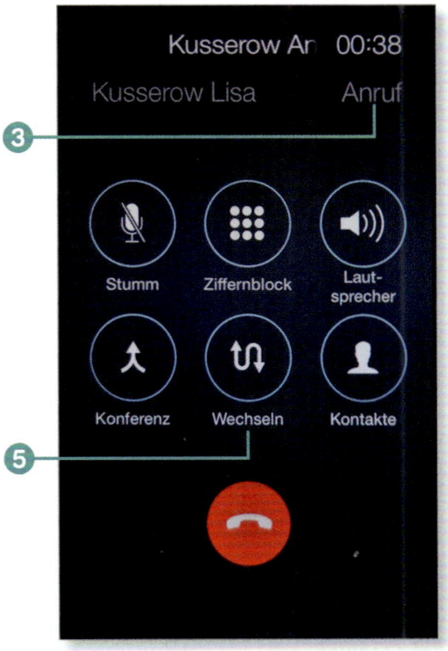


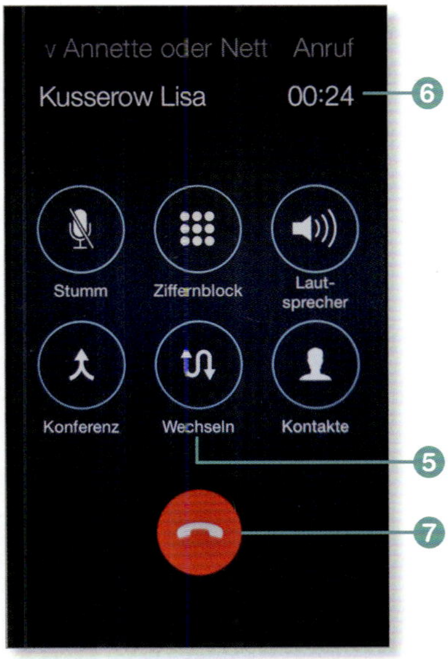


5. Tippen Sie auf **Beenden** ➐, schließen Sie lediglich das zurzeit aktive Gespräch, und der gehaltene Anruf wird zum aktiven.

**TIPP**

**Telefonieren mit mehreren Personen**

Wenn Sie bereits im Vorfeld wissen, dass Sie mit mehreren Personen gleichzeitig sprechen werden, bietet es sich an, die Freisprechfunktion zu nutzen. Das wiederum kann aber bei lauten Umgebungsgeräuschen zu einer schlechten Sprach- bzw. Empfangsqualität führen.

Eine weitere Möglichkeit ist die Nutzung eines Headsets. Entweder verwenden Sie ein Bluetooth-Headset oder die mitgelieferten Ohrhörer mit eingebautem Mikrofon. Das Ganze hat den Vorteil, dass Sie die Hände für die Bedienung des Telefons frei haben und Ihre Gespräche in Ruhe über das Display makeln können. Wie das genau funktioniert, erfahren Sie im Abschnitt »Ein Headset nutzen« ab Seite 83.

## Selbst einen zweiten Anruf tätigen

Sie können einem bestehenden Anruf auch selbst ein weiteres Gespräch hinzufügen. Tippen Sie dazu auf **Anruf hinzufügen** ❶, und wählen Sie im Anschluss einen Kontakt aus Ihrer Kontaktliste aus, oder geben Sie die Nummer über den Ziffernblock ein.

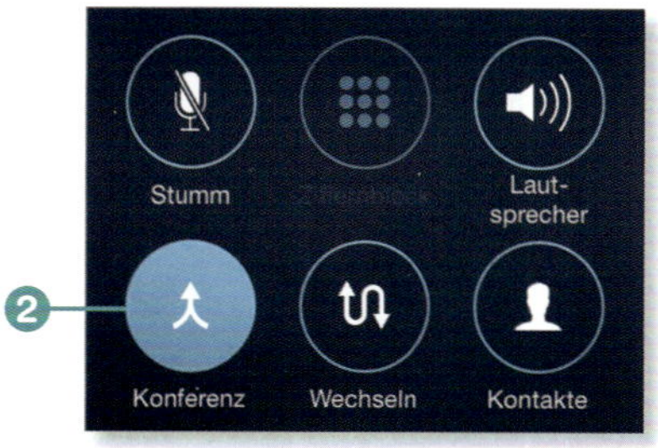


## Eine Konferenz einleiten

Angenommen, Sie möchten mit mehreren Teilnehmern gleichzeitig sprechen, sodass jeder Teilnehmer hört, was der andere sagt. Das ist mit dem iPhone kein Problem. Dazu leiten Sie einfach eine Konferenz ein.

Tippen Sie dazu während eines Gesprächs mit zwei Personen auf die Schaltfläche **Konferenz** ❷, und schon ist die Telefonkonferenz eingeleitet. Sofort danach kann jeder mit jedem reden.

### Konferenzteilnehmer einzeln löschen

Wenn Sie eine Konferenzschaltung eingerichtet haben, können Sie einzelne Teilnehmer je nach Bedarf auch wieder aus der Konferenz entfernen:

1. Tippen Sie während der Konferenzschaltung auf das kleine blaue **i** rechts neben dem Wort **Konferenz**, und Sie gelangen zu einem Bildschirm, in dem Sie jeden Teilnehmer einzeln aus der Konferenz entfernen können.

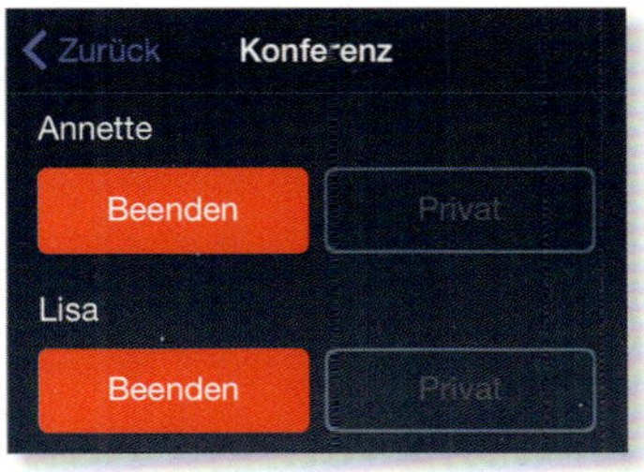


2. Wenn Sie nun auf das Telefonsymbol vor dem Namen tippen, ändert sich dieses Symbol in eine **Beenden**-Schaltfläche.
3. Tippen Sie darauf, wird der Teilnehmer aus der Konferenz entlassen.

Sollte die Konferenz nur aus Ihnen und zwei weiteren Teilnehmern bestehen, ist damit auch die Konferenz beendet, und Sie führen wieder ein Einzelgespräch. Sind es mehr als drei Konferenzteilnehmer (Sie eingeschlossen), wird die Konferenz mit den restlichen Teilnehmern weitergeführt.

## Den Anrufbeantworter einrichten

Ein modernes Telefon verfügt natürlich auch über eine ausgereifte Voicemail-Funktion, also einen eingebauten Anrufbeantworter. Wie Sie die Voicemail einrichten, erfahren Sie hier.

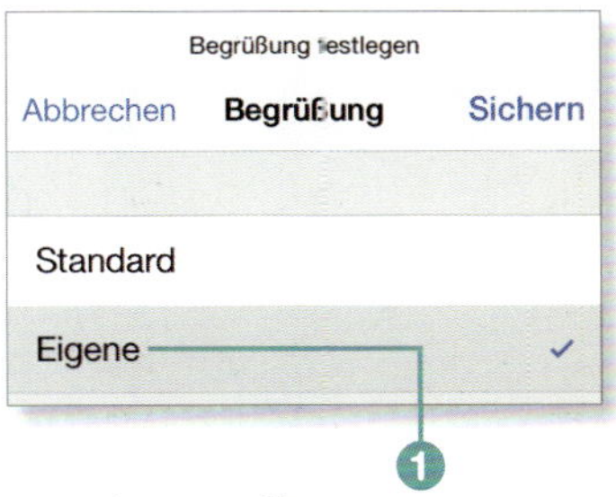


1. Um zu den Anrufbeantworter-Einstellungen zu gelangen, tippen Sie in der Tab-Leiste auf den letzten Punkt, **Voicemail**.
2. Tippen Sie oben links auf **Begrüßung**, und Sie gelangen in das Menü, in dem Sie entscheiden, ob Sie die voreingestellte Standardbegrüßung nutzen oder eine Ansage mit einem eigenen Begrüßungstext verwenden möchten.

3. Wenn Sie eine eigene Begrüßung aufnehmen möchten, tippen Sie auf **Eigene** (❶ auf Seite 81).

4. Um Ihre persönliche Begrüßung aufzunehmen, tippen Sie im nächsten Bildschirm auf **Aufnehmen**. Wenn Sie bereits eine Aufnahme gemacht haben, können Sie die **Abspielen**-Schaltfläche ❷ wählen, um sie sich anzuhören.

5. Sobald Sie die Begrüßung aufgenommen haben, tippen Sie auf **Stopp** und hören sich Ihre Ansage an. Wenn Sie zufrieden sind, tippen Sie anschließend auf **Sichern** ❸.

Ihr iPhone hat als erstes Smartphone überhaupt sogar eine Visual Voicemail. Das bedeutet, dass Sie die Anrufe, die Sie bekommen haben, nicht erst mühsam der Reihe nach abhören müssen, sondern direkt die Voicemail auswählen können, die Ihnen am wichtigsten erscheint. Wie Sie die Visual Voicemail nutzen, erfahren Sie nun.

## Den Anrufbeantworter abhören

Hat mit Ihrer Aufnahme alles geklappt und sind die ersten Voicemails eingegangen, können Sie sich die wichtigsten Voicemails zuerst anhören und die unwichtigen später. Diese Möglichkeit nennt sich *Visual Voicemail*.

1. Um Ihre Anrufbeantworter-Nachrichten aufzurufen, tippen Sie in der Tab-Leiste auf den letzten Punkt, **Voicemail**.

2. In der Liste tippen Sie dann auf die Voicemail-Nachricht ❶, die Sie interessiert. Schon können Sie sich die Nachricht anhören. Dafür halten Sie entweder

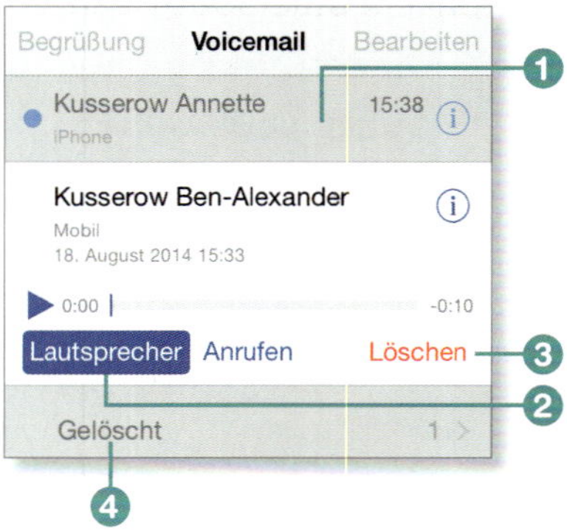

Ihr Telefon ans Ohr, oder Sie tippen auf **Lautsprecher** ❷ und hören sich dann die Nachricht über die integrierten Lautsprecher Ihres iPhones an. Auf der rechten Seite des jeweiligen Eintrags sehen Sie darüber hinaus, wann die Nachricht eingegangen ist.

3. Sie können die Voicemails so lange in Ihrem Voicemail-Fach belassen, wie Sie mögen. Die Nachrichten werden nicht automatisch entfernt. Entfernen Sie eine markierte Voicemail über die Schaltfläche **Löschen** ❸, wird diese noch nicht endgültig gelöscht, sondern in den Menüabschnitt **Gelöscht** ❹ verschoben.
4. Tippen Sie auf diesen Menüpunkt, können Sie sich auch die gelöschten Nachrichten noch einmal anhören, wenn Sie möchten.

Erst wenn Sie die Nachrichten aus dem Menü **Gelöscht** entfernen, werden sie endgültig gelöscht. Falls Sie eine Voicemail, die Sie nicht gerade geöffnet haben, löschen möchten, wischen Sie einfach zügig mit dem Finger von rechts nach links über die Nachricht. Daraufhin erscheint die **Löschen**-Schaltfläche, die Sie nur noch antippen müssen, um die Voicemail endgültig zu entfernen.

## Ein Headset nutzen

An dieser Stelle möchte ich noch einmal kurz erläutern, wie Sie mit den verschiedenen Typen von Headsets – kabelgebunden oder via Bluetooth-Technologie – telefonieren. Nähere Anweisungen zu Ihrem Bluetooth-Headset entnehmen Sie bitte der jeweiligen Bedienungsanleitung.

Um ein Bluetooth-Headset mit Ihrem iPhone nutzen zu können, müssen Sie die beiden Geräte natürlich zunächst miteinander verbinden. Dazu gehen Sie wie folgt vor:

1. Um ein Bluetooth-Headset an Ihr iPhone anzuschließen, aktivieren Sie unter **Einstellungen ▸ Bluetooth** ❶ den Schalter **Bluetooth** ❷. Daraufhin sucht Ihr iPhone nach dem Headset, und wenn es erkannt wird, wird es als **Nicht gekoppelt** ❸ gekennzeichnet.

2. Tippen Sie einmal darauf, und das Headset wird mit dem iPhone gekoppelt, was Sie an der Meldung **Verbunden** ❹ erkennen.

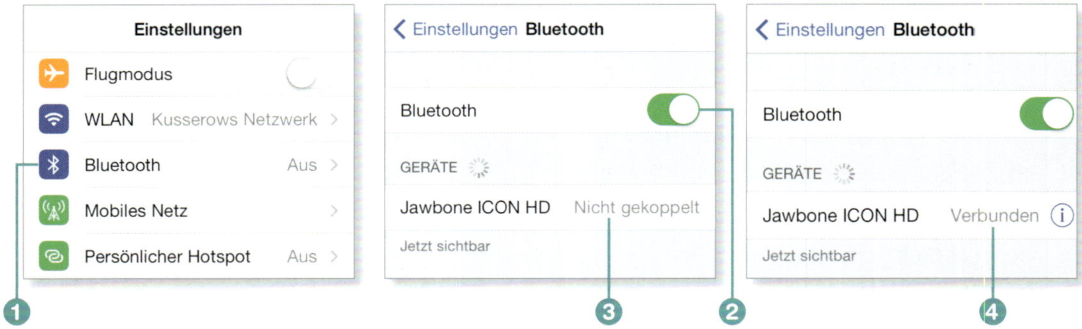


3. In der Menüleiste erkennen Sie dies daran, dass das Bluetooth-Symbol ❺ kräftig (nicht mehr ausgegraut) angezeigt wird. Falls Sie das Apple-Headset nutzen, wird dessen Batteriestatus ebenfalls hier angezeigt, wenn auch sehr klein.

4. Wenn Sie die **Wählen**-Taste Ihres Headsets drücken, öffnet sich Siri, um Ihre Befehle entgegenzunehmen. Sagen Sie dann z. B. »Annette anrufen« oder Ähnliches. Versteht Siri Ihren Befehl, wird der Anruf umgehend eingeleitet.

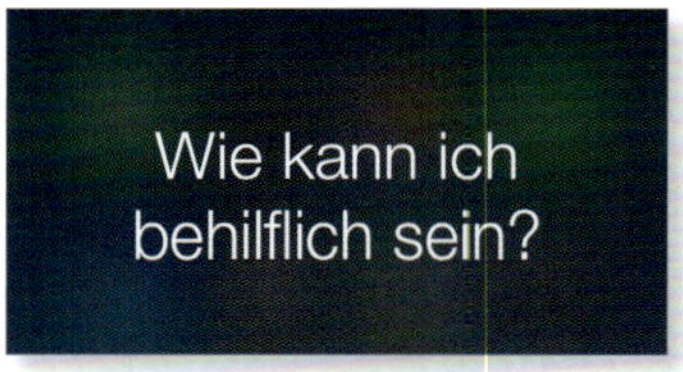


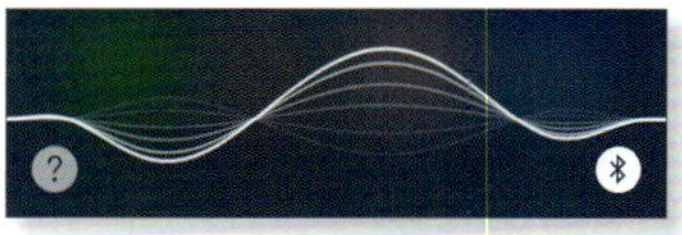

5. Ist die Verbindung zustande gekommen, sehen Sie das Menü in der rechten Abbildung auf der folgenden Seite, wobei anstelle des Menüpunktes **Lautsprecher** nun der Menüpunkt **Audio** mit einem Bluetooth-Symbol darin erscheint. Tippen Sie auf **Audio**, sehen Sie in der Liste hinter Ihrem Bluetooth-Headset ein Häkchen ❻. So wird Ihnen die Quelle angezeigt, über die Sie den Anruf derzeit hören.

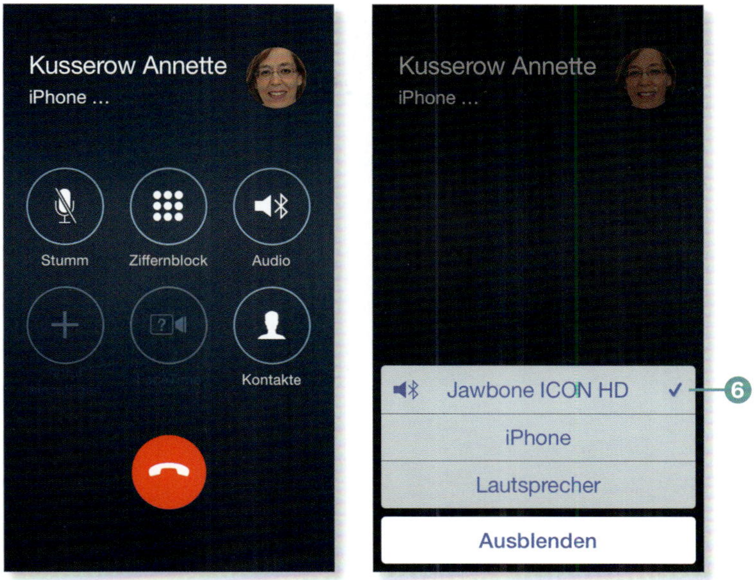


Sie können während des Gesprächs natürlich auch auf die beiden anderen Gesprächsmöglichkeiten **iPhone** oder **Lautsprecher** umschalten, indem Sie auf den entsprechenden Menüpunkt tippen.

INFO

**Das iPhone mit einem kabelgebundenen Headset verbinden**

Verwenden Sie z. B. das Headset, und tippen Sie mehrere Sekunden auf die mittlere Schaltfläche, um den Anruf zu starten. Daraufhin startet Siri und erwartet Ihren Anrufbefehl. Sagen Sie z. B. »Netty anrufen« – schon wählt Siri für Sie, und der Anruf kommt zustande.

## Klingeltöne auswählen

Sie können beim iPhone natürlich auch verschiedene Klingeltöne verwenden. Wählen Sie zwischen den vorinstallierten Klingeltönen, oder kaufen Sie neue hinzu, wenn Ihnen keiner der zur Verfügung stehenden zusagt. Hier erfahren Sie, wie genau das funktioniert.

1. Um einen Klingelton auszuwählen, tippen Sie auf **Einstellungen ▸ Töne** ❶. Scrollen Sie nun nach unten bis zum Bereich **Töne und Vibrationsmuster**, und tippen Sie dort auf **Klingelton** ❷.

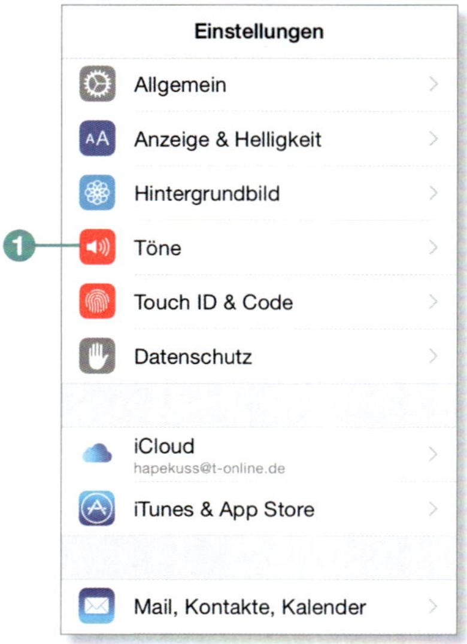


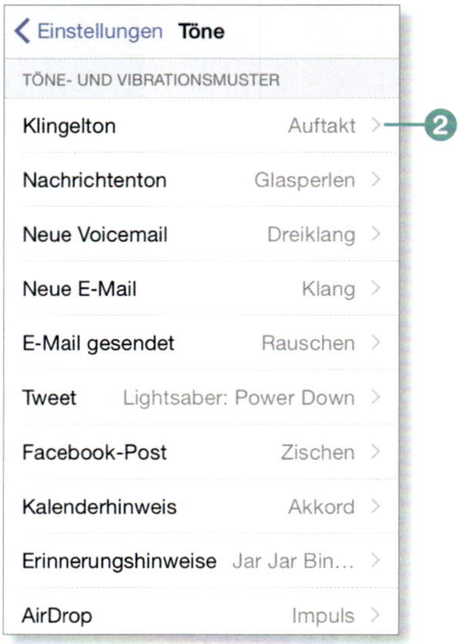


2. Wählen Sie einen Klingelton aus, indem Sie einmal darauf tippen. Von nun an klingelt Ihr Telefon mit dem neuen Ton.

*Die klassischen Klingeltöne aus der Anfangszeit des iPhones finden Sie als letzte Menüpunkte vor den Hinweistönen.*

Die Liste an Klingeltönen ist sehr lang. Im Menü **Töne- und Vibrationsmuster** können Sie unterschiedliche Hinweistöne für Anrufe, SMS, E-Mails und andere Ereignisse einstellen (siehe dazu auch den Abschnitt »Töne für Nachrichten einrichten« ab Seite 108). Während es in früheren Versionen nur möglich war, die vorgegebenen Klingeltöne auszuwählen, können Sie inzwischen auch passende Töne im iTunes Store kaufen. Wie das geht, erfahren Sie im nächsten Abschnitt.

INFO

**Der Vibrationsalarm**

In vielen Situationen sind laut klingelnde Handys sehr störend – z. B. in einem wichtigen Meeting oder bei einem Konzert. Nutzen Sie in solchen Fällen den Vibrationsalarm Ihres iPhones. Die Einstellungsmöglichkeiten finden Sie unter dem Menüpunkt **Einstellungen ▸ Töne**. Hier können Sie im Bereich **Vibrieren** zwischen der Option **Bei Klingelton vibrieren** und **Bei „Lautlos" vibrieren** wählen. Bei ersterer vibriert Ihr iPhone zusätzlich zum Klingelton, was insbesondere in lauten Umgebungen nützlich sein kann. Wählen Sie **Bei „Lautlos" vibrieren**, erfolgt im Lautlosbetrieb der Vibrationsalarm, ohne dass ein Klingelton zu hören ist. Den Lautlosbetrieb aktivieren Sie über den kleinen Schalter oberhalb der Lautstärketasten. Sie sollten sich aber darüber im Klaren sein, dass auch die Vibration nicht ganz lautlos ist. Wenn es also wirklich ohne Ton und Vibration sein soll, stellen Sie im Menü **Einstellungen ▸ Töne ▸ Vibrieren** die Vibration komplett aus, indem Sie alle Menüpunkte deaktivieren. Mit dem Schalter oberhalb der Lautstärketasten können Sie dann Ihr iPhone vollständig stumm schalten. Sie sehen dann nur noch auf dem Display Informationen zu einem eingehenden Anruf.

## Klingeltöne kaufen und nutzen

Was früher nur in den USA möglich war, geht nun auch in Deutschland: Mittlerweile können Sie auch hierzulande Klingeltöne im iTunes Store kaufen. Wie Sie dazu vorgehen, erfahren Sie in diesem Abschnitt.

1. Tippen Sie im Auswahlmenü **Klingelton** oben rechts auf **Store** ①. Sie werden umgehend zum iTunes Store weitergeleitet.
2. Tippen Sie unten rechts auf die Schaltfläche **Mehr**, und wählen Sie im zugehörigen Menü **Töne** ② aus.

3. Sie sehen nun eine Auswahl an Musik und anderen Audiodateien, die Sie als Klingelton benutzen können (in der rechten Abbildung). Kaufen Sie den Ton Ihrer Wahl mithilfe Ihrer Apple-ID, und nutzen Sie ihn anschließend als Klingel- oder Hinweiston.

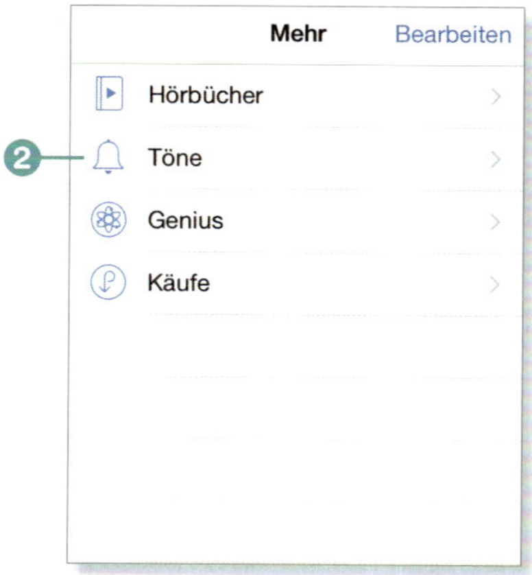


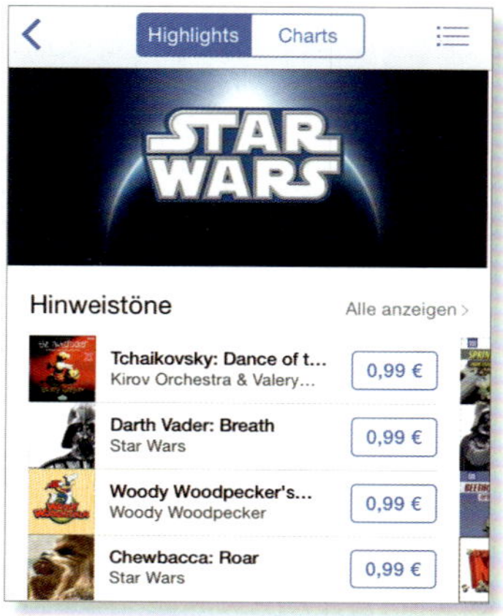


Den neu gekauften Klingelton können Sie dann über **Einstellungen ▸ Töne ▸ Klingelton** als neuen Ton einrichten.

## Anrufergruppen synchronisieren und nutzen

Sie können Ihre Kontakte für eine bessere Übersicht in Ihrer Kontaktverwaltung auch in einzelne Gruppen unterteilen. iTunes erkennt diese Gruppen, und Sie können bestimmen, welche Gruppen Sie synchronisieren möchten.

Das iPhone kann die entsprechenden Gruppen ebenfalls anzeigen. Auf dem iPhone selbst können Sie diese Gruppen jedoch nicht ändern oder verwalten; dazu müssen Sie die Kontakte-App oder Outlook verwenden.

ACHTUNG

**Synchronisierung über iCloud**

Die Synchronisation von Kontakten, Kalendern und Mail-Accounts läuft nicht mehr über iTunes, sondern nur noch über iCloud (siehe dazu Kapitel 9, »Synchronisieren mit iCloud«, oder auch *http://bit.ly/1xcSd4n*.

# Telefonieren mit FaceTime

Eine weitere sehr interessante Funktion wird in Zukunft wahrscheinlich zu einer Änderung des Telefonverhaltens führen. Gemeint ist *FaceTime*, die Videotelefoniefunktion von Apple, die es nicht nur auf dem iPhone gibt, sondern auch auf dem Mac, dem iPad und dem iPod touch. Auf diese Weise wächst die Verbreitung von FaceTime stetig. Apple hat dieser Funktion mittlerweile eine eigene App spendiert, sodass man FaceTime nicht mehr aus den Kontakten bedienen muss. Diese App bietet Ihnen zwei verschiedene Ansichten, eine Video-Ansicht ❶ und eine Audio-Ansicht ❷, die Sie über die beiden Buttons am oberen Rand ansteuern können.

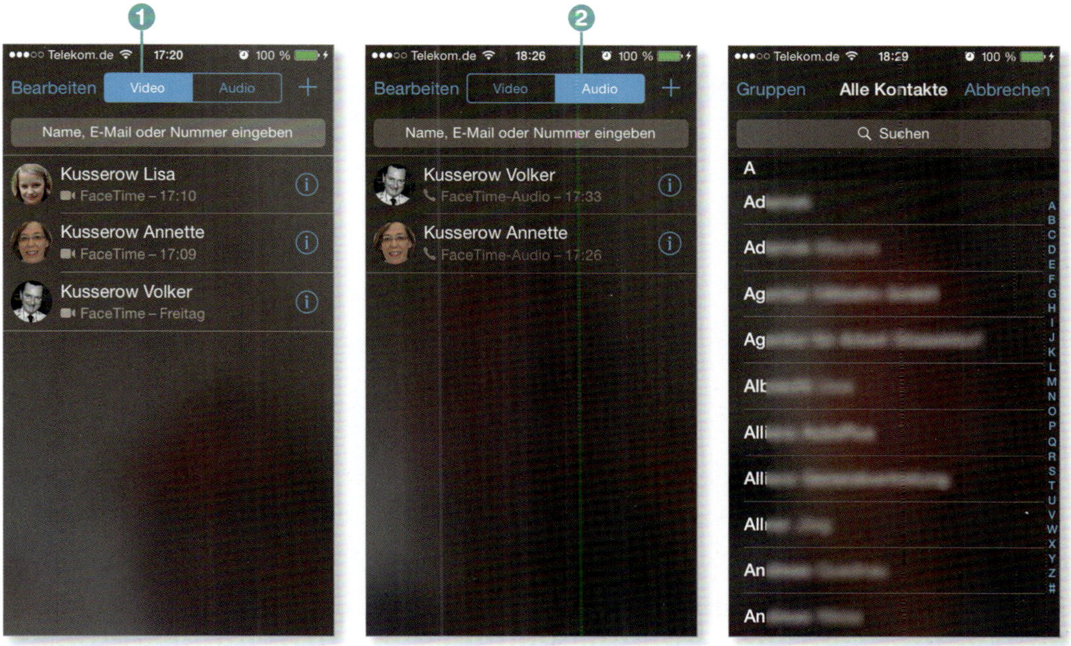


Es ist eigentlich ganz einfach, einen FaceTime-Anruf zu tätigen. Angenommen, Sie kennen jemanden, der ebenfalls über ein iPhone, einen iPod touch oder einen Mac-Rechner verfügt, dann können Sie ihn einfach anrufen und zu FaceTime einladen.

1. Um einen FaceTime-Anruf zu tätigen, tippen Sie auf einen Kontakt, und schon wird das Videotelefonat eingeleitet.

2. Der Angerufene erhält daraufhin eine FaceTime-Einladung, die er einfach wie einen ganz normalen Anruf annehmen kann ❶. Selbstverständlich können Sie das FaceTime-Gespräch auch wie ein normales Gespräch mit einer Nachricht ❷ ablehnen bzw. sich später daran erinnern ❸ lassen (lesen Sie dazu den Abschnitt »Eine Absage senden« ab Seite 70).

3. Das FaceTime-Gespräch wird unmittelbar gestartet. Sie sehen Ihren Gesprächspartner im kompletten Display, und Sie selbst sind in der oberen rechten Ecke als kleines Bild erkennbar ❹.

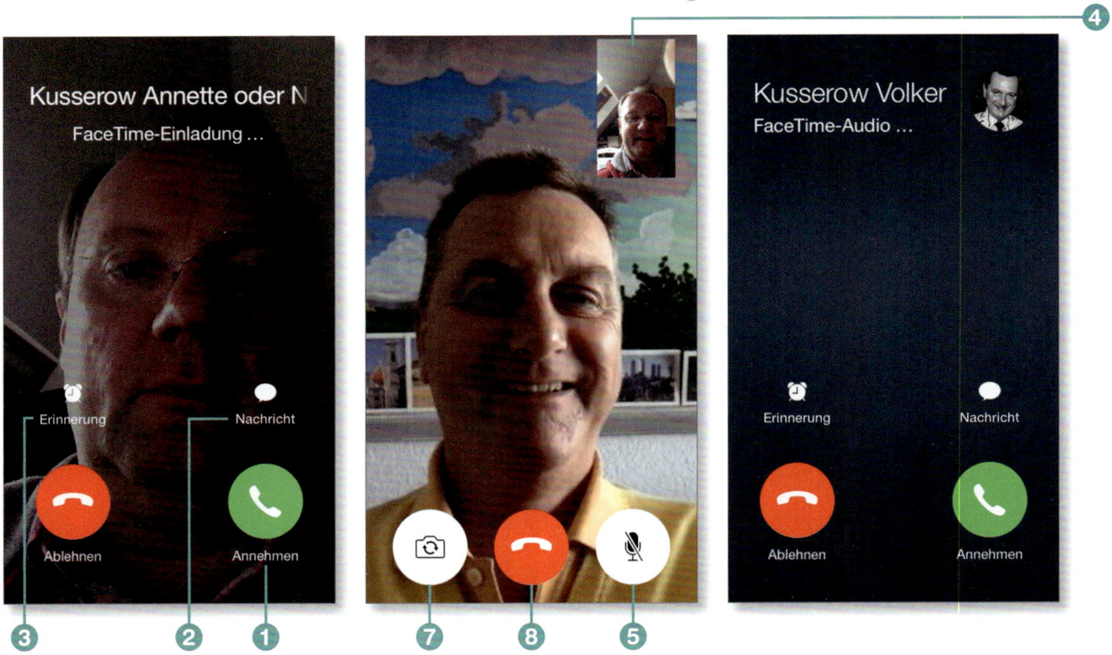


4. Haben Sie das Gespräch begonnen, können Sie sich selbst mit einem Fingertipp auf das Symbol rechts ❺ stumm schalten. Über Ihrem kleinen Bild wird dann die Angabe **Stumm** ❻ eingeblendet. Ein erneutes Tippen auf das Symbol bringt Sie tontechnisch wieder auf Sendung.

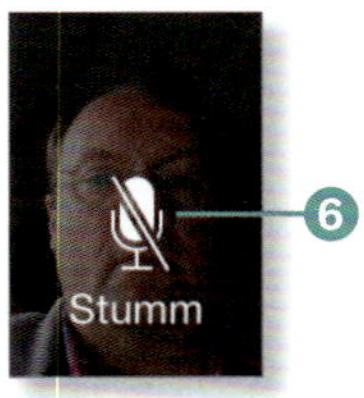


5. Wenn Sie Ihrem Gesprächspartner zeigen möchten, was Sie gerade sehen, tippen Sie auf das Symbol ganz links ❼. Sie verwenden nun die Kamera auf der Rückseite.

6. Um das Gespräch zu beenden, tippen Sie unten auf die mittlere Schaltfläche ⑧.

7. Wenn Sie lediglich ein FaceTime-Audio-Gespräch führen möchten, so können Sie das genauso machen wie beim Videotelefonat. Sie müssen lediglich vor dem Telefonat auf den Button **Audio** (② auf Seite 89) tippen.

Ein FaceTime-Gespräch können Sie sowohl über WLAN als auch über das Mobilfunknetz führen. Für letztere Option müssen Sie unter **Einstellungen ▸ Mobiles Netz** ⑨ den Schalter **FaceTime** ⑩ aktivieren, indem Sie ihn mit dem Finger nach rechts ziehen.

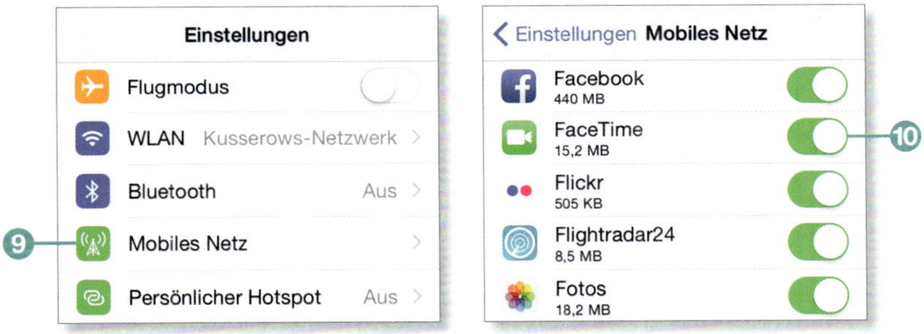


Sie sollten sich in jedem Fall bewusst sein, dass FaceTime über das Mobilfunknetz viel Datenvolumen verbraucht. Beschränken Sie FaceTime daher im Zweifel lieber auf WLAN-Umgebungen.

# Kapitel 4

# Nachrichten senden und empfangen

Nachrichten sind sicherlich eine der am häufigsten genutzten Anwendungen bei Smartphones. Laut einer Schätzung wurden in Deutschland allein im Jahr 2013 trotz der Konkurrenz von WhatsApp und Co. immer noch insgesamt ca. 37 Milliarden SMS versendet. Ein Grund mehr, sich mit diesem Thema zu beschäftigen. In diesem Kapitel erfahren Sie alles darüber.

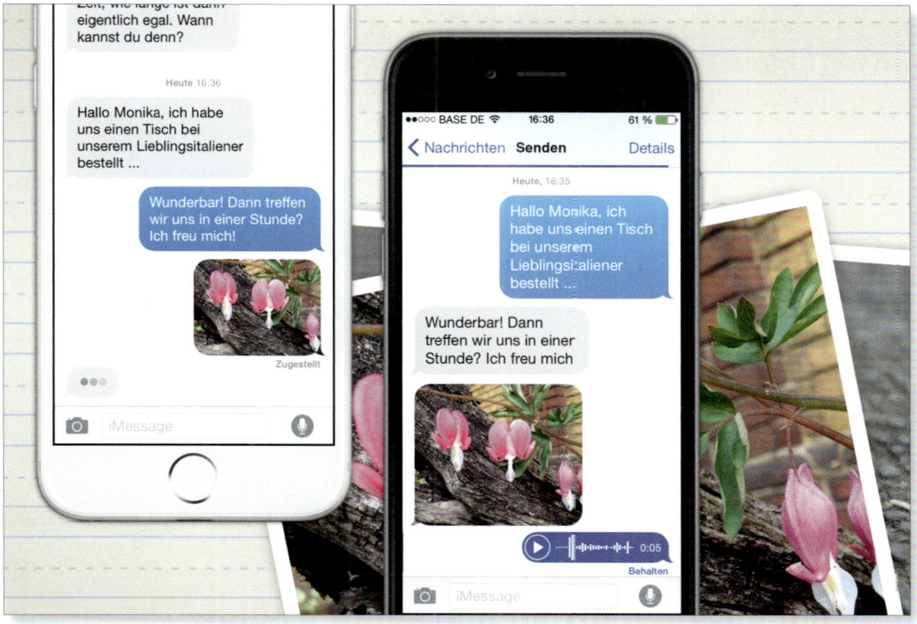


*Das Fenster »Nachrichten« bietet verschiedene Ansichten: Hier sehen Sie eine iMessage-Unterhaltung (zu erkennen an der blauen Färbung).*

## Textnachrichten versenden

Die Textnachrichten erreichen Sie über das Symbol mit der kleinen Sprechblase. Wenn Sie es antippen, öffnet sich sofort das Standardfenster. Tippen Sie oben rechts auf das Symbol mit dem Stift ❶, und schon öffnet sich die Ansicht, in der Sie Ihre Textnachricht verfassen können. Um z. B. einem Freund eine Textnachricht zu schicken, gehen Sie wie folgt vor:

1. Im Standardfenster müssen Sie zunächst angeben, wem Sie eine SMS schreiben möchten. Dazu tippen Sie auf das Plussymbol ❷ in der rechten oberen Ecke.

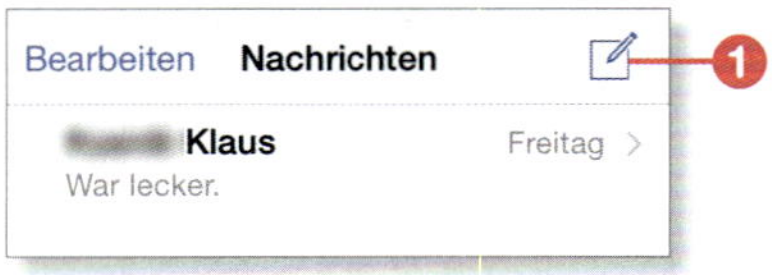


2. Es öffnet sich Ihre Kontaktliste, aus der Sie dann den Empfänger Ihrer SMS auswählen.

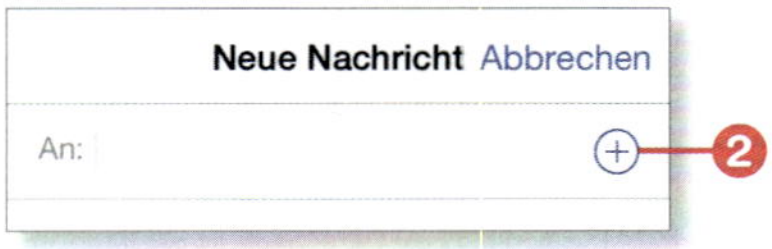


> **TIPP**
>
> **Kontakt eingeben**
>
> Es gibt noch zwei andere Möglichkeiten, den Empfänger der Nachricht auszuwählen: Wenn seine Nummer in Ihrem Adressbuch gespeichert ist, können Sie entweder auch den oder die ersten Buchstaben seines Namens eingeben und dann die richtige Nummer aus den Vorschlägen auswählen. Oder Sie öffnen Ihre Kontaktliste, tippen auf einen Eintrag und dann auf **Nachricht senden**. Auch so wird das Fenster **Neue Nachricht** geöffnet.

3. Daraufhin wird der Kontakt grün hinter dem Begriff **An** dargestellt ❸; die Tastatur erscheint, und Sie können beginnen, Ihren Text einzugeben. Dazu steht Ihnen das Feld **Nachricht** ❹ zur Verfügung. Worin der Unterschied zwischen grünen und blauen »Kontaktnamen« besteht, erfahren Sie im Abschnitt »iMessage – die Umsonst-SMS zwischen iOS-Anwendern« ab Seite 96.

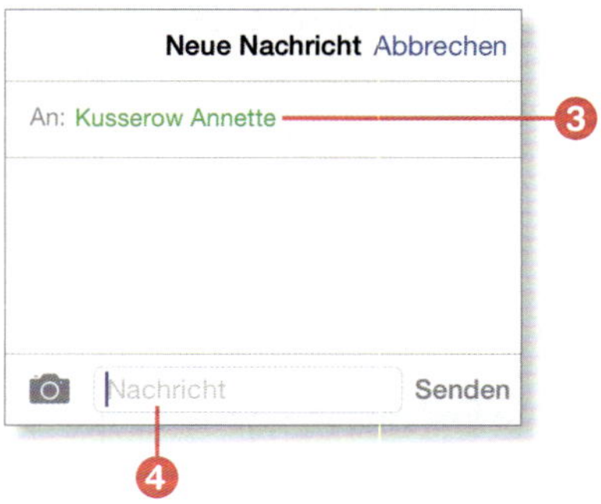

4. Verfassen Sie nun Ihre Nachricht. Während Sie die Nachricht tippen, wird Ihnen angezeigt, wie viele Zeichen Sie von den Ihnen zur Verfügung stehenden Zeichen bereits eingetippt haben 5. Auch die **Senden**-Schaltfläche 6 wird nun grün hervorgehoben. Sollten Sie keine Zeichenanzahl sehen, aktivieren Sie unter **Einstellungen ▸ Nachrichten** die Option **Zeichenanzahl**.

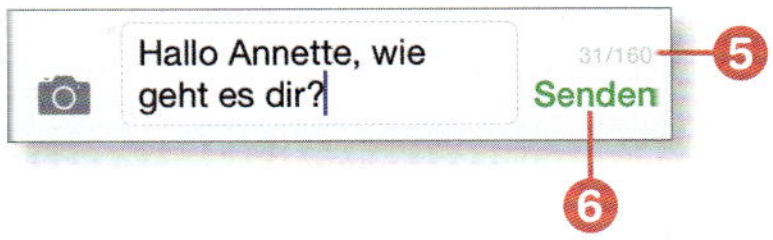


5. Wenn Sie Ihren Text geschrieben haben, tippen Sie auf **Senden**.
6. Die gesendete SMS erscheint daraufhin als farbige Sprechblase in dem weiß hinterlegten Fenster 7. Bekommen Sie eine Antwort, wird diese ebenfalls dort, aber in einer anderen Farbe, angezeigt 8. Diese Sammlung von Nachrichten zwischen Ihnen und einem Kontakt nennt man *Konversation*.

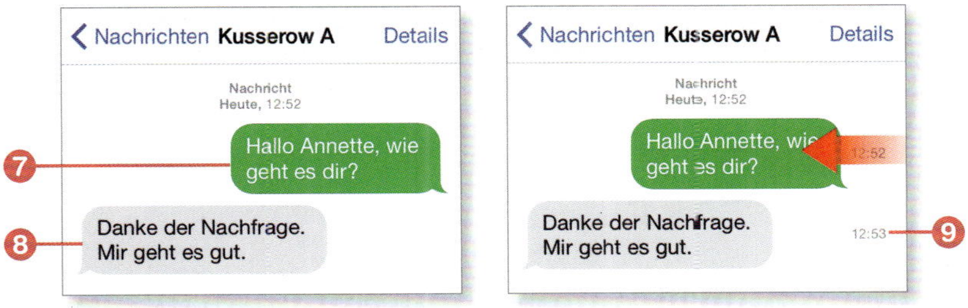


*Jede SMS erhält einen exakten Zeitstempel 9, der genau Auskunft darüber gibt, wann eine SMS gesendet bzw. empfangen wurde. Um alle Zeiten sehen zu können, wischen Sie von rechts nach links über die Konversation.*

TIPP

**SMS an mehrere Adressaten senden**

Selbstverständlich können Sie auch eine SMS gleichzeitig an mehrere Adressaten versenden. Dazu müssen Sie lediglich erneut auf das Plussymbol tippen und weitere Adressaten auswählen. Jeder neue Adressat erscheint als eigener Name.

Wenn Sie selbst eine SMS erhalten, werden Sie in iOS 8 bereits auf Ihrem Sperrbildschirm davon in Kenntnis gesetzt, doch dazu mehr im Abschnitt »Nachrichten empfangen und lesen« ab Seite 101.

### iMessage – die Umsonst-SMS zwischen iOS-Anwendern

Viele Mobilfunkanbieter von iPhone-Verträgen sind über das Angebot iMessage von Apple ganz schön sauer. Meinen sie doch, sie verlören einiges an SMS-Umsatz, wenn iOS-Kunden untereinander Gratis-SMS hin- und herschicken können. Sicherlich ist das auch so, obwohl Messenger wie WhatsApp letztlich eine stärkere Konkurrenz darstellen; Sie als iPhone-Besitzer können sich jedenfalls freuen.

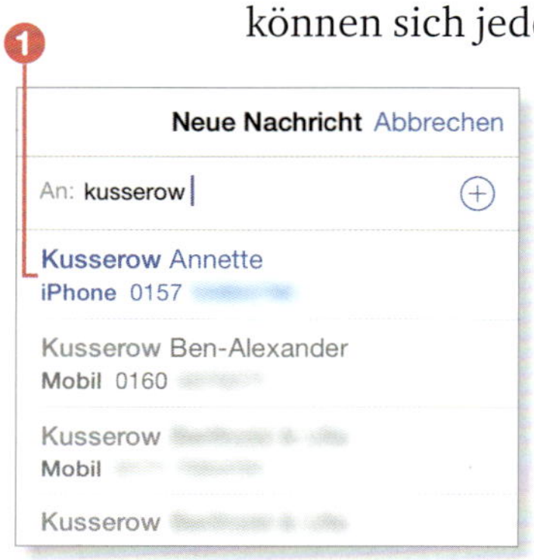


Ihr Handy erkennt, ob Sie eine SMS an ein anderes iOS-Gerät (iPhone, iPad oder iPod touch) senden möchten oder eine Nachricht von einem solchen Gerät erhalten. Es schaltet dann automatisch in den iMessage-Modus um. Schon bei der Auswahl des Adressaten sehen Sie, ob dessen Smartphone iMessage-fähig ist, und zwar anhand des dann blauen Namens des Kontakts ❶. Auch die **Senden**-Schaltfläche ist unter iMessage blau eingefärbt.

Schließlich wird auch Ihre gesendete Nachricht in Blau dargestellt ❷. Wie Sie am Kamerasymbol ❸ erkennen, können Sie auch Bilder via iMessage versenden, was Ihnen unter Umständen sehr teure MMS-Kosten erspart.

Und noch ein kleiner Vorteil: Beim Chatten können Sie über iMessage sofort sehen, wenn Ihr Gesprächspartner Ihnen etwas schreibt, denn während des Schreibvorgangs Ihres Gegenübers wird auf Ihrem Display eine leere Sprechblase mit drei Punkten ❹ eingeblendet.

## Voice-Nachrichten versenden

Mittlerweile können Sie auch eine Sprachnachricht mit Ihrer ganz persönlichen Stimme versenden. In iOS 8 sehen Sie nun rechts neben dem Eingabefeld ein Mikrofonsymbol ❺ (siehe die Abbildung oben). Hierüber können Sie Ihre Aufnahmen steuern.

1. Wenn Sie das Mikrofonsymbol ca. zwei Sekunden festhalten, öffnet sich ein kreisförmiges Feld mit den Steuerungsmöglichkeiten und wird die Tonaufnahme automatisch gestartet. Sie erkennen das anhand der Audiosignale ❶, die statt eines Textes verzeichnet werden.

2. Indem Sie auf das Play-Symbol ❷ in der Mitte des Kreises tippen, können Sie sich Ihre Aufnahme erneut anhören, bevor Sie sie versenden. Das Symbol wird dabei zu einem Pause-Symbol ❸.

3. Gefällt Ihnen die Aufnahme einmal nicht, löschen Sie diese einfach, indem Sie links auf das Kreuz ❹ tippen.

4. Ist Ihre Aufnahme in Ordnung, versenden Sie die Audioaufnahme, indem Sie oben auf das Pfeilsymbol ❺ tippen.

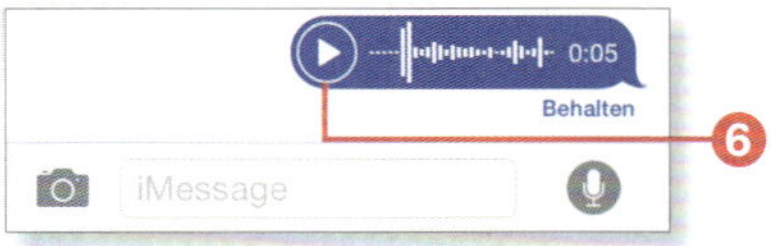


5. Nach Versenden der Aufnahme sieht das Ganze wie in der nebenstehenden Abbildung aus. Tippen Sie nun nachträglich auf das vorne stehende Play-Symbol ❻, und Sie können sich die gesendete Nachricht erneut anhören. Den Abspielfortschritt erkennen Sie anhand des umlaufenden Ringes ❼ um das Pause-Symbol.

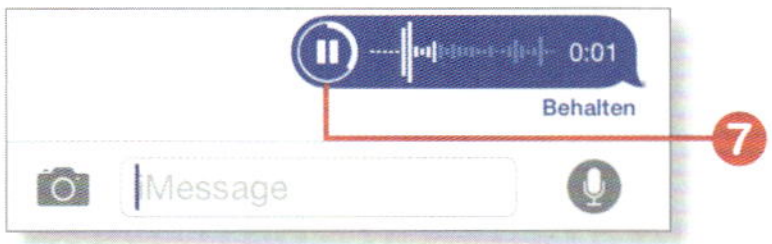


Sie werden feststellen, das macht richtig Spaß und ist eine ganz neue Art, Nachrichten zu versenden. Das Tolle daran: Anders als beim Telefonieren kann der Empfänger Ihre Nachricht immer wieder abspielen. Die Nachricht hat durch Ihre Stimme eine ganz persönliche Note, und – nicht zuletzt – Sie sparen sich die Tipparbeit.

## Bild- und Videonachrichten versenden

Aus Ihrer Nachrichten-App heraus können Sie selbstverständlich auch Bildnachrichten, sogenannte *MMS*, versenden, und zwar wie folgt:

1. Als Erstes wählen Sie wieder einen oder mehrere Empfänger für Ihre Bildnachricht aus. Tippen Sie anschließend links oberhalb der Tastatur kurz auf das kleine Kamerasymbol ❶.
2. Daraufhin öffnet sich in der unteren Hälfte des Displays eine Auswahl: Sie können ein Foto oder Video direkt aufnehmen oder ein Bild aus dem Fotoarchiv auswählen. Wir möchten Letzteres; tippen Sie also auf **Fotoarchiv** ❷.

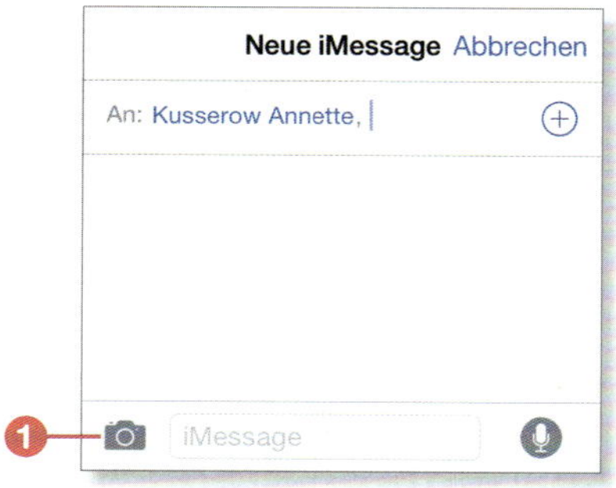

3. Wählen Sie das gewünschte Bild aus Ihren Aufnahmen aus, indem Sie es einmal kurz antippen.
4. Das Bild erhält daraufhin eine Markierung in Form eines blauen Kreises mit einem weißen Häkchen ❸. Tippen Sie zum Versenden des Bildes auf **1 Foto senden** ❹. Wenn Sie mögen, können Sie vorher noch einen **Kommentar hinzufügen** ❺.

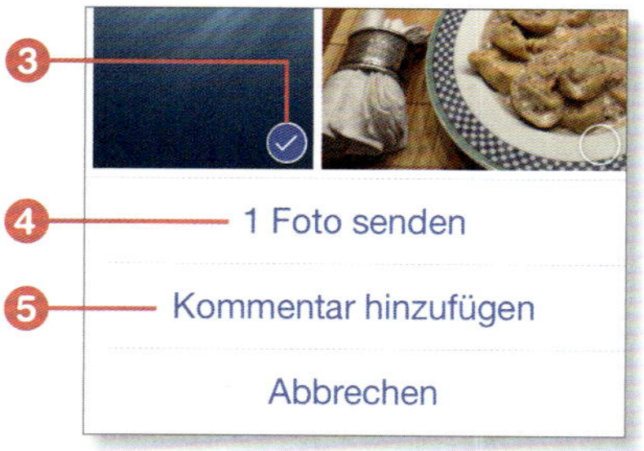

**5.** Das ausgewählte Bild wird als kleine Vorschau im Textfenster angezeigt. Über die Schaltfläche **Senden** ⑥ schicken Sie Ihre MMS ab.

Die MMS wird nach dem Senden mit Bild in Ihrem Nachrichtenfenster dargestellt und – genau wie eine Textnachricht – zum Teil der Unterhaltung zwischen Ihnen und dem Empfänger.

Mit iOS 8 können Sie Bilder und Videos aber noch auf eine weitere Art versenden.

**1.** Tippen Sie für etwa 2 Sekunden auf das Kamerasymbol, und Sie bekommen direkten Zugriff auf Ihre Kamera. Jetzt können Sie entscheiden, ob Sie ein Foto ⑦ machen, indem Sie auf das Kamerasymbol tippen, oder ein Video ⑧ versenden möchten. Wenn Sie das Kreuzchen ⑨ antippen, verwerfen Sie Ihre Aufnahme und kehren zurück ins Nachrichtenfenster.

**2.** Um ein Foto zu realisieren, tippen Sie wieder auf das Kamerasymbol ⑦. Das Foto wird dann sofort und ohne Kommentar an den vorher ausgewählten Adressaten versendet. Oben rechts befindet sich noch ein Symbol ⑩, mit dem Sie zwischen der Front- und der Rückkamera wechseln können. Auf diese Weise können Sie auch ein Selfie verschicken.

### Ein Video versenden

Analog dazu können Sie natürlich auch ein Video aufnehmen und dies verschicken.

**1.** Tippen Sie wieder für ca. 2 Sekunden auf das Kamerasymbol, und es öffnet sich erneut die Kamera mit dem Auswahlrad. Tippen Sie auf das rote Aufnahmesymbol (⑧ in der Abbildung oben), um die Videoaufnahme zu starten.

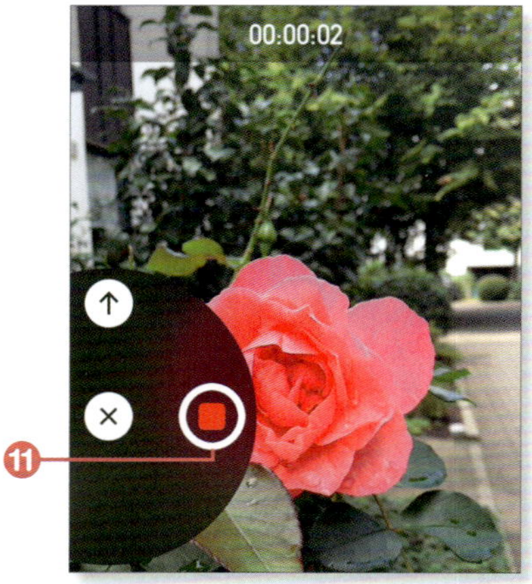

2. Um die Aufnahme zu beenden, tippen Sie auf das quadratische Stoppsymbol ⓫. Möchten Sie sich das Video noch einmal ansehen, tippen Sie auf den Abspielpfeil ⓬, oder versenden Sie das Video direkt, indem Sie auf den Senden-Pfeil ⓭ tippen.

Für den Versand von Bildern per MMS bietet Ihnen Ihr iPhone noch eine weitere Variante, die Sie über die Fotos-App anwählen können. Lesen Sie dazu den Abschnitt »Fotos per E-Mail oder MMS versenden« ab Seite 265. Wie Sie übrigens Ihr Nachrichtenfenster »aufräumen« und von älteren oder speicherplatzintensiven Nachrichten sowie von Bildnachrichten befreien, erfahren Sie im Abschnitt »Nachrichten löschen« ab Seite 110.

## Mehrere Bilder auf einmal versenden

Selbstverständlich können Sie auch mehrere Bilder auf einmal in einer iMessage versenden. Das ist mit iOS 8 überhaupt kein Problem mehr.

1. Tippen Sie im Nachrichtenfenster wieder auf das Kamerasymbol. Sie sehen nun eine Reihe von Bildern, Ihre zuletzt gemachten Aufnahmen. Tippen Sie einfach die Bilder an, die Sie versenden möchten. Daraufhin erhalten diese eine blaue Markierung mit einem weißen Häkchen.
2. Jetzt müssen Sie – in unserem Beispiel – nur noch auf **2 Fotos senden** tippen, und das war's.

Sie können mit einer Wischbewegung entweder von links nach rechts oder entgegengesetzt weitere Bilder anzeigen lassen. Selbstverständlich können Sie auch mehr als zwei Bilder markieren.

## In den Anlagen von Konversationen blättern

Früher war es immer recht mühsam, sich gezielt die Bilder und Videos einer angeregten Konversation anzusehen. Man musste immer die komplette Konversation nach den Fotos durchsuchen. Das gehört nun der Vergangenheit an. Sie können nämlich alle Anlagen, die Sie im Rahmen einer Konversation versendet haben, an einer zentralen Stelle einsehen.

1. Tippen Sie hierzu bei einer beliebigen Konversation oben rechts auf **Details** ❶.
2. Ganz unten befinden sich die Anhänge, die in dieser Konversation versendet wurden. Auf diese Weise haben Sie auch alle Bilder auf einmal im Blick. Tippen Sie ein Bild an, und es wird groß dargestellt.

## Nachrichten empfangen und lesen

Der Empfang einer Nachricht ist kein großes Geheimnis, denn er funktioniert automatisch – dazu müssen Sie keinerlei Einstellungen vornehmen.

1. Wenn Sie eine SMS- oder MMS-Nachricht erhalten, wird Ihnen das direkt auf dem Sperrbildschirm Ihres iPhones angezeigt (❶ auf Seite 102).
2. In iOS 8 müssen Sie nicht erst in die Nachricht gehen, um diese zu beantworten, sondern können das direkt vom Sperrbildschirm aus erledigen. Wischen Sie hierzu die Message nach links, und tippen Sie auf **Antworten** ❷.

3. Nun können Sie Ihre Antwort direkt auf dem Sperrbildschirm schreiben oder diktieren.

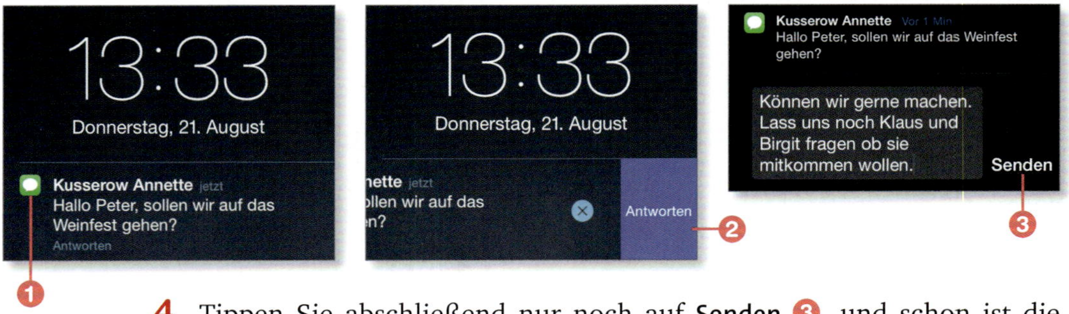


4. Tippen Sie abschließend nur noch auf **Senden** 3, und schon ist die Nachricht beantwortet.

Im Fall einer längeren Nachricht, die Sie nicht vollständig auf dem Sperrbildschirm lesen können, müssen Sie zur Beantwortung allerdings in die Nachrichten-App wechseln.

1. Indem Sie auf das Nachrichten-Symbol auf dem Sperrbildschirm (1 in der Abbildung oben) tippen und es mit dem Finger, so wie beim Entsperren Ihres iPhones, nach rechts bis zum Ende ziehen, gelangen Sie sofort in die geöffnete Nachricht und können diese lesen. Eine weitere Entriegelung ist dann nicht mehr notwendig, und Sie müssen auch die Nachrichten-App nicht gesondert öffnen.

   Praktisch ist, dass Sie nach dem Öffnen auch immer die ganze Unterhaltung sehen, also alle SMS und MMS, die Sie bisher mit diesem Kontakt ausgetauscht haben.

2. Wenn Sie als Empfänger eine MMS öffnen, sehen Sie eine Sprechblase mit dem empfangenen Bild 4 – tippen Sie mit dem Finger darauf, wird das Bild in Dis-

playgröße angezeigt, und Sie können es in Ihrem iPhone-Fotoarchiv speichern, indem Sie oben rechts auf das Teilen-Symbol 5 tippen und dann unten links auf **Bild sichern**.

Natürlich können Sie sofort auf eine SMS antworten, indem Sie Ihren Antworttext in das Textfeld ganz unten tippen und mit **Senden** bestätigen. Das funktioniert nicht nur bei gerade empfangenen SMS, sondern immer nachdem Sie eine SMS-Unterhaltung geöffnet haben.

## Gruppennachrichten senden

In iOS 8 ist es nun auch möglich, sogenannte SMS-Gruppen bzw. Gruppennachrichten zu erstellen. Nun, was bedeutet das? Sie können nicht nur, wie es früher schon üblich war, eine SMS an mehrere Teilnehmer senden, sondern Sie fügen diese Teilnehmer direkt in einer Gruppe zusammen, sodass jeder auch die Antworten aller anderen lesen und wiederum darauf antworten kann. Das Ganze funktioniert wie bei einem sogenannten *Messenger* wie z. B. *WhatsApp*.

### Eine Nachrichten-Gruppe erstellen

Zuerst müssen Sie natürlich eine Gruppe erstellen, in der Sie dann Ihre Nachrichten, Bilder und Videos posten können, und das geht so:

1. Öffnen Sie eine neue SMS, und fügen Sie in die Adresszeile mehrere Adressaten 1 ein. Auf diese Weise haben Sie schon einmal die Teilnehmer an der SMS-Gruppe erfasst.

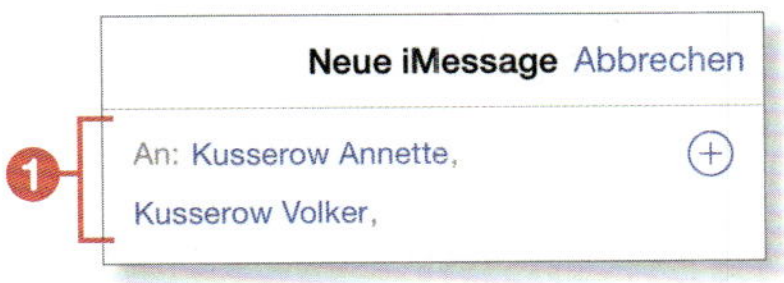

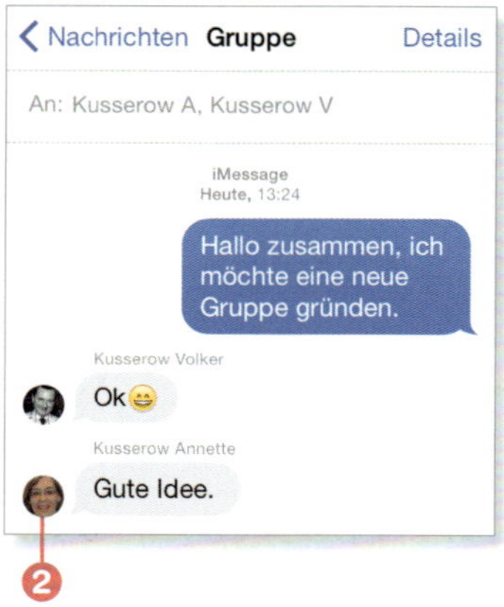


2. Schreiben Sie nun Ihre erste Nachricht innerhalb dieser Gruppe, am besten eine, aus der hervorgeht, dass es sich um eine Gruppennachricht handelt.

3. Jeder der Teilnehmer kann von nun an auf die Nachricht antworten und alle entsprechenden Nachrichten sehen. Wenn in den Kontakten ein Kontaktbild ❷ vergeben wurde, sehen Sie das auch sofort vor der jeweiligen Nachricht.

4. Um einen genaueren Überblick über die Gruppe zu bekommen, tippen Sie oben rechts auf den Button **Details** ❸. Sie können Ihrer Gruppe auch einen Namen ❹ geben. Hierzu müssen Sie allerdings den Bildschirm etwas nach unten schieben.

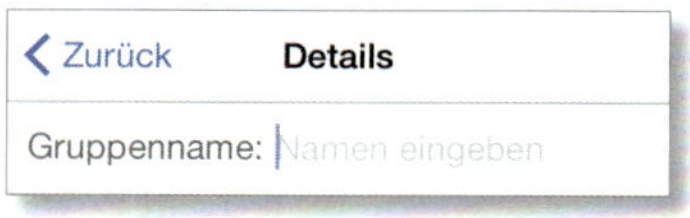


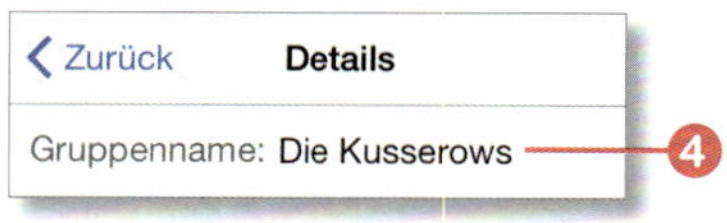


Selbstverständlich lassen sich Ihre angelegten Gruppen auch wieder bearbeiten. Wie das genau vonstattengeht, erfahren Sie im nächsten Abschnitt.

## Gruppen bearbeiten und einzelne Mitglieder löschen

Sie können Ihren SMS- bzw. Nachrichten-Gruppen auch Mitglieder hinzufügen oder einzelne Mitglieder wieder löschen. Das Ganze funktioniert denkbar einfach. Im Folgenden zeige ich Ihnen, wie Sie das ganz einfach hinbekommen.

### Gruppenmitglieder hinzufügen

Auch im Nachhinein können Sie Ihrer Gruppe noch weitere Mitglieder hinzufügen.

1. Hierzu öffnen Sie zuerst die Gruppennachrichten und tippen oben rechts auf **Details** ❶. Sie sehen nun alle Mitglieder der Gruppe untereinander.

2. Tippen Sie dann unterhalb der Gruppenmitgliederliste auf **+ Kontakt** ❷, um ein neues Gruppenmitglied auszuwählen.

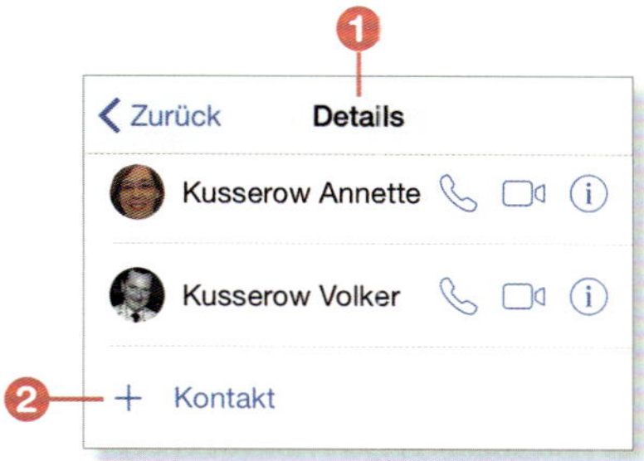


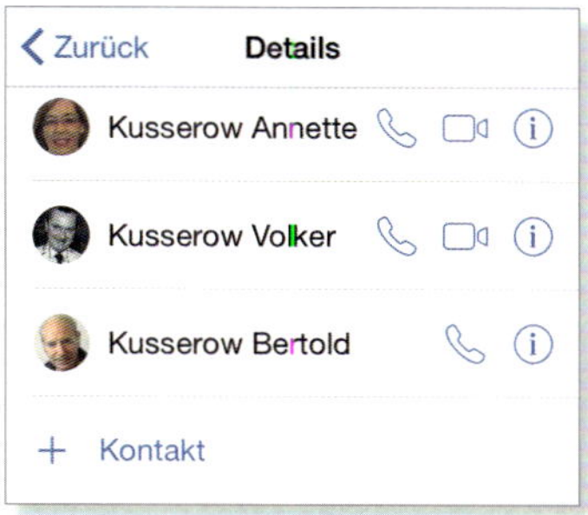


3. Der ausgewählte Kontakt wird sofort der Gruppe hinzugefügt.

> **INFO**
>
> **Gruppen nur innerhalb von iMessage**
>
> Voraussetzung für eine solche Gruppe ist ein iMessage-Account. Die Mitglieder müssen also entweder über ein iOS-Gerät wie das iPhone oder über einen Mac verfügen.

### Mitglieder aus einer Gruppe löschen

Mitglieder können Sie selbstverständlich nicht nur zu einer Gruppe hinzufügen, sondern auch daraus löschen.

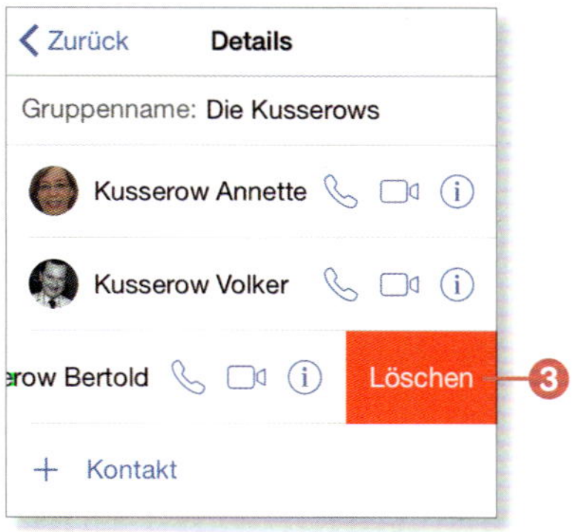


1. Um ein Mitglied aus einer Gruppe zu entfernen, gehen Sie wieder über die **Details** zur Teilnehmerliste, und wischen Sie beim entsprechenden Kontakt von rechts nach links.
2. Tippen Sie auf den **Löschen**-Button ❸, und bestätigen Sie den Löschbefehl mit **Entfernen** ❹. Falls Sie es sich doch noch einmal anders überlegen, tippen Sie einfach auf **Abbrechen**.

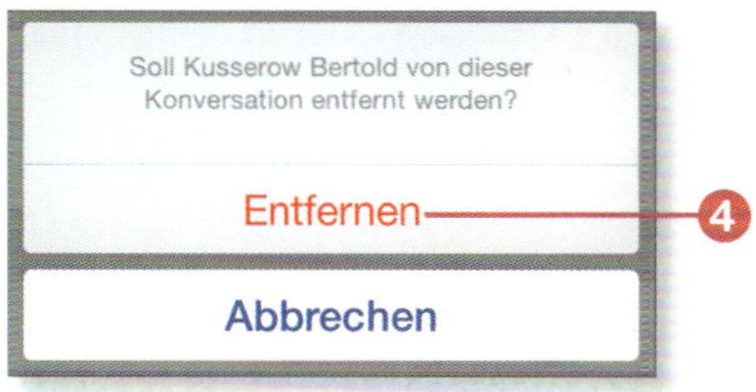

## Den eigenen Standort über Nachrichten mit anderen teilen

Mit der Gruppen-Funktion (siehe die vorigen Abschnitte) können Sie noch viel mehr machen, als Nachrichten zu teilen – z. B. Ihren aktuellen Standort senden oder Ihren Standort für eine bestimmte Zeit freigeben.

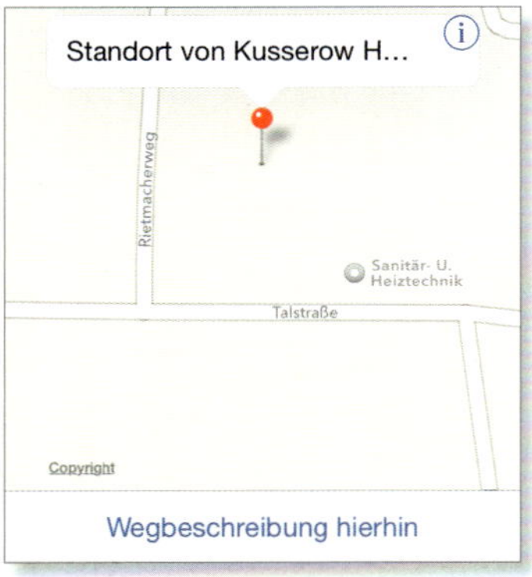


1. Um Ihren aktuellen Standort freizugeben, tippen Sie in der Ansicht **Details** auf **Meinen aktuellen Standort senden**.
2. Daraufhin wird Ihr aktueller Standort der Gruppe in einer Karte mitgeteilt. Wenn ein Gruppenmitglied die Karte antippt, öffnet sich automatisch die *Karten*-App, und man kann sich eine Wegbeschreibung einblenden lassen.

### Ihren Standort freigeben

Sie können nicht nur Ihren aktuellen Standort in die Gruppe stellen, sondern auch für eine bestimmte Zeit für die anderen Gruppenmitglieder freigeben, um sich z. B. in einer fremden Stadt zu treffen.

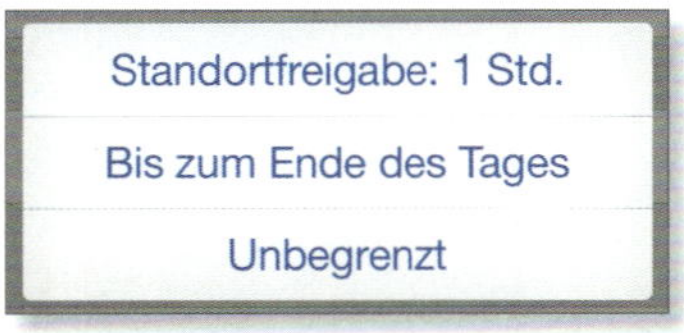


1. Tippen Sie hierzu auf **Standortfreigabe**.
2. Entscheiden Sie sich für eine Option: Sie haben die Wahl zwischen einer einstündigen Standortfreigabe, einer Freigabe bis zum Ende des Tages oder einer unbegrenzten Standortfreigabe.

> **INFO**
> **Standortfreigabe nicht nur für Gruppen**
> Die Funktion der Standortfreigabe funktioniert übrigens auch beim Versenden von SMS oder iMessage an einzelne Personen. Sie müssen dazu also nicht unbedingt eine Gruppe gründen.

# Die Einstellungen für Nachrichten ändern

Um schnell auf die eingehenden Nachrichten zugreifen zu können, müssen Sie vorher folgende Einstellungen vornehmen:

1. Öffnen Sie zunächst das Menü **Einstellungen**, und wählen Sie **Mitteilungen** ❶ ▸ **Nachrichten** ❷ aus.
2. In den Einstellungen für die Nachrichten aktivieren Sie den Schieberegler für den Menüpunkt **Im Sperrbildschirm** ❸. Dazu müssen Sie zunächst ganz nach unten scrollen.

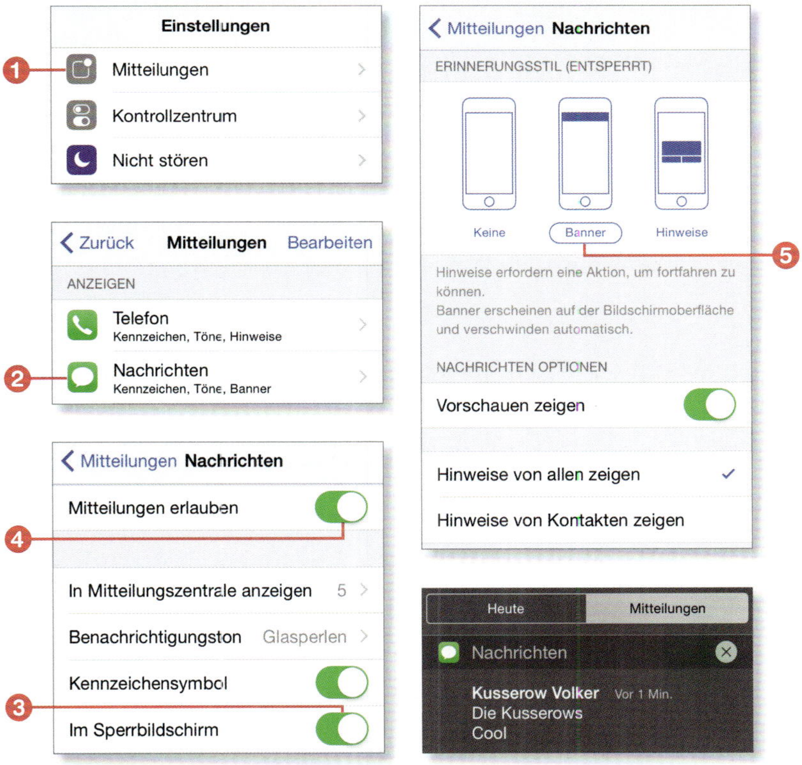


3. Wenn Sie auch noch den Schieberegler für den Punkt **Mitteilungen erlauben** ❹ aktivieren, werden eingehende SMS in der Mitteilungszentrale angezeigt. Zum Schluss legen Sie noch fest, wie Sie die Nachrichten angezeigt bekommen möchten. Wählen Sie hier z. B. **Banner** ❺ aus.

Dank dieser Einstellungen sind Sie immer auf dem Laufenden und verpassen sicher keine wichtige Textnachricht mehr. Zum einen werden Ihnen neue Nachrichten nun auf dem Sperrbildschirm angezeigt, zum anderen können Sie sie über die Mitteilungszentrale abrufen. Um die Mitteilungszentrale zu öffnen, wischen Sie einfach vom oberen Rand des Displays nach unten (es ist ein bisschen so, als würden Sie ein Rollo nach unten ziehen).

Doch nicht nur die Anzeige ist wichtig; Sie können auch einstellen, dass Sie geräuschvoll auf eine Nachricht aufmerksam gemacht werden möchten. Wie das geht, erfahren Sie im nächsten Abschnitt.

## Töne für Nachrichten einrichten

Im Abschnitt »Klingeltöne auswählen« ab Seite 85 habe ich beschrieben, wie Sie bestimmte Klingeltöne für Ihre Anrufe einstellen. Selbstverständlich können Sie auch die Töne für den Nachrichteneingang ganz Ihren Wünschen anpassen. Wählen Sie einfach aus einer Reihe von Tönen einen passenden aus.

1. Dazu gehen Sie wieder in die **Einstellungen** und wählen den Menüpunkt **Töne** aus.
2. Scrollen Sie etwas nach unten bis zum Menüpunkt **Nachrichtenton**, den Sie ebenfalls auswählen.
3. Im nächsten Schritt wählen Sie den Ton, der Ihnen als Nachrichten-Signalton am besten gefällt. Sie können hier auch **Keine** auswählen.
4. Tippen Sie schließlich den Ton Ihrer Wahl an, und das war's auch schon!

Wenn Sie möchten, stellen Sie zusätzlich eine Vibration als Hinweis für den Eingang einer SMS ein. Dies geschieht unter **Einstellungen ▸ Töne ▸ Nachrichtenton ▸ Vibration**.

Selbstverständlich können Sie auch hier wieder Töne im iTunes Store kaufen und diese dann als Nachrichtenton einfügen. Hierzu müssen Sie lediglich oben rechts auf Store tippen, und schon können Sie einen Ton kaufen.

# Nachrichten weiterleiten

Wenn Sie eine SMS erhalten, z. B. eine Einladung, dann können Sie diese Nachricht natürlich auch weiterleiten, um auch anderen diese Information zukommen zu lassen. Und so geht's:

1. Öffnen Sie die Nachricht, die Sie weiterleiten möchten, und doppeltippen Sie auf die Nachricht, bis das Etikett **Kopieren/Mehr** erscheint, dann tippen Sie auf **Mehr** 1. Die Nachricht wird daraufhin durch ein kleines weißes Häkchen in einem blauen Kreis 2 hervorgehoben.
2. Zum Weiterleiten tippen Sie unten rechts auf den Pfeil 3.
3. Es öffnet sich ein neues Fenster, in dem die Nachricht erneut im Textfeld steht 4. Geben Sie über das Plussymbol 5 einen neuen Adressaten für die weiterzuleitende Nachricht ein, und tippen Sie zum Abschluss auf **Senden** 6.

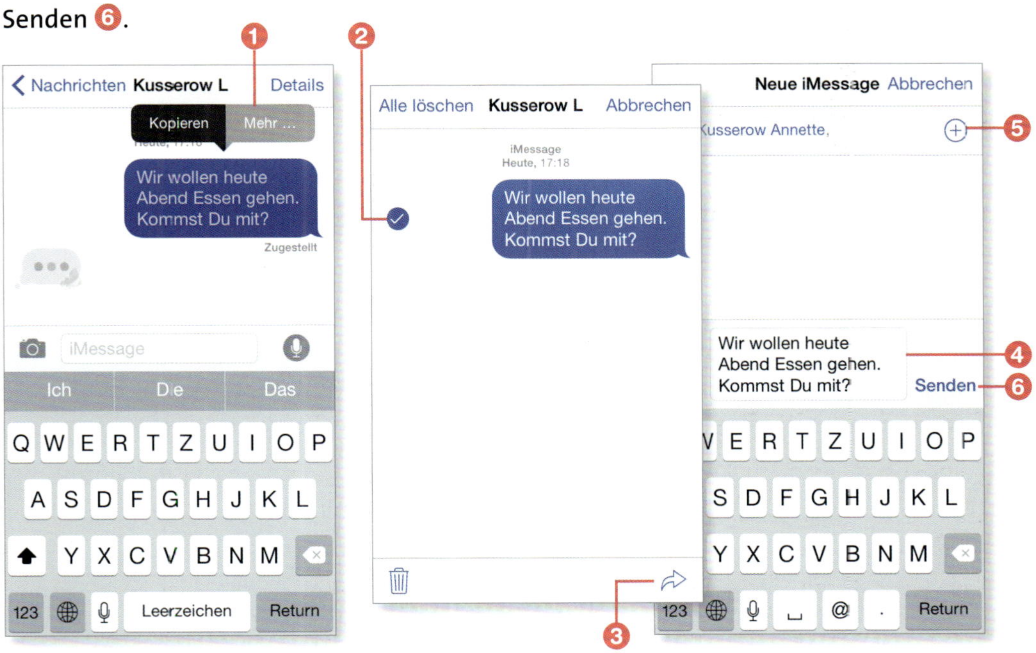


Falls Sie die weitergeleitete Nachricht an eine Person versenden, der Sie schon einmal eine Nachricht geschickt haben, finden Sie die weitergeleitete Nachricht hinterher in der bestehenden Unterhaltung.

Natürlich können Sie die Nachricht auch gleich an mehrere Personen weiterleiten. Fügen Sie einfach mehrere Empfänger über das Plus hinzu. Weil sich diese Nachricht dann aber keiner vorherigen Unterhaltung zuordnen lässt, taucht sie als neue Unterhaltung in Ihrem Nachrichtenfenster auf.

## Nachrichten löschen

Hin und wieder wollen Sie sicherlich Ihr Nachrichtenarchiv aufräumen und Ihren Speicherplatz von altem Ballast befreien. Dazu können Sie entweder ganze Unterhaltungen oder einzelne Nachrichten löschen. Um in einer Unterhaltung eine einzelne Nachricht zu entfernen, gehen Sie wie folgt vor:

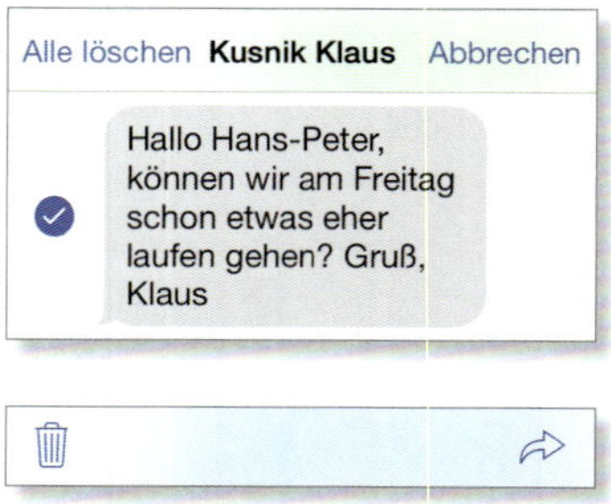


1. Öffnen Sie eine SMS-Unterhaltung, und doppeltippen Sie auf die Nachricht, die Sie löschen möchten, und anschließend auf das Etikett **Kopieren/Mehr**.

   Die ausgewählte Nachricht wird markiert, was Sie an dem kleinen weißen Häkchen in dem blauen Kreis erkennen können.

2. Nun tippen Sie unten links auf das Papierkorbsymbol, und bestätigen die anschließende Abfrage, und schon ist die Nachricht verschwunden.

Sie können auch ein Bild, das Ihnen geschickt wurde oder das Sie an eine Nachricht angehängt haben, wieder löschen. Öffnen Sie die Unterhaltung, doppeltippen Sie auf das Bild und dann auf das Etikett **Mehr**, um es zu markieren. Nun können Sie es mit einem Fingertipp auf das Papierkorbsymbol aus der Unterhaltung entfernen.

### Eine ganze Unterhaltung löschen

Um gleich die ganze Unterhaltung und nicht nur einzelne SMS zu löschen, haben Sie zwei Möglichkeiten, die ich Ihnen in diesem Abschnitt vorstellen werde. Die erste Möglichkeit ist diese:

1. Öffnen Sie die Nachrichten in der Übersicht, und tippen Sie oben links auf **Bearbeiten** ❶. Die einzelnen Unterhaltungen werden dann mit einem Minussymbol in einem roten Kreis ❷ markiert.

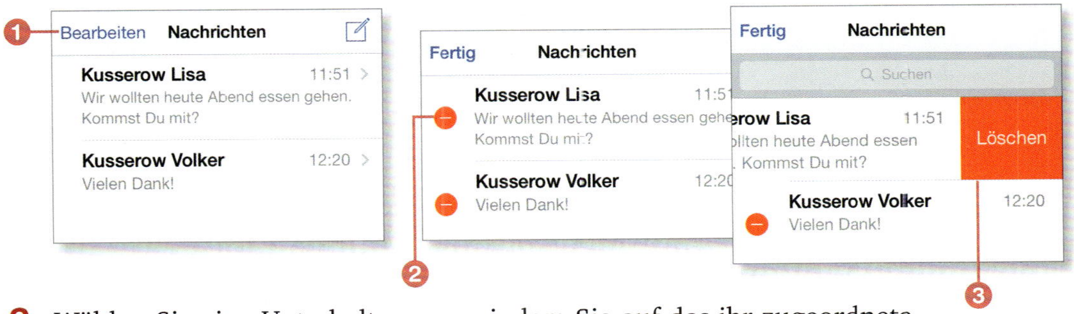


2. Wählen Sie eine Unterhaltung aus, indem Sie auf das ihr zugeordnete Minussymbol tippen.

3. Die Unterhaltung wird daraufhin nach links aus dem Bildschirm geschoben, und auf der rechten Seite des Nachrichteneintrags erscheint eine **Löschen**-Schaltfläche ❸. Tippen Sie einmal kurz darauf, und die Unterhaltung ist gelöscht.

Wenn Ihnen das noch zu umständlich ist, sollten Sie die zweite Möglichkeit nutzen: Öffnen Sie die Nachrichtenübersicht, und streichen Sie zügig mit dem Finger von rechts nach links über die zu löschende Unterhaltung. Am rechten Rand erscheint daraufhin auch diesmal die **Löschen**-Schaltfläche. Tippen Sie darauf, und schon ist die Unterhaltung entfernt.

## Darauf sollten Sie im Ausland achten

Wenn Sie mit Ihrem iPhone im Ausland unterwegs sind, kann es schnell teuer werden, da zu den Kosten, die Sie in Ihrem Heimatland für Telefonate und für SMS und MMS zahlen, noch die Gebühren für das *Datenroaming* hinzukommen. Das heißt, Sie zahlen auch noch den Service des ausländischen Providers für die Durchleitung in Ihr Heimatnetz.

Das wird unter Umständen recht teuer; man liest immer wieder von horrenden Handyrechnungen, die aufgrund von Unwissenheit oder Unvorsichtigkeit im Urlaub entstanden sind. Zwar gibt es seit einigen Jahren gesetzlich festgelegte Preisobergrenzen für das Datenroaming, Sie müssen sich aber dennoch auf erhöhte Kosten einstellen, wenn Sie Ihr iPhone im Ausland verwenden. Wenn Sie Datenroaming im Ausland nutzen möchten, wird Ihr Anbieter Sie normalerweise mit einer SMS darauf hinweisen, wie teuer das werden könnte. Die Telekom fragt Sie sogar ab einer bestimmten Kostengrenze noch einmal, ob Sie weiter Datenroaming nutzen möchten.

Aus den genannten Gründen empfehle ich Ihnen, die Datenroaming-Funktion sicherheitshalber ganz abzuschalten. Das gilt auch für das europäische Ausland, es sei denn, Sie verfügen über einen entsprechenden Vertrag, bei dem innereuropäisches Datenroaming inbegriffen ist. So schalten Sie das Datenroaming ab:

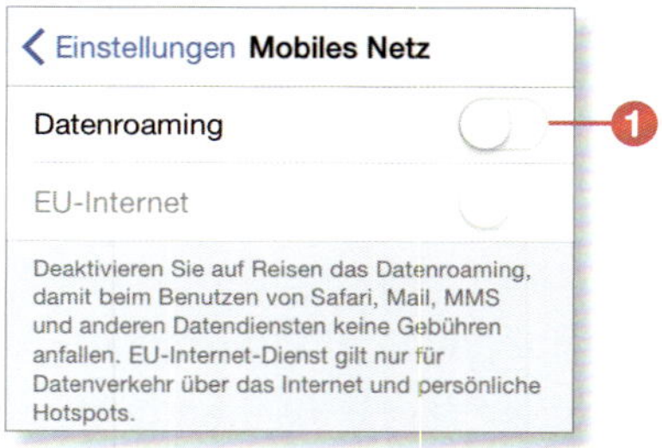


1. Öffnen Sie das Menü **Einstellungen**, und tippen Sie dort auf **Mobiles Netz**.
2. Im zugehörigen Menü deaktivieren Sie den Punkt **Datenroaming** mit dem dafür vorgesehenen Schalter ❶.

Nun sind Sie auf der sicheren Seite, denn das iPhone kann keine Datenverbindungen aufbauen, wenn Sie es nicht wollen. Und wenn Sie doch einmal ins Internet wollen und sich der Kosten bewusst sind, stellen Sie das Datenroaming einfach für diese Zeit wieder ein.

# Kapitel 5
# Im Internet surfen mit Safari

Warum kauft man sich ein iPhone? – Na, man will natürlich immer online sein! Und *Safari* ist das Werkzeug dafür. Damit steht Ihnen ein schlanker und sehr leistungsfähiger Browser zur Verfügung, der in der neuen Version mit einigen sehr interessanten Neuerungen aufwartet – aber sehen Sie selbst.

*Mit Safari surfen Sie auf dem iPhone im Internet. Sie müssen dabei nicht auf gewohnte Browserfunktionen verzichten.*

# So kommen Sie mit dem iPhone ins Internet (Safari)

Zunächst stelle ich Ihnen den Browser Safari im Überblick vor. Sie werden erfahren, was es damit auf sich hat und wie Sie den Browser bedienen.

Safari ist im Wesentlichen in drei Bereiche aufgeteilt. Der erste Bereich ist für die Suche und Eingabe zuständig. Der zweite Bereich ist der, der die eigentliche Internetseite darstellt. Er ist entsprechend der größte Bereich.

Der dritte Bereich schließlich befindet sich am unteren Rand des Displays und ist für die Navigation gedacht. Hier können Sie vor- und zurückblättern, Website-Inhalte versenden, speichern, drucken, Lesezeichen einsehen und erstellen sowie sich alle gleichzeitig geöffneten Seiten anschauen.

Aber Sie wollen es ja sicher ganz genau wissen, daher gebe ich Ihnen hier einen Überblick über jede einzelne Funktion von Safari:

1. In dieses Feld können Sie wahlweise eine URL oder eine Suchanfrage eingeben. Mehr zu diesem Thema lesen Sie u. a. im Abschnitt »Suchen mit Google« ab Seite 118.
2. In diesem Bereich wird die Internetseite dargestellt.
3. Blättern Sie eine Seite zurück.
4. Blättern Sie eine Seite vor.
5. Über die **Teilen**-Schaltfläche leiten Sie die aktive Internetseite weiter (Sie können sie z. B. als Lesezeichen speichern, den Link per E-Mail verschicken oder die Seite ausdrucken).
6. Hier befinden sich Ihre Lesezeichen, die Leseliste und die geteilten Links.
7. Hier öffnen Sie die Tab-Ansicht und sehen Ihre aufgerufenen Seiten sowie ggf. die geöffneten Seiten auf dem Mac oder iPad.

TIPP

**Wenn die Internetverbindung langsam ist ...**

Schauen Sie nach, ob Sie 3G aktiviert haben (unter **Einstellungen ▸ Mobiles Netz ▸ LTE aktivieren**). Dieser Mobilfunkstandard sorgt für höhere Datenübertragungsraten bis zu 300 Megabit pro Sekunde. Steht in der Menüleiste am oberen Bildschirmrand **E** oder **GPRS**, surfen Sie in einem sehr langsamen Netz. Wenn gar nichts hilft, können Sie auch probieren, das iPhone einmal auszustellen und wieder hochzufahren.

In den folgenden Abschnitten dieses Kapitels erkläre ich Ihnen, wie Sie sicher und schnell im Internet surfen, Lesezeichen und Leselisten anlegen, um interessante Seiten schnell wiederzufinden, und wie Sie z. B. einen Link zu einer besonders sehenswerten Website an jemand anderen weitergeben.

INFO

**Seite vergrößern**

Wenn Sie den Inhalt einer Seite etwas vergrößern wollen, um sich z. B. ein Menü genauer anzuschauen, zoomen Sie in die Seite hinein, indem Sie Daumen und Zeigefinger auf das Display setzen und langsam auseinanderziehen. Umgekehrt, also indem Sie die Finger wieder zusammenschieben, verkleinern Sie die Seite wieder.

## Eine Webseite öffnen

Es gibt verschiedene Möglichkeiten, Webseiten mit Safari zu öffnen. Sie können das mit einer gezielten Suche über Google und Co. erledigen, durch einen Link, der Ihnen per E-Mail oder SMS zugesendet wird, mittels eines Lesezeichens in Ihrer Lesezeichenleiste oder indem Sie einfach die Internetadresse eingeben. Die letzte Möglichkeit lernen Sie jetzt kennen.

1. Öffnen Sie Safari, und geben Sie eine Internetadresse in das vereinheitlichte intelligente Suchfeld ein ❶. Normalerweise steht zu Beginn einer Internetadresse immer diese Zeichenfolge: *http://www.* Diese Zeichen

können Sie bei der Eingabe der Adresse allerdings weglassen. Safari setzt diese Zeichenfolge automatisch vor Ihre Eingabe, sodass Sie nur den Namen der gewünschten Webseite eingeben müssen.

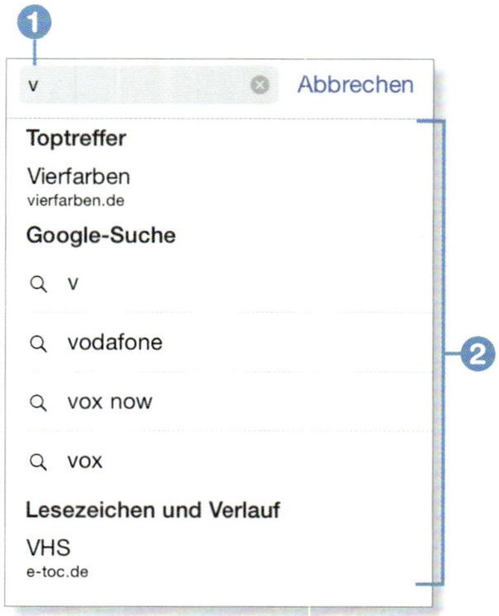


2. Suchen Sie dann aus den Vorschlägen ❷ von Safari diejenige Webseite aus, die Sie öffnen möchten. Rufen Sie sie auf, indem Sie darauf tippen.
3. Wenn der richtige Vorschlag noch nicht dabei ist, schreiben Sie einfach weiter – falls notwendig, so lange, bis Sie den kompletten Namen der Webseite ausgeschrieben haben.
4. Beenden Sie Ihre Eingabe mit der Öffnen-Taste. Daraufhin wird die entsprechende Webseite geöffnet, und Sie können sich ihre Inhalte anschauen.

Wenn es bestimmte Internetseiten gibt, die Sie immer wieder aufrufen, z. B. die Website Ihres Lieblingsvereins oder eine bestimmte Nachrichtenseite, können Sie sich dafür ein Lesezeichen (*Bookmark*) anlegen, damit Sie die Adresse nicht jedes Mal neu eingeben müssen, wenn Sie die Seite aufrufen wollen. Wie das geht, erfahren Sie im nächsten Abschnitt.

INFO

**Privates Surfen**

Mit der Funktion *Privates Surfen* können Sie im Internet surfen, ohne dass der Browserverlauf und z. B. die Eingabe von Passwörtern und Suchbegriffen auf Ihrem iPhone protokolliert werden. Tippen Sie in Safari auf die untere rechte Schaltfläche, es öffnet sich die Tab-Ansicht, und anschließend unten links auf **Privat**. Mit derselben Schaltfläche deaktivieren Sie das private Surfen wieder.

## Mit Lesezeichen arbeiten

Das Verwenden von Lesezeichen erleichtert Ihnen das Surfen im Web ungemein, weil Sie nicht immer die komplette Adresse einer interessanten Internetseite neu eingeben müssen. Legen Sie sich für Ihre favorisierten Webseiten einfach Lesezeichen an. Diese müssen Sie dann nur noch antippen, um die entsprechende Internetseite zu öffnen. In diesem Abschnitt zeige ich Ihnen, wie Sie ein Lesezeichen anlegen.

1. Wenn Sie eine interessante Webseite gefunden und in Safari geöffnet haben, tippen Sie in der unteren Leiste Ihres iPhone-Displays auf das **Teilen**-Symbol ③.

2. Daraufhin öffnet sich ein Dialogfenster mit verschiedenen Auswahlmöglichkeiten. Hier tippen Sie links unten auf den Punkt **Lesezeichen** ④.

3. Passen Sie den Namen Ihres Lesezeichens ⑤ an, indem Sie mit der Rückschritt- oder der Entfernen-Taste so viel weglöschen, bis der Begriff stimmig und schnell erfassbar ist. Sie können ihn mit einem Tipp auf das kleine Kreuzchen ⑥ natürlich auch komplett löschen und einen eigenen Namen für Ihr Lesezeichen eingeben.

4. Über den Menüpunkt **Ort** können Sie mit einem Tipp auf den Pfeil ⑦ noch festlegen, wo das Lesezeichen gespeichert werden soll, entweder direkt in der Lesezeichenleiste oder in einem Ordner, den Sie vorher angelegt haben (siehe dazu den Kasten »Einen Lesezeichen-Ordner anlegen« auf Seite 118). Den ausgewählten Ordner, in dem das Lesezeichen abgelegt wird, erkennen Sie an einem kleinen Häkchen.

5. Wenn Sie mit allen Einstellungen fertig sind, tippen Sie auf **Sichern** ⑧.

Möchten Sie Ihre gespeicherten Lesezeichen aufrufen, tippen Sie auf der Safari-Tab-Leiste auf das Buchsymbol. Daraufhin werden Ihnen Ihre zuvor gespeicherten Lesezeichen in einer Liste angezeigt. Die jeweilige Seite öffnen Sie, indem Sie sie antippen. Im Abschnitt »Die Leseliste« ab Seite 130 erfahren Sie außerdem, wie Sie Webseiten temporär in einer Leseliste anlegen können, die Sie dann zu einem späteren Zeitpunkt über das **Lesezeichen**-Menü aufrufen und lesen können.

TIPP

**Einen Lesezeichen-Ordner anlegen**

Öffnen Sie in Safari das Menü **Lesezeichen**, indem Sie auf das Buchsymbol tippen. Im Menü tippen Sie unten rechts auf **Bearbeiten** und dann unten links auf **Neuer Ordner**. Daraufhin geben Sie einen passenden Namen für den neuen Ordner an und bestimmen, ob dieser auf der obersten Ebene oder als Unterordner eines bereits vorhandenen Ordners angelegt werden soll.

## Suchen mit Google

Selbstverständlich können Sie mit Safari auf Ihrem iPhone auch über Google nach Informationen suchen. Google ist als Suchmaschine auf dem iPhone sogar voreingestellt.

1. Um eine Suche zu starten, tippen Sie einfach ganz oben in das Feld, in dem in hellgrauer Schrift **URL oder Suchbegriff** steht. Geben Sie Ihren Suchbegriff ein. Noch während Sie tippen, liefert Ihnen Google einige Vorschläge ❶, bei denen eventuell sogar schon der gesuchte Begriff dabei ist. Wenn das der Fall ist, tippen Sie auf diesen Begriff, und die Google-Ergebnisseite öffnet sich.

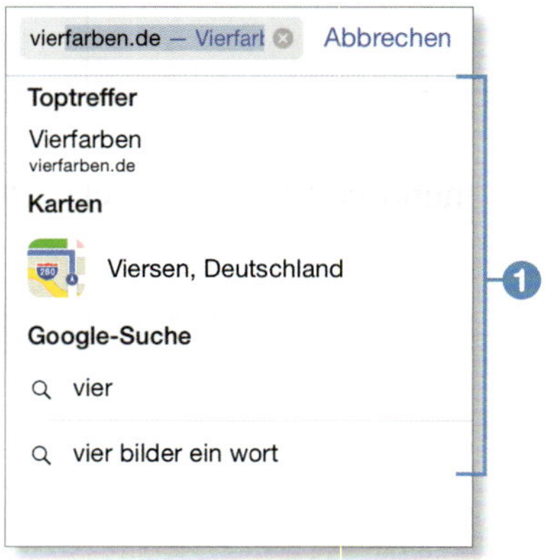

2. Wenn Sie den Suchbegriff gut gewählt haben, bekommen Sie entsprechend präzise Ergebnisse (hier ist gleich das erste Suchergebnis das passende). Tippen Sie auf den blauen Link ❷ in der Trefferliste, wird die gewünschte Seite geöffnet.

Wie beschrieben, ist Google als Suchmaschine in Safari voreingestellt. Wenn Sie nicht mit Google, sondern lieber mit einer anderen Suchmaschine suchen möchten, können Sie dies selbstverständlich tun. Sie müssen dazu nur die Einstellungen in Safari ändern und eine andere Suchmaschine festlegen. Im Menü **Einstellungen ▸ Safari** ❸ werden Ihnen bei **Suchmaschine** ❹ weitere Möglichkeiten wie *Yahoo!*, *Bing* oder *DuckDuckGo* angeboten ❺.

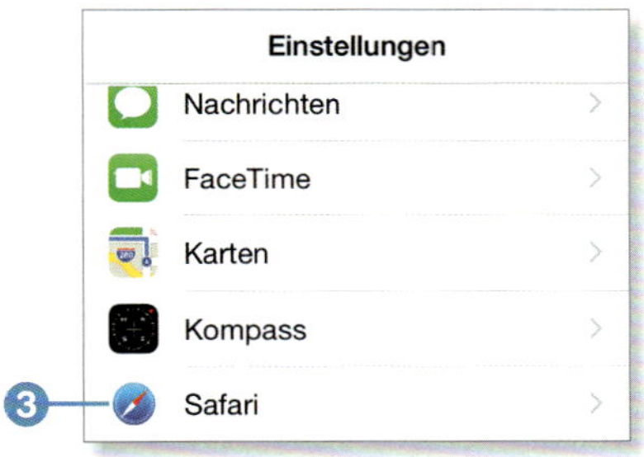


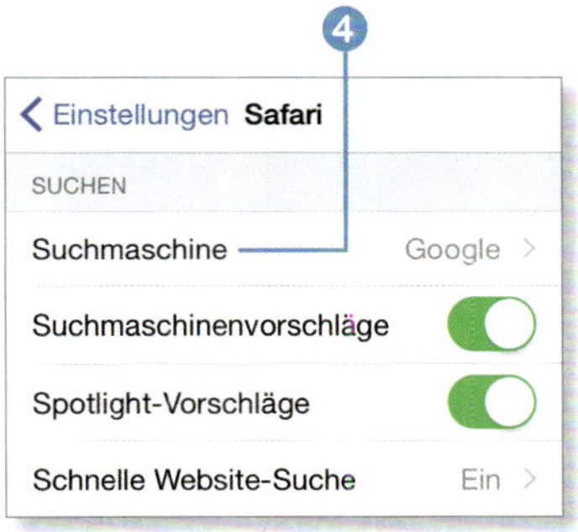

## Mehrere Seiten gleichzeitig öffnen

Manchmal ist es durchaus sinnvoll, mehrere Internetseiten gleichzeitig zu öffnen, z. B. wenn Sie Informationen miteinander vergleichen oder – ausgehend von einer interessanten Seite – weitere Links auf der Seite anklicken möchten, ohne die vorherige Seite zu schließen. Das kann ganz besonders bei mobilen Geräten wichtig sein, da hier die Ladevorgänge immer etwas länger dauern als beim Surfen am heimischen Computer.

1. Wenn Sie eine weitere Seite öffnen möchten, tippen Sie auf einen Link und lassen nicht sofort los, sondern verharren etwa zwei Sekunden auf dem Link. Ein Dialogfenster mit einigen Vorschlägen für auszuführende Aktionen öffnet sich.

2. Wählen Sie in diesem kleinen Menü den Menüpunkt **In neuem Tab öffnen**, indem Sie ihn mit dem Finger antippen. Daraufhin wird in Safari ein neuer Tab angelegt.

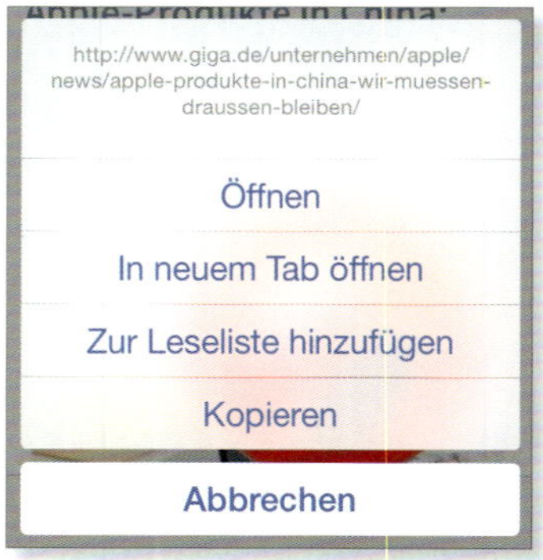


3. Wenn Sie unten rechts auf das Symbol der Tab-Ansicht 1 tippen, werden Ihnen alle derzeit geöffneten Seiten in dieser Seitenübersicht angeboten, durch die Sie per vertikaler Wischgeste navigieren können.

4. Tippen Sie mit dem Finger auf die jeweilige Seite, um diese wieder auf dem ganzen Display darzustellen.

5. Um eine Seite (einen *Tab*) wieder zu schließen, tippen Sie in der Übersicht links auf das kleine Kreuzchen 2, das sich am Kopf jeder Internetseite befindet, oder Sie wischen sie einfach von links nach rechts aus der Ansicht.

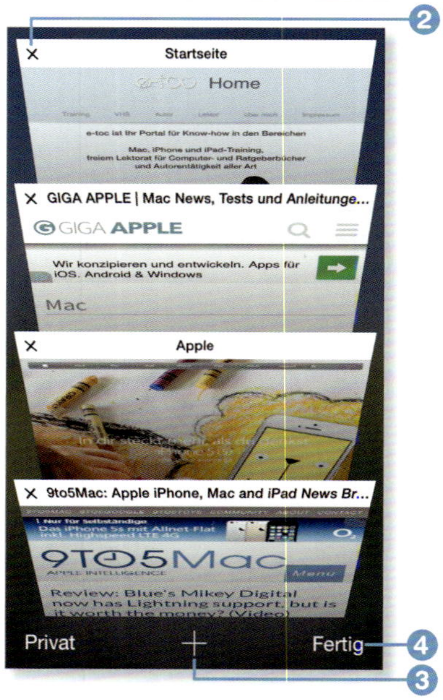


6. Wenn Sie auf das Plus 3 tippen, wird eine neue leere Seite geöffnet, auf der Sie eine neue Adresse in die Adressleiste eingeben können.

7. Öffnen Sie erneut die Tab-Ansicht, sehen Sie auch hier die neu geöffnete Seite. Diese wird immer als Erste in der Tab-Ansicht angezeigt. Sie gelangen durch vertikales Wischen zu der ursprünglichen Seite zurück, von der aus Sie die neue Seite geöffnet haben.

8. Um die Tab-Ansicht zu beenden, tippen Sie auf **Fertig** 4. Daraufhin wird die erste Internetseite der Voransichten im Vollbild angezeigt.

Dank der Tab-Ansicht verlieren Sie nie den Überblick und können komfortabel zwischen mehreren geöffneten Webseiten hin und her wechseln.

# Tabs über iCloud mit anderen Geräten synchronisieren

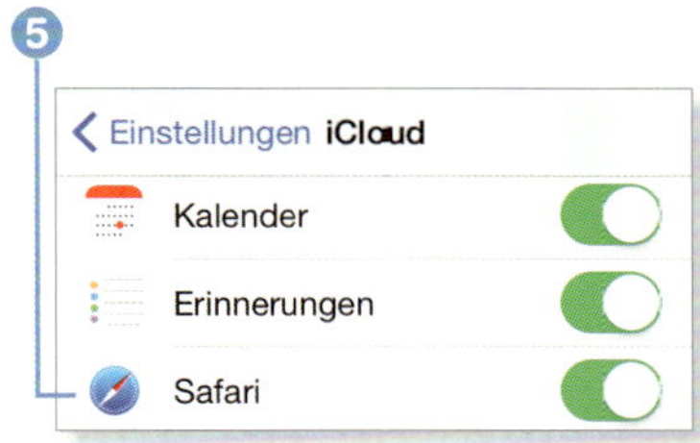


Apple hat mit den neuen iCloud-Tabs mal eine wirklich nützliche Funktion in Safari hinzugefügt. iCloud ermöglicht es Ihnen, auf dem Computer mit dem Surfen zu beginnen und dann auf dem iPhone weiterzusurfen – und zwar mit den bereits geöffneten Tabs. Dazu müssen Sie nichts weiter tun, als die Tabs auf dem Mac geöffnet zu lassen und Safari auf Ihrem iPhone zu öffnen. Selbstverständlich müssen Sie auch in iCloud Safari aktiviert haben, sonst wird gar nichts synchronisiert. Gehen Sie also in das Menü **Einstellungen ▸ iCloud**, und aktivieren Sie hier **Safari** 5.

*Rechts sehen Sie alle über die iCloud verbundenen Geräte mit den jeweils geöffneten Webseiten.*

Die geöffneten Tabs werden auf all Ihren mit iCloud synchronisierten Geräten bereitgestellt. Sie finden die iCloud-Tabs, wenn Sie in Safari unten rechts auf das Symbol für die Tab-Ansicht (siehe 1 auf Seite 120) tippen. In der Tab-Ansicht befinden sich im unteren Bereich dann die iCloud-Tabs 6.

Sie können also sowohl die Tabs aufrufen, die Sie derzeit auf Ihrem Mac oder iPad geöffnet und mit iCloud synchronisiert haben, als auch die Tabs, die Sie zuvor auf Ihrem iPhone geöffnet haben.

**INFO**

**Sie sehen Ihre iCloud-Tabs von Mac oder iPad nicht?**

Wenn Sie die iCloud-Tabs von Mac oder iPad nicht sehen, dann kann es daran liegen, dass Sie aktuell im Modus des privaten Surfens unterwegs sind. Privates Surfen schaltet nämlich die iCloud-Tab-Übertragung aus. Deaktivieren Sie das private Surfen, und schon erscheinen die iCloud-Tabs wieder.

## Eine Web App aus Safari heraus erstellen

Eine *Web App* ist eine App, die Sie aus einer Internetseite heraus erstellen und die dann wie eine App auf Ihrem Home-Screen oder Home-Bildschirm (dem Hauptdisplay) liegt. Einmal angetippt, öffnet sich die gespeicherte Internetseite, die mit dieser App verknüpft ist. Das Ganze funktioniert eigentlich nicht anders als ein Lesezeichen, doch hier können Sie Ihre Lieblingsseiten direkt über den Home-Screen ansteuern, ohne erst Safari und dort die Lesezeichenliste öffnen zu müssen. Und so geht's:

1. Geben Sie den Namen einer Ihrer Lieblingsseiten im Browser ein, z. B. »www.spiegel.de«. Die Seite wird daraufhin in Safari dargestellt.
2. Tippen Sie auf **Teilen** ①. Ein Dialogfenster öffnet sich, in dem Sie den Menüpunkt **Zum Home-Bildschirm** (② auf Seite 123 oben) antippen.
3. Im Folgenden können Sie sich einen neuen Namen ③ überlegen oder den vorgeschlagenen Namen verwenden. Tippen Sie auf **Hinzufügen** ④, und Ihre Web App wird erstellt.

Von nun an finden Sie das entsprechende App-Symbol 5 auf Ihrem Home-Bildschirm und können die zugehörige Webseite mit einem Klick auf dieses Symbol starten, als wäre sie eine normale App.

## Eine Webseite via AirPrint ausdrucken

Heutzutage lassen sich mit jedem modernen iPhone ab der Softwareversion iOS 4.2 Ausdrucke erstellen. Sie können also jede beliebige Webseite auch auf Ihrem Drucker ausgeben. Und das geht nicht nur mit Webseiten, sondern ebenso mit E-Mails, Fotos, Karten, Notizen, Pages-, Numbers- und Keynote-Dokumenten und mit PDFs, die Sie in iBooks geöffnet haben, sowie weiteren Apps anderer Entwickler, die die Druckfunktion unterstützen.

Um AirPrint nutzen zu können, muss allerdings Ihr Drucker bestimmte Voraussetzungen erfüllen. Er muss WLAN-fähig sein und Apples AirPrint-Technologie unterstützen, was inzwischen schon einige Drucker tun. Eine Liste geeigneter Drucker finden Sie bei Apple unter *http://support.apple.com/kb/HT4356?viewlocale=de_DE*. Der Drucker wird in Ihrem WLAN automatisch von Ihrem iPhone erkannt, sodass Sie keine weiteren Installationsschritte durchlaufen müssen, um drucken zu können.

1. Möchten Sie eine Webseite drucken, tippen Sie auf die **Teilen**-Schaltfläche 1 in der Tab-Leiste und wählen aus dem zugehörigen Menü **Drucken** 2 aus. Sie müssen dazu die Icons nach links wischen.

2. Legen Sie die Anzahl der Kopien fest, indem Sie die Plus- und Minustasten ③ benutzen, und tippen Sie wieder auf **Drucken** ④.

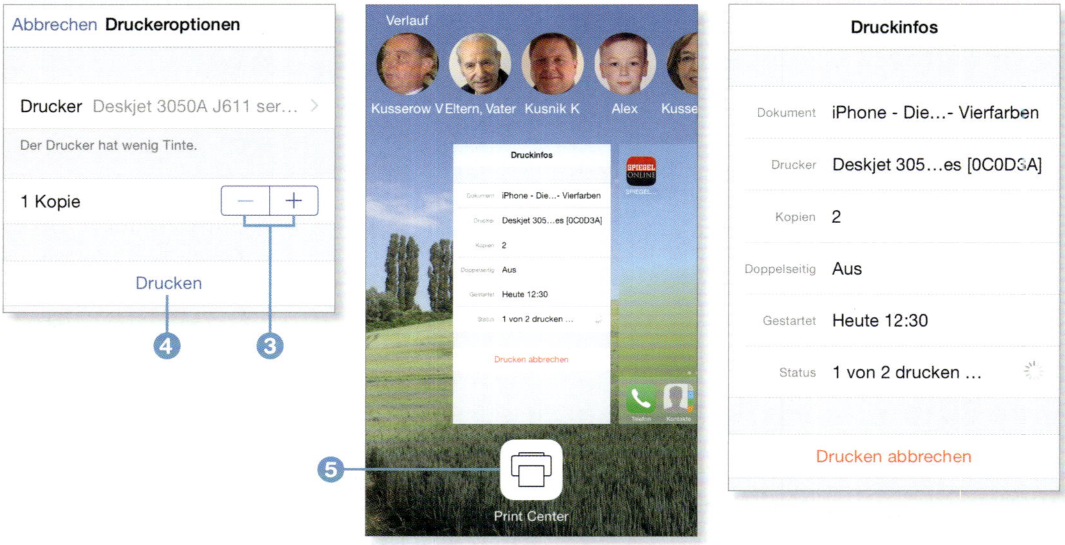


3. Wenn Sie mehrere Druckaufträge erteilt haben, können Sie alle einsehen, indem Sie doppelt auf die Home-Taste tippen. So rufen Sie die Druckzentrale auf. Diese ist nur während eines Drucks aktiv.

4. Tippen Sie schließlich auf die Schaltfläche **Druckzentrale** ⑤ (hier **Print Center**), um sich die Details Ihres Druckauftrags in einem neuen Menü, **Druckinfos**, anzusehen.

Heutzutage ist es anstelle des Druckens fast schon moderner, lesenswerte Informationen einfach online weiterzugeben – sei es per E-Mail und SMS oder auch über Twitter und Facebook. Wie Sie mit Ihrem iPhone interessante Internetlinks weitergeben, erfahren Sie in den folgenden Abschnitten.

## Einen Link zu einer Webseite per E-Mail versenden

Sie haben eine interessante Webseite gesehen und wollen sie Ihren Freunden und Bekannten zeigen? Das ist mit dem iPhone schnell erledigt. Versenden Sie den Link der Webseite ganz einfach in einer E-Mail. Das geht so:

1. Öffnen Sie die Seite, die Sie weitergeben möchten, in Safari, und tippen Sie in der Tab-Leiste auf **Teilen** ①.

2. Tippen Sie in dem sich nun öffnenden Auswahldialog auf die Schaltfläche **Mail** ②.

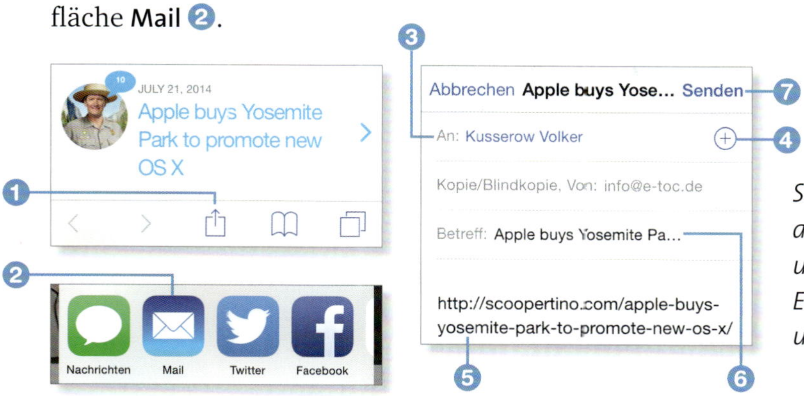


*Sie müssen nur noch auf »Senden« tippen, und schon ist die E-Mail mit dem Link unterwegs.*

3. Es öffnet sich das Mail-Fenster, in dem Sie im Feld **An** alle Empfänger ③ eingeben, die diese E-Mail erhalten sollen. Über das Plussymbol ④ lassen sich weitere Empfänger aus Ihren Kontakten hinzufügen.

4. Der Link zur Webseite wurde automatisch eingefügt ⑤. Auch der Betreff wurde von der Internetseite übernommen ⑥. Ergänzen Sie bei Bedarf oberhalb des Links noch einen eigenen Text. Wenn alles fertig ist, tippen Sie auf **Senden** ⑦.

Wie Sie die Mail-App darüber hinaus nutzen können, um E-Mails zu verschicken und zu lesen, erfahren Sie ausführlich in Kapitel 6, »E-Mails senden und empfangen«.

## Einen Link über Twitter oder Facebook teilen

Seit iOS 6 ist die Möglichkeit, etwas auf Twitter bzw. Facebook zu posten, tief im Betriebssystem verankert. So können Sie problemlos aus jeder App, die diese Funktion anbietet, »twittern« und Neuigkeiten auf Facebook veröffentlichen.

1. Wenn Sie eine Webseite entdeckt haben, die Sie gerne über Twitter oder Facebook mit anderen teilen möchten, tippen Sie in der unteren Leiste auf **Teilen** ❶ und anschließend auf **Twitter** bzw. **Facebook** ❷.

2. Geben Sie einen passenden Text ein. Er darf bei Twitter maximal 140 Zeichen lang sein, bei Facebook gibt es keine Beschränkung. Wie viele Zeichen Ihnen noch bleiben, sehen Sie bei Twitter unten links im Nachrichtenfenster ❸. Der Verweis auf die Webseite wird, quasi wie ein Anhang, rechts oben an Ihre Nachricht (den *Tweet* oder *Post*) »geheftet« ❹.

3. Wenn Sie möchten, teilen Sie auch gleich noch Ihren momentanen Aufenthaltsort mit, indem Sie auf den Pfeil im Bereich **Standort** ❺ tippen. Wenn Sie etwas bei Facebook veröffentlichen, können Sie im Bereich **Publikum** ❻ die Sichtbarkeit eingrenzen bzw. anpassen, wer diesen Verweis sehen darf.

**4.** Zum Schluss tippen Sie auf **Posten** ⑦. In der Twitter-App bzw. der Facebook-App sieht das z. B. wie in den folgenden Abbildungen aus.

INFO

**Ortungsdienste aktivieren**

Wenn Sie Ihren Standort bei Twitter- oder Facebook-Veröffentlichungen hinzufügen möchten, müssen Sie die GPS-Ortung aktivieren. Öffnen Sie dazu das Menü **Einstellungen** ▸ **Datenschutz** ▸ **Ortungsdienste**, und schieben Sie den Regler **Ortungsdienste** nach rechts. Darunter können Sie für jede App einzeln bestimmen, ob sie die Ortung nutzen darf oder nicht. Die dafür aktivierten Apps zeigen eine kleine Kompassnadel an, die Sie auch im Display sehen, wenn der Dienst aktiv ist.

## Einen Link als Nachricht (SMS) versenden

Zum Schluss zeige ich Ihnen noch den »klassischen« Weg, einen interessanten Link an andere zu verschicken – per SMS.

**1.** Tippen Sie auf die **Teilen**-Schaltfläche (① auf Seite 128) unten in der Tab-Leiste und anschließend auf **Nachrichten** ②.

**2.** Das Nachrichten-Fenster öffnet sich mit einer neuen SMS, die bereits den Link enthält. Geben Sie ganz oben in der Adressleiste den oder die Empfänger ein, indem Sie auf das Plussymbol ③ tippen und den Kontakt aus Ihrem Adressbuch auswählen.

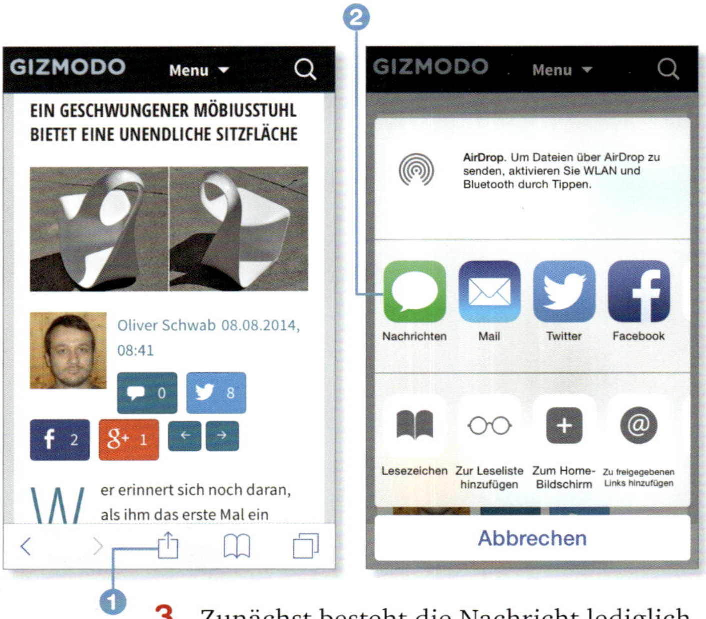


3. Zunächst besteht die Nachricht lediglich aus dem Link; Sie können aber noch eigenen Text ergänzen. Dann tippen Sie auf **Senden** 4.

Wenn Sie die Nachricht auf den Weg gebracht haben und der Empfänger sie abruft, wird der Link in Blau angezeigt. Indem der Empfänger mit dem Finger darauf tippt, öffnet er die Webseite, die Sie ihm zeigen wollten.

## Der Umgang mit Reader und Leseliste

Seit iOS 5 hat Apple einige interessante neue Funktionen in Safari integriert, u. a. den Reader und die Leseliste. Diese cleveren und leistungsfähigen Funktionen, die übrigens Hand in Hand arbeiten, stelle ich Ihnen im Folgenden vor. Beginnen werde ich mit dem Reader.

### Der Reader

Den Reader kennen Sie vielleicht schon von der Safari-Version auf Ihrem Computer. Angenommen, Sie haben auf einer Internetseite einen interessanten Artikel gefunden, den Sie in Ruhe lesen möchten, aber die zahlreichen Unterbrechungen durch Werbung und Co. stören Sie. Außerdem haben Sie keine Lust, bei einem mehrseitigen Artikel immer mühsam die anderen Seiten nachzuladen.

Für solche Fälle ist der Reader genau das Richtige. Er extrahiert für Sie nämlich genau den Artikel, den Sie lesen möchten, und blendet alles andere komplett aus – auch Werbung. Der Reader kann zudem den ganzen mehrseitigen Artikel anzeigen, ohne dass Sie die Seiten neu laden müssen. Und so nutzen Sie den Reader:

1. Öffnen Sie eine Webseite mit einem Artikel, der Sie interessiert. In unserem Fall ist es die Seite von *National Geographic Deutschland* – und zwar der Hauptartikel der Seite, der Rest ist für uns uninteressant. Safari bemerkt, dass es sich dabei um einen potenziell längeren Artikel handelt, und blendet automatisch das Reader-Symbol ① oben links in der Adressleiste ein, in der auch die URL der Webseite steht.
2. Tippen Sie auf das Reader-Symbol, und Safari blendet automatisch alle Informationen der Webseite aus außer dem Artikel, der auf der Seite im Fokus steht. Dieser wird nun ganz puristisch im Browser angezeigt.
3. Über das **Teilen**-Menü können Sie den Artikel z.B. drucken oder per E-Mail versenden.

Der Reader ist leider etwas begrenzt, denn er kann nur den ersten Artikel, der im Fokus steht, anzeigen, nicht aber die anderen, sodass die Funktion zwar interessant, aber eben nicht für jede Webseite geeignet ist. Wenn Sie wieder zur normalen Webseite zurück möchten, tippen Sie auf **Fertig**.

### Die Leseliste

Angenommen, Sie möchten einen bestimmten Artikel nicht sofort lesen, dann können Sie ihn sich quasi »zur Seite legen«. Mit der Leseliste haben Sie die Möglichkeit, Inhalte aus Webseiten zu speichern und später zu lesen. Das funktioniert dann sogar offline. Die Leseliste ist dabei im **Lesezeichen**-Menü integriert, sodass Sie alle gespeicherten Webseiten an einem Ort wiederfinden (siehe dazu auch den Abschnitt »Mit Lesezeichen arbeiten« ab Seite 117).

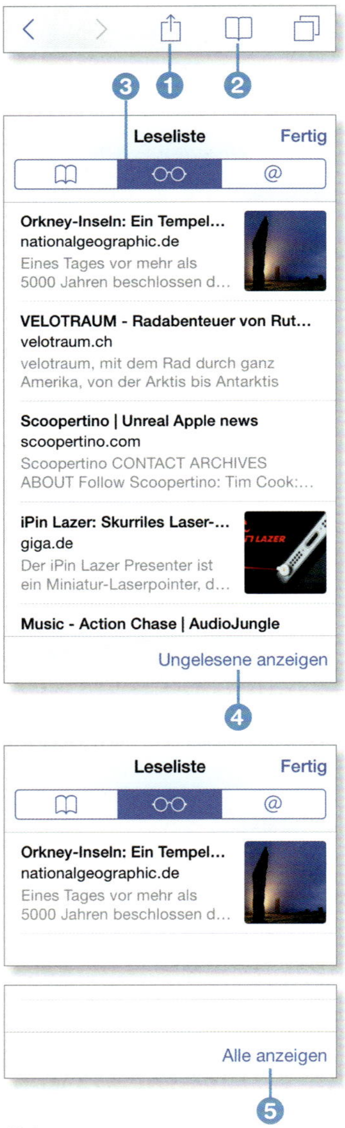


1. Um Ihrer Leseliste eine Webseite hinzuzufügen, tippen Sie auf die **Teilen**-Schaltfläche in der Mitte der Menüleiste 1.
2. Das bekannte Auswahlmenü öffnet sich. Indem Sie auf den Button **Zur Leseliste hinzufügen** tippen, wird der Artikel gespeichert.
3. Das war es auch schon. Um sich Ihre Leseliste anzuschauen, tippen Sie zunächst auf die Schaltfläche mit dem aufgeschlagenen Buch 2 in der unteren Leiste. Im zugehörigen Menü **Lesezeichen** finden Sie den Menüpunkt **Leseliste** an zweiter Stelle des oberen Auswahlmenüs 3.
4. Tippen Sie darauf, um die Leseliste zu öffnen. Lassen Sie sich entweder nur die ungelesenen Artikel 4 oder alle 5 anzeigen. Tippen Sie auf diese Schaltflächen, um zwischen den Ansichten hin- und herzuschalten.

Sie können Webseiten sowohl aus der normalen Browseransicht als auch aus dem Reader heraus zur Leseliste hinzufügen.

# Kapitel 6
# E-Mails senden und empfangen

Mit Ihrem iPhone können Sie immer online sein. Das gilt natürlich auch für Ihren E-Mail-Verkehr. Sie können Ihre Mails am iPhone genauso empfangen, bearbeiten und versenden wie an Ihrem Mac oder PC. Unterwegs ist das iPhone also Ihre Infozentrale auch für Ihre E-Mails.

iStockphoto, Linda Kloosterhof

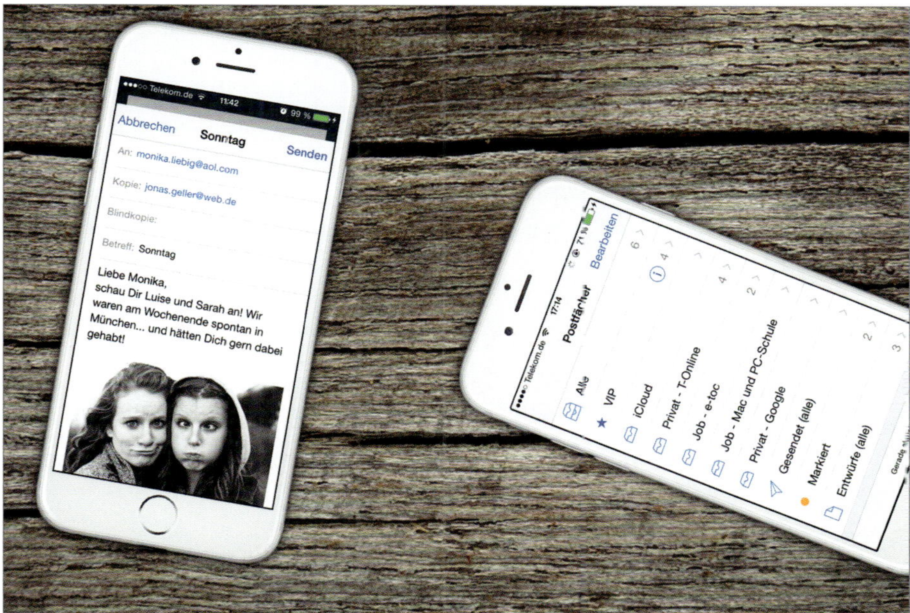


*Ob Sie Ihre Mails mit iCloud synchronisieren oder verschiedene eigene Accounts anlegen, die Sie mit der Mail-App nutzen, bleibt Ihnen überlassen. Das iPhone bietet viele Möglichkeiten.*

ACHTUNG

**E-Mail-Account erstellen**

Bevor Sie auf dem iPhone einen neuen Mail-Account anlegen können, müssen Sie diesen natürlich vorher im Internet bei einem sogenannten *Internet Service Provider* (ISP) eingerichtet haben, damit er überhaupt existiert und die entsprechenden Daten zur Verfügung stehen. Bewahren Sie Ihre Zugangsdaten sicher auf, damit Sie auch später noch darauf zugreifen können. Sie können z. B. die kostenlosen Accounts von GMX und Co. verwenden.

## Einen Account manuell anlegen und verwalten

Da Sie Ihr iPhone inzwischen nicht mehr zwangsläufig mit iTunes synchronisieren müssen, können Sie auf Ihrem iPhone auch ganz eigenständig einen Mail-Account anlegen. Das ist natürlich ebenfalls möglich, wenn Sie Ihre Accounts mit iTunes abgleichen – ganz so, wie Sie mögen. Um einen Mail-Account auf Ihrem iPhone einzurichten, gehen Sie wie folgt vor:

1. Tippen Sie auf **Einstellungen** und hier dann auf **Mail, Kontakte, Kalender**.
2. Ein Bildschirm öffnet sich, in dem eventuell bereits einige Mail-Accounts vorhanden sind. Tippen Sie daher unten auf den Menüpunkt **Account hinzufügen** ❶, um einen neuen Mail-Account über Ihr iPhone hinzuzufügen.

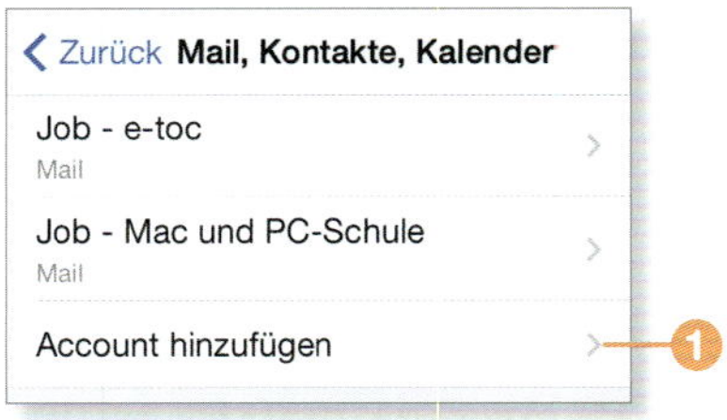


3. Es wird Ihnen – angefangen bei **iCloud** bis hin zu **Outlook** – bereits eine ganze Reihe von Möglichkeiten angeboten. Interessant ist hier der letzte Punkt, **Andere** ❷, der Ihnen erlaubt, weitere Accounts einzurichten. Tippen Sie darauf, um einen neuen Account anzulegen.

4. Es öffnet sich ein weiteres Fenster, in dem Sie entscheiden können, welche Art von Account Sie bevorzugen. In unserem Beispiel möchten wir einen neuen Mail-Account anlegen; tippen Sie also auf **Mail-Account hinzufügen** ③.

5. Im Anschluss daran geben Sie Ihre Daten für den Account ein, also Name, E-Mail-Adresse, das Kennwort und Ihre Beschreibung, und tippen auf **Weiter** ④.

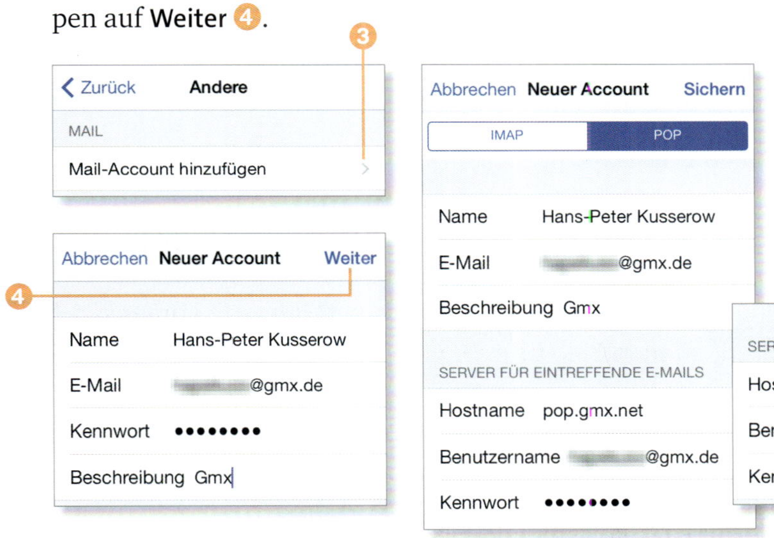


*Einen eigenen Mail-Account erstellen Sie in wenigen Schritten.*

6. Ihr neuer Account wird der Liste Ihrer Mail-Accounts hinzugefügt. Die Daten für den *Posteingangsserver* und den *Postausgangsserver* müssen Sie in diesem Fall nicht eingeben, da es sich um einen bekannten Dienst handelt und die Daten automatisch übertragen werden.

7. Wenn Sie die Daten Ihres Accounts einsehen möchten, tippen Sie den Account einfach an, und Sie bekommen alles in einer übersichtlichen Darstellung präsentiert.

ACHTUNG

**Ist Ihr Passwort sicher?**

Sichere Passwörter sind Kombinationen aus Buchstaben, Zahlen und Sonderzeichen (z. B.: »I-laII0ween#« oder »W^zYgJLW«), je länger, desto sicherer. Formulieren Sie als Eselsbrücke z. B. einen Satz, den Sie sich gut merken können, und verwenden Sie nur die Anfangsbuchstaben der Wörter für Ihr Passwort.

## E-Mails schreiben, speichern und senden

Wenn Sie eine E-Mail schreiben möchten, ist das natürlich ganz einfach mit Ihrem iPhone möglich. Gehen Sie dazu wie folgt vor:

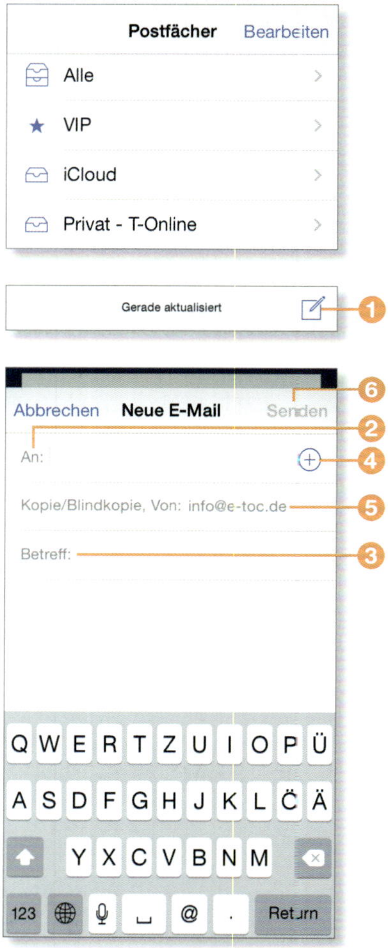


1. Tippen Sie als Erstes auf das Symbol der Mail-App. Es öffnet sich das Posteingangsfenster. In diesem Fenster sehen Sie auf den ersten Blick alle Ihre Mail-Accounts.
2. Anschließend tippen Sie auf das Symbol **Neue E-Mail** (1), das sich in der rechten unteren Ecke des Displays befindet.
3. Ein leeres E-Mail-Fenster öffnet sich, in dem Sie in der oberen Hälfte die E-Mail-Adresse des Empfängers eingeben (2) und die Betreffzeile (3) ausfüllen. Die Tastatur wird sofort eingeblendet, wenn Sie in eines dieser Eingabefelder tippen.
4. Geben Sie die E-Mail-Adresse des Empfängers entweder manuell ein, oder fügen Sie sie durch Antippen des Plussymbols (4) oben rechts aus Ihren Kontakten hinzu (siehe den folgenden Abschnitt).
5. In das Feld **Kopie** (5) tragen Sie die Empfänger ein, die Ihre Mail nur zur Kenntnis nehmen sollen, aber nicht der Hauptempfänger sind. Wenn Sie auf das leere Feld **Kopie** tippen, erscheint zusätzlich das Feld **Blindkopie**. Empfänger, die im Feld **Blindkopie** stehen, können von den anderen Empfängern dieser E-Mail nicht gesehen werden.
6. Haben Sie den Empfänger hinzugefügt und die Betreffzeile formuliert, geben Sie den eigentlichen Text Ihrer E-Mail ein und versenden sie mit einem Tipp auf die **Senden**-Schaltfläche (6).

**INFO**

**Blindkopie für Sie**

Wenn Sie sich standardmäßig selbst eine Blindkopie einer E-Mail schicken möchten, z. B. an eine zweite E-Mail-Adresse, gehen Sie folgendermaßen vor: Tippen Sie auf **Einstellungen ▸ Mail, Kontakte, Kalender**. Scrollen Sie hinunter bis zur Option **Blindkopie an mich**, und aktivieren Sie diese. Von nun an werden Sie von jeder E-Mail, die Sie selbst geschrieben haben, eine Kopie erhalten.

Natürlich müssen Sie nicht nur Text-Mails schreiben – Sie können Ihren E-Mails auch Fotos oder Videos anfügen. Wie das geht, erfahren Sie im Abschnitt »Bilder und andere Medien per Mail versenden« ab Seite 148.

**TIPP**

**Gesendete E-Mails**

Während die E-Mail versendet wird, befindet sie sich im Postfach **Ausgang**. Dort bleibt sie so lange – z. B. auch dann, wenn Sie gerade keine Internetverbindung haben –, bis sie tatsächlich verschickt wurde. Aus diesem Postfach können Sie später einen neuen Versuch starten. Sobald die E-Mail »rausgegangen« ist, landet sie im Postfach **Gesendet**.

## E-Mail-Adressen aus Kontakten verwenden

Um mit Ihrem iPhone eine E-Mail zu schreiben, müssen Sie die E-Mail-Adresse nicht immer manuell eingeben. Sie können auch auf die in Ihren Kontakten gespeicherten E-Mail-Adressen zurückgreifen.

1. Wenn Sie das E-Mail-Fenster geöffnet haben, tippen Sie auf das Symbol für neue Mails (1) unten rechts in der Ecke Ihres E-Mail-Programms.

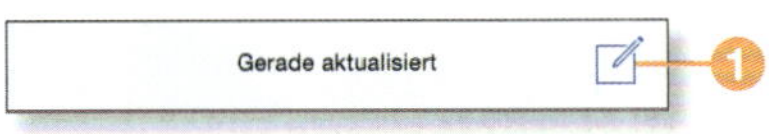

2. Es öffnet sich eine neue E-Mail, an deren oberer rechter Ecke Sie ein blaues Plussymbol ❷ sehen. Tippen Sie darauf, um Ihre Kontaktliste einzusehen.
3. Im nächsten Schritt wählen Sie den gewünschten Kontakt aus der Liste aus, indem Sie darauf tippen.

Der ausgewählte Kontakt wird nun im Empfängerfeld angezeigt.

**TIPP**

**Was tun, wenn ein Absender mehrere E-Mail-Adressen hat?**

Wenn Sie mehrere E-Mail-Adressen für einen Kontakt in Ihrem Adressbuch eingetragen haben, gehen Sie genauso vor wie gerade beschrieben. Der einzige Unterschied besteht darin, dass Ihnen in diesem Fall der komplette Kontakteintrag angezeigt wird, aus dem Sie die passende E-Mail-Adresse manuell auswählen müssen.

## VIPs anlegen

Mit der VIP-Funktion in Mail (*VIP* steht als Abkürzung für *Very Important Person*, zu Deutsch »sehr wichtige Person«) können Sie E-Mails von wichtigen Absendern besonders behandeln und in einem gesonderten Ordner ablegen lassen. Sie können dabei ganz einfach festlegen, welche Kontakte oder Absender von E-Mails zu Ihren VIPs gehören sollen. Auf diese Weise verschaffen Sie sich nicht nur mehr Überblick innerhalb Ihres Posteingangs, mithilfe der VIP-Liste sind Sie auch sofort über wichtige E-Mails informiert, wie Sie gleich erfahren werden.

1. Das Postfach **VIP** ist bereits vorab in Ihren Postfächern angelegt, Sie können also sofort damit beginnen, wichtige Absender bzw. Adressaten festzulegen. Tippen Sie auf **VIP** (1).
2. Im nächsten Menü tippen Sie auf **VIP hinzufügen** (2).
3. Suchen Sie einen Kontakt aus Ihrer Kontaktliste aus, den Sie zu den wichtigen Absendern/Adressaten hinzufügen möchten (das geht natürlich nur bei Kontakten, zu denen eine E-Mail-Adresse bekannt ist). Sobald Sie einen Kontakt in der Liste antippen, wird dieser direkt in die **VIP-Liste** übernommen (3).

4. Um der VIP-Liste einen weiteren Kontakt hinzuzufügen oder einen Kontakt wieder aus der VIP-Liste zu löschen, tippen Sie auf das kleine blaue **i** (4) und dann auf **VIP hinzufügen** (5). Dann wählen Sie einen neuen Kontakt aus.

5. Wenn Sie auf **Bearbeiten** (6) tippen, können Sie Kontakte aus der VIP-Liste entfernen. Vor den VIP-Kontakten erscheinen Minussymbole (7). Tippen Sie darauf, wird die **Löschen**-Schaltfläche (8) eingeblendet, und Sie können den VIP-Eintrag mit einem Fingertipp aus der Liste entfernen.

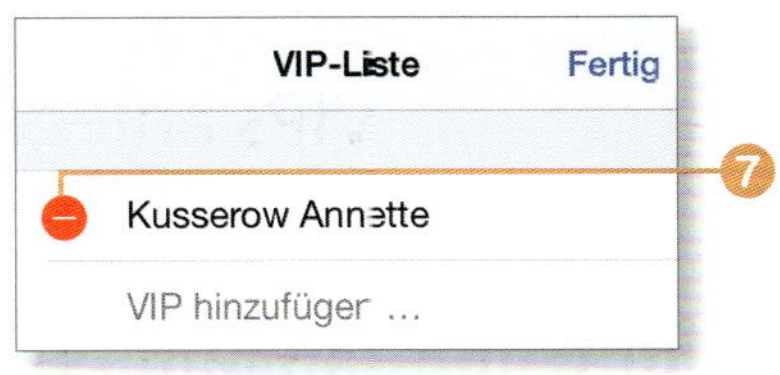


Haben Sie die VIP-Liste fertig eingerichtet, können Sie sich auf Wunsch auch benachrichtigen lassen, sobald Sie eine neue E-Mail von einem Ihrer VIP-Kontakte be-

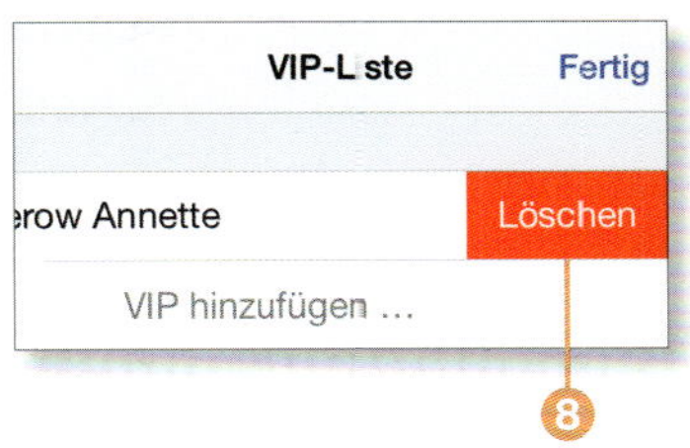

kommen haben. Wie Sie die Benachrichtigung einrichten, erfahren Sie in folgender Anleitung:

1. Tippen Sie in der Postfachansicht **VIP** auf das blaue **i** am rechten Rand, um die VIP-Liste aufzurufen. Dort tippen Sie auf die Schaltfläche **VIP-Hinweise**.
2. Im nächsten Menü wählen Sie aus, ob und wie Sie eine entsprechende Mitteilung bekommen möchten, sobald Sie eine neue VIP-Mail erhalten haben: als **Banner** 1, als **Hinweis** 2 oder gar nicht 3. Sie können sich außerdem ein **Kennzeichensymbol** 4 mit dem Hinweis anzeigen lassen und einen bestimmten **Benachrichtigungston** 5 einrichten, sodass Sie sofort erkennen können, dass die Benachrichtigung von Ihrer VIP-Liste stammt.
3. Im selben Menü legen Sie außerdem fest, wo Ihnen ein Hinweis zu einer neuen VIP-Mail angezeigt werden soll, in der Mitteilungszentrale oder auch auf dem Sperrbildschirm 6. Möchten Sie schon im Hinweis eine Vorschau der Nachricht erhalten, aktivieren Sie dies über die Schaltfläche **Vorschauen zeigen** 7.

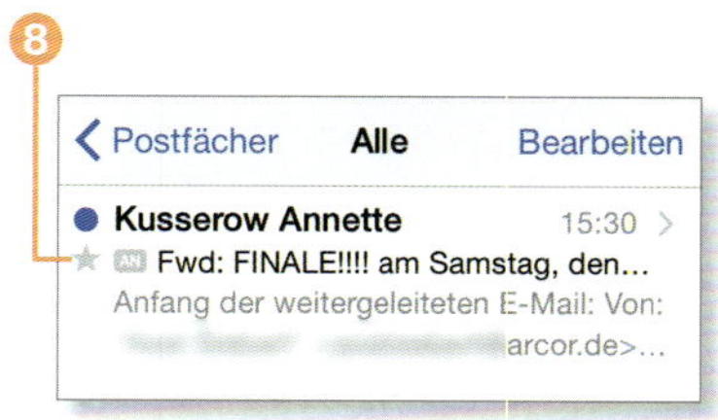


So verpassen Sie einerseits mit den Hinweismöglichkeiten keine Nachricht Ihrer VIP-Kontakte mehr, andererseits haben Sie über den **VIP**-Ordner im Menü **Postfächer** alle wichtigen Nachrichten von Absendern Ihrer VIP-Liste in einem Ordner zusammengefasst. Das Kennzeichnungssymbol für eine VIP-E-Mail ist zusätzlich zum blauen Punkt ein grauer Stern 8.

# E-Mails empfangen

Das Empfangen von E-Mails ist mit Ihrem iPhone ebenfalls sehr einfach. Um alle Ihre E-Mails reibungslos empfangen zu können, sollten Sie im Vorfeld eine Einstellung vornehmen. Im Folgenden zeige ich Ihnen, wie Sie dazu vorgehen müssen.

1. Öffnen Sie das Menü **Einstellungen** Ihres iPhones, und wählen Sie hier den Menüpunkt **Mail, Kontakte, Kalender** aus.
2. Tippen Sie auf den Menüpunkt **Datenabgleich** ①, und stellen Sie dort den Schieberegler auf **Push** ②.

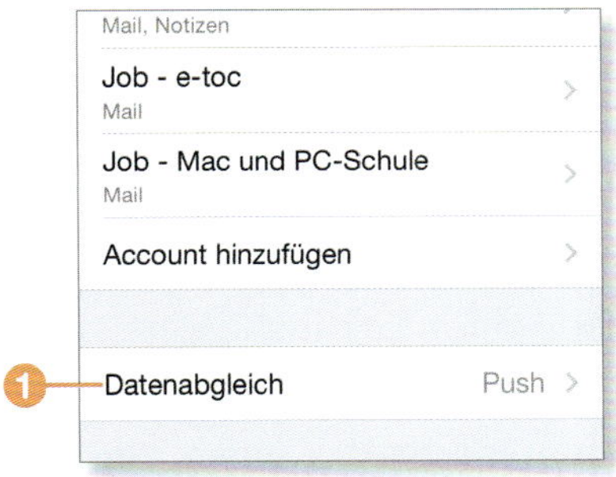

3. Wenn Sie z. B. ein Zeitintervall von 15 Minuten ③ einstellen, können Sie sich darauf verlassen, dass Ihre Mails alle Viertelstunde automatisch von Ihrem Server abgerufen werden.

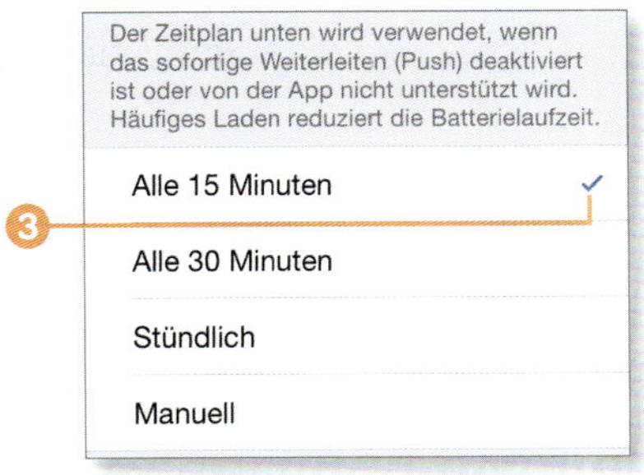

4. Sie können für jedes Postfach die Konfiguration auswählen, die Sie verwenden möchten. Das jeweilige E-Mail-Postfach muss jedoch Push beherrschen. Alle anderen Postfächer können nur auf Laden eingestellt werden.

Im Posteingangsfenster wird Ihnen angezeigt, in welchen Postfächern sich ungelesene E-Mails befinden ④, bei **Alle** wird Ihnen die Anzahl aller ungelesenen E-Mails Ihrer Postfächer angezeigt ⑤. Ungelesene Mails innerhalb Ihrer Postfächer werden mit einem blauen Punkt ⑥ gekennzeichnet. Wenn Sie mit dem Finger auf die E-Mail tippen, wird sie sofort geöffnet, und der blaue Punkt verschwindet.

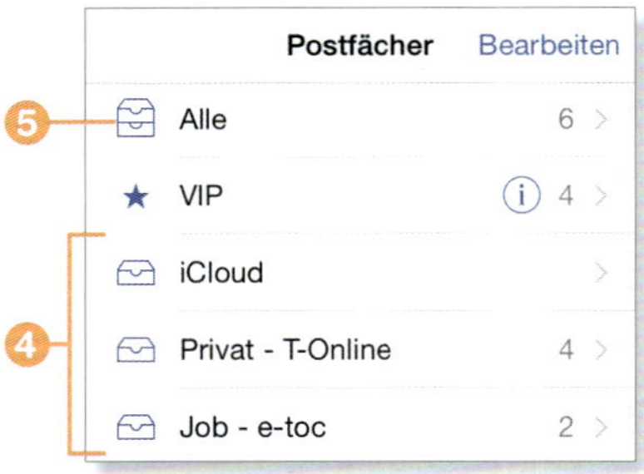

**INFO**

**E-Mails automatisch oder manuell abrufen**

Sie können Ihre E-Mails nicht nur in bestimmten Zeitabständen abrufen, sondern auch manuell. In diesem Fall werden nur Nachrichten auf Ihr iPhone gepusht, also automatisch empfangen, die an eine mit iCloud verbundene E-Mail-Adresse gerichtet sind. Alle anderen E-Mails werden erst dann geladen, wenn Sie die App Mail öffnen.

## E-Mails lesen und beantworten

Möchten Sie eine ungelesene E-Mail lesen, öffnen Sie das entsprechende Postfach, in dem sich die Mail befindet, und tippen die ungelesene E-Mail an. Sie können den Inhalt der E-Mail auf dem folgenden Bildschirm lesen.

Um die E-Mail unmittelbar nach dem Lesen zu beantworten, tippen Sie auf den Pfeil ① in der Tab-Leiste. Es öffnet sich daraufhin ein Menü, in dem Sie den Punkt **Antworten** ② auswählen. Auf dem nächsten Bildschirm können Sie dann Ihre Antwort eintippen und über die **Senden**-Schaltfläche oben rechts abschicken.

Wenn Sie zu einem späteren Zeitpunkt auf eine Mail in Ihrem Posteingang antworten möchten, steht Ihnen eine weitere Variante zur Verfügung.

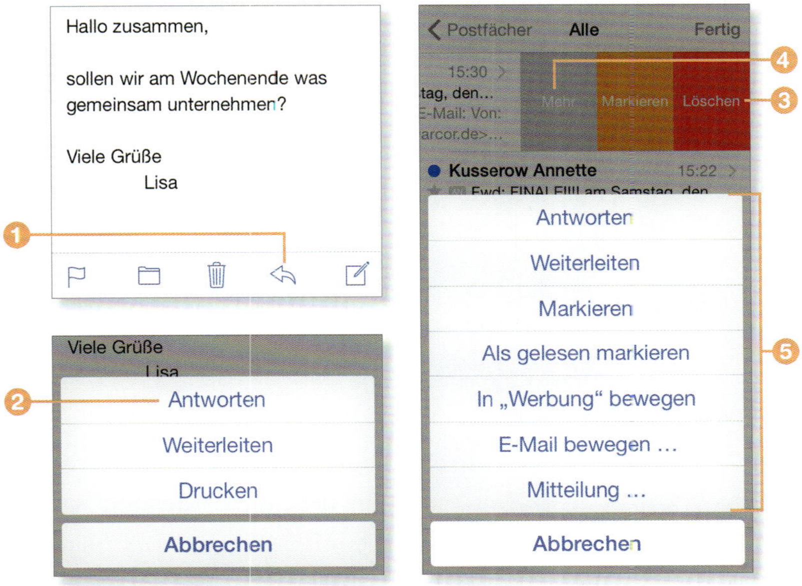


Wischen Sie mit einem Finger von rechts nach links über die Nachricht, die Sie beantworten möchten. Daraufhin sehen Sie rechts die **Löschen**-Schaltfläche ③ (siehe dazu den Abschnitt »E-Mails löschen« ab Seite 145) und links die Schaltfläche **Mehr** ④.

Tippen Sie auf **Mehr**, erhalten Sie ein Menü, über das Sie Ihre E-Mail weiterverarbeiten können ⑤. Wählen Sie hier den ersten Menüpunkt, um Ihre E-Mail zu beantworten. Über die anderen Menüpunkte können Sie die E-Mail auch weiterleiten, zur weiteren Bearbeitung markieren, als (un-) gelesen markieren, in den Spam- bzw. in andere Ordner verschieben oder den Vorgang abbrechen. Um E-Mails als ungelesen zu markieren, gibt es seit iOS 8 noch eine schnellere Möglichkeit. Wischen Sie in der Listenansicht der E-Mails mit dem Finger von links nach rechts über die E-Mail, und tippen Sie auf die blaue Schaltfläche **Als gelesen markieren** ⑥ – fertig.

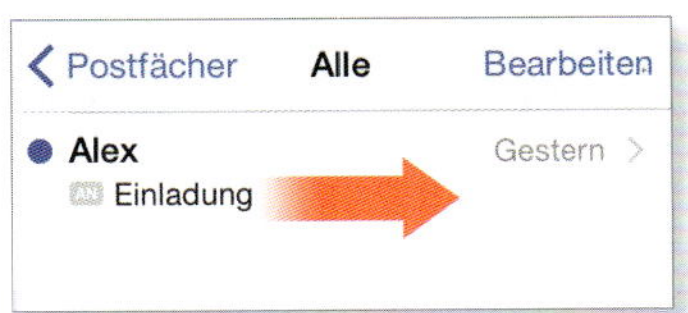


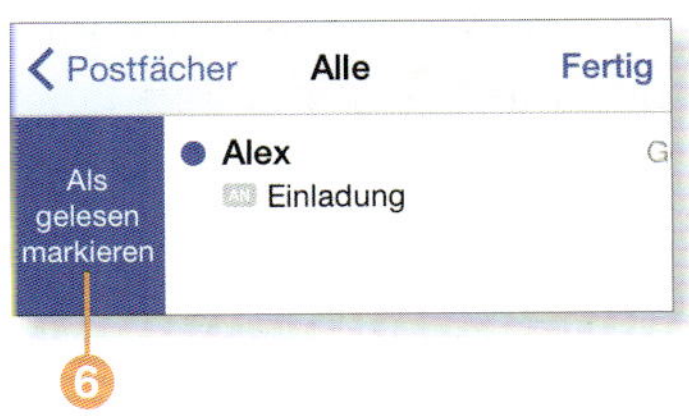

### E-Mails in Ordnern sichern

Hin und wieder werden Sie wichtige Mails erhalten, die Sie jedoch auch der Übersicht wegen nicht ständig in Ihrem Posteingang behalten möchten. Dafür gibt es eine Lösung: Sie können in jedem Ihrer Postfächer weitere Ordner anlegen, in die Sie dann Ihre E-Mails hineinkopieren. Um eigene Ordner anzulegen, gehen Sie wie folgt vor:

1. Öffnen Sie die Mail-App, und wählen Sie einen beliebigen Account aus, indem Sie darauf tippen (hier z. B. **iCloud**).

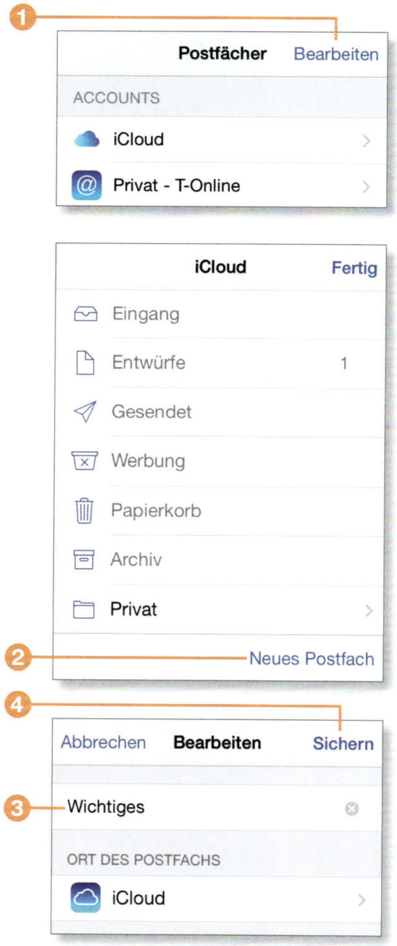


2. Tippen Sie oben rechts auf **Bearbeiten** ❶. Am unteren rechten Rand erscheint eine weitere Schaltfläche, die **Neues Postfach** heißt ❷. Tippen Sie darauf.

3. Dann tippen Sie erneut auf **Bearbeiten** und vergeben einen Namen ❸ für den neuen Ordner. Bestätigen Sie Ihre Angabe mit **Sichern** ❹. Der neue Ordner ist sofort einsatzbereit.

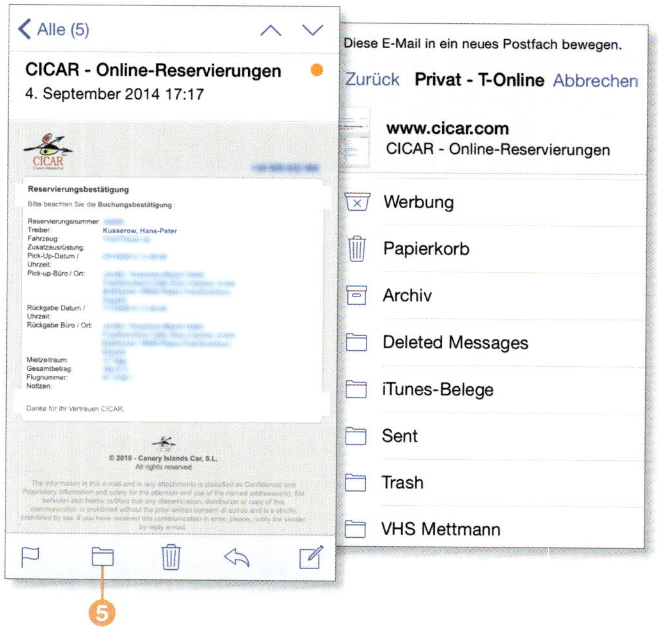

Um eine E-Mail in einem Ihrer Ordner zu sichern, müssen Sie nur die jeweilige E-Mail aufrufen und dann auf das kleine Ordnersymbol ⑤ in der Tab-Leiste tippen. Navigieren Sie in den entsprechenden Ordner, den Sie mit einem Fingertipp auswählen.

Die E-Mail wird daraufhin in diesem Ordner gesichert, und Sie können sie dort jederzeit wiederfinden und einsehen, indem Sie den Ordner im Bereich **Postfächer** auswählen und durch Antippen öffnen.

## E-Mails markieren

Sie haben auch die Möglichkeit, E-Mails zu markieren und sie auf diese Weise aus der Menge an E-Mails in Ihrem Postfach hervorzuheben. So machen Sie Wichtiges auf den ersten Blick kenntlich.

1. Um eine Mail zu markieren, tippen Sie im Mail-Fenster auf **Bearbeiten** ① und wählen dann die Mail aus ②, die Sie markieren möchten.
2. Tippen Sie anschließend unten auf die **Markieren**-Schaltfläche ③. Es öffnet sich ein Menü, in dem Sie auf den Menüpunkt **Markieren** ④ tippen.

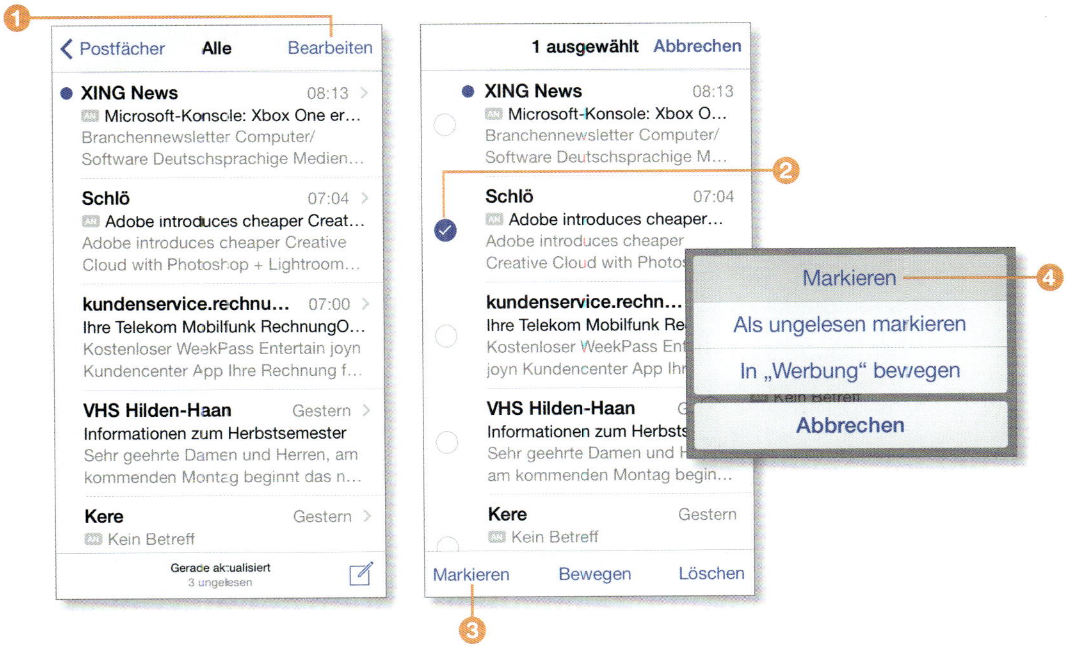

3. Die ausgewählte E-Mail wird daraufhin mit einem kleinen farbigen Punkt 5 markiert, und gleichzeitig wird der Ordner **Markiert** 6 in Ihrem Posteingang angelegt. Die E-Mail befindet sich nun in dem ursprünglichen Postfach und in dem Ordner **Markiert**.

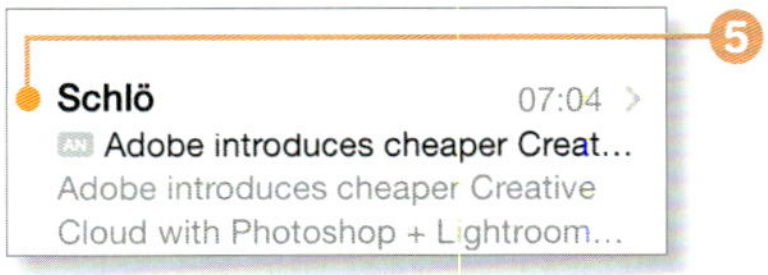


4. Eine noch schnellere Alternative, eine E-Mail zu markieren, ist diese: Tippen Sie direkt in einer geöffneten E-Mail auf das Fähnchensymbol 7 unten links in der Tab-Leiste.

5. Um eine Markierung wieder zu entfernen, tippen Sie in Ihrem Posteingang auf die **Bearbeiten**-Schaltfläche und dann auf die E-Mail, die nicht mehr markiert sein soll (siehe Schritt 1).

6. Anschließend tippen Sie unten auf **Markieren** (siehe Schritt 2). Im eingeblendeten Menü tippen Sie nun auf **Nicht markieren** 8.

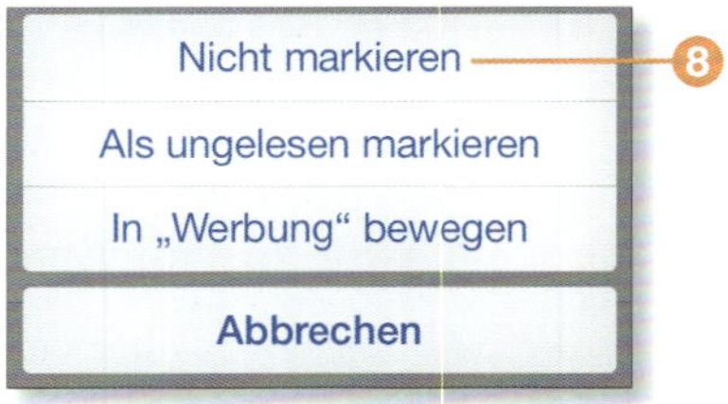


Das Fähnchen verschwindet wieder, und die E-Mail ist nicht mehr im Ordner **Markiert** zu finden, sondern nur noch in ihrem ursprünglichen Ordner.

### E-Mails schnell markieren mit einer Wischgeste

In iOS 8 ist sogar noch eine weitere Möglichkeit der Markierung von E-Mails hinzugekommen, die man mit einer Wischgeste schnell erledigen kann. Schieben Sie hierzu in Ihrer E-Mail-Liste die Mail mit einer Streichgeste von rechts nach links aus dem Bildschirm heraus. Nun erscheint zwischen der **Löschen**- und der **Mehr**-Schaltfläche eine weitere, die **Markieren** heißt. Einfach kurz antippen – und schon ist die Mail markiert.

Sie können sogar selbst festlegen, welche Streichgeste für welche Aktion verantwortlich ist. Dazu müssen Sie in den Einstellungen den Menüpunkt **Mail, Kontakte, Kalender ▸ Streichgesten** auswählen, welche Streichgeste Sie für welche Aktion verwenden möchten.

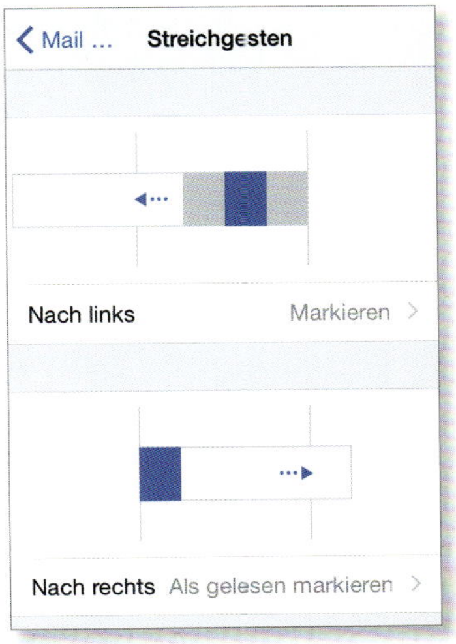

**INFO**

**Töne für E-Mails einrichten**

Um immer darüber informiert zu sein, ob Sie eine E-Mail bekommen haben, können Sie sich beim Eingang und beim erfolgreichen Versand von E-Mails akustisch benachrichtigen lassen. Scrollen Sie dazu im Menü **Einstellungen ▸ Töne** etwas herunter, und tippen Sie auf den Menüpunkt **Neue E-Mail**. Im nächsten Fenster haben Sie dann die Wahl zwischen verschiedenen Hinweistönen. Wenn Sie auf einen der Töne tippen, wird er probeweise abgespielt. Ein Häkchen zeigt an, welchen Ton Sie ausgewählt haben. Einen Ton für ausgehende E-Mails wählen Sie ebenfalls im Menü **Einstellungen ▸ Töne**. Tippen Sie dazu auf den Menüpunkt **E-Mail gesendet**.

## E-Mails löschen

Um E-Mails von Ihrem iPhone zu löschen, gibt es mehrere Möglichkeiten, die ich Ihnen hier vorstellen werde.

1. Streichen Sie mit dem Finger von rechts nach links über die Vorschau der zu löschenden E-Mail. Auf der rechten Seite erscheint eine **Löschen**-Schaltfläche (1), die Sie nur antippen müssen. Schon ist die E-Mail verschwunden.

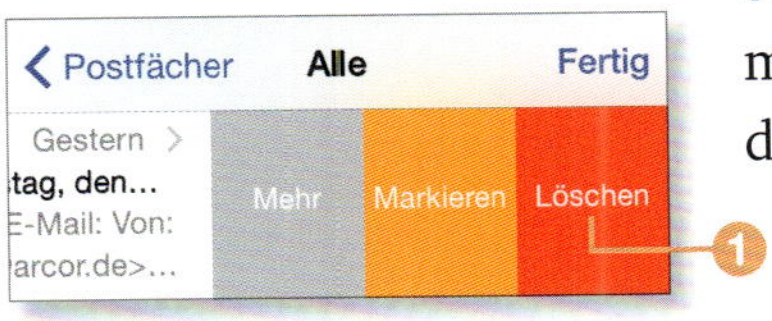

2. Die zweite Möglichkeit: Tippen Sie in Ihrem Posteingang ganz oben rechts auf **Bearbeiten** 2.
3. Wählen Sie nun alle zu löschenden E-Mails aus, indem Sie auf die jeweilige E-Mail tippen. Vor den ausgewählten E-Mails wird nun ein Häkchen gesetzt 3. Am oberen Rand wird angezeigt, wie viele E-Mails Sie zum Löschen markiert haben 4. Tippen Sie dann ganz unten rechts auf **Löschen** 5.

4. Die dritte und letzte Möglichkeit: Öffnen Sie eine E-Mail, und tippen Sie auf das Papierkorbsymbol 6 in der Tab-Leiste, um die E-Mail zu löschen.

Indem Sie im Posteingang auf die **Bearbeiten**-Schaltfläche tippen, eröffnen sich Ihnen noch weitere Aktionsmöglichkeiten. Mit **Bewegen** 7 verschieben Sie mehrere ausgewählte E-Mails gleichzeitig in einen bestimmten Postfachordner. Mit **Markieren** 8 heben Sie mehrere E-Mails gleichzeitig mit einem farbigen Punkt hervor (siehe dazu den Abschnitt »E-Mails markieren« ab Seite 143).

> INFO
>
> **Papierkorb**
>
> E-Mails, die Sie im Posteingang löschen, sind nicht sofort auf Nimmerwiedersehen verschwunden. Öffnen Sie den Ordner **Papierkorb**, tippen Sie auf **Bearbeiten**, und löschen Sie die E-Mail erneut, indem Sie sie markieren und auf **Löschen** tippen. Dann ist sie endgültig weg.

# Nach E-Mails suchen

Mit der Zeit sammelt sich eine ganze Reihe von E-Mails an. Vielleicht verfügen Sie sogar über mehrere E-Mail-Accounts? Dann kann die Anzahl der gesendeten oder empfangenen E-Mails schnell unübersichtlich werden. Was, wenn Sie aber eine bestimmte E-Mail benötigen? Die Suche danach ist für Ihr iPhone kein Problem; erfahren Sie hier, wie es geht.

1. Öffnen Sie zuerst die App Mail, und tippen Sie, falls Sie über mehrere Accounts verfügen, unter **Postfächer** auf **Alle** ①, wenn Sie sie alle auf einmal durchsuchen möchten.

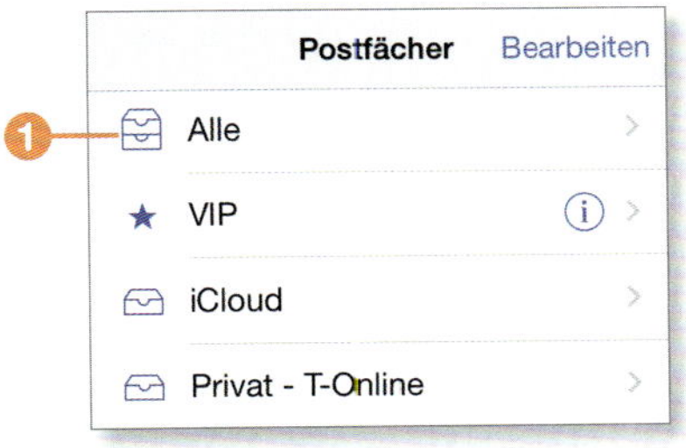


2. Der Inhalt Ihrer E-Mail-Ordner wird angezeigt. Ziehen Sie mit dem Finger aus der oberen Menüleiste das Suchfeld ② heraus.

3. Geben Sie dann Ihren Suchbegriff ein. Noch während Sie tippen, erscheinen die ersten Suchergebnisse (③ auf Seite 148), in meinem Fall also alle Mails, die den Suchbegriff »Xing« enthalten. Wenn Sie die Spalte mit den Suchergebnissen etwas nach unten ziehen, können Sie noch entscheiden, ob Sie alle Postfächer ④ durchsuchen möchten oder nur das aktuell geöffnete Postfach ⑤.

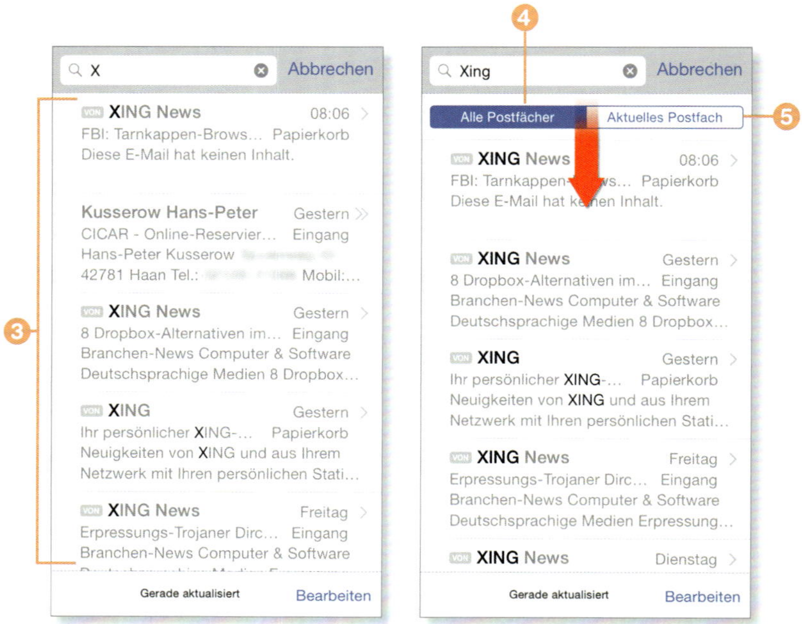


**4.** Tippen Sie dann auf das entsprechende Suchergebnis, um die E-Mail zu öffnen.

TIPP

**Einzelne Ordner durchsuchen**

Wenn Sie mehrere E-Mail-Accounts auf Ihrem iPhone eingerichtet haben, können Sie alle Accounts auf einmal abfragen, indem Sie im Menü **Postfächer** Ihrer Mail-App **Alle** auswählen. Selbstverständlich können Sie Ihre Suche aber auch auf ein bestimmtes Postfach bzw. einen Ordner beschränken. Wählen Sie ihn einfach aus, und tippen Sie dann ins Suchfeld.

## Bilder und andere Medien per Mail versenden

Wie mit einem normalen Computer können Sie auch mit dem iPhone verschiedene Medien, z. B. Bilder oder Filme, an andere Smartphones oder Computer schicken. Die eingefügten Medien werden dann als Anhang (*Attachment*) einer Mail versendet.

### Ein Bild versenden

Ihr iPhone bietet Ihnen zwei verschiedene Möglichkeiten, Bilder an eine Mail anzuhängen und mit ihr zu verschicken. Im Folgenden stelle ich Ihnen die Variante vor, bei der der Versand direkt aus der Mail-App erfolgt. Die andere Variante, über die Sie auch mehrere Fotos auf einmal verschicken können, finden Sie im Abschnitt »Fotos per E-Mail oder MMS versenden« ab Seite 265. Wenn Sie sich ohnehin im Mail-Programm befinden, müssen Sie also nicht erst die Fotos-App öffnen, um ein Bild zu verschicken.

1. Öffnen Sie eine neue E-Mail. Dann halten Sie im Textbereich der E-Mail so lange Ihren Finger auf das Display, bis die Lupe erscheint. Lassen Sie nun das Display los, und es erscheint ein Auswahlmenü. (Um es aufzurufen, können Sie auch zweimal kurz hintereinander auf das Display tippen.)
2. Tippen Sie einmal auf den Pfeil ①, bis Sie zum Menübefehl **Foto od. Video einfügen** ② gelangen. Tippen Sie darauf.

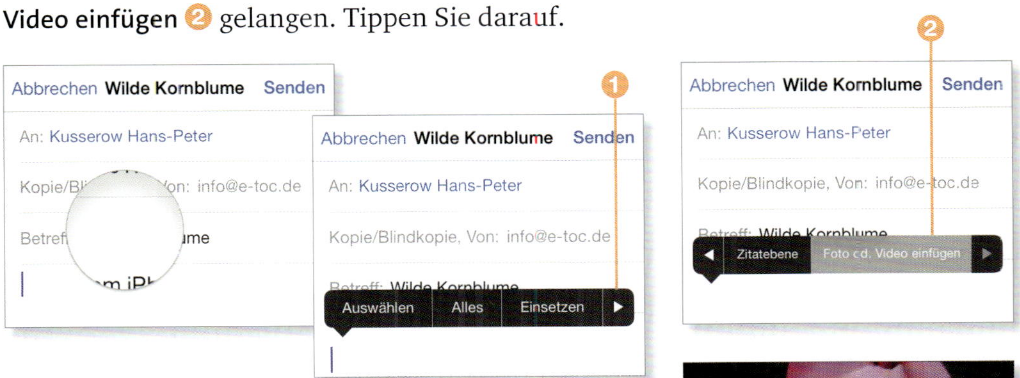


3. Wählen Sie ein Foto aus Ihrer Fotobibliothek aus, und tippen Sie auf **Auswählen** ③. Das Bild wird in Ihre E-Mail eingefügt, und Sie können, wenn Sie möchten, noch einen Text zu dem Bild schreiben.
4. Wenn Sie nun die **Senden**-Schaltfläche ④ antippen, können Sie noch entscheiden, wie groß das Bild sein soll, das Sie versenden möchten.

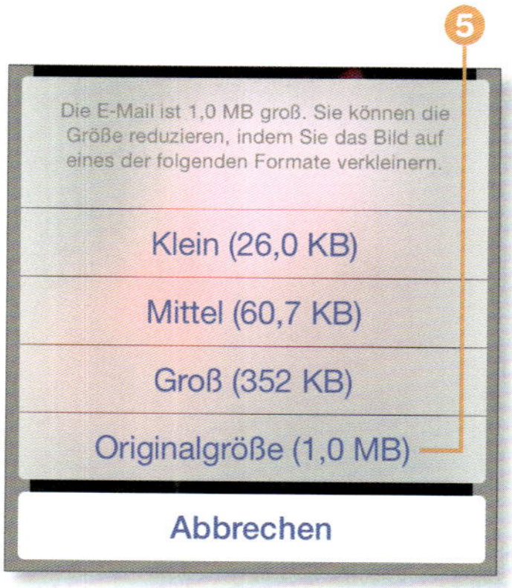


Wählen Sie z. B. **Originalgröße** 5. (Siehe dazu den folgenden Kasten »Dateigröße für E-Mails«). In unserem Beispiel ist die Originalgröße kein Problem, weil das Bild ohnehin nur 1,0 MB groß ist. Daraufhin wird Ihre E-Mail gesendet.

INFO

**Dateigröße für E-Mails**

Eine kleinere Dateigröße bedeutet natürlich eine schlechtere Bildqualität, aber Sie vermindern dadurch die Zeit für das Versenden Ihrer E-Mail erheblich. Sie sollten daher die Originalgröße nur dann auswählen, wenn die Bilddatei nicht allzu groß ist. Außerdem kann es bei E-Mails mit mehreren MB sein, dass der Empfänger sie deshalb nicht erhält, weil sein E-Mail-Postfach nicht (mehr) genügend Speicherplatz dafür bietet.

### Ein Video versenden

Genauso wie Sie Ihre Fotos als E-Mail-Anhang versenden, können Sie auch Ihre Videos mit einer E-Mail mitschicken. Wenn Sie dazu nicht erst die Fotos-App öffnen möchten, gehen Sie einfach folgendermaßen vor:

1. Tippen Sie in eine leere E-Mail, und halten Sie den Finger so lange auf das Display, bis die Lupe erscheint. Wenn Sie den Finger vom Display nehmen, öffnet sich ein Auswahlmenü. (Um es aufzurufen, können Sie auch zweimal kurz hintereinander auf das Display tippen.)

2. Tippen Sie rechts auf den kleinen Pfeil ①, bis Sie die Option **Foto od. Video einfügen** ② sehen, und tippen Sie darauf.

3. Wählen Sie ein Video aus Ihren Aufnahmen aus ③. Wenn Sie dann auf **Auswählen** ④ tippen, wird das Video zuerst komprimiert und dann in Ihre E-Mail eingefügt ⑤.

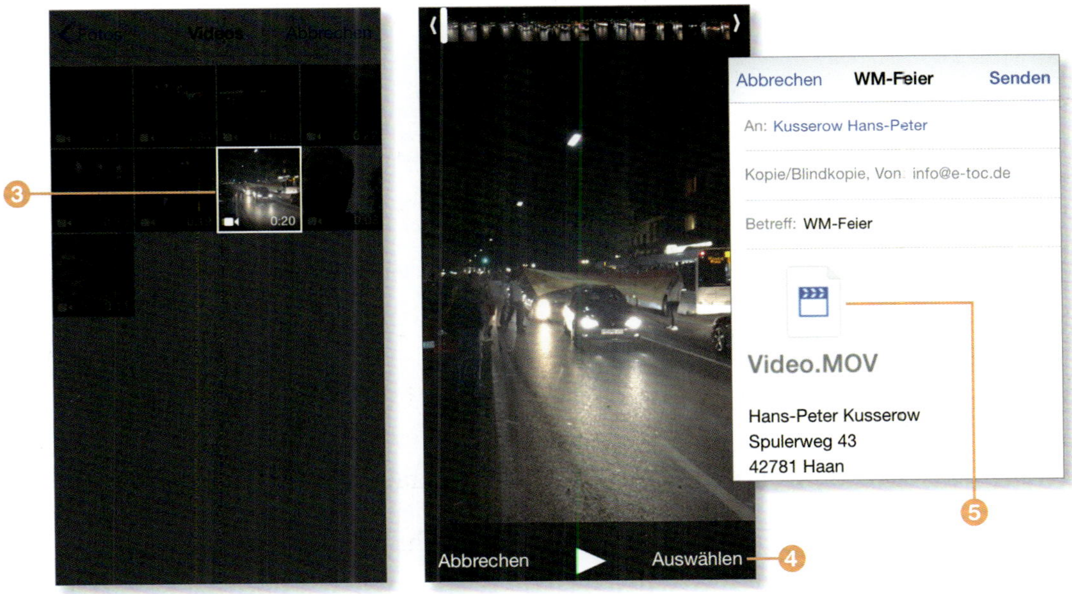


Wenn Sie noch mehr darüber erfahren möchten, wie Sie mit Ihrem iPhone selbst Videos drehen und sie weiterbearbeiten, lesen Sie Kapitel 11, »Videos aufzeichnen«, nach. Im Abschnitt »Filme per E-Mail oder MMS versenden« ab Seite 282 stelle ich Ihnen außerdem noch eine zweite Variante vor, wie Sie Ihre Videos, ausgehend von der Fotos-App, per E-Mail verschicken können.

## Eine E-Mail-Signatur verwenden

E-Mails haben häufig eine sogenannte *Signatur*, die noch einmal gebündelt Ihre Kontaktdaten und weitere Angaben, manchmal auch Werbung enthält. Eine solche Signatur können Sie natürlich selbst anlegen und an Ihre Bedürfnisse anpassen.

1. Wechseln Sie zunächst in das Menü **Einstellungen** und dort in den Bereich **Mail, Kontakte, Kalender**.
2. Scrollen Sie etwas herunter bis zum Menüpunkt **Signatur** ❶, den Sie einfach antippen.
3. Geben Sie in das weiße Feld, das nun geöffnet wird, eine beliebige Signatur ein ❷: Name, Adresse, Telefonnummer(n), E-Mail-Adresse(n).

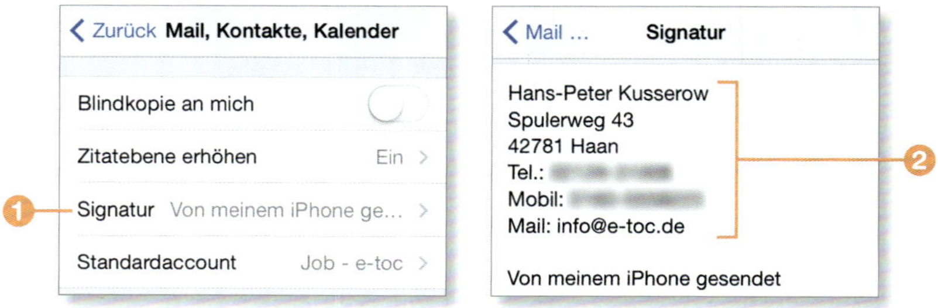


> **INFO**
>
> **Mehrere Signaturen anlegen**
>
> Sie können auch für jeden Ihrer E-Mail-Accounts eine eigene Signatur erstellen, damit Sie jede Ihrer E-Mails personalisiert gestalten und verschicken können. Das trägt der Tatsache Rechnung, dass viele Nutzer sowohl private als auch berufliche Dinge über ihr Smartphone regeln. Und so legen Sie mehrere Signaturen an: Unter **Einstellungen ▸ Mail, Kontakte, Kalender** tippen Sie auf **Signatur** und wählen im nächsten Bildschirm die Option **Pro Account**. Daraufhin werden mehrere Signaturfelder für Ihre angemeldeten Accounts eingeblendet, und Sie können in jedes Feld eine passende Signatur eingeben. Die Anzeige **Signatur** ändert sich daraufhin und zeigt nun nicht mehr den Signaturtext, sondern lediglich die Anzahl der verschiedenen Signaturen an.

# Kapitel 7

# Kalender, Erinnerungen und Kontakte

Zu einem ordentlichen Smartphone gehören natürlich auch eine ausgereifte Kalender- und Erinnerungsfunktion und eine gute Kontaktverwaltung. Beim iPhone arbeiten alle diese Funktionen perfekt zusammen.

*Besonders praktisch ist die Erinnerungsfunktion der Kalender-App, und ebenfalls altbekannt, aber nicht minder praktisch ist die Kontaktverwaltung, auf die viele weitere Anwendungen auf Ihrem iPhone zugreifen.*

## Der Kalender in der Übersicht

Der *Kalender* ist eine der Apps, die es schon seit der Urversion des iPhones gibt. Sie ist selbstverständlich kontinuierlich verbessert worden. In diesem Kapitel zeige ich Ihnen, wie Sie den iPhone-Kalender sinnvoll einsetzen.

Der Kalender Ihres iPhones erinnert Sie nicht nur an Ihre Termine, sondern auf Wunsch auch an die Geburtstage Ihrer Kontakte. Darüber hinaus können Sie öffentliche Kalender – etwa Mondphasen oder den Spielekalender Ihrer Lieblingsmannschaft – abonnieren und Ihre Kalender mit anderen teilen, indem Sie bestimmte Kalender freigeben.

Um Ihre Kalender sowohl auf dem iPhone als auch auf Ihrem Computer auf dem gleichen Stand zu halten, können Sie sie über iCloud synchronisieren. Wie das funktioniert, erfahren Sie in Kapitel 9, »Synchronisieren mit iCloud«.

## Die verschiedenen Ansichten des Kalenders

Der Kalender des iPhones besteht aus drei verschiedenen Ansichten: der Tagesansicht, der Monatsansicht und der Jahresansicht. Im Querformat liefert der Kalender auch noch die Wochenansicht. Im Folgenden lernen Sie die einzelnen Ansichten näher kennen.

Um den Kalender zu öffnen, tippen Sie auf das Symbol der Kalender-App. Diese startet zunächst in der Tagesansicht des aktuellen Tages (links im Bild). Tippen Sie oben links auf den Monatsnamen ❶, und Sie gelangen in die Monatsansicht (Mitte). Wenn Sie nun noch einmal oben links auf die Jahreszahl ❷ tippen, gelangen Sie in die Jahresansicht (rechts). In den drei Ansichten befindet sich unten links die **Heute**-Schaltfläche ❸, mit der Sie in den verschiedenen Ansichten immer wieder zum aktuellen Wochentag zurückkehren können. Über die Schaltfläche **Kalender** ❹ in der Mitte gelangen Sie zu Ihren verschiedenen Kalendern. Die Schaltfläche unten rechts, die mit **Eingang** ❺ überschrieben ist, ist für Einladungen, die Sie von Kontakten erhalten. Wenn Sie also z. B. von einem Kollegen eine Einladung zu einem Meeting erhalten, finden Sie diese Einladung hier.

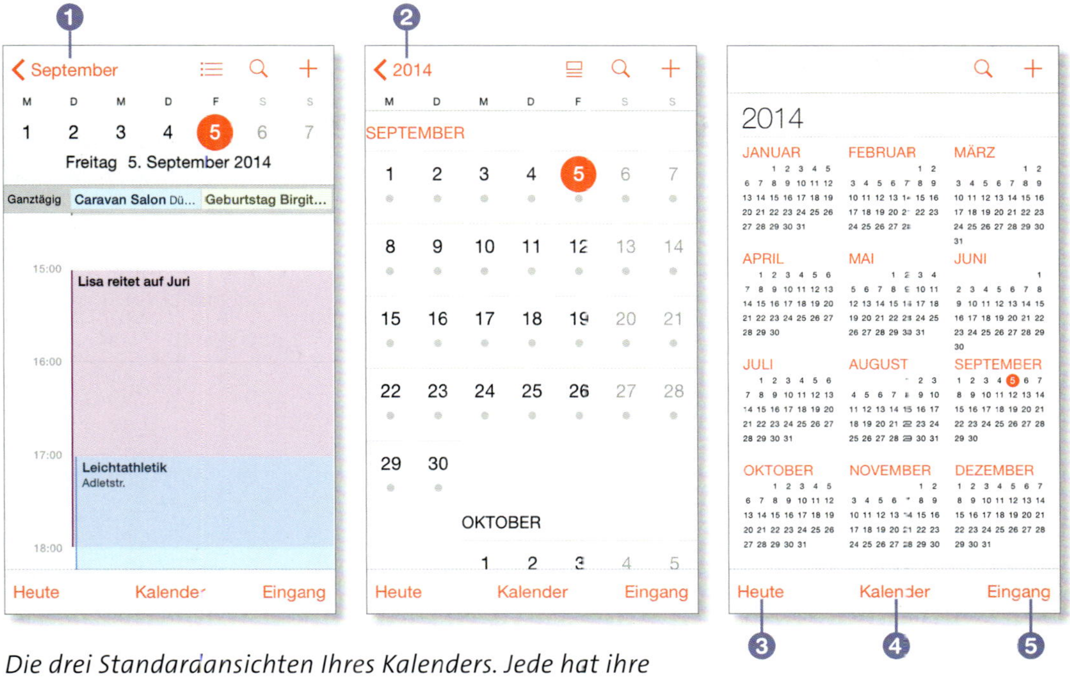


*Die drei Standardansichten Ihres Kalenders. Jede hat ihre Vorteile, je nachdem, ob Sie nur einen Tag oder eine längere Übersicht über Ihre Termine sehen möchten.*

INFO

**Besonderheiten der Monatsansicht**

Damit Sie feststellen können, an welchen Tagen Sie Termine eingetragen haben, bedient sich die Monatsansicht eines kleinen Punktes, den Sie unterhalb des jeweiligen Tages finden. An Tagen, an denen kein Termin eingetragen ist, fehlt auch der Punkt. Der aktuelle Tag wird in der Ansicht rot hervorgehoben

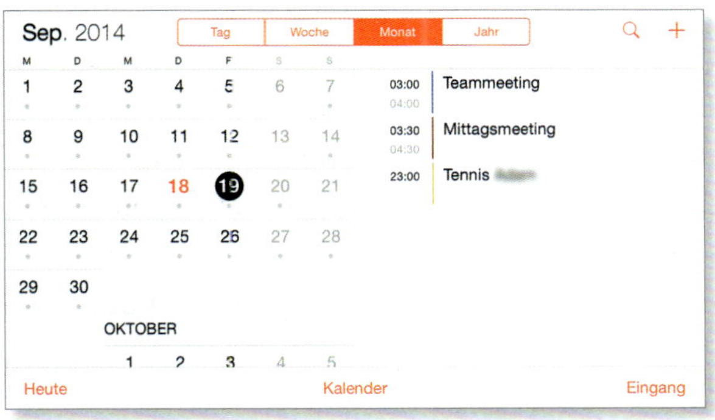


*Das iPhone 6 Plus zeigt im Querformat in der Monatsansicht noch diese Ansicht.*

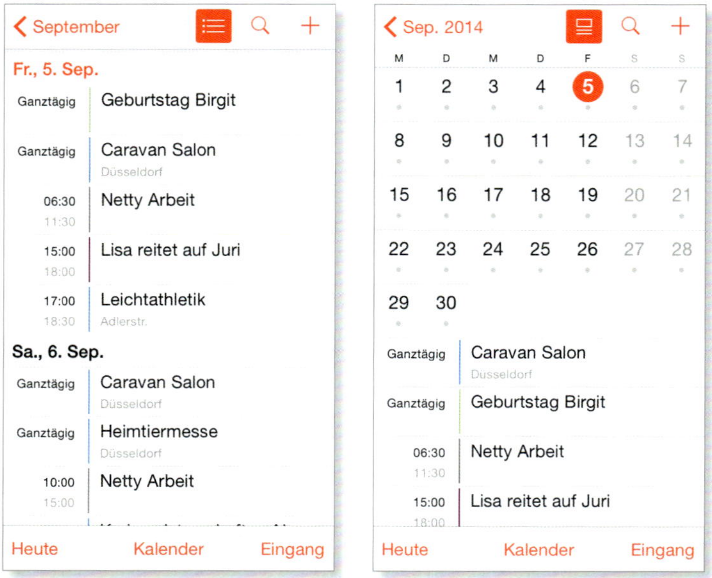


Innerhalb der Tagesansicht sowie der Monatsansicht können Sie nun auch wieder auf die Listenansicht zurückgreifen. In der folgenden Abbildung sehen Sie links die Liste der Tagesansicht und rechts die Liste der Monatsansicht.

Die Wochenansicht kam bereits in iOS 5 hinzu. Sie können sie nicht über die Registerkarten auswählen, die Sie bereits kennengelernt haben, sondern sie erscheint, wenn Sie Ihr iPhone um 90° drehen. Es ist dabei egal, in welche Richtung Sie das iPhone drehen.

*Wenn Sie Ihr iPhone um 90 Grad nach links oder rechts kippen, wird normalerweise die Ansicht etwas vergrößert, sodass Sie bequemer lesen können, was auf dem Display steht. In der Kalender-App wechseln Sie auf diese Art von der Tages- in die Wochenansicht.*

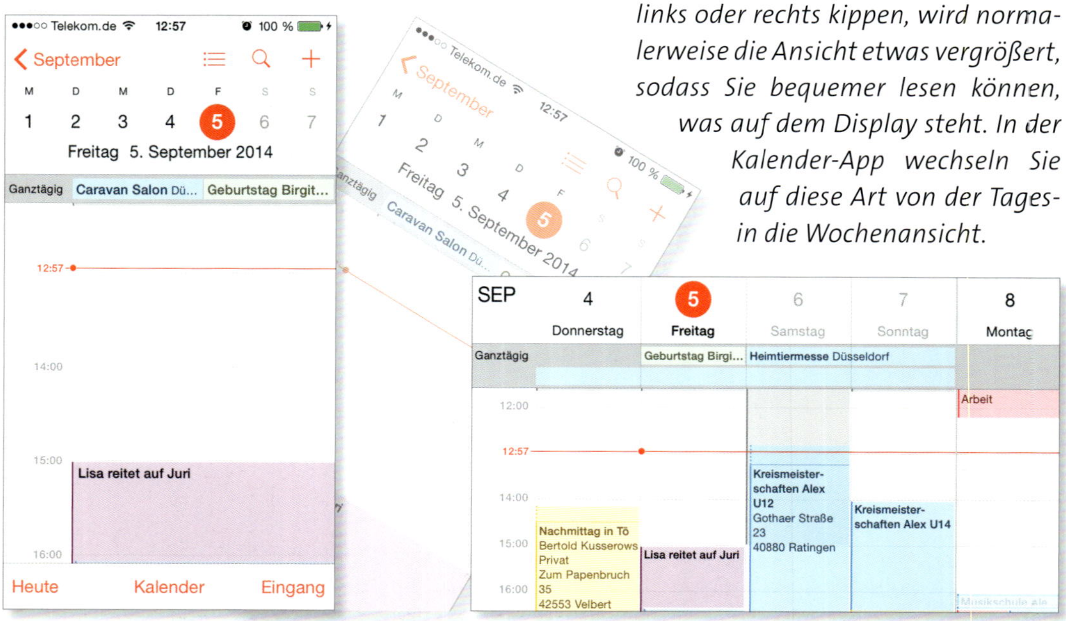

## Termine anlegen und einzelnen Kalendern zuweisen

Selbstverständlich müssen Sie nicht alle Ihre Termine am Computer erstellen, sondern Sie können auch von unterwegs aus problemlos Termine mit Ihrem iPhone anlegen. Nach der nächsten Synchronisation mit Ihrem Computer sind dann wieder alle Termine abgeglichen. Um einen Termin in Ihrem iPhone anzulegen, gehen Sie wie folgt vor:

1. Öffnen Sie die Kalender-App, und tippen Sie oben rechts auf das Plussymbol ❶. Dabei ist es egal, in welcher Ansicht Sie sich gerade befinden.
2. Es öffnet sich der Bildschirm, auf dem Sie die Einzelheiten eines neuen Ereignisses eingeben können. Beginnen Sie mit Titel ❷ und Ort ❸.
3. Im nächsten Feld legen Sie die Dauer des Ereignisses und die relevante Zeitzone fest. Sie stellen den Tag und die Uhrzeit ein, indem Sie die Segmente der »Trommel« ❹ (Tag, Stunde, Minuten) in die gewünschte Richtung drehen.

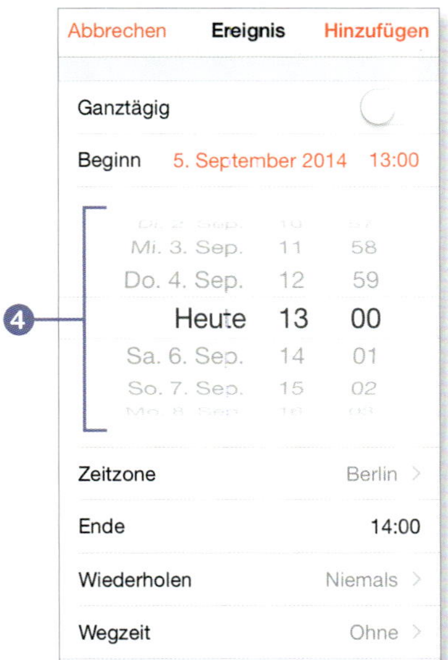


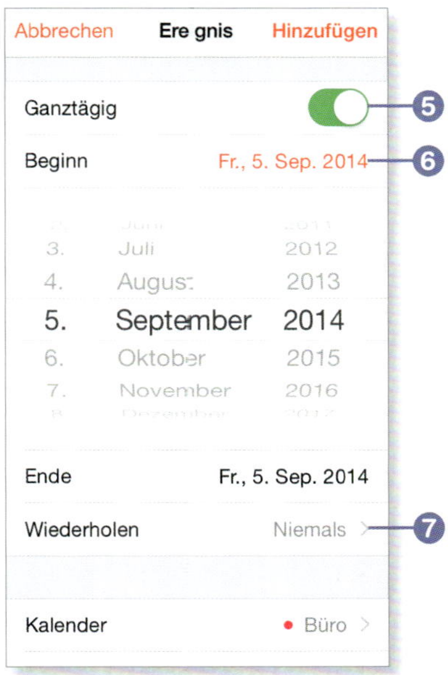

Handelt es sich um ein ganztägiges Ereignis, schieben Sie den Regler **Ganztägig** ⑤ nach rechts, und die Uhrzeitangaben verschwinden. Es bleibt lediglich die Datumseingabe stehen. Bestätigen Sie Ihre Eingabe, indem Sie auf die rote Zeit- bzw. Datumsangabe ⑥ tippen.

4. Im nächsten Feld ⑦ können Sie festlegen, dass und in welchen Zeitabständen sich das Ereignis wiederholen soll oder nicht (**Niemals**).

5. Legen Sie nun noch über den Menüpunkt **Kalender** ⑧ fest, zu welchem Kalender das Ereignis gehören soll. Dafür müssen Sie natürlich mehrere Kalender angelegt haben. Wie das geht, erfahren Sie im Abschnitt »Mehrere Kalender nutzen« ab Seite 165.

6. Möchten Sie einen Teilnehmer zu diesem Ereignis einladen, erledigen Sie dies im Feld **Teilnehmer** ⑨. Geben Sie hier die E-Mail-Adressen der Teilnehmer Ihres Meetings ein, indem Sie sie eintippen oder indem Sie sie über das Plus ⑩ aus Ihrer Kontakteliste auswählen.

   Sobald Sie das Ereignis erstellt haben, wird eine entsprechende Einladungs-E-Mail an alle Teilnehmer versendet. Bestätigen die Teilnehmer Ihre Anfrage, werden sie im Ereigniseintrag unter **Teilnehmer** aufgeführt ⑪.

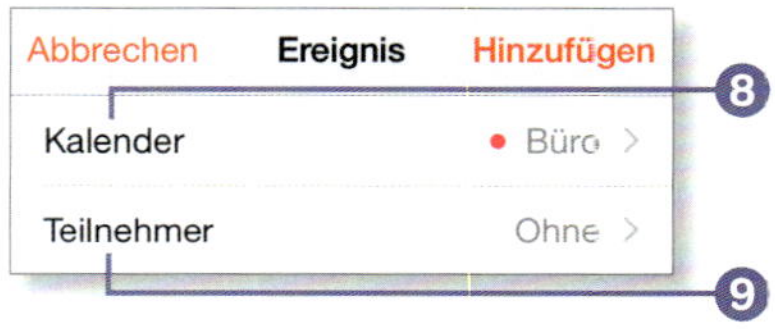

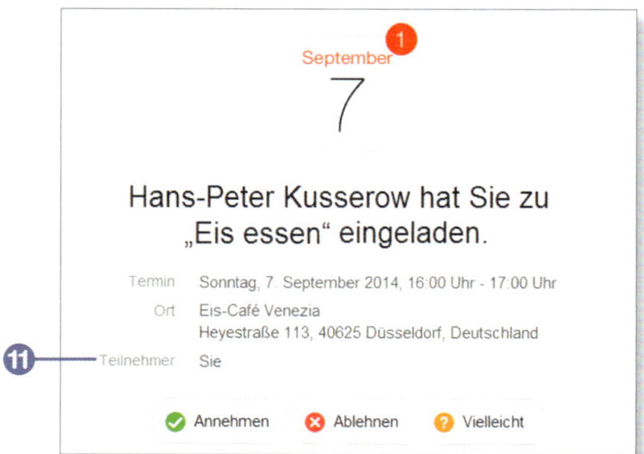


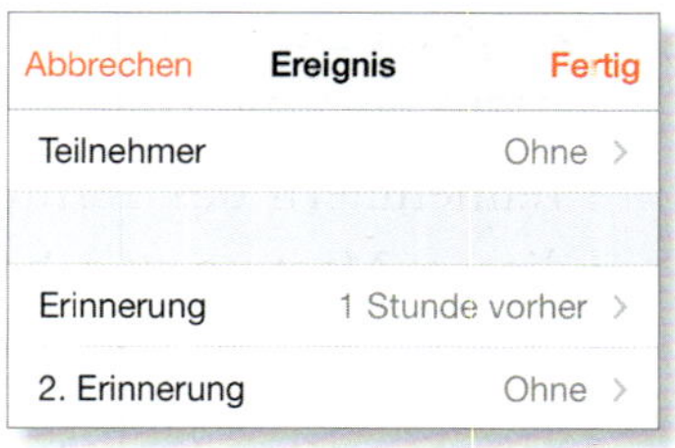


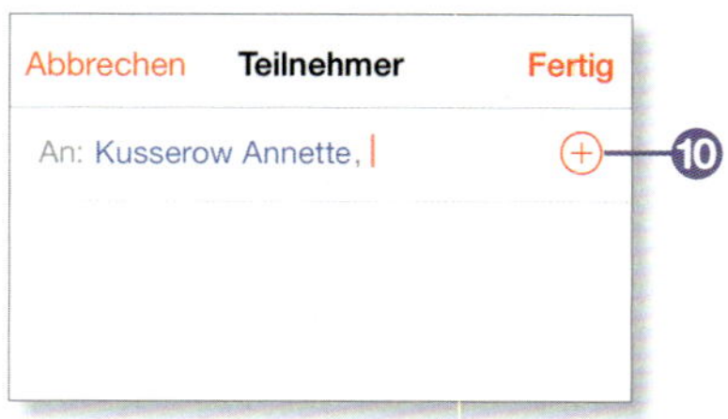

7. Als Nächstes legen Sie fest, wann Sie sich an das Ereignis erinnern lassen möchten ⓬. Sie können auch noch eine zweite Erinnerung ⓭ einfügen, um sich zu verschiedenen Zeiten an den Termin erinnern zu lassen.

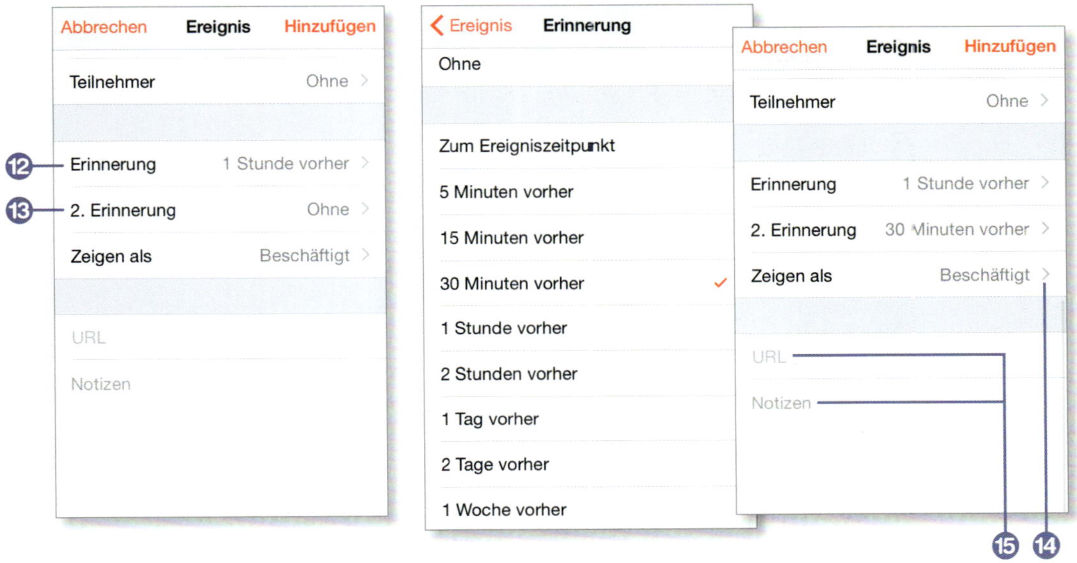


8. Außerdem können Sie die Verfügbarkeit angeben. Tippen Sie dazu auf den Punkt **Zeigen als** ⓮. Handelt es sich lediglich um einen Kalendereintrag, der nur etwas verzeichnen soll, ohne dass Sie daran teilnehmen müssen, wählen Sie **Frei** aus dem Menü. Handelt es sich um einen Termin, an dem Sie teilnehmen müssen, wählen Sie **Beschäftigt**.

9. Zu guter Letzt können Sie noch eine Internetadresse (**URL**) oder Notizen ⓯ eingeben, um auch anderen Teilnehmern des Termins weitere Informationen zu diesem Meeting zu geben oder für sich selbst eine Erinnerungsstütze zu haben. Sie sehen auch, wann Sie diesen Termin zuletzt bearbeitet haben ⓰, und zudem die Zieladresse auf einer kleinen Karte ⓱.

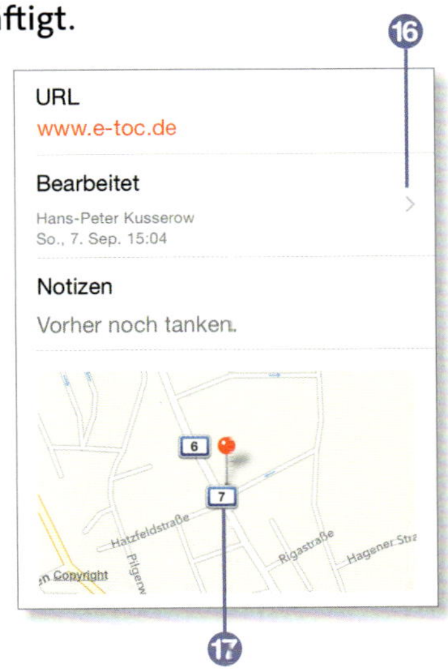


Ganz zum Schluss tippen Sie oben rechts ein letztes Mal auf **Fertig**. Der Kalendereintrag wird daraufhin angelegt, und Sie können ihn z.B. in der Tagesansicht einsehen.

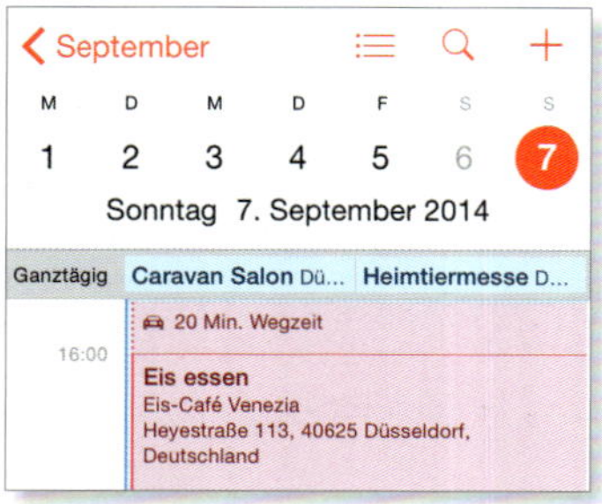


Welche weiteren Ansichten es gibt, lesen Sie im Abschnitt »Die verschiedenen Ansichten des Kalenders« ab Seite 154.

TIPP

**Ausrichtungssperre ausschalten**

Aufgepasst: Ihr iPhone verfügt über eine Ausrichtungssperre, das bedeutet, dass sich die Displayansicht beim Drehen des iPhones nicht ändert. Ist diese Ausrichtungssperre eingeschaltet, funktioniert die Wochenansicht nicht. Schalten Sie die Ausrichtungssperre aus, indem Sie aus dem unteren Bildschirmrand das Kontrollzentrum nach oben herausziehen und auf die Schaltfläche der Ausrichtungssperre tippen, um diese zu deaktivieren.

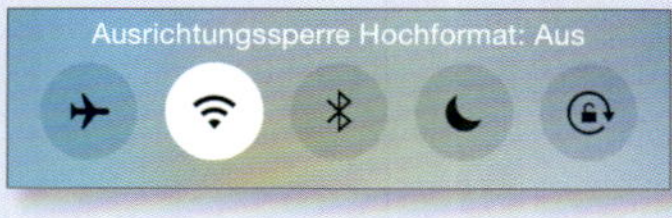


Daraufhin wird die Ausrichtungssperre deaktiviert, was man daran erkennt, dass die Schaltfläche nun nicht mehr weiß hinterlegt und wieder transparent ist.

## Ab jetzt immer pünktlich – Wegzeit im Kalender anzeigen lassen

Eine neue Funktion, die beim Kalender in iOS 8 hinzugekommen ist, ist die sogenannte *Wegzeit*, also die Zeit, die Sie benötigen, um von einem bestimmten Standort aus Ihr Ziel zu erreichen. Wenn Sie also einen Termin haben und sich nicht verspäten möchten, sollten Sie diese Funktion nutzen.

Angenommen, Sie haben einen Termin um 13.00 Uhr in einer anderen Stadt und wollen auf keinen Fall unpünktlich sein, dann gehen Sie wie folgt vor:

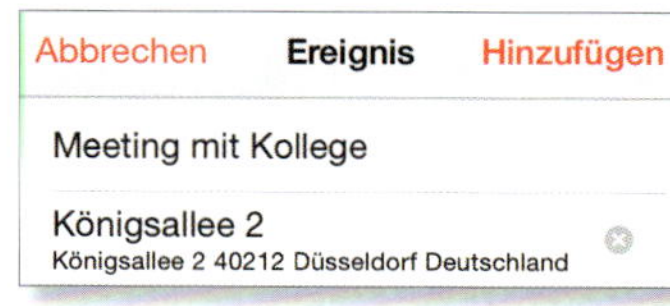


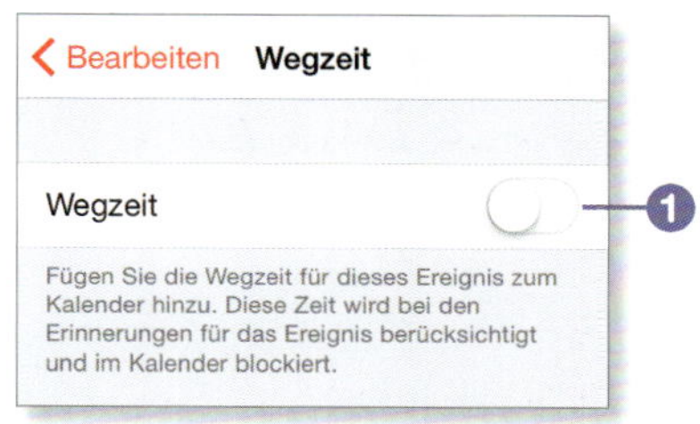


1. Erstellen Sie zunächst einen Termin (siehe dazu den vorherigen Abschnitt). Geben Sie dabei die genaue Zieladresse ein.
2. Unterhalb des Menüpunktes **Wiederholen** befindet sich die Option **Wegzeit** ❶. Wenn Sie den Schalter aktivieren, müssen Sie zunächst Ihren **Startort** ❷ eingeben.
3. Wählen Sie nun aus, ob Sie mit dem Auto fahren ❸ oder zu Fuß ❹ gehen möchten. Wahlweise können Sie festgelegte Reisezeiten ❺ angeben. Dann bekommen Sie bereits im Kalender angezeigt, wie lange der Weg zu Ihrem Zielort voraussichtlich dauern wird. Auch werden Sie vom Kalender vor Reiseantritt erinnert. Unterhalb dieser Standarderinnerung befindet sich die **2. Erinnerung** mit dem Beginn der Wegzeit ❻. In der Tagesansicht sehen Sie die Wegzeit oberhalb des Termins ❼.

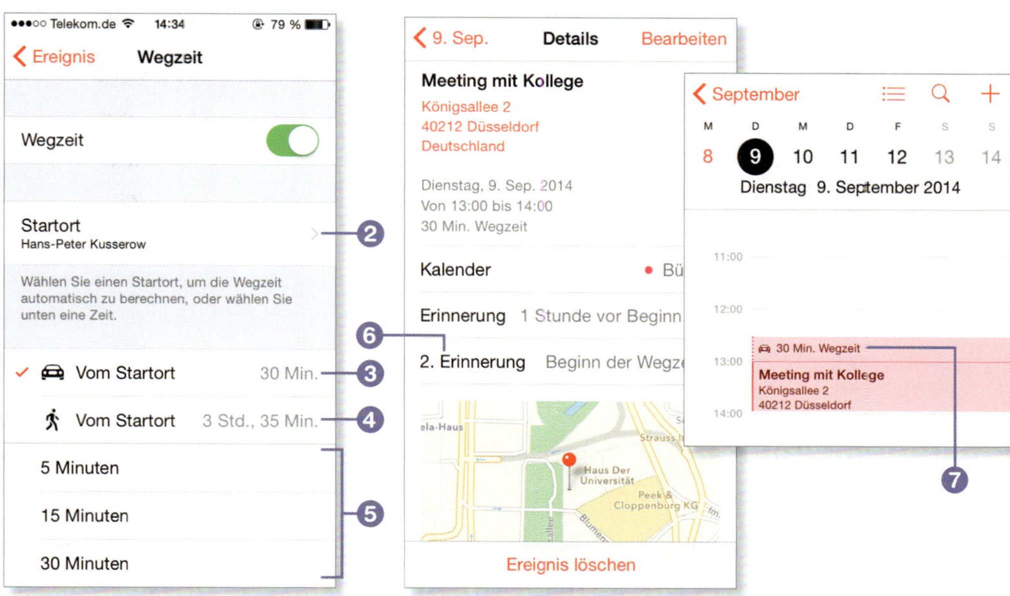

## Einen Geburtstagskalender anlegen

Sie können in Ihrem iPhone-Kalender auch *Geburtstagskalender* führen. Die Informationen für den Geburtstagskalender entnimmt Ihr iPhone Ihrem Adressbuch, denn in Ihren Kontakteinträgen können Sie auch ein Geburtsdatum hinterlegen. Sie müssen den Geburtstagskalender lediglich freischalten, um die entsprechenden Einträge in der Kalenderansicht zu sehen. Dabei gehen Sie wie folgt vor:

Öffnen Sie die Kalender-App, und tippen Sie unten in der Tab-Leiste auf die Schaltfläche **Kalender**. Daraufhin werden Ihnen, nach Accounts sortiert, alle Ihre Kalender angezeigt. Scrollen Sie ganz nach unten. Hier finden Sie in der Rubrik **Andere** den Eintrag **Geburtstage**. Tippen Sie ihn an, und aktivieren Sie so diese Rubrik. Die Aktivierung erkennen Sie an dem Häkchen 1. Da Facebook seit der Version iOS 6 integriert ist, können Sie sich in diesem Kalender nun auch die Geburtstage Ihrer Facebook-Freunde anzeigen lassen.

Alle Geburtstage, die Sie in Ihren Kontakten eingetragen oder die Ihre Facebook-Freunde öffentlich gemacht haben, werden nun in Ihrem Geburtstagskalender auf dem iPhone angezeigt.

## Wiederkehrende Ereignisse anlegen

Aus jedem Ereignis können Sie ganz schnell eine Ereignisserie erstellen. Das sind gleichartige Ereignisse, die sich in regelmäßigen Abständen wiederholen. Jahrestage zählen ebenso dazu wie der monatliche Stammtisch. Um nicht für jedes einzelne Ereignis einen neuen Eintrag erstellen zu müssen, können Sie eine Serie definieren.

Angenommen, Sie möchten sich an jedem Donnerstag mit Ihrem Freund zum Laufen treffen, dann legen Sie dafür ein wiederkehrendes Ereignis an:

1. Erstellen Sie zuerst das entsprechende Ereignis an einem Donnerstag zu der von Ihnen definierten Zeit. Anschließend tippen Sie auf **Wieder-**

**holen** ❶, und es öffnen sich die Einstellungen, die Sie für verschiedene Wiederholungen auswählen können.

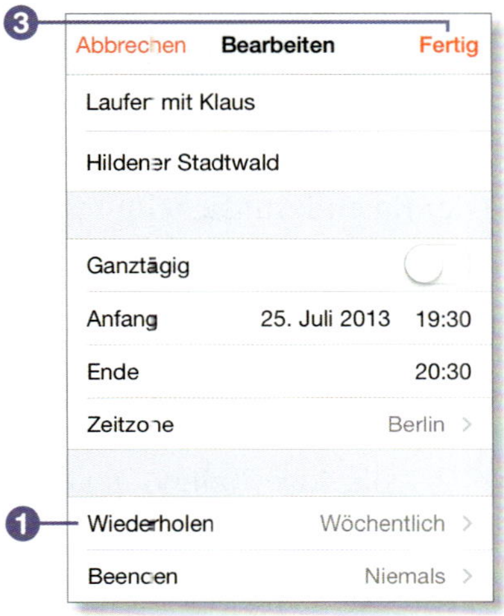


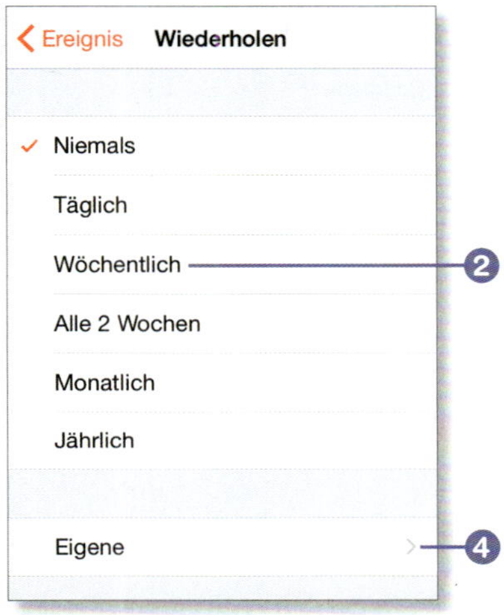


2. Tippen Sie auf **Wöchentlich** ❷, und bestätigen Sie mit der **Fertig**-Schaltfläche ❸.

3. Im Feld **Eigene** ❹ können Sie noch individueller bestimmen, wann sich ein Termin wiederholt. Bestätigen Sie Ihre Auswahl damit, dass Sie darauf tippen.

Wenn Sie ein wiederkehrendes Ereignis anlegen, können Sie natürlich auch festlegen, ob es »ewig« weiterlaufen oder an einem bestimmten Tag enden soll.

4. Wenn ein Ereignis einmalig ist, dann tippen Sie auf **Niemals** ❺ bzw., wenn Sie es nach einer gewissen Zeitspanne beenden möchten, auf **Datum** ❻ und legen ein Enddatum für Ihre Terminserie fest.

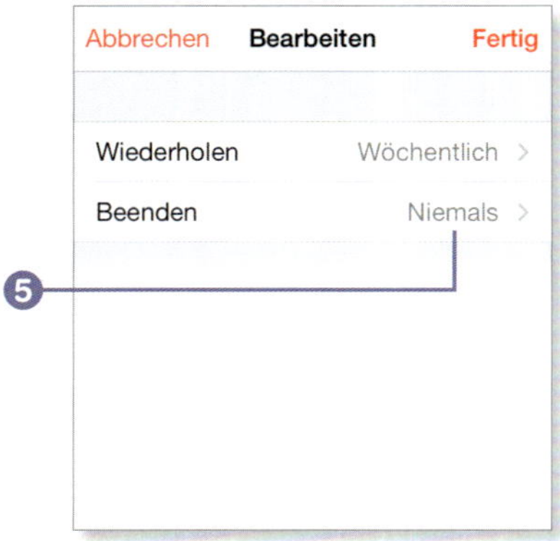


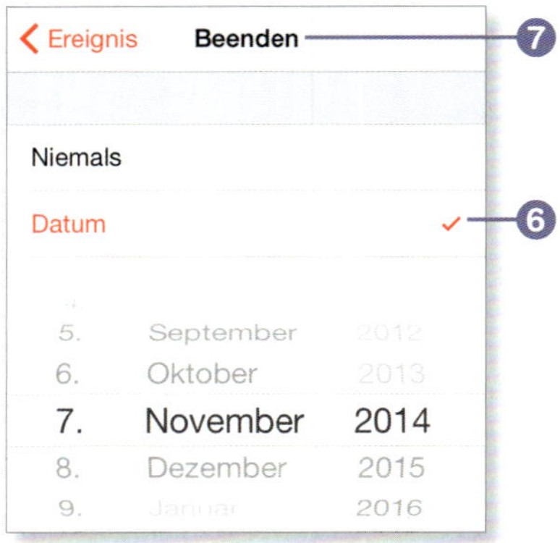


5. Nun können Sie noch einstellen, wie oft sich das Ereignis wiederholen soll. Tippen Sie dazu auf **Beenden** ❼.

Die Möglichkeit, regelmäßig wiederkehrende Ereignisse anzulegen, ist sehr praktisch, wenn sich Ereignisse häufig wiederholen werden. Aber natürlich können Sie einmal angelegte Termine auch wieder aus Ihrem Kalender entfernen. Wie das geht, erfahren Sie im nächsten Abschnitt.

## Einträge löschen

Kalendereinträge werden Sie auch ganz schnell wieder los, wenn Sie sie nicht mehr benötigen. Tippen Sie im entsprechenden Kalendereintrag einfach auf die Schaltfläche **Bearbeiten** ❶.

Scrollen Sie ans Ende des Eintrags, und tippen Sie auf **Ereignis löschen** ❷. Das müssen Sie dann sicherheitshalber noch einmal bestätigen. Fertig! Das Ereignis ist gelöscht.

## Mehrere Kalender nutzen

Eine bessere Übersicht erreichen Sie, wenn Sie sich mehrere Kalender anlegen. Sie können beliebig viele private, berufliche und andere Kalender nutzen. Auf diese Weise sehen Sie immer auf den ersten Blick, welcher Kalender wichtig ist.

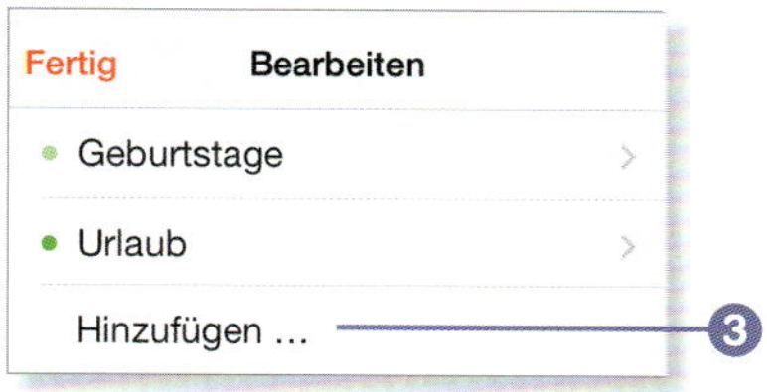

1. Um weitere Kalender zu erstellen, öffnen Sie Ihre Kalender-App und tippen unten in der Mitte auf die Schaltfläche **Kalender**. Sie sind nun in der Ansicht, in der alle Ihre Kalender angezeigt werden.
2. Tippen Sie oben links auf **Bearbeiten**; es erscheint bei jedem Ihrer Accounts ein Menüpunkt **Hinzufügen** ❸. Tippen Sie darauf, um einen neuen Kalender anzulegen.
3. Geben Sie im oberen Feld **Kalendername** ❹ einen Namen Ihrer Wahl für den neuen Kalender ein.
4. Wählen Sie dann noch eine Farbe ❺ aus, und bestätigen Sie Ihre Wahl mit **Fertig** ❻.

Wenn Sie jeden einzelnen Kalender mit einer anderen Farbe versehen, erkennen Sie schon auf den ersten Blick, ob es sich um ein privates, ein berufliches, ein wichtiges oder ein anderes Ereignis handelt. Nachdem Sie auf **Fertig** getippt haben, können Sie Ihren neuen Kalender sofort verwenden.

## Die App »Erinnerungen«

Früher musste man immer einen Termin anlegen, um sich an bestimmte Dinge erinnern zu lassen. Das gehört mittlerweile der Vergangenheit an. Seit iOS 5 ist im iPhone eine App integriert, die Ihre Erinnerungen verwaltet und speichert. Bereits seit iOS 6 ist die App *Erinnerungen* auch vollständig in iCloud integriert, sodass alle Termine zwischen allen Ihren iOS-Geräten und auf Ihrem Computer drahtlos synchronisiert werden.

### Eine Erinnerung erstellen

Eine Erinnerung ist genauso schnell erstellt wie ein Termin im Kalender (dieses Vorgehen habe ich im Abschnitt »Termine anlegen und einzelnen Kalendern zuweisen« ab Seite 157 erklärt). Bei einem Eintrag in der App Erinnerungen gehen Sie folgendermaßen vor:

1. Öffnen Sie die Erinnerungen-App.
2. Tippen Sie in eine freie Zeile, und geben Sie Ihren Erinnerungstext dort ein, wo der blaue Cursor blinkt ❶, oder diktieren Sie ihn mithilfe des Mikrofonsymbols links neben der Leertaste.

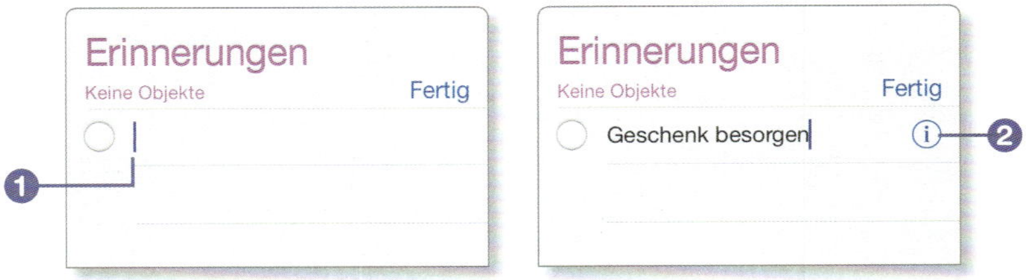


3. Tippen Sie rechts auf das kleine **i** ❷ neben der gerade erstellten Erinnerung, um den Tag und die Zeit festzulegen, zu der Sie erinnert werden möchten.
4. Ziehen Sie zuerst den Schieber neben **Tagesabhängige Erinnerung** ❸ nach rechts. Wenn Sie dann auf das Datum ❹ tippen, erscheint die »Trommel«, über die Sie Datum und Uhrzeit individuell verändern können.
5. Dann entscheiden Sie mit einem Fingertipp auf **Wiederholen** ❺, ob Sie wiederholt erinnert werden möchten und – wenn ja – in welchem Intervall ❻: **Täglich**, **Wöchentlich**, **Alle 2 Wochen**, **Monatlich**, **Jährlich** oder **Eigene**. Wählen Sie das Intervall ebenfalls mit einem Fingertipp aus.
6. Geben Sie eine Priorität ❼ für Ihre Erinnerung an (**Ohne**, **Gering**, **Mittel** oder **Hoch**).

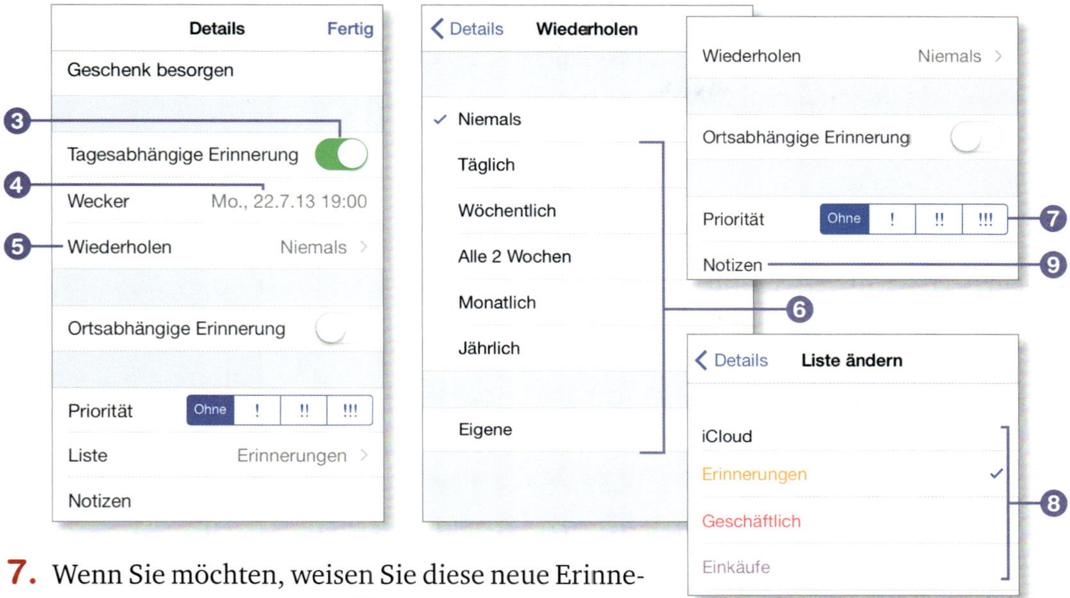


7. Wenn Sie möchten, weisen Sie diese neue Erinnerung noch einer Liste zu ❽. Der Menüpunkt **Liste** wird nur dann eingeblendet, wenn Sie auch verschiedene Erinnerungslisten angelegt haben, z. B. »Privat« und »Geschäftlich« (siehe dazu den Abschnitt »Eine neue Liste für Erinnerungen erstellen« ab Seite 169).

8. Zum Schluss können Sie noch weitere Notizen ❾ einfügen, die im Zusammenhang mit Ihrer Erinnerung wichtig sein könnten. Wenn Sie auf **Fertig** tippen, wird Ihre Erinnerung angelegt.

Sie können die Erinnerungsfunktion übrigens auch ortsabhängig einrichten, wenn Sie die Ortungsfunktion aktiviert haben; wie das geht, erfahren Sie im nächsten Abschnitt.

Die Erinnerungen können Sie dann beim iPhone 6 Plus auch im Querformat betrachten und haben dann sogar noch den Überblick über Ihre verschiedenen Erinnerungslisten ❿ auf der linken Seite.

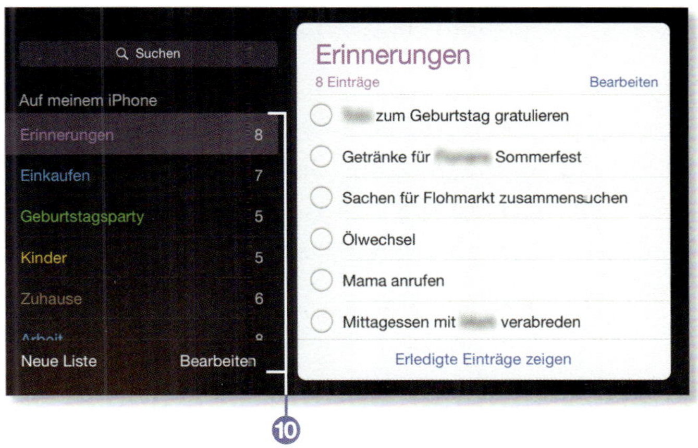

### Der Erinnerung einen Ort zuweisen

Sie können einer Erinnerung nicht nur eine Zeit zuordnen, sondern auch einen Ort. Angenommen, Sie möchten sich daran erinnern lassen, dass Sie beim nächsten Besuch eines Museums auf jeden Fall den Ausstellungskatalog mitnehmen, können Sie dies an dieser Stelle tun:

1. Tippen Sie auf die entsprechende Erinnerung, und aktivieren Sie den Schieberegler **Ortsabhängige Erinnerung** ❶.
2. Dann müssen Sie bestätigen, dass die App Erinnerungen Ihren aktuellen Ort mithilfe der Ortungsfunktion ermitteln darf (siehe dazu den Kasten »Ortungsdienste aktivieren« auf Seite 169).
3. Wenn Sie auf **Ort** tippen, können Sie auf dem nächsten Bildschirm eine passende Adresse eingeben ❷.

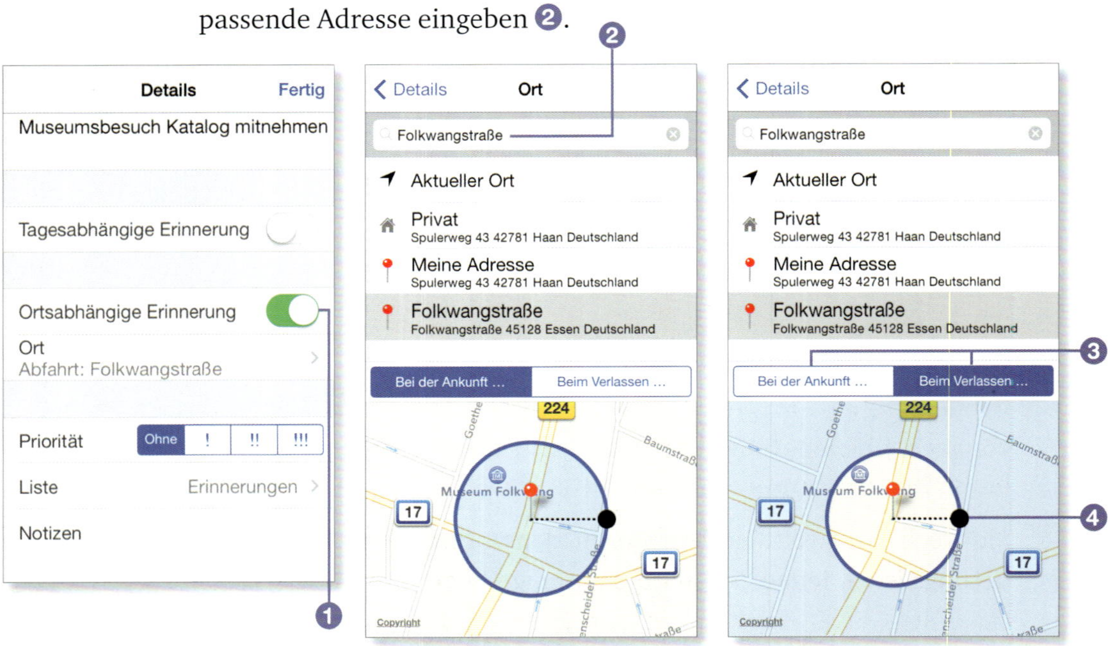


4. Bestimmen Sie schließlich nur noch, ob Sie beim Verlassen des Ortes oder bei Ihrer Ankunft dort erinnert werden möchten ❸. Mit dem schwarzen Punkt ❹ können Sie jeweils den Radius der Erinnerung einstellen.

INFO

**Ortungsdienste aktivieren**

Wenn Sie die Funktion Ortsabhängige Erinnerung nutzen möchten, müssen Sie die *GPS-Ortung* aktivieren. Öffnen Sie dazu das Menü **Einstellungen ▸ Ortungsdienste**, und schieben Sie den Regler **Ortungsdienste** nach rechts. Darunter können Sie für jede App einzeln bestimmen, ob sie die Ortung nutzen darf oder nicht. Die dafür aktivierten Apps zeigen eine kleine Kompassnadel an, die auch im Display zu sehen ist, wenn der Dienst aktiv ist.

### Eine neue Liste für Erinnerungen erstellen

Um einen besseren Überblick über Ihre unterschiedlichen Erinnerungen zu behalten, ist es sinnvoll, verschiedene Kategorien bzw. Listen zu erstellen, denen Sie die Erinnerungen dann zuordnen.

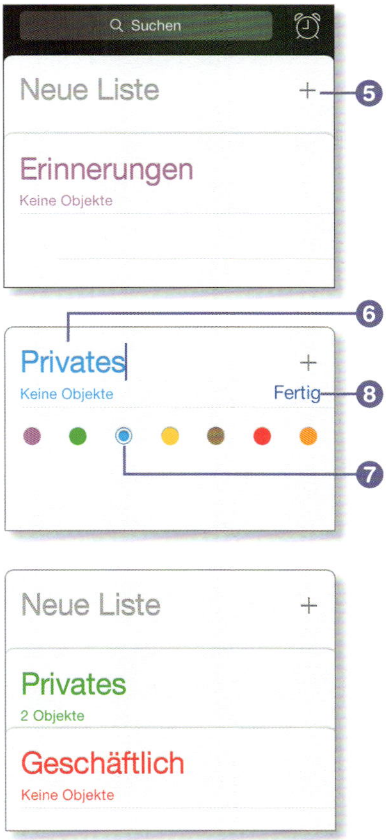


1. Um verschiedene Erinnerungskategorien zu erstellen, tippen Sie in der geöffneten App Erinnerungen oben auf **Neue Liste** ❺. (Wenn Sie diese Schaltfläche nicht sehen, wischen Sie die Bildschirmansicht von oben nach unten, um sie einzublenden.)
2. Geben Sie einen aussagekräftigen Namen ❻ für die Liste ein, wählen Sie eine der vorgegebenen Farben aus ❼, und bestätigen Sie Ihre Namensgebung, indem Sie oben rechts auf **Fertig** ❽ tippen.
3. Sie wechseln zwischen den verschiedenen Erinnerungslisten, indem Sie auf die jeweilige Registerkarte der Liste tippen. Die Erinnerungen der gewünschten Liste werden dann angezeigt.

Auf diese Weise können Sie beliebig viele Listen erzeugen und bestimmte Erinnerungen gruppieren, sodass Sie den optimalen Überblick behalten. Bedenken Sie aber, dass eine Masse an Erinnerungslisten auch wieder unübersichtlich werden kann. Wenn Sie eine Erinnerung »verloren« haben, können Sie nach ihr suchen. Wie das geht, erkläre ich Ihnen im nächsten Abschnitt.

### Nach bestimmten Erinnerungen suchen

Je nachdem, wie oft Sie die Erinnerungsfunktion benutzen, sammeln sich mit der Zeit eine ganze Menge Erinnerungen an. Deshalb können Sie in Ihren Erinnerungen nach bestimmten Details und Begriffen suchen. Um zur Suche zu gelangen, ziehen Sie einfach die erste Registerkarte mit dem Finger etwas nach unten, und schon erscheint das Suchfeld. Geben Sie nun in die Suchleiste den gewünschten Begriff ein (1), also den Namen der Erinnerung, die Sie suchen.

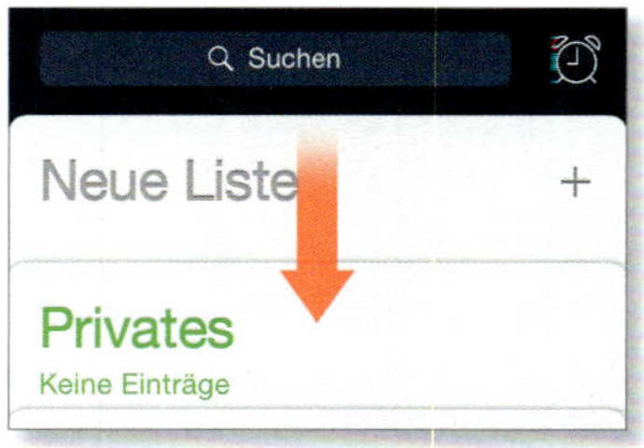


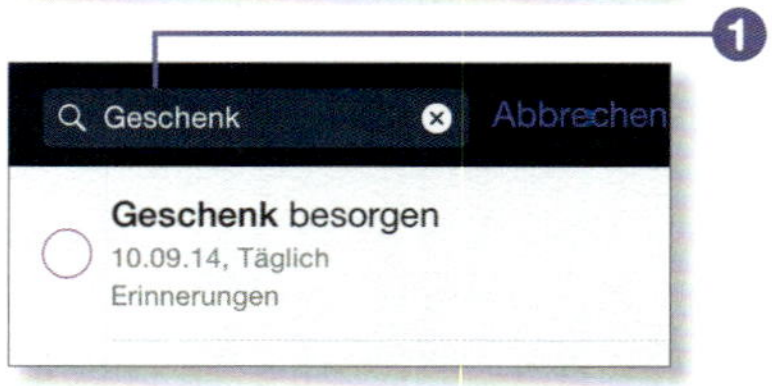


## Kontakte verwalten

Eine der wichtigsten Funktionen eines Smartphones ist es, Kontakte zu verwalten. Mit der Zeit sammelt sich eine Vielzahl verschiedenster Kontakte an, die es zu kategorisieren und zu verwalten gilt. Ein Kontakt kann dabei ein einfacher Name, gefolgt von einer Telefonnummer, sein. Ein Kontakt kann aber noch viel mehr enthalten: neben weiteren Telefonnummern und Faxnummern auch E-Mail-Adressen, Websites, Adressen, Firmenname, Position, Geburtstag und vieles mehr. Sie sehen, ein Kontakt ist ein mächtiges Datenpaket. Im Folgenden zeige ich Ihnen, wie Sie derartige Kontakte auf Ihrem iPhone anlegen und verwalten.

### Einen neuen Kontakt anlegen

Beginnen wir damit, einen Kontakt auf dem iPhone anzulegen. Damit aber Ihre Kontakte entsprechend gut sortiert angezeigt werden, müssen Sie im Vorfeld festlegen, wie.

1. Gehen Sie dazu in das Menü **Einstellungen**, und wählen Sie dort den Menüpunkt **Mail, Kontakte, Kalender** aus.
2. Scrollen Sie etwas nach unten, bis Sie zur Kategorie **Kontakte** gelangen. Legen Sie hier die Optionen **Sortierfolge** ❶ und **Anzeigefolge** ❷ für Ihre Kontakte fest.
3. Wie Sie Ihre Kontakte sortieren, kommt auf Ihre Gewohnheit an; ich habe zuerst den Nachnamen und dann den Vornamen als Sortierkriterien gewählt. Die ausgewählte Variante wird mit einem Häkchen versehen und ist auch direkt im Menü **Kontakte** zu sehen.
4. Als Nächstes können Sie festlegen, ob Sie Ihre Telefonfavoriten und die Kontakte, mit denen Sie zuletzt telefoniert haben, im *App-Umschalter* sehen möchten, um einen schnellen Zugriff darauf zu bekommen. Um in den App-Umschalter zu gelangen, tippen Sie zweimal auf den Home-Button.

5. Legen Sie nun noch Ihren Standardaccount fest ❸. Dieser wird in der Regel Ihr normaler E-Mail-Account oder aber Ihr iCloud-Account sein, wobei Ihr iCloud-Account lediglich ein Gratis-E-Mail-Account von Apple ist. Sie können auch einen normalen E-Mail-Account für iCloud nutzen.

Nachdem Sie die nötigen Voreinstellungen getroffen haben, können Sie sich nun endlich daranmachen, einen neuen Kontakt in Ihrem iPhone-Telefonbuch anzulegen. Folgen Sie dazu dieser Anleitung:

1. Öffnen Sie die Kontakte-App, und tippen Sie oben rechts auf das Plussymbol ❶.
2. Daraufhin öffnet sich das leere Kontaktfenster, in dem Sie Ihre Eingaben machen können.

Beginnen Sie mit **Nachname**, **Vorname** und bei Bedarf mit **Firma** ❷. Wenn Sie auf **Telefonnummer hinzufügen** ❸ tippen, können Sie verschiedene Telefonnummern eingeben, z. B. die Handynummer oder auch die Festnetznummer Ihres Kontakts. Sobald Sie eine Nummer angelegt haben, tippen Sie wieder auf das grüne Plus, dann öffnet sich ein weiteres Feld für die Eingabe.

3. Das jeweilige Etikett, also die Bezeichnung des Eingabefeldes, ändern Sie, indem Sie auf den blauen Begriff vor dem Wort **Telefon** tippen (in diesem Fall also auf **Privat** ❹). Es öffnet sich eine Liste, aus der Sie das passende Etikett auswählen. Wenn Sie darauf getippt haben, wird es mit einem Häkchen ❺ versehen.

4. Sie können diese Etiketten auch Ihren eigenen Wünschen anpassen, indem Sie ganz unten in der Liste auf **Eigenes Etikett hinzufügen** ❻ tippen und einen neuen Namen eingeben. Bestätigen Sie Ihre Änderung mit **Fertig**.

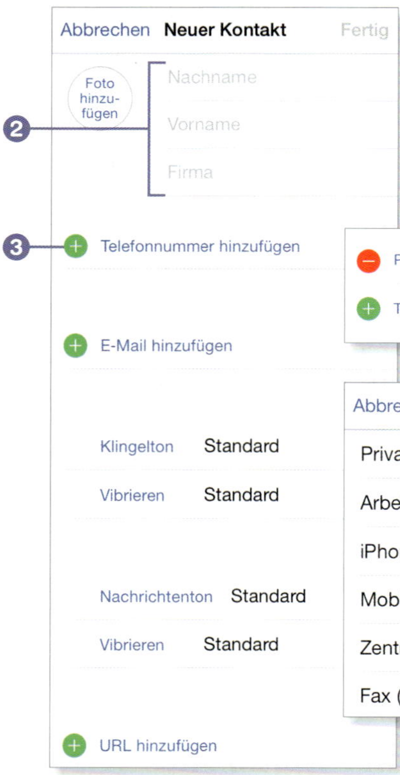


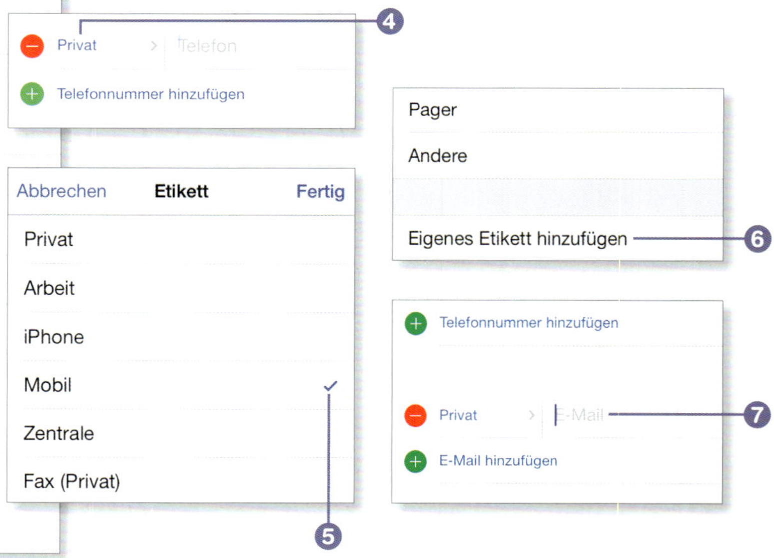


5. Als Nächstes geben Sie die E-Mail-Adresse des Kontakts – oder auch mehrere – ein ❼. Auch hier können Sie, wie schon bei den Telefonnummern, die Etiketten entsprechend anpassen.

6. Im nächsten Schritt können Sie einen Klingelton ⑧ für Anrufe und einen Nachrichtenton ⑨ für eingehende SMS dieses Kontakts festlegen. Tippen Sie dazu auf die entsprechende Rubrik, und wählen Sie Ihren Lieblingston aus der Liste aus.

7. Falls Ihr Kontakt eine eigene Website hat, die Sie hin und wieder besuchen, können Sie dem Eintrag auch die URL Ihres Kontakts im Feld **Homepage** ⑩ hinzufügen.

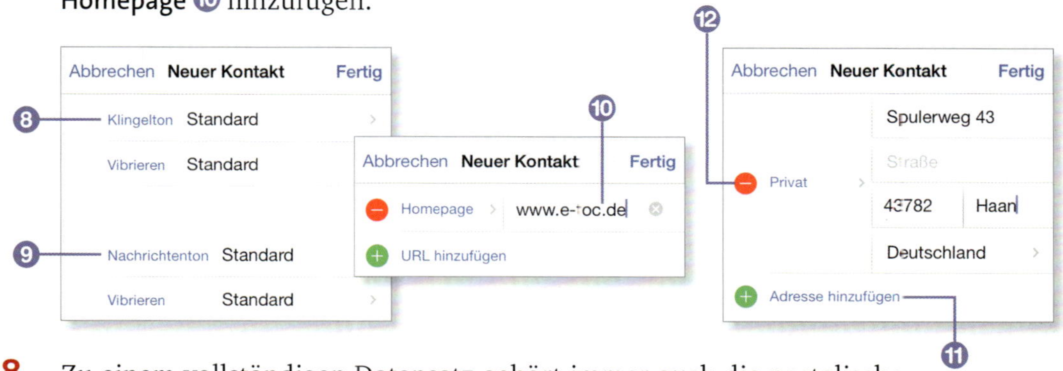


8. Zu einem vollständigen Datensatz gehört immer auch die postalische Anschrift, die Sie in der Rubrik **Adresse hinzufügen** ⑪ einfügen können. Tippen Sie auf das grüne Plus vor der Rubrik, und tragen Sie die entsprechenden Daten ein. Auch hier können Sie mehrere Adressen eingeben, wenn Sie z. B. sowohl eine private als auch eine geschäftliche Postadresse Ihres Kontakts haben. Ändern Sie das Etikett entsprechend von **Privat** ⑫ in **Geschäftlich**.

9. Falls Sie ein Foto Ihres Kontakts haben, können Sie es oben links neben der Adresse einfügen. Tippen Sie auf die Plakette **Foto hinzufügen** ⑬, und entscheiden Sie, ob Sie ein neues Foto knipsen oder ein vorhandenes aus Ihrem Fotoalbum verwenden möchten ⑭.

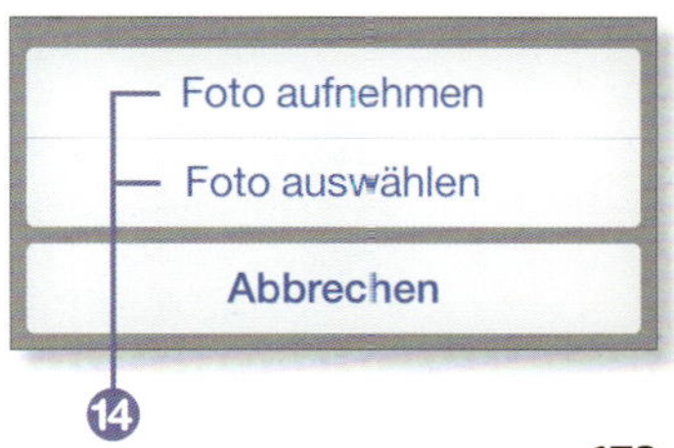


10. Wenn Sie ein Foto aufnehmen möchten, wird die in Ihrem iPhone integrierte Kamera gestartet. Gefällt es Ihnen, können Sie es auf dem Bildschirm bewegen, um einen guten Ausschnitt zu wählen, und es skalieren (indem Sie das Foto mit den Fingern größer oder kleiner zoomen). Ist alles nach Ihren Wünschen, tippen Sie auf **Foto benutzen** (⑮ auf Seite 174).

11. Ist das erledigt, können Sie dem Kontakt noch ein Geburtsdatum hinzufügen. Auf diese Weise lassen Sie sich von Ihrem iPhone an den Geburtstag erinnern (siehe dazu die Abschnitte »Einen Geburtstagskalender anlegen« und »Wiederkehrende Ereignisse anlegen« ab Seite 162). Um den Geburtstag anzulegen, tippen Sie zuerst auf **Geburtstag hinzufügen**. Dann geben Sie mithilfe der »Trommel« die genauen Daten an (16). Sie müssen nicht zwingend ein Jahr eingeben, sollten Sie das Geburtsjahr des anzulegenden Kontakts nicht kennen. Tag und Monat sind ausreichend.

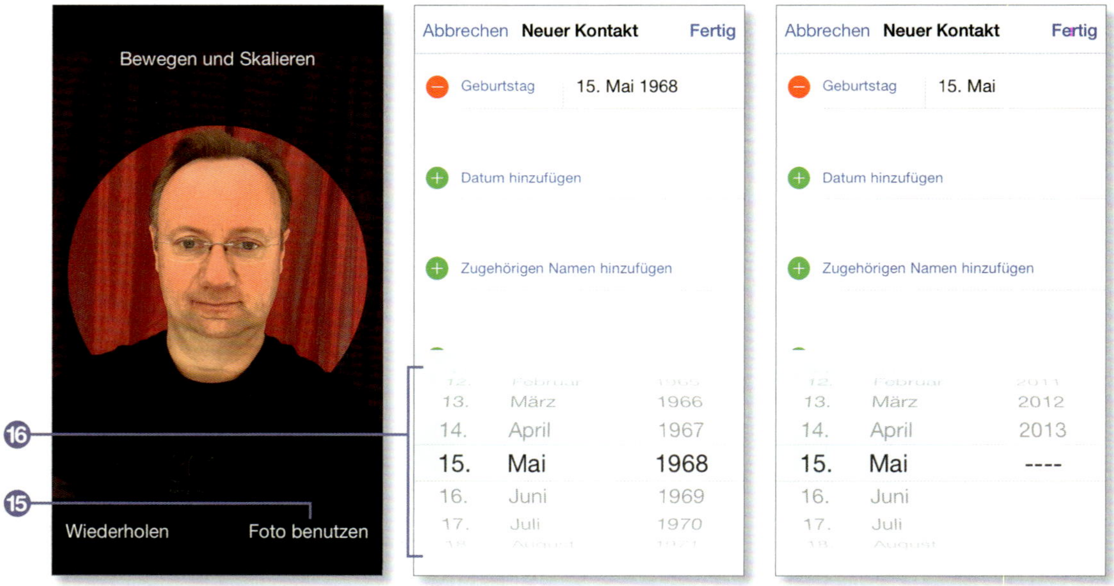


12. Immer wichtiger werden die Beziehungen über soziale Netzwerke, daher können Sie über den Menüpunkt **Soziales Profil hinzufügen** (17) die Kontaktdaten verschiedener sozialer Netzwerke eingeben. Dann nehmen Sie auf diesem Weg schnell Kontakt auf, wenn Sie es wünschen. Sollte das soziale Netzwerk, über das Sie Ihren Kontakt erreichen möchten, nicht bei der Auswahl dabei sein, tippen Sie auf **Eigenen Dienst hinzufügen** (18) und fügen die Daten manuell ein.

13. Wenn Sie zum Abschluss auf **Fertig** tippen, haben Sie es geschafft: Sie haben einen neuen Kontakt angelegt. Natürlich können Sie vorhandene Kontakte in Ihrem Telefonbuch auch nachträglich verändern.

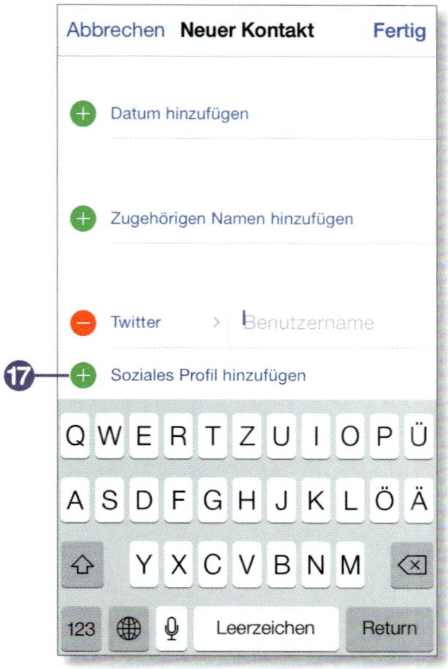


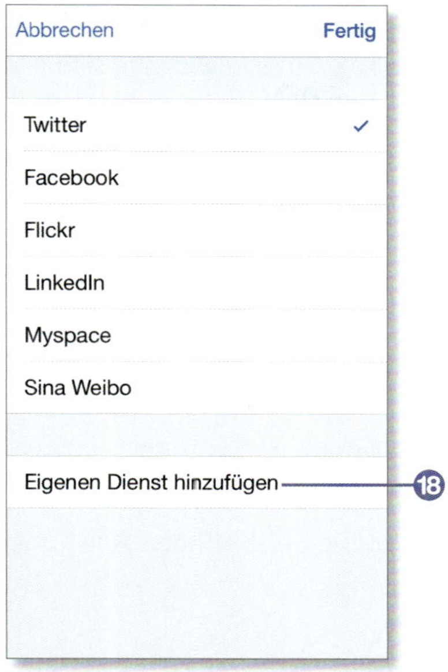


Öffnen Sie die Kontakte-App, wählen Sie einen Kontakt aus, und tippen Sie oben rechts auf **Bearbeiten**. Dann gehen Sie genauso vor wie soeben für das Anlegen eines neuen Kontakts beschrieben.

### Kontakte in Gruppen verwalten

Um etwas mehr Ordnung in Ihre Kontakte zu bringen, können Sie mit Gruppen arbeiten. Das bedeutet, dass Sie bestimmte Personen einer bestimmten Gruppe zuordnen, z. B. »Familie«, »Büro« etc. Diese Zuordnung müssen Sie jedoch an Ihrem PC in Outlook oder in der Kontakte-App am Mac vornehmen, da Sie am iPhone selbst keine Gruppen erstellen können. Wenn Sie Ihr iPhone dann mit dem Computer synchronisieren, werden auch die von Ihnen erstellten Gruppen synchronisiert, und Sie können von Ihrem iPhone darauf zugreifen (siehe dazu auch den Abschnitt »Das iPhone aktivieren« ab Seite 17).

1. Um die Gruppen angezeigt zu bekommen, die Sie auf dem Rechner angelegt und mit Ihrem iPhone synchronisiert haben, öffnen Sie die Kontakte-App und tippen anschließend links oben auf **Gruppen** 1.

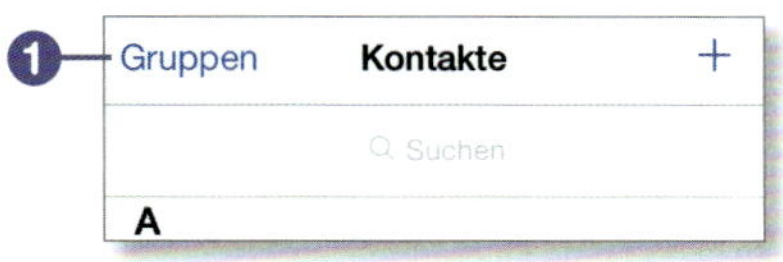

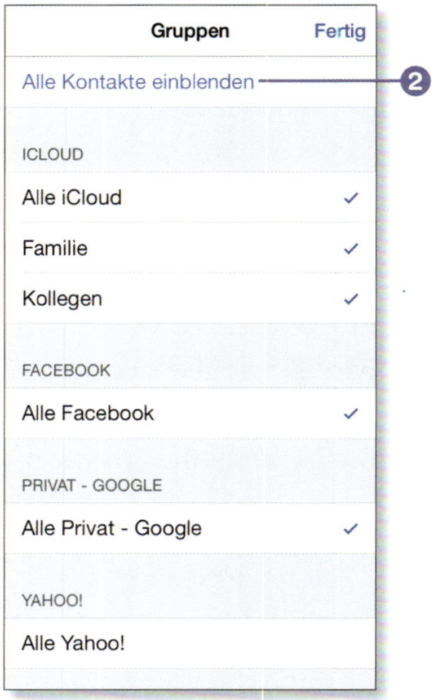


2. Daraufhin werden alle Gruppen Ihrer Accounts angezeigt. Auch Ihre Facebook-Kontakte werden hier aufgeführt. Wenn Sie auf eine Gruppe tippen, z. B. **Familie**, werden nur die Kontakte eingeblendet, die zu dieser Gruppe gehören.

3. Wenn Sie erneut auf **Gruppen** tippen, kehren Sie zurück in die Übersicht über alle Ihre Gruppen und können ggf. eine andere Gruppe auswählen. Um wieder alle Kontakte einsehen zu können, tippen Sie auf die Schaltfläche **Alle Kontakte einblenden** ❷.

Sie sehen, mit dieser Gruppenübersicht gelangen Sie relativ schnell zum Ziel, weil Sie nicht Ihr ganzes Telefonbuch nach einem bestimmten Kontakt durchforsten müssen, sondern Ihre Kontakte filtern können.

### Kontakte löschen

Wenn Sie einen Kontakt nicht mehr benötigen, können Sie ihn selbstverständlich problemlos wieder von Ihrem iPhone löschen.

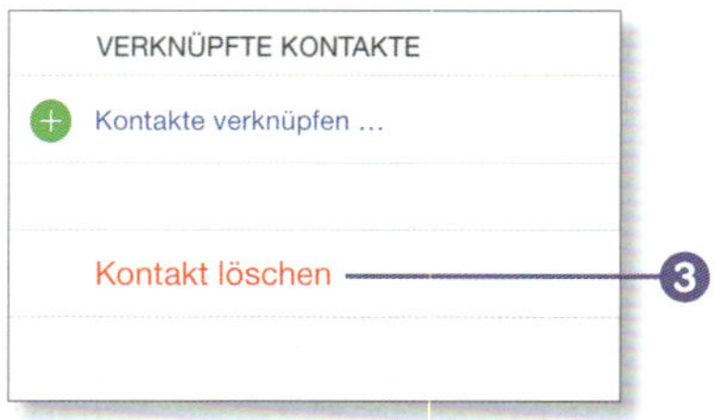


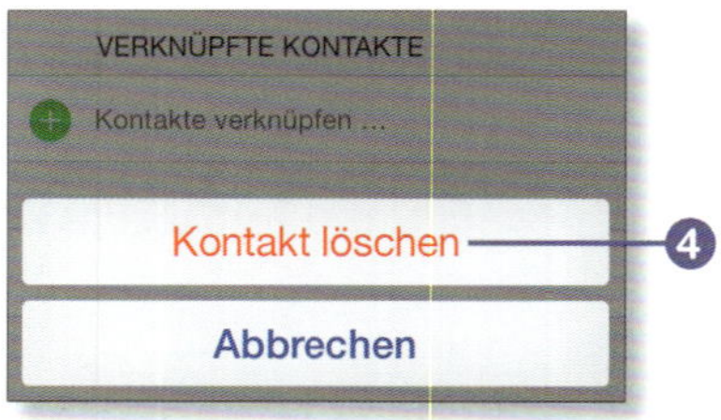


1. Öffnen Sie dazu die Kontakte-App, und wählen Sie den Kontakt aus, den Sie löschen wollen. Dann tippen Sie oben rechts auf **Bearbeiten**.

2. Scrollen Sie nach unten bis zum Ende des Kontakts. Dort tippen Sie auf die rote Schaltfläche **Kontakt löschen** ❸.

3. Bestätigen Sie den Löschvorgang noch einmal ❹, und der Kontakt wird von Ihrem iPhone entfernt.

Wenn sich die Daten eines Kontakts verändert haben, müssen Sie den entsprechenden Eintrag nicht gleich löschen, sondern können ihn auch einfach bearbeiten. Auch dazu klicken Sie auf **Bearbeiten** und gehen dann nach dem gleichen Prinzip vor, wie ich es im Abschnitt »Einen neuen Kontakt anlegen« ab Seite 170 beschrieben habe.

### Gezielt nach Kontakten suchen

Erfahrungsgemäß füllt sich eine Kontaktliste sehr schnell, und mit der Zeit wird sie unübersichtlich. Damit Sie sich nicht immer manuell durch Hunderte von Kontakten wühlen müssen, verwenden Sie die integrierte Suche, die Sie schnell zum gewünschten Kontakt führt.

1. Öffnen Sie die Kontakte-App, und tippen Sie in das Suchfeld 5 am oberen Rand.

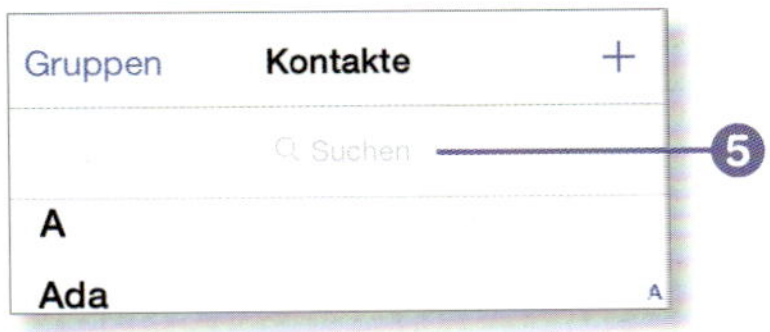


2. Geben Sie einen Begriff in das Suchfeld ein, der Sie voraussichtlich zu Ihrem Kontakt führt. Passende Einträge werden sofort als Vorschläge unter dem Suchfeld angezeigt.

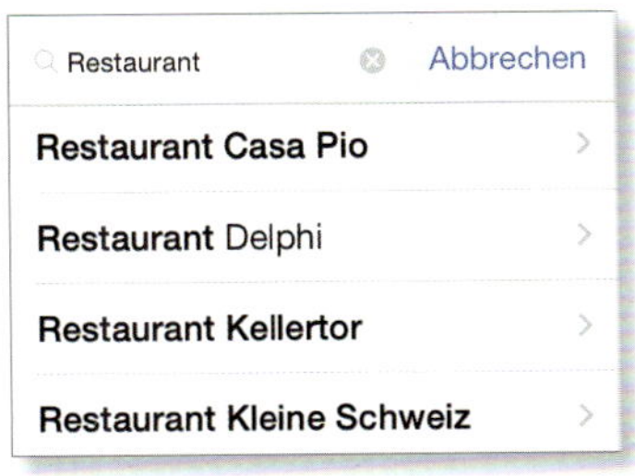


3. Wenn das Gesuchte dabei ist, tippen Sie darauf, um zu den Kontaktdaten zu gelangen.
4. Sie können aber auch direkt aus dem Home-Bildschirm nach einem Kontakt suchen, indem Sie das Suchfeld durch eine Wischgeste von oben nach unten auf dem Home-Bildschirm öffnen und den Namen des Kontakts eingeben (6 auf Seite 178). Sofort werden Ihnen die Ergebnisse angezeigt. Wenn Sie z. B., wie hier gezeigt, nach Restaurants suchen, dann bekommen Sie zuerst einige Restaurants in Ihrer Nähe aus der Karten-App angezeigt, inklusive Entfernung und Telefonnummer, danach die Einträge aus Ihrem Adressbuch, gefolgt von Terminen und Nachrichten zu diesem Thema.

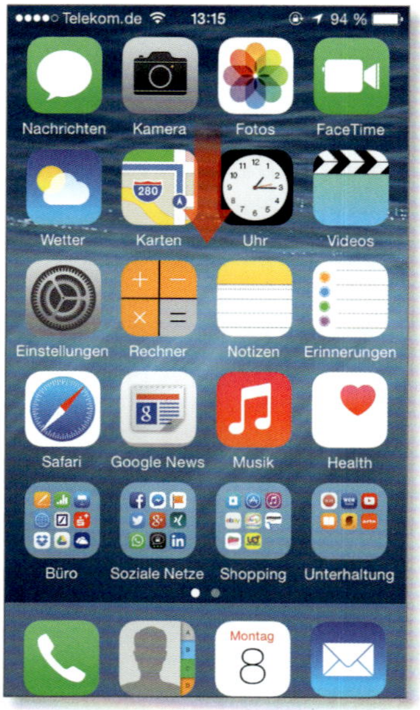


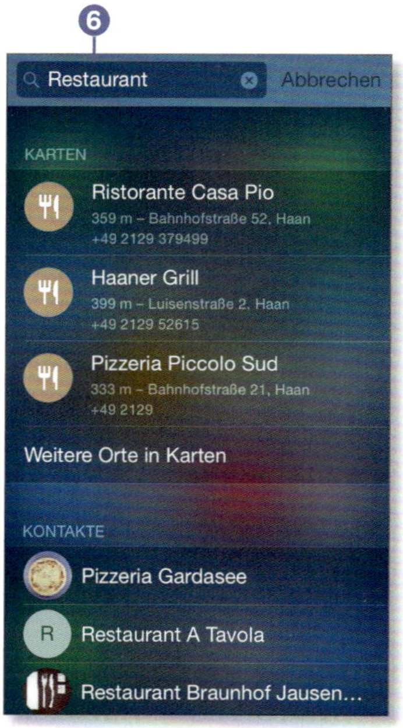


Bis hierher haben Sie in diesem Buch schon einige praktische Apps kennengelernt; die meisten davon sind standardmäßig auf Ihrem iPhone installiert. Im nächsten Kapitel stelle ich Ihnen weitere interessante Apps vor, die Sie zum Teil auch schon auf Ihrem iPhone finden und zum Teil aus dem App Store herunterladen und installieren müssen.

# Kapitel 8
# Weitere interessante Apps

Ich werde Ihnen nun noch einige weitere interessante Apps vorstellen, die Sie sicherlich auch nützlich finden werden. Denn gerade die zahlreichen Apps machen das iPhone ja zu einem so praktischen Gerät. Hierbei hat sich Apple für das aktuelle Betriebssystem z. B. eine eigene Gesundheits-App einfallen lassen, die zukunftsweisend ist.

*Das iPhone bringt weitere interessante Apps wie Wetter, Notizen, Taschenrechner, iBooks, Sprachmemos, Pages, Numbers, Keynote, iPhoto und iMovie mit – die letzten fünf sind allerdings nicht vorinstalliert, sie können kostenlos aus dem App Store heruntergeladen werden.*

## Health, die neue Gesundheits-App

Bei *Health* handelt es sich, wie der Name bereits vermuten lässt, um die neue Gesundheits-App von Apple. Sie soll als zentrale Sammelstelle für Ihre Gesundheitsdaten fungieren und z. B. Daten von externen Geräten wie einem Blutdruckmessgerät übernehmen. Auch die sogenannten *Fuelpunkte* von Ihrem Nike Fuelband, also die verbrannten Kalorien, gelaufenen Schritte etc., lassen sich hier erfassen. Natürlich werden im Laufe der Zeit auch andere Geräte hinzukommen, die Sie mit Ihrem iPhone und Health koppeln können. Über einen längeren Zeitraum konsequent angewendet, erhalten Sie dann einen recht guten Informationsstand über Ihre Fitness, Ihre Vitalfunktionen und Ihren Gesundheitszustand. Darüber hinaus können Sie sich in Health auch einen sogenannten *Notfallpass* anlegen. Wenn Sie beispielsweise Diabetiker sind, einige Allergien und Unverträglichkeiten haben oder sonst regelmäßig irgendwelche Medikamente nehmen, können Sie es hier in Health zentral verzeichnen. Da Apple davon ausgeht, dass Sie ihr iPhone sowieso immer dabeihaben, haben Sie so auch Ihren Notfallpass immer zur Hand, und dieser kann dann im Fall der Fälle vom Rettungsteam eingesehen werden.

ACHTUNG

**Was passiert mit meinen sensiblen Gesundheitsdaten?**

Apple ist sich bewusst, dass besonders Daten, die die eigene Gesundheit betreffen, sehr sensibel und persönlich sind. Deshalb werden diese auch nur auf Ihrem iPhone gesammelt und nicht über die iCloud abgeglichen. Des Weiteren müssen sich alle Entwickler vertraglich verpflichten, die Daten ausschließlich zu medizinischen Zwecken oder für eine Verbesserung der App zu nutzen. Aber auch hierfür ist eine ausdrückliche Einverständniserklärung des Nutzers erforderlich.

Nun, wie funktioniert das Ganze? Die App selbst ist in vier Bereiche, sprich Tabs, unterteilt: **Übersicht** ❶ zeigt die Daten, die Sie zu messen gedenken, sehr übersichtlich an. Der zweite Tab beinhaltet die eigentlichen **Daten** ❷, gefolgt von den **Eingabequellen** ❸. Zu guter Letzt finden Sie hier den **Notfallpass** ❹.

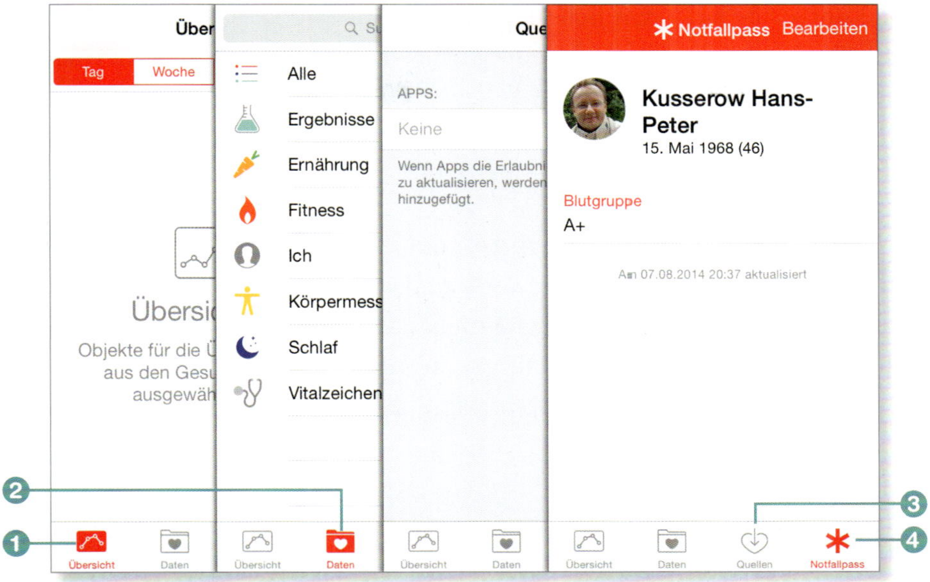


Sehen wir uns zunächst den zweiten und wichtigsten Bereich an.

## Daten – die Grundlage von Health

Die Daten sind das eigentliche Herzstück von Health. Hier werden nicht nur die einzelnen Einstellungen vorgenommen, sondern hier fließen auch alle von Ihnen oder Ihren externen Geräten gemessenen bzw. eingegebenen Daten zusammen.

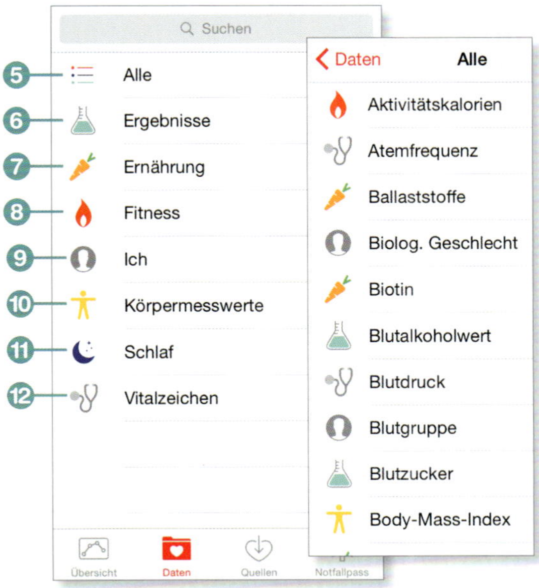


Der Startbildschirm der Daten ist in acht Kategorien unterteilt, anhand derer Sie bereits erkennen können, welche Art von Daten Health für Sie zu sammeln und aufzubereiten in der Lage ist. Dies sind die Rubriken:

**Alle** 5, **Ergebnisse** 6, **Ernährung** 7, **Fitness** 8, **Ich** 9, **Körpermesswerte** 10, **Schlaf** 11 und **Vitalzeichen** 12.

In der Rubrik **Alle** sind sämtliche Messdaten zwar alphabetisch geordnet, die Rubriken aber alle durcheinandergewürfelt, was ich persönlich etwas unübersichtlich finde.

**Ergebnisse** liefert Ihnen Daten, die in der Regel vom Arzt gemessen werden, wie Blutzucker, Sauerstoffsättigung etc.

Beim nächsten Punkt **Ernährung** wird es dann schon etwas kompliziert – wer kennt schon seine Ernährungswerte im Detail? Ausnahmen bilden da sicherlich Personen, die aus gesundheitlichen Gründen strenge Diäten einhalten müssen. Die Liste der dort aufgeführten über 30 Substanzen reicht von Ballaststoffen über Vitamine bis hin zu Zucker.

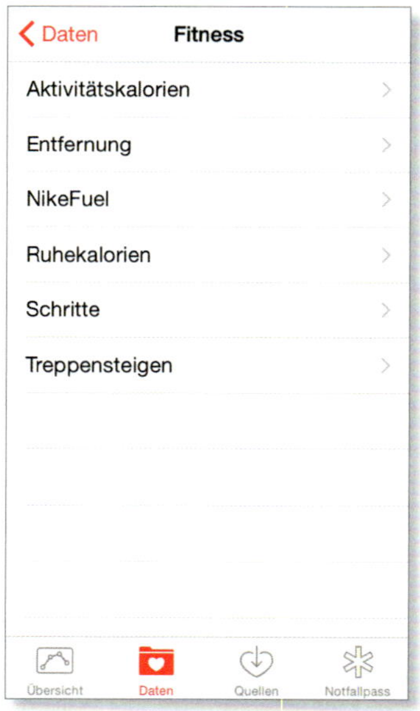


Die am meisten genutzte Rubrik wird sicherlich **Fitness** sein. Hier werden **Aktivitätskalorien**, **Entfernung**, **NikeFuel**, **Ruhekalorien**, **Schritte** und **Treppensteigen** getrackt. Dank des im iPhone 6 und 6 Plus verbauten neuen Barometersensors ist nämlich auch das Aufzeichnen von Treppenstufen und anderen Höhenunterschieden kein Problem mehr.

Unter **Ich** befinden sich drei persönliche Einstellungen zum **Geburtstag**, zum **biologischen Geschlecht** und zur **Blutgruppe**. Um diese eintragen zu können, müssen Sie oben auf **Bearbeiten** ❶ tippen. Dann können Sie die erforderlichen Daten eingeben. Zum Schluss tippen Sie auf **Fertig**, um wieder in die Kategorienansicht zu gelangen.

Bei den Körpermesswerten wie **Body-Mass-Index**, **Gewicht**, **Größe** etc. können Sie nähere Angaben zu sich machen. Hier müssen Sie Ihre Werte ebenfalls manuell eingeben. Tippen Sie beispielsweise auf **Gewicht** und dann auf **Datenpunkt hinzufügen** ❷. Geben Sie nun über die Tastatur Ihr derzeitiges Gewicht ein. Legen Sie noch fest, ob diese Statistik in der Übersicht angezeigt werden soll, indem Sie den Schieberegler aktivieren ❸.

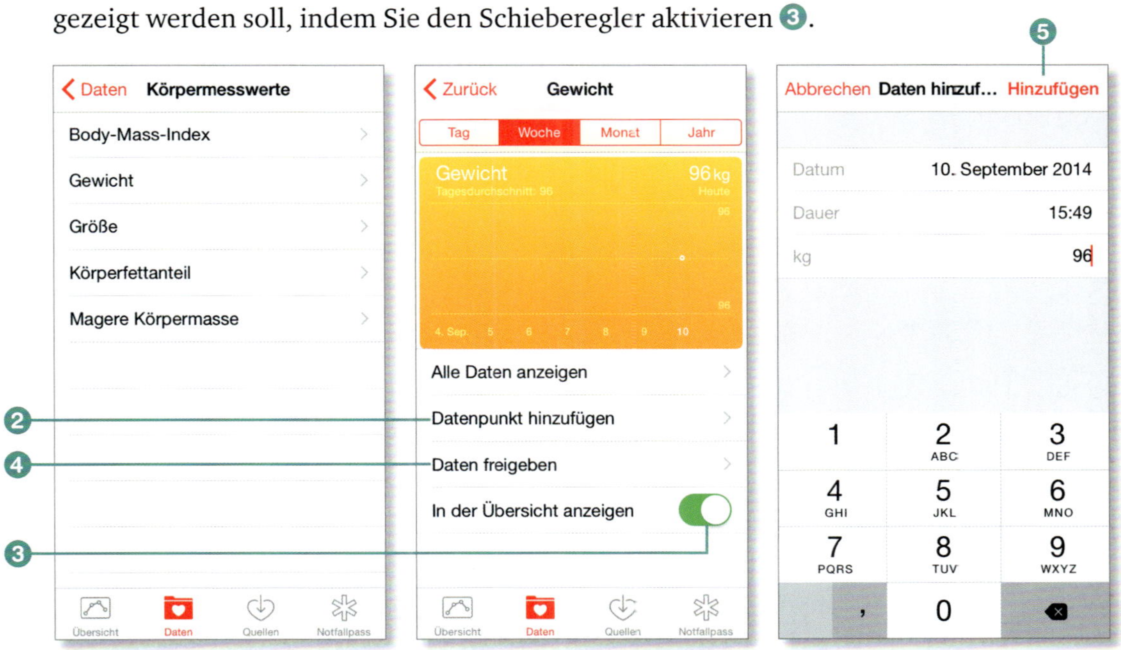


Legen Sie nun noch fest, ob Sie die Daten auch für eine andere App freigeben möchten ❹, und tippen Sie anschließend auf **Hinzufügen** ❺.

Bei der Schlafanalyse verhält es sich so ähnlich. Tippen Sie auch hier wieder auf **Datenpunkt hinzufügen** ⑥, und geben Sie Ihre Einschlaf- bzw. Aufwachzeiten ein. So können Sie bei täglicher Nutzung Ihre Schlafdauer überwachen.

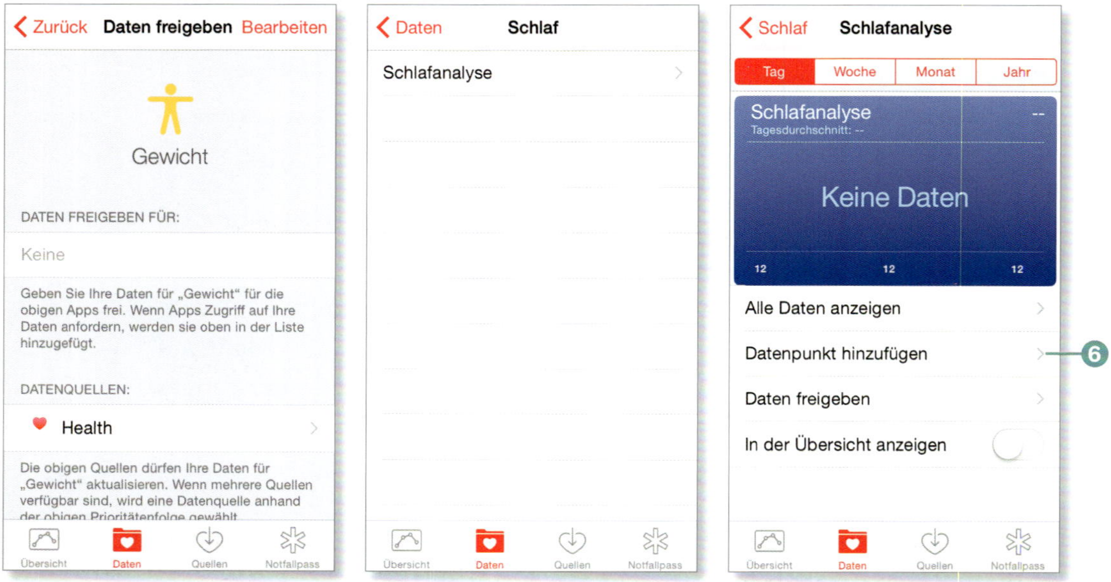


Auch die **Vitalzeichen** bieten Ihnen wieder die gleichen Möglichkeiten der Eingabe, z. B. beim Thema **Blutdruck**. Hier können Sie unter **Datenpunkt hinzufügen** jeweils die systolischen und diastolischen Werte entweder manuell eingeben oder von einem Blutdruckmessgerät, das mit dem iPhone zusammenarbeitet, übernehmen. Das Gerät müssen Sie dann vorher unter **Daten freigeben** ⑦ hinzufügen. Über einen langen Zeitraum ergibt sich dann ein konsistentes Bild.

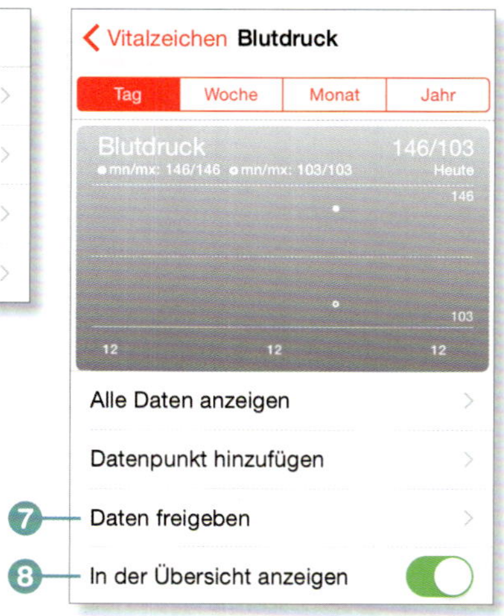

### Quellen – diese Apps dürfen mit Health zusammenarbeiten

Sie können genau einstellen, welche Apps überhaupt mit Health in Verbindung treten dürfen, um Daten auszutauschen. Hierzu gibt es mit **Quellen** einen eigenen Tab.

### Die Übersicht

Kommen wir nun zum ersten Tab **Übersicht**. Sie haben weiter oben bereits erfahren, dass Sie einen Schalter aktivieren können, der **In der Übersicht anzeigen** (8 auf Seite 184) heißt. Hier haben Sie also immer alle Funktionen und Ergebnisse, die Sie messen möchten, im Blick.

1. Tippen Sie auf **Übersicht**, und schon bekommen Sie alle Ihre gemessenen Werte übersichtlich geordnet angezeigt. Sie können dann auch die Mittelwerte Ihrer Daten einsehen.
2. Tippen Sie auf eines der bunten Felder, können Sie Ihre Daten im Detail einsehen. Tippen Sie auf **Alle Daten anzeigen** 1, und Sie sehen alle Daten in chronologischer Reihenfolge.

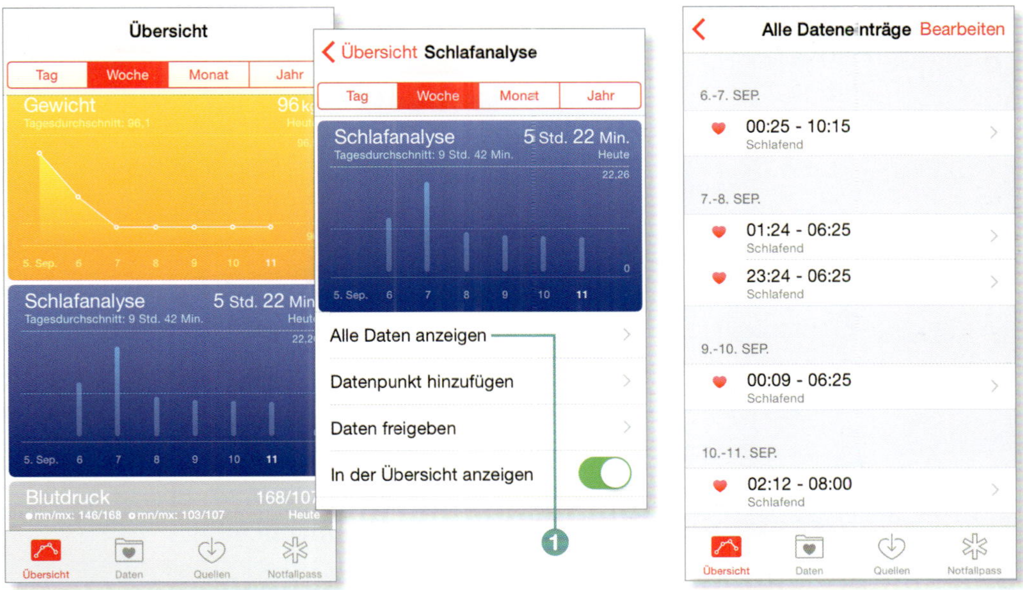

## Der Notfallpass

Zu guter Letzt stelle ich Ihnen den letzten Tab vor, den Notfallpass. Er dient dazu, gesundheitlich relevante Daten etwa zu Allergien oder auch Unverträglichkeiten gegen Medikamente zu versammeln. Passiert Ihnen einmal etwas, kann das Erste-Hilfe-Team ggf. darauf zugreifen und die richtigen Maßnahmen einleiten. Wie das geht, erfahren Sie im Anschluss.

1. Tippen Sie auf **Bearbeiten**, und geben Sie Ihre Daten zu den entsprechenden Rubriken ein. Bei **Medikation** ❶ sollte man natürlich alles so genau wie möglich eingeben, gleichfalls bei den **Allergien & Unverträglichkeiten**. Sie sollten auch den Regler **Im Sperrzustand zeigen** ❷ aktivieren, damit ein Ersthelfer auch direkten Zugang zu den Daten erhält.

2. Ersthelfer finden die Daten dann an der Stelle, an der Sie eigentlich den Code zum Entsperren des iPhones eingeben müssten, unten bei **Notfall** ❸. Tippen Sie darauf, ohne den Code einzugeben, und Sie gelangen zu dem Bildschirm, in dem Sie die Notrufnummer wählen können. Hier befindet sich unten links dann die Aktivierung ❹ für den Notfallpass. Einfach antippen und Sie sehen die benötigten Infos.

Der Notfallpass ist wirklich sehr nützlich. Wichtige Infos zur richtigen Zeit können manchmal über Leben und Tod entscheiden.

## Wissen, wie das Wetter wird – die Wetter-App

Eine der meistgenutzten Apps auf dem iPhone überhaupt ist neben *Mail* und *Safari* sicherlich die *Wetter*-App. Sie informiert Sie über das Wetter der Orte, für die Sie eine Vorhersage benötigen. Und das Beste: Das aktuelle Wetter wird sofort in der Benachrichtigungszentrale angezeigt. Wie Sie Orte hinzufügen, deren Wetterlage Sie sehen wollen, lesen Sie hier:

1. Starten Sie die Wetter-App, und tippen Sie rechts unten auf die Listenschaltfläche ❶, um zum Informationsbildschirm zu gelangen.

2. Wählen Sie die Temperatureinheit ❷.

3. Tippen Sie anschließend auf das Plussymbol ❸, und geben Sie einen Städtenamen Ihrer Wahl in das Suchfeld ein ❹. Indem Sie ihn antippen, können Sie einen der Vorschläge auswählen, die das iPhone macht.

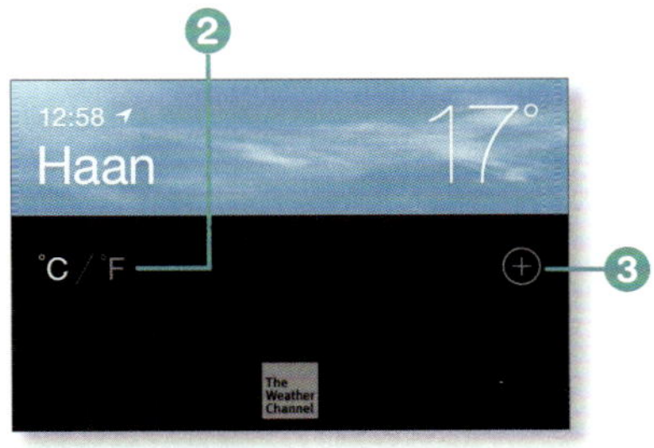


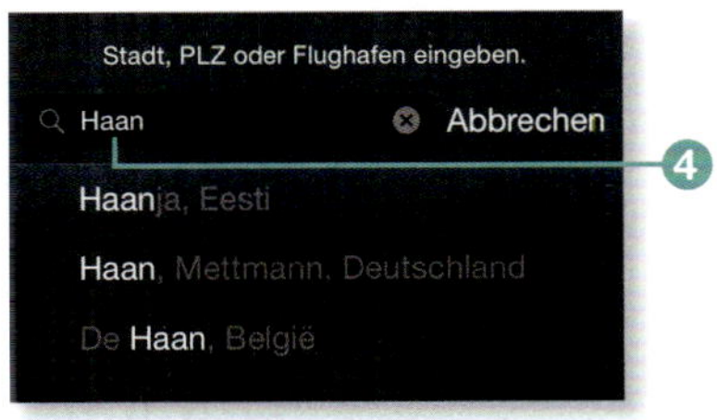


4. Wenn Sie eine Wettervorschau von mehreren Städten wünschen, geben Sie auf die gleiche Weise weitere Ortsnamen ein. Mit einem Fingerwischen von rechts nach links wechseln Sie dann später zwischen den einzelnen Wetterberichten. Die Punkte ❺ am unteren Rand zeigen Ihnen, auf welcher Seite Sie sich befinden. Sie können aber auch die Finger von oben und unten zusammenziehen (mittig in der Abbildung auf Seite 188) und sehen dann Ihre Orte in einer Listenübersicht (rechts).

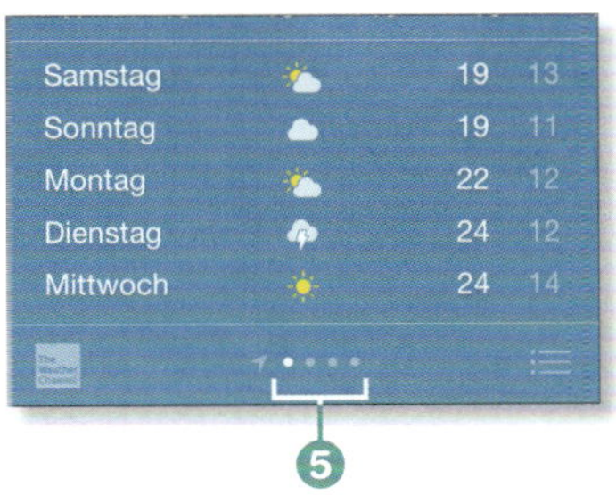

5. Sie können sich für den aktuellen Tag auch eine stündliche Wetteransicht ❻ aufrufen. Streichen Sie dazu mit dem Finger über die Uhrzeitangaben nach links. Sie sehen dann sogar die Sonnenuntergangszeit ❼ des aktuellen Tages. Wenn Sie den Bildschirm nach oben schieben, werden Ihnen zusätzliche, ausführlichere Wetterinformationen eingeblendet ❽.

*Die Wetter-App bietet zahlreiche Detailinformationen.*

Auch die Wetter-App verfügt beim iPhone 6 Plus über eine querformatige Ansicht. Hier werden mehr Stunden angezeigt, und in der Queransicht sehen Sie die Beschreibung neben den grafischen Werten parallel dargestellt.

### Das Wetter in der Mitteilungszentrale

Sie können sich das Wetter auch in der Mitteilungszentrale anzeigen lassen. Egal, in welcher Anwendung Sie sich befinden, können Sie diese Infoansicht dann aus dem oberen Bildschirmrand nach unten herausziehen. Standardmäßig ist das lokale Wetter der erste Punkt in der Mitteilungszentrale.

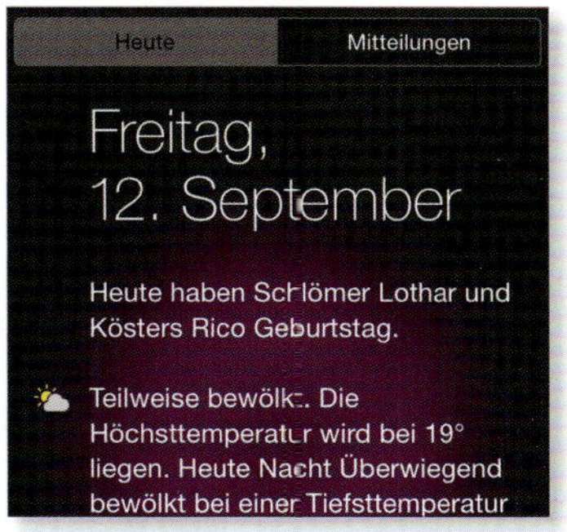


> **INFO**
>
> **Wetter aus dem Ausland abrufen**
>
> Wenn Sie im Ausland das Wetter abrufen wollen oder die Mitteilungszentrale öffnen, kann das zu erhöhten Roaming-Kosten führen.

## Die App »Aktien«

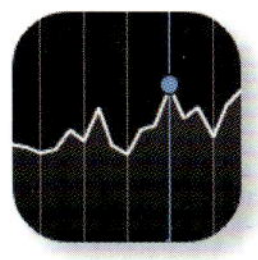

Eine weitere Standard-App, die auf das Internet zugreift, ist die App *Aktien*. Auch wenn Sie nicht über ein eigenes Aktiendepot verfügen, kann die App für Sie interessant sein.

1. Tippen Sie auf die App und anschließend in der geöffneten App rechts unten auf die Listenschaltfläche, um zu dem Bildschirm zu gelangen, auf dem Sie die Liste Ihrer Aktieninfos bearbeiten und nach Firmennamen suchen können.
2. Tippen Sie oben links auf das Plussymbol ❶, um das Suchfeld zu öffnen. Geben Sie einen Firmennamen in das Suchfeld ein ❷. Mit einem Fingertipp auf den richtigen Namen in der Liste der Vorschläge fügen Sie die gewünschte Firma Ihrer Liste hinzu.

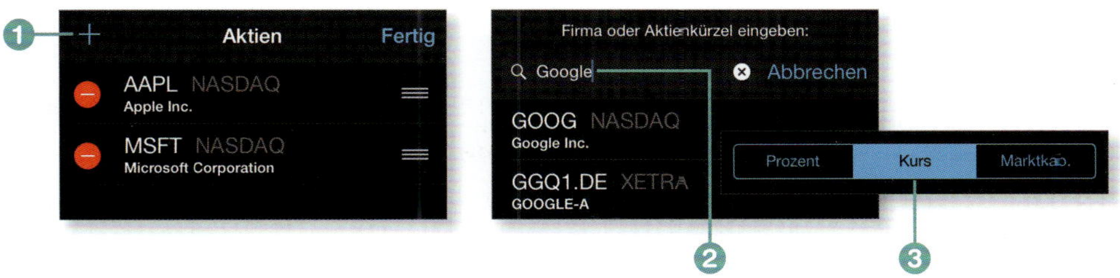

3. Weiter unten in der App können Sie noch entscheiden, ob Sie eine Darstellung der Aktienkurse in Prozent, als Preis oder als Marktkapitalisierung wünschen (siehe die vorige Abbildung). Die blaue Markierung (3 auf Seite 189) ändert sich dann entsprechend ebenso wie die Darstellung der Daten 4.

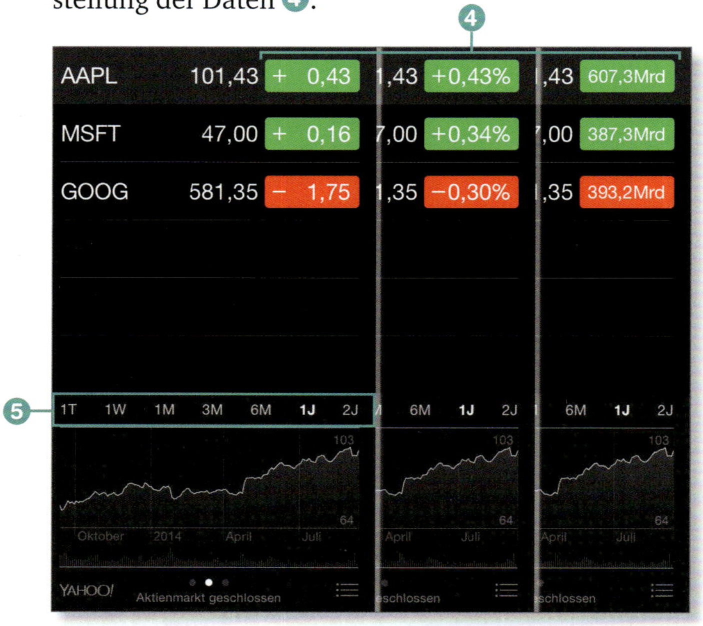


4. Für eine bessere Übersicht bietet Ihnen die App unterschiedliche Ansichten: für einen Tag (**1T**), eine Woche (**1W**), einen Monat (**1M**), drei Monate (**3M**), sechs Monate (**6M**), ein Jahr (**1J**) oder zwei Jahre (**2J**). Um die Darstellung zu ändern, tippen Sie oben in der Ansicht auf den jeweiligen Kolumnentitel 5.

5. Unten in der App sehen Sie drei Punkte 6. Darüber wechseln Sie mit einem Fingerwischen zwischen drei verschiedenen Ansichten: den Kennzahlen, dem Chart der Kursentwicklung und einer News-Ansicht.

**6.** Wenn Sie den Bildschirm um 90° drehen, sehen Sie den Chart auf dem kompletten Bildschirm. Die Ansichtsmöglichkeiten werden dann außerdem um fünf Jahre (**5J**) und zehn Jahre (**10J**) ergänzt.

Auch die App Aktien können Sie in Ihre Mitteilungszentrale integrieren. So haben Sie immer die wichtigsten Informationen im Blick. Wie das geht, erfahren Sie in den nächsten Schritten:

1. Um die App in der Mitteilungszentrale zu aktivieren, ziehen Sie die Mitteilungszentrale von oben herunter und tippen unten auf **Bearbeiten** ⑦.
2. Um die Aktien hinzuzufügen, tippen Sie nun auf das Plus im grünen Punkt ⑧, und das war es schon, wie Sie im rechten Bild sehen können. Sie können noch die Reihenfolge der Anzeige ändern, wenn Sie auf die drei Striche ⑨ tippen und diese nach oben oder unten verschieben.

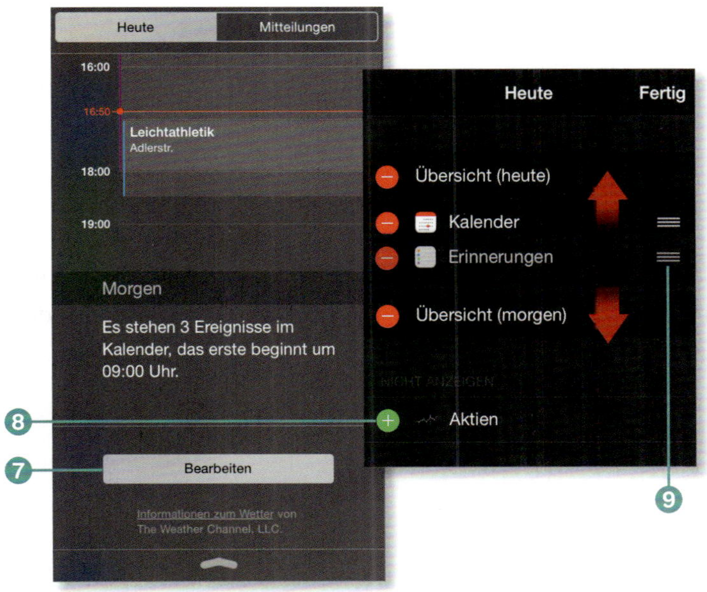


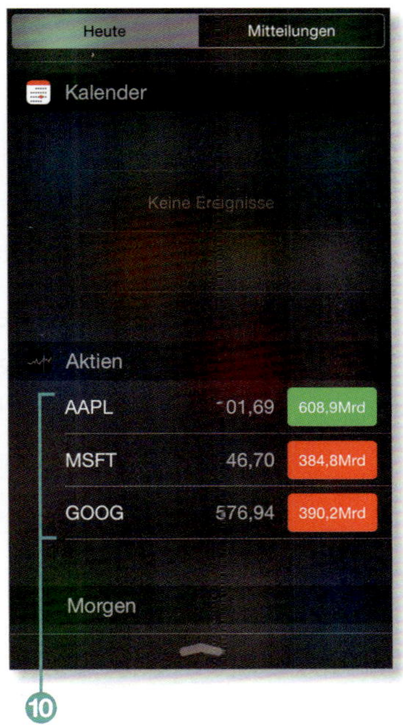

Die Aktien-App befindet sich nun in der Mitteilungszentrale. Ziehen Sie die Benachrichtigungen auf dem Startbildschirm mit einem Fingerwischen nach unten, und schauen Sie sich tagesaktuell Ihre Aktienkurse ⑩ an.

> **INFO**
>
> **Roaming-Kosten!**
>
> Wie für die Wetter-App gilt auch für die Aktien-App: Wenn Sie sich im Ausland aufhalten und Informationen über eine Internetverbindung abrufen, kann es aufgrund der Roaming-Gebühren zu erhöhten Kosten kommen.

## Gedankenstützen mit »Notizen«

Wer kennt das nicht? Tausend Listen, die auf irgendwelchen zusammengeschriebenen Zetteln in irgendwelchen Ecken herumliegen. Die *Notizen*-App macht Schluss damit.

1. Wenn Sie die Notizen-App öffnen, sehen Sie die »Überschriften« (die ersten Zeilen) der bereits angelegten Notizen. Tippen Sie auf eine Notizzeile, um die entsprechende Notiz zu öffnen.

2. Möchten Sie eine neue Notiz hinzufügen, tippen Sie oben rechts einfach auf **Neu** ①. Schreiben Sie die neue Notiz, oder diktieren Sie sie mithilfe von Siri (siehe dazu den Abschnitt »Den intelligenten Assistenten Siri nutzen« ab Seite 32). Haben Sie die Eingabe abgeschlossen, tippen Sie auf **Fertig**.

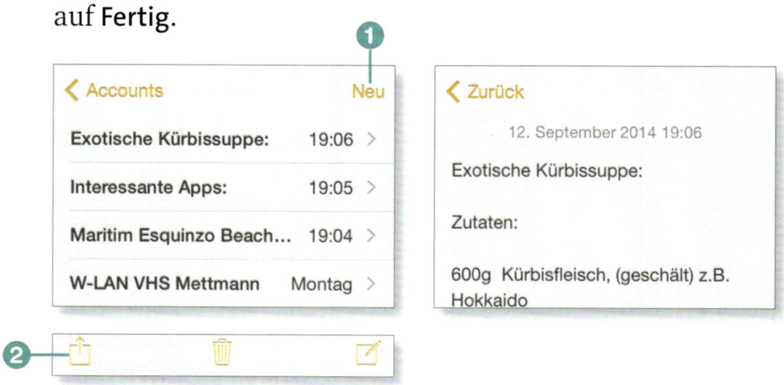

Wenn Sie eine Notiz geöffnet haben, sehen Sie am unteren Rand eine Navigationsleiste, die einige Funktionen zur Verfügung stellt. Mit der Schaltfläche **Bereitstellen** ❷ leiten Sie die erstellte Notiz z. B. als Nachricht oder E-Mail weiter oder drucken sie aus, über die Schaltfläche mit dem Stift erstellen Sie eine neue Notiz, und mit Antippen des Papierkorbsymbols löschen Sie die aktuelle Notiz.

INFO

**Drahtlos drucken via AirPrint**

Wenn Sie eine Notiz von Ihrem iPhone auf Ihrem Drucker ausgeben möchten, stellen Sie sicher, dass es sich bei Ihrem Drucker um ein AirPrint-fähiges Gerät handelt. Ob Ihr Drucker AirPrint-fähig ist, erfahren Sie unter folgendem Link: *http://bit ly/1qZ7gx4.*

Sie können auf Ihrem iPhone einen oder mehrere iCloud-Accounts anlegen, aus denen heraus Sie dann auch Ihre Notizen synchronisieren und in denen Sie sie erstellen können. Im weitesten Sinne handelt es sich dabei um zwei Accounts, nämlich die Notizen, die Sie auf dem iPhone verfasst haben, und die iCloud-Notizen, die Sie zwischen Computer, iPad, iPod touch und iPhone synchronisieren können. Notizen dieses Accounts können auf allen genannten Geräten erstellt werden. Sie erreichen sie, wenn Sie oben links auf die Schaltfläche **Accounts** ❸ tippen.

Diese Accounts sind nach folgenden Kriterien unterteilt:

- **Alle Notizen:** Damit ist genau *das* gemeint.
- **Auf meinem iPhone:** Bezeichnet die Notizen, die Sie direkt auf dem iPhone erstellt haben.
- **Alle iCloud:** Steht für die Notizen, die über die iCloud-Funktion mit anderen Geräten synchronisiert werden. (Nähere Informationen zum Anlegen von iCloud-Accounts finden Sie in Kapitel 9, »Synchronisieren mit iCloud«.)
- **Neuer Ordner:** Legt einen neuen Ordner für Notizen an.

Wenn Sie auf einen Account tippen, werden Ihnen die Notizen angezeigt, die zu diesem Account gehören. Falls Sie mehrere Accounts angelegt haben, können Sie unter **Einstellungen ▸ Notizen** ④ einen **Standardaccount** ⑤ wählen, unter dem Ihre neuen Notizen gespeichert werden, z. B. iCloud oder ein anderer Account, den Sie zuvor angelegt haben.

Auch in der Notizen-App verfügen Sie beim iPhone 6 Plus wieder über Darstellungsvorteile in der querformatigen Ansicht, denn hier wird die Liste der Notizen mit der aktuellen Notiz parallel dargestellt.

## Podcasts abonnieren und wieder löschen

Seit iOS 8 ist auch die bislang separat und gratis zu ladende App *Podcasts* wieder standardmäßig dabei. Podcasts, das ist Radio zum Mitnehmen und zeitversetztes Radiohören. Man abonniert einfach kostenlos den entsprechenden Podcast und kann die Sendung hören, wann und wo man möchte. Und so geht es:

1. Öffnen Sie die App Podcasts, und wählen Sie entweder im ersten Tab **Empfohlene Podcasts** ①, oder tippen Sie auf **Highlights** ②.

**2.** Unter **Highlights** können Sie zwischen zwei Kategorien wählen: reine **Audio**-Podcasts ❸ und **Video**-Podcasts ❹.

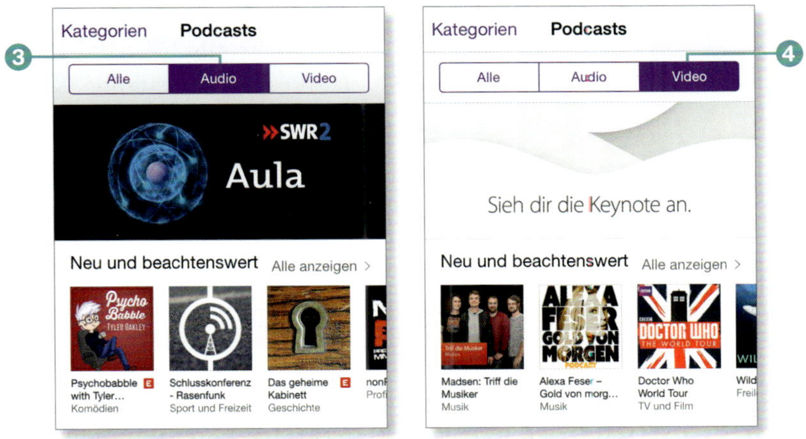


Die *Topcharts* versammeln Podcasts aus den Bereichen Audio und Video, und zwar jeweils die Top 300 einer Kategorie.

Tippen Sie hierzu auf den Tab **Topcharts** ❺, und stöbern Sie in den Bereichen **Audio** oder **Video**, um erst einmal einen Überblick zu bekommen.

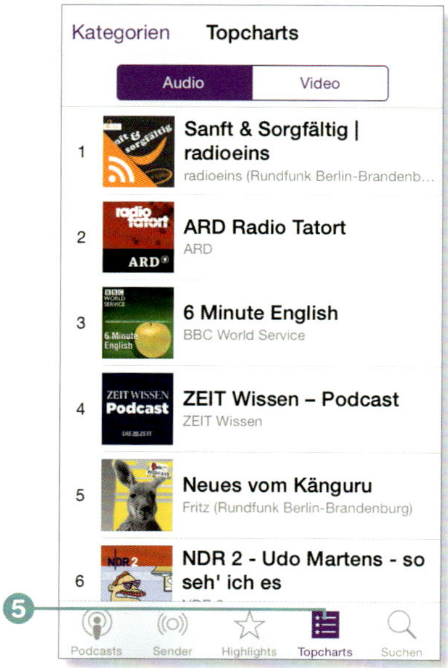


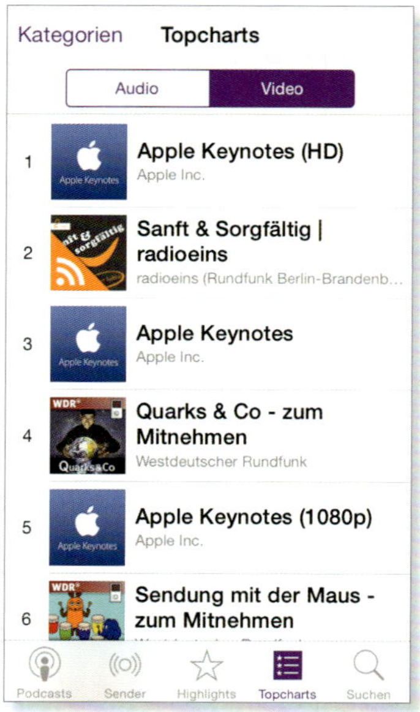


**INFO**

**Video-Podcasts brauchen viel Platz**

Wenn Sie sich für Video-Podcasts entscheiden, sollten Sie beachten, dass Ihr iPhone dann schnell voll sein kann. Allein für den Video-Podcast der aktuellen *Keynote* von Apple benötigen Sie ca. 2,24 GB Speicherplatz auf Ihrem iPhone.

Das Abonnieren von Podcasts ist, wie eben bereits erwähnt, kostenlos. Hier können Sie also nach Herzenslust »zugreifen«.

1. Suchen Sie sich einen Podcast aus, und tippen Sie darauf. Tippen Sie nun auf **Abonnieren** ➊, und schon wird der aktuelle Beitrag geladen. Wenn Sie auch ältere Beiträge laden möchten, dann tippen Sie auf das kleine Wölkchen ➋ am rechten Rand, und die entsprechenden Sendungen werden geladen.

2. Nun befindet sich Ihr abonnierter Podcast in der Podcast-Liste im Tab **Podcasts**. Anhand einer kleinen Zahl in einem roten Kreis ➌ erkennen Sie die Anzahl der Podcasts, die Sie noch nicht abgespielt haben. Wenn

Sie auf Ihren gerade abonnierten Podcast tippen, werden Ihnen auch alle Folgen angezeigt ❹.

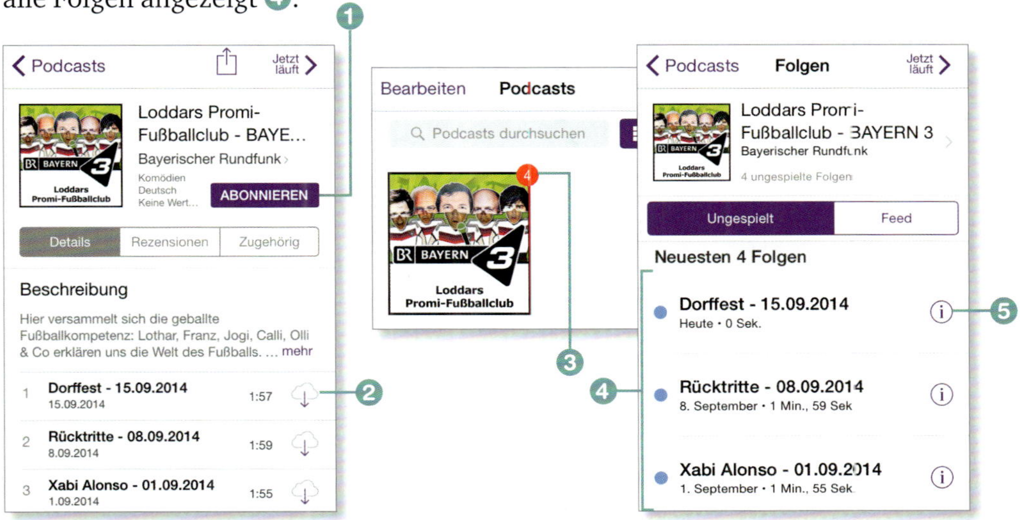


**3.** Tippen Sie auf das kleine **i** ❺, und Sie erhalten weitere Informationen zu Ihrem Podcast.

Um einzelne Podcast-Folgen vom iPhone zu entfernen, wischen Sie einfach mit dem Finger von rechts nach links, und tippen Sie auf die dann erscheinende Schaltfläche **Löschen**. Auch über den Button **Mehr**, der ein Kontextmenü öffnet, können Sie die entsprechende Folge löschen. Um einen kompletten Podcast zu löschen, gehen Sie ähnlich vor wie eben bei der einzelnen Folge. Tippen Sie im Tab **Podcasts** auf den Button **Bearbeiten** ❻. Alle Ihre Podcasts erhalten oben links ein kleines Kreuz ❼. Tippen Sie darauf, und schon ist der komplette Podcast verschwunden.

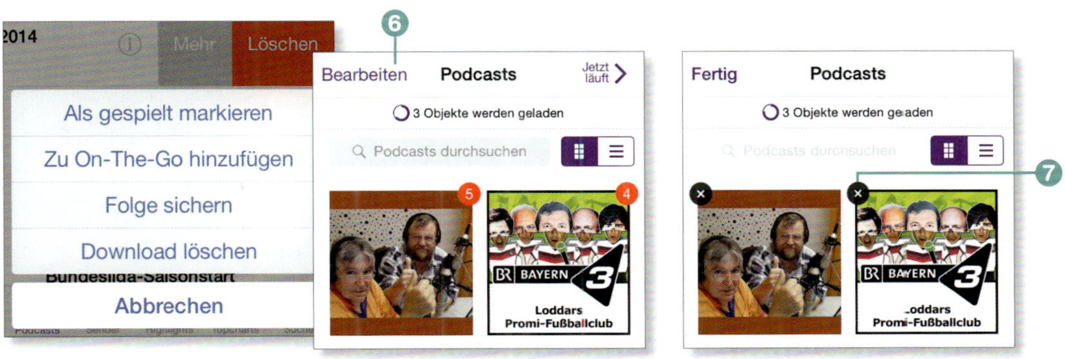

### Ihre Sender im Blick

Haben Sie mehrere Sender als Podcast abonniert, können Sie sie im zweiten Tab von links einsehen. Unterteilt ist die Ansicht in **On-The-Go** ①, **Die neueste** ② und **Alle ungespielten** ③. Die beiden Letzteren werden automatisch aktualisiert. Die **On-The-Go**-Liste muss manuell angepasst werden.

1. Um Podcasts der On-The-Go-Liste hinzuzufügen, müssen Sie lediglich auf die gleichnamige Schaltfläche und danach mittig auf **Hinzufügen** ④ tippen. Wählen Sie nun die Podcasts entweder manuell oder mit dem **Alle wählen**-Button ⑤ aus.

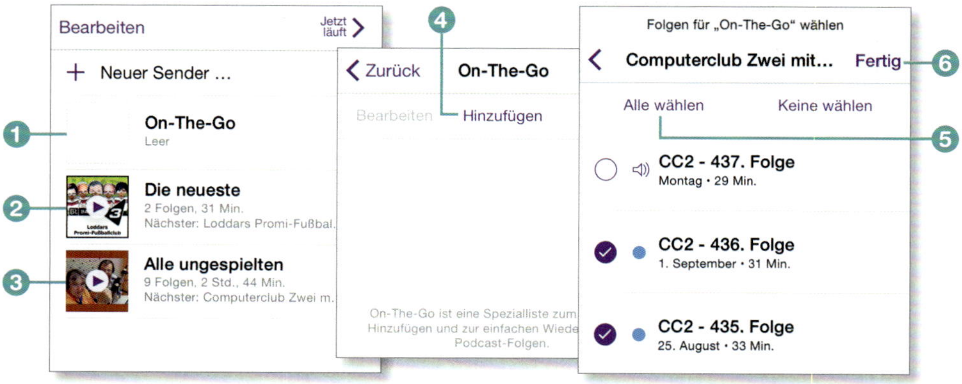


2. Die Podcasts werden mit einem weißen Häkchen in einem lilafarbenen Kreis hervorgehoben. Ist alles nach Ihren Vorstellungen, können Sie die Auswahl mit **Fertig** ⑥ bestätigen.

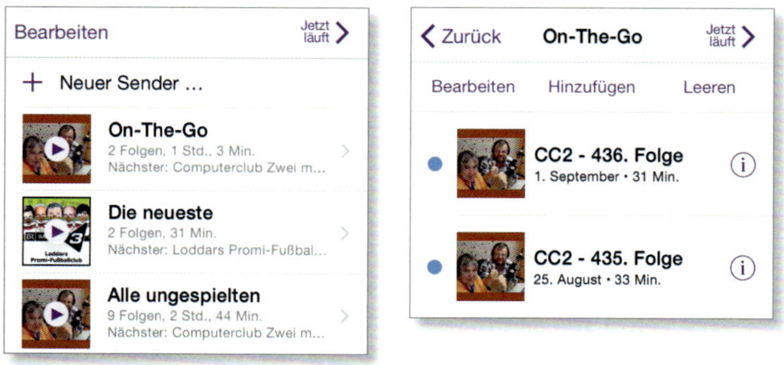


3. Sie sehen die Anzahl der ausgewählten Podcasts dann in der On-The-Go-Liste. Hier können Sie noch weitere Podcasts hinzufügen oder die Liste komplett leeren.

# iBooks – gelesen wird hier!

Eine sehr vielseitige App auf dem iPhone ist *iBooks*. iBooks kann nicht nur E-Books darstellen, sondern auch PDF-Dokumente anzeigen. Darüber hinaus ist in iBooks ein Store für Bücher integriert.

Öffnen Sie die App mit einem Tipp auf das Icon. Die Standardansicht ist die eines stilisierten Bücherregals, Sie können sie allerdings auch in eine Listenansicht umwandeln. Tippen Sie dazu links oben auf die Listenschaltfläche ❶. Mit der gleichen Schaltfläche können Sie auch wieder auf das Bücherregal umschalten ❷. In der Listenansicht sehen Sie am oberen Rand vier zusätzliche Schaltflächen ❸, mit deren Hilfe Sie Ihre Bücher unterschiedlich darstellen können: **Regal**, **Titel**, **Autoren** und **Kategorien**.

An der Oberseite des iBooks-Bildschirms befinden sich zwei weitere Schaltflächen ❹: **Bücher** und **Auswählen**. Was sich dahinter verbirgt, erkläre ich Ihnen nun im Einzelnen.

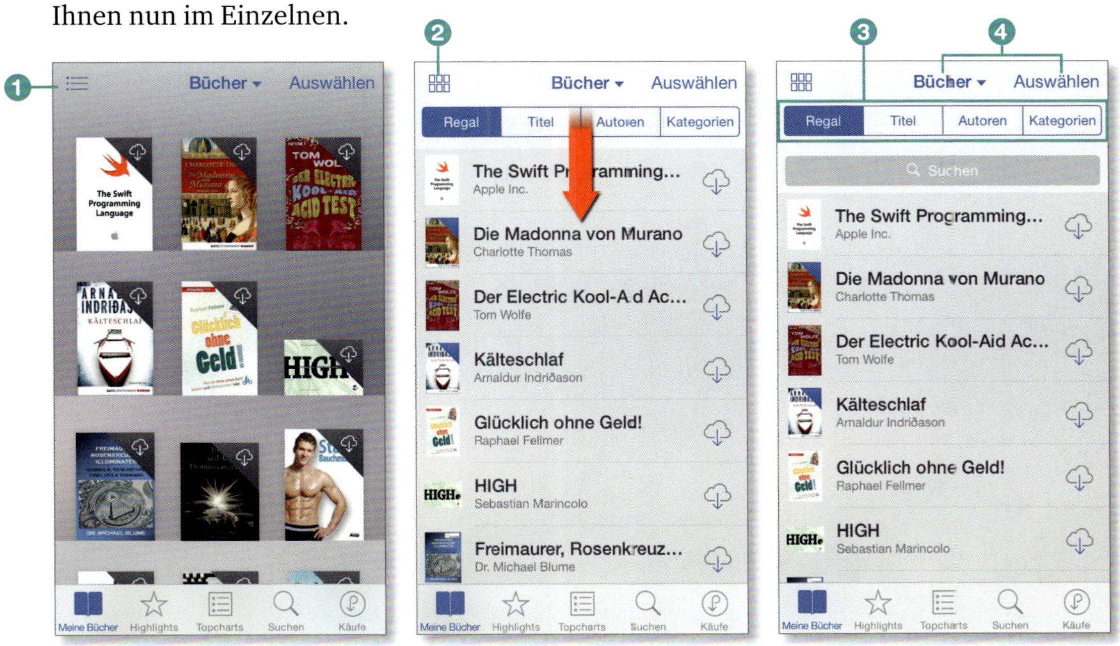


Die **Auswählen**-Schaltfläche ganz rechts dient dazu, Bücher zu markieren, zu bewegen oder zu löschen. Und das geht so:

1. Tippen Sie zuerst auf **Auswählen**. Daraufhin ändern sich die Schaltflächen entsprechend in **Bewegen**, **Löschen** und **Fertig**.
2. Wenn Sie das E-Book löschen möchten, markieren Sie es mit einem Fingertipp, und tippen Sie dann einfach auf **Löschen**.
3. Um das E-Book in der Anordnung zu verschieben, tippen Sie darauf und halten den Finger auf dem Display. Das E-Book vergrößert sich etwas, und Sie können es nun an eine andere Stelle Ihres Bücherregals verschieben.

Sie können Ihr E-Book aber auch in eine andere Sammlung verschieben, um so die Bücher in verschiedene Kategorien zu unterteilen. Die Sammlungen **Bücher** und **PDFs** sind bereits standardmäßig angelegt.

1. Markieren Sie das E-Book, indem Sie die **Auswählen**-Schaltfläche und dann das entsprechende E-Book antippen.
2. Tippen Sie auf **Bewegen** ❶, und wählen Sie das Ziel, also eine Sammlung, aus ❷.

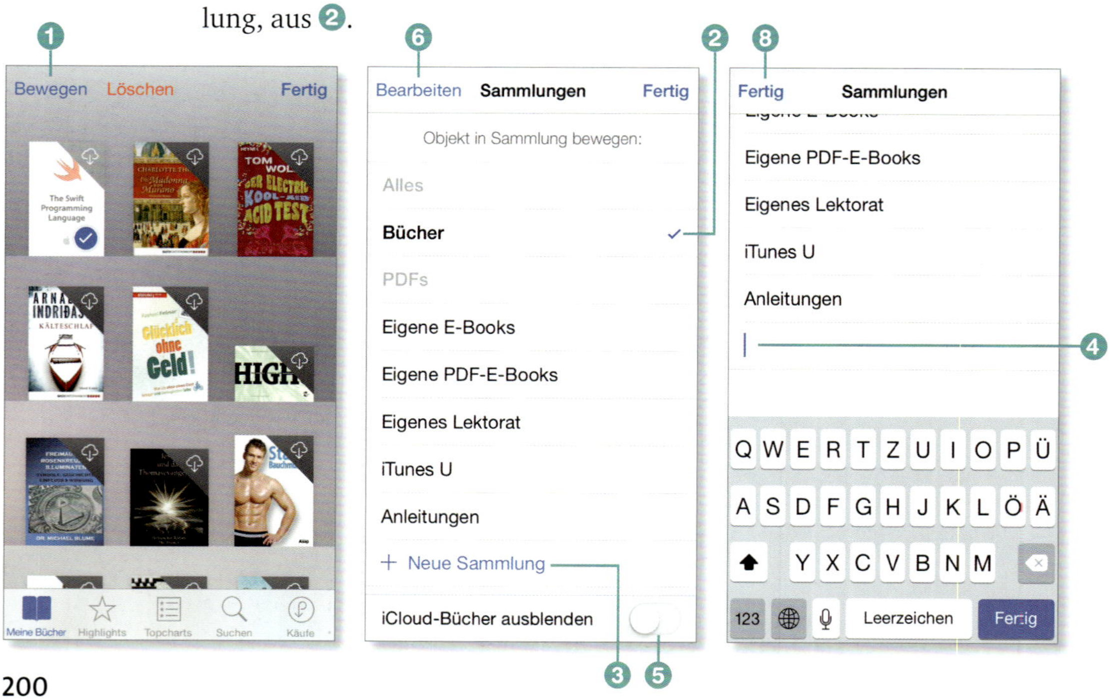

3. Sie können weitere Sammlungen anlegen, wie ich es im Beispiel getan habe. Tippen Sie dazu auf **Neue Sammlung** ❸, und geben Sie im daraufhin erscheinenden Feld ❹ über die Tastatur den Namen für Ihre neue Sammlung ein, oder diktieren Sie ihn.

4. In dieser Ansicht können Sie auch noch alle in der iCloud gespeicherten Bücher ausblenden, sodass Sie nur noch die Bücher sehen, die Sie aktuell auf Ihr iPhone geladen haben. Aktivieren Sie hierzu den Schalter **iCloud-Bücher ausblenden** ❺.

5. Um die Reihenfolge Ihrer Sammlungen zu verändern, tippen Sie auf Bearbeiten ❻ und anschließend auf die drei waagerechten Striche an der Sammlung, die Sie verschieben möchten. Halten Sie den Finger auf der Sammlung, und ziehen Sie sie an eine neue Stelle in der Liste ❼. Bestätigen Sie Ihre Aktion mit Fertig ❽.

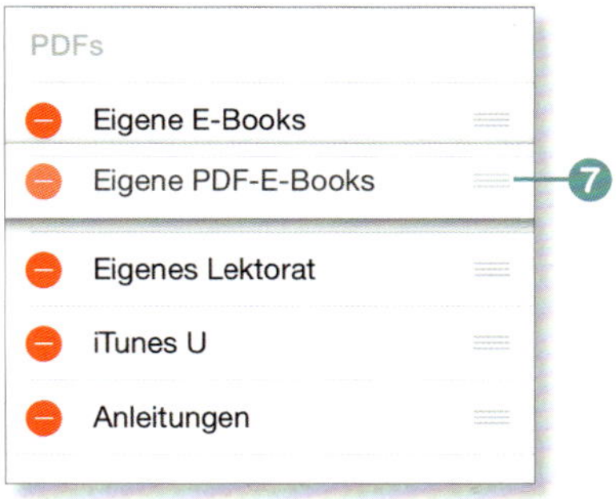


Sie sehen, die iBooks-App ist eine praktische Sache, wenn Sie auch unterwegs gerne Bücher lesen, aber nicht Ihre Bibliothek mit sich herumtragen möchten.

### Ein E-Book lesen

Um ein E-Book in iBooks zu lesen, müssen Sie es lediglich einmal antippen. Das Buch wird daraufhin in den Speicher geladen, was durch die Einblendung an der unteren Seite des Displays verdeutlicht wird. Dann können Sie sofort mit der Lektüre beginnen.

Tippen Sie auf die Schaltfläche mit der Liste ❶ rechts neben der Schaltfläche **Bibliothek**, um weitere Informationen zum ausgewählten Buch einzublenden.

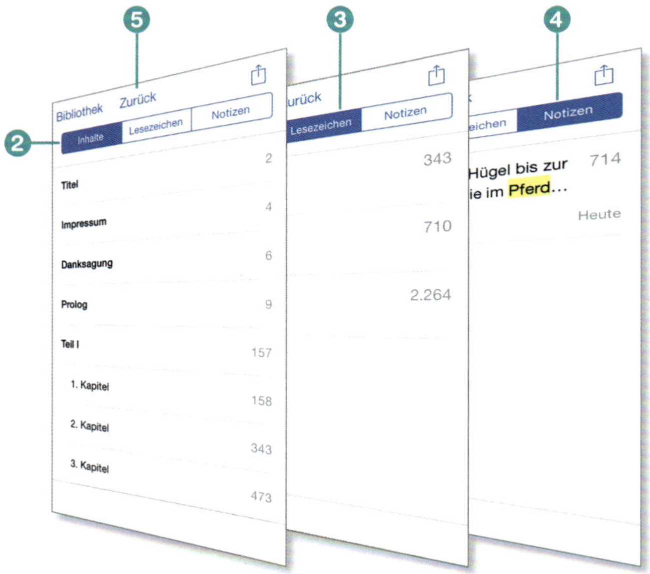


Hier sehen Sie die Rubriken **Inhalte** ❷, **Lesezeichen** ❸ und **Notizen** ❹. Wie Sie ein neues Lesezeichen setzen, erfahren Sie gleich.

Wenn Sie auf **Zurück** ❺ tippen, gelangen Sie wieder in die Leseansicht, die Sie entweder im Hoch- oder Querformat genießen können (für Letzteres drehen Sie einfach das iPhone).

Etwa in der Mitte befindet sich eine Schaltfläche, die ein großes und ein kleines A zeigt. Dahinter verbergen sich Einstellungsmöglichkeiten wie **Schriftgröße** ❻, **Schriften** ❼ und Themen ❽ (z. B. **Weiß**, **Sepia** oder **Nacht**). Außerdem können Sie hier die Helligkeit der Darstellung ❾ in iBooks anpassen und einen automatischen Nachtmodus aktivieren ❿.

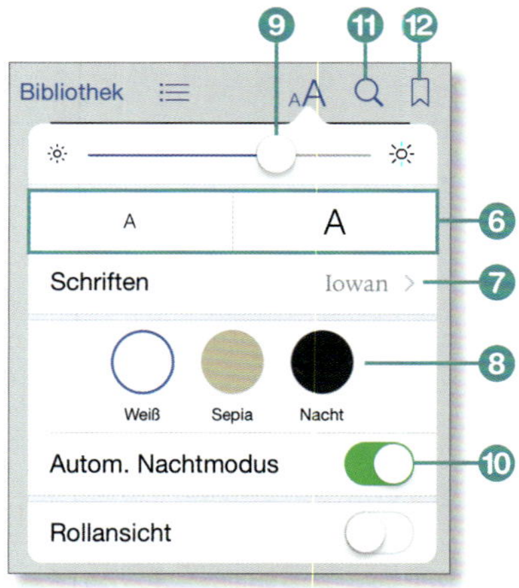


Die Lupe ⓫ rechts neben der **Schrift**-Schaltfläche ist die eingebaute Suchfunktion, über die Sie den eingegebenen Begriff nicht nur in Ihrem E-Book suchen können, sondern die darüber hinaus auch die Suche im Web und in Wikipedia anbietet.

Ganz rechts befindet sich schließlich das Symbol für die Lesezeichen ⓬. Standardmäßig ist dieses Symbol deaktiviert (klein und blau umrandet). Tippen Sie es an, wird das Lesezeichen für die aktuelle Stelle im E-Book aktiviert (rot) und ist damit in der Ansicht **Lesezeichen** (siehe oben) einsehbar.

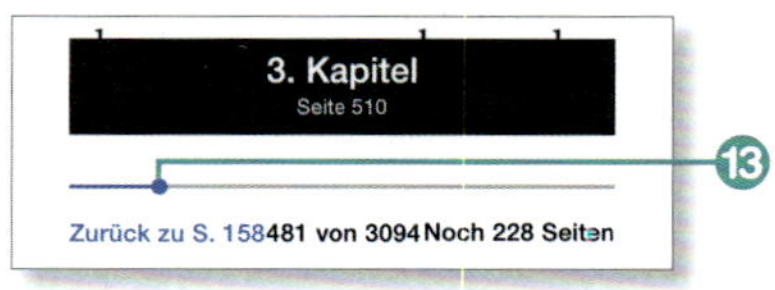

Die Leiste am unteren Buchrand können Sie auch als Navigationshilfe nutzen. Wenn Sie den kleinen Regler ⓭ über die Linie schieben, werden Ihnen die Kapitelüberschriften Ihres E-Books angezeigt. So wissen Sie immer, in welchem Abschnitt Sie sich gerade befinden.

### E-Books kaufen

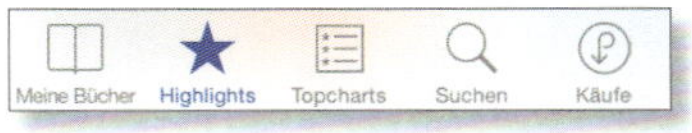


In der iBooks-App ist ebenfalls ein Store integriert, in dem Sie Ihre E-Books kaufen können. Sie finden ihn, wenn Sie auf dem iBooks-Startbildschirm unten in der Tab-Leiste entweder auf **Highlights** oder auf **Topcharts** tippen.

Im Store angekommen, können Sie die einzelnen Rubriken durchsuchen, indem Sie von rechts nach links wischen, oder sich Rubriken ansehen, indem Sie nach oben wischen. Oben links gibt es noch die Schaltfläche **Kategorien** ❶, über die Sie weitere Kategorien ❷ einblenden können.

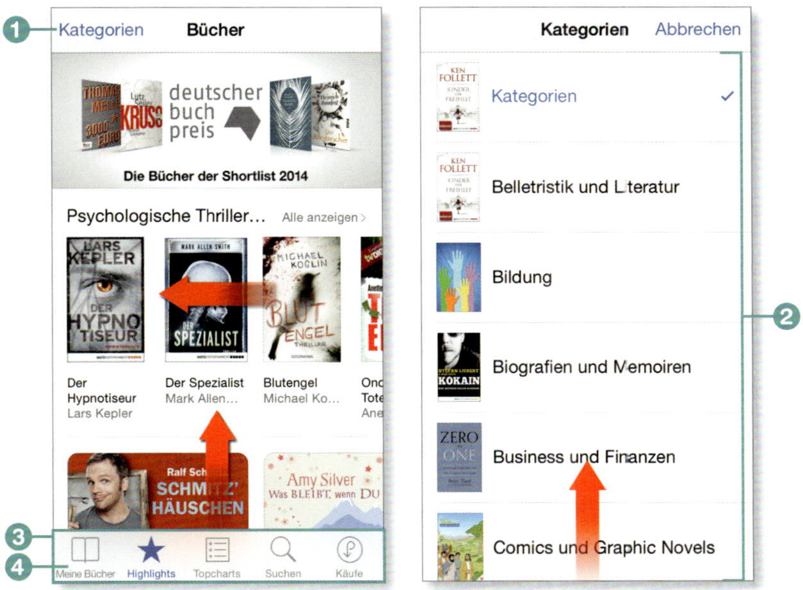


Im unteren Teil des Bildschirms sehen Sie eine Tab-Leiste ❸, mit deren Hilfe Sie weitere Store-Bereiche öffnen. Neben **Im Spotlight** gibt es hier die Bereiche **Top-Charts**, **Suchen** und **Käufe**. Ganz links in der Tab-Leiste befindet sich der Punkt **Meine Bücher** ❹. Hier kommen Sie wieder zurück in Ihre eigene Bibliothek.

Ich möchte hier besonders die Kategorie **Käufe** hervorheben. Sie verfügen hier nämlich über zwei Ansichten ⑤. Zum einen können Sie unter **Alle** – wie zu erwarten – alle von Ihnen gekauften Artikel einsehen. Unter **Nicht auf iPhone** laden Sie diejenigen E-Books, die Sie zwar im Store gekauft haben, die aber noch nicht auf Ihr iPhone kopiert wurden. Um die Bücher, die sich noch nicht auf Ihrem iPhone befinden, zu laden, tippen Sie einfach auf die Schaltfläche mit dem kleinen Wölkchen ⑥, und schon beginnt der Download.

Es ist dabei egal, ob Sie das Buch schon einmal geladen und es zwischenzeitlich gelöscht haben. Sie können es jederzeit wieder aus iCloud auf Ihr iPhone laden. Wenn Sie die Bücher herunterladen, erkennen Sie am Buchcover sofort, wie weit fortgeschritten der jeweilige Download ist.

## Bücher gratis aus dem Store besorgen

Sie haben im iBookstore auch die Möglichkeit, einige Bücher gratis zu erhalten. Der iBookstore hält z. B. die Bücher des Projekts Gutenberg gratis für Sie bereit. Aber auch andere Titel gibt es kostenlos im Store. Im Tab **Top-Charts** ⑦ finden Sie die Kategorie **Gratis** ⑧. In der großen Auswahl ist unter Umständen etwas dabei, das für Sie interessant ist. Die Rubrik **Kostenlose Bücher** erreichen Sie aber auch über den Tab **Highlights** ⑨ des iBookstores und entdecken so sicher das eine oder andere lesenswerte Buch.

INFO

**Dokumente auf dem iPhone bearbeiten**

Neben den vorinstallierten Apps bietet Ihnen Apple für Ihr iPhone kostenfrei die *iWork*-Programme *Pages*, *Numbers* und *Keynote* an, mit denen Sie Ihre Textdokumente, Tabellenkalkulationen und Präsentationen unterwegs lesen, bearbeiten oder neu erstellen können.

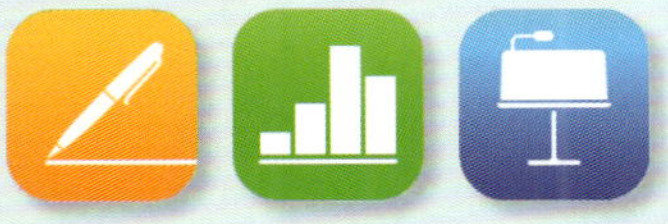

Bei den Geräten mit 64 GB Speichergröße sind diese Apps bereits vorinstalliert.

Mit den iWork-Apps steht Ihnen ein vollwertiges Office-Paket für unterwegs zur Verfügung, das zugleich auch zu den Microsoft-Office-Anwendungen kompatibel ist. Sie können alle iWork-Apps außerdem mit iCloud und iCloud Drive verwenden und so jederzeit auf Ihre Dokumente zugreifen (lesen Sie dazu auch den Abschnitt »Dateien aus iWork direkt in iCloud Drive speichern« ab Seite 219). Jede dieser Apps bietet Ihnen nach der Installation eine ausführliche Einführung, sodass Sie die Programme schnell und unkompliziert im Alltag einsetzen können. Diese Einführung können Sie jederzeit erneut abrufen, sobald Sie das Programm geöffnet haben (Sie finden sie unter Ihren Dokumenten).

## Die Taschenrechner-App

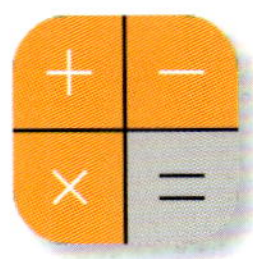

Mir sind Zahlen ein Graus, und besonders das Kopfrechnen bereitet mir Mühe. Wie gut, dass das iPhone gleich einen Taschenrechner mitliefert. Wenn Sie Ihr iPhone ins Querformat drehen, können Sie auf noch mehr Rechenfunktionen zugreifen.

Der Standardtaschenrechner des iPhones beherrscht die Grundrechenarten wie jeder andere handelsübliche Taschenrechner auch. Zum Beispiel erkennen Sie, dass Sie die Taste für Addition, Subtraktion, Multiplikation oder Division gedrückt haben, daran, dass die jeweilige Taste mit einem schwarzen Ring umgeben ist. Darüber hinaus beherrscht der iPhone-Taschenrechner das Rechnen mit negativen Zahlen. Verwenden Sie dafür die [+/-]-Taste (1).

Die fortgeschrittenen Funktionen des Rechners einzuschalten ist ganz einfach: Wenn Sie Ihr iPhone in die waagerechte Position drehen, ändert sich auch die Anzeige des Taschenrechners, d. h., er wird von einem einfachen zu einem wissenschaftlichen Taschenrechner und bietet deutlich mehr Funktionen.

Im Querformat-Modus verfügt der Taschenrechner zusätzlich über eine zweite Tastenbelegung, die Sie mit der [2nd]-Taste ❷ aktivieren. Ist die zweite Tastenbelegung aktiviert, erkennen Sie das an der Hervorhebung der [2nd]-Taste ❸. Die Tastenbelegung im linken Block ändert sich dann natürlich ebenfalls.

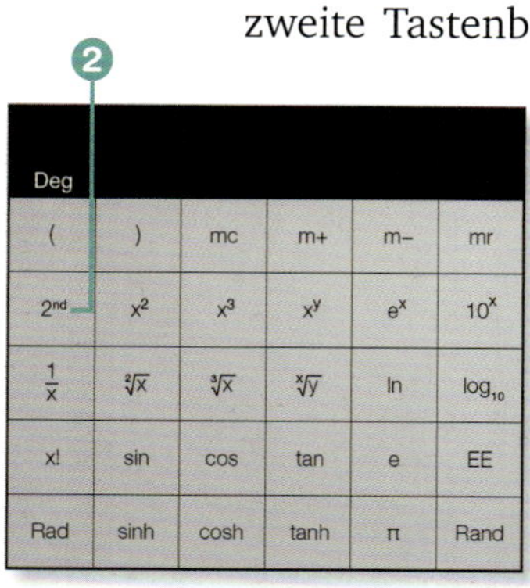


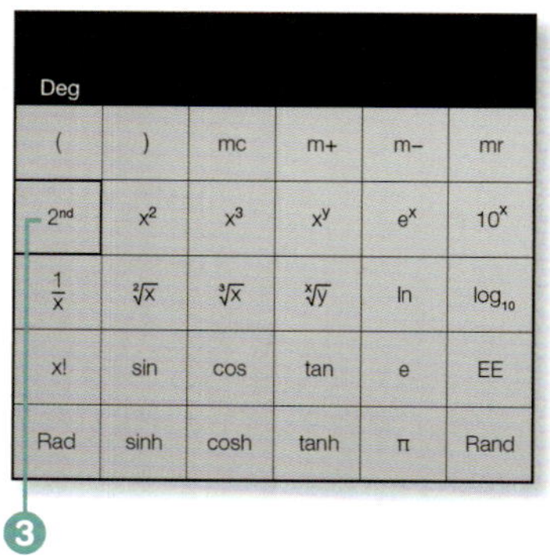


Ein zweites Tippen auf die [2nd]-Taste stellt die ursprüngliche Tastenbelegung wieder her.

# Sprachmemos aufnehmen

Sie möchten schnell einmal etwas notieren oder den Anfang eines Briefes an einen Freund diktieren? Oder vielleicht möchten Sie einen Kommentar aus dem Radio aufnehmen? Wenn Sie erst einmal darüber nachdenken, fallen Ihnen sicherlich noch viele Situationen ein, in denen Sie die *Sprachmemo*-App verwenden könnten. Diese App gehört zu den Dienstprogrammen und ist daher auf Ihrem iPhone vorinstalliert. Öffnen Sie sie mit einem Klick auf das App-Icon.

Das Design der App kommt sehr minimalistisch-technisch daher. Die gesamte App ist konsequent auf Funktionalität ausgerichtet. Eine eigene Sprachmemoaufnahme erstellen Sie wie im Folgenden beschrieben:

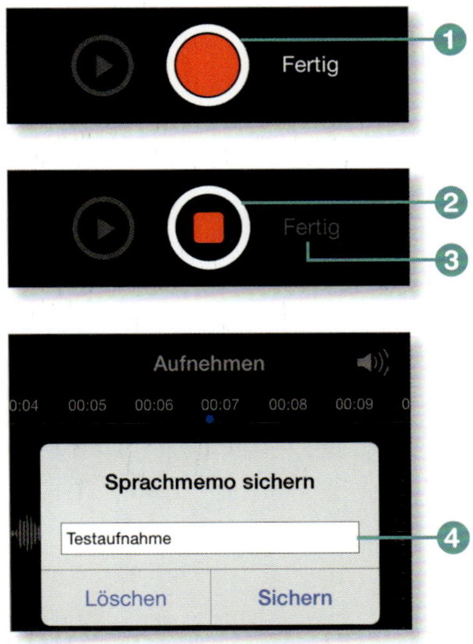


1. Wenn Sie ein Sprachmemo aufnehmen wollen, tippen Sie unten in der Mitte auf die rote Schaltfläche ❶. Diese wird daraufhin zu einer **Stopp**-Schaltfläche ❷, mit der Sie jederzeit und beliebig oft Ihre Aufnahme unterbrechen können, um sie später an derselben Stelle fortzusetzen.
2. Haben Sie Ihr Memo beendet, tippen Sie auf **Fertig** ❸. Vergeben Sie anschließend einen Namen für Ihre Aufnahme ❹, und bestätigen Sie ihn mit **OK**.
3. Wenn eine Aufnahme läuft, wird dies durch einen feinen blauen Strich in der Mitte des Bildschirms dargestellt (siehe Abbildung auf der nächsten Seite). Halten Sie die Aufnahme an, ist auch das dort sichtbar. Auch auf dem Sperrbildschirm erhalten Sie eine Übersicht Ihrer Aufnahme.
4. Um eine Sprachmemoaufnahme abzuhören, tippen Sie auf den Namen der Aufnahme, in diesem Fall »Testaufnahme« (❺ auf Seite 208). Haben Sie mehrere Aufnahmen gemacht, werden Ihnen diese hier als Liste dargestellt. Diese Liste wird Ihnen nun auch angezeigt, sobald Sie die App Sprachmemo starten.

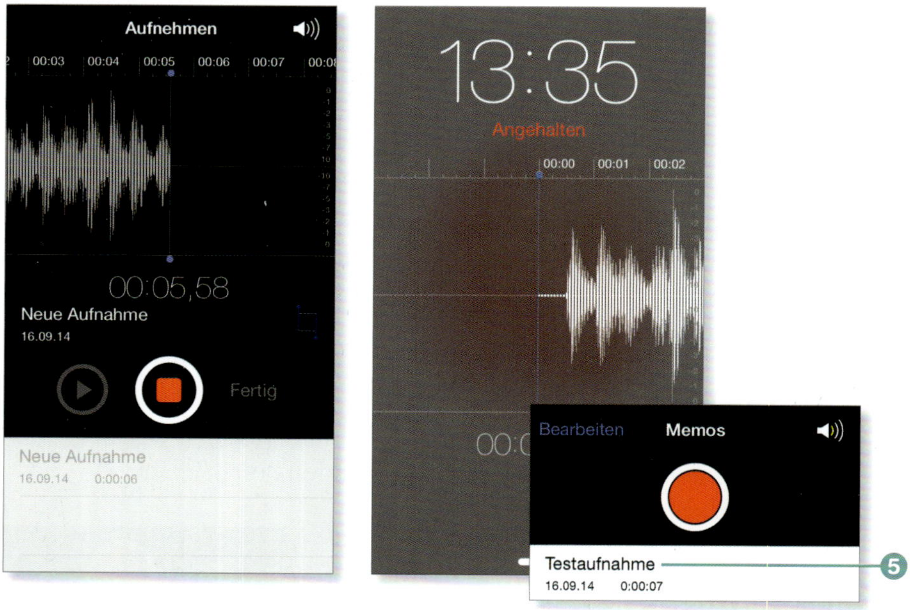


5. Wenn Sie auf Ihre Sprachmemo tippen, klappt das Abspielmenü auf. Durch Antippen des kleinen Play-Symbols ❻ (das dann zum Pause-Zeichen wird) können Sie das Abhören der Aufnahme jederzeit starten und wieder stoppen.

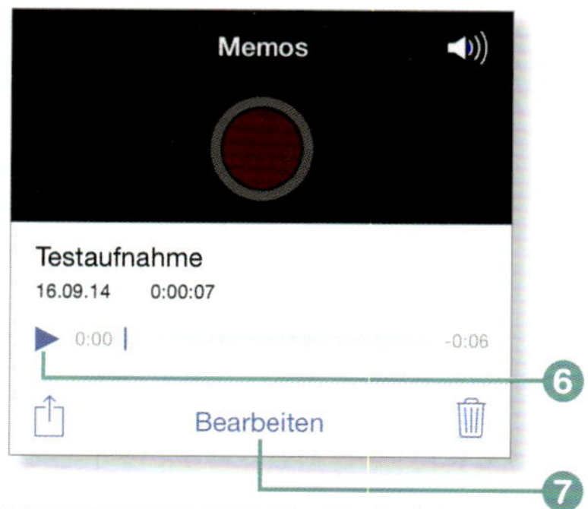


6. Wenn Ihr Memo einmal etwas zu lang geraten ist, können Sie es nachträglich auf die richtige Länge schneiden. Dazu tippen Sie zuerst auf **Bearbeiten** ❼. Im Anschluss daran können Sie an den beiden Anfasserpunkten ❽ Ihr Sprachmemo auf die richtige Länge kürzen. Tippen Sie auf **Kürzen** ❾, um Ihre Auswahl zu bestätigen.

   Ist alles zu Ihrer Zufriedenheit erledigt, tippen Sie entweder auf die Schaltfläche **Original kürzen** oder auf **Als neue Aufnahme sichern** ❿.

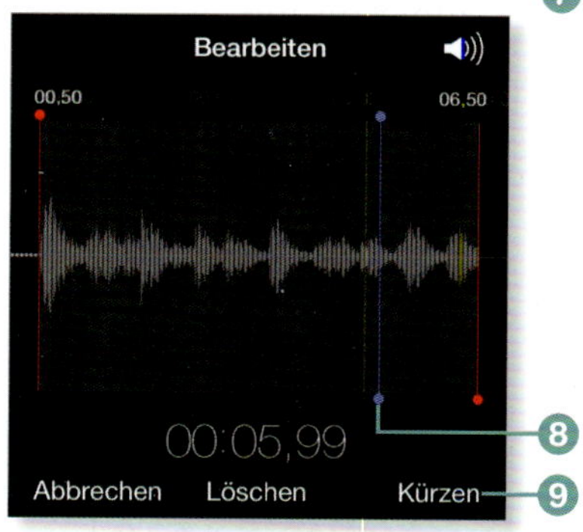

7. Selbstverständlich können Sie Ihre Aufnahme umbenennen, dies ist auch nachträglich möglich. Um ihr einen neuen, aussagekräftigen Namen zu geben, tippen Sie auf den Namen Ihrer Aufnahme, sodass der Abspielmodus eingeblendet wird. Tippen Sie nun mit Ihrem Finger hinter den Namen der Aufnahme ⑪. Danach können Sie ihn Zeichen für Zeichen löschen oder etwas Neues hinzufügen. Sobald Sie außerhalb des Namensfeldes tippen, wird Ihre Änderung übernommen und gespeichert.

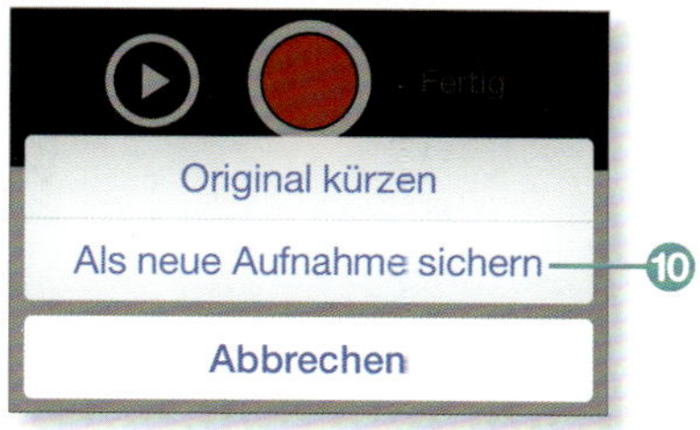


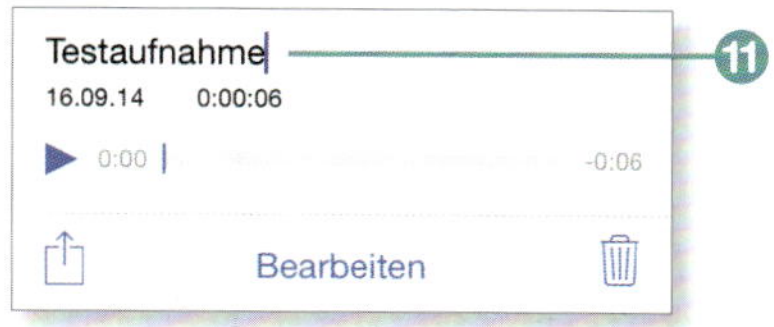


Nach der nächsten Synchronisation mit Ihrem Computer werden Sie die entsprechenden Memodateien so, wie Sie sie benannt haben, in iTunes wiederfinden (hier: *Testaufnahme*).

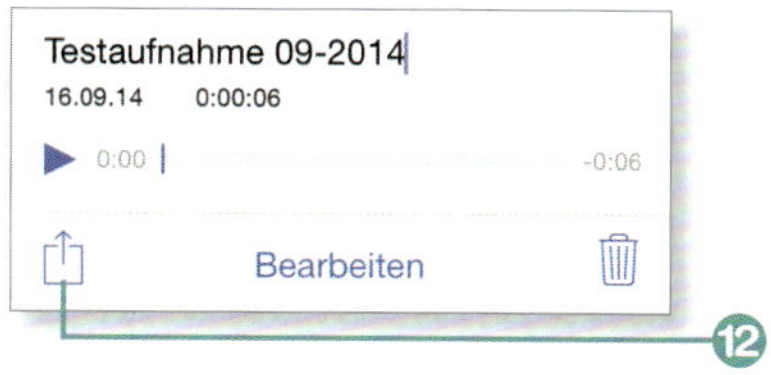


Sie können das aufgenommene Sprachmemo auch per E-Mail oder als Nachricht an Dritte versenden, wenn Sie möchten. Wählen Sie das zu versendende Memo in der Übersicht aus, und tippen Sie dann auf die Schaltfläche **Bereitstellen** ⑫. Nun können Sie Ihr Memo entweder als Nachrichten- oder als E-Mail-Anhang versenden ⑬. Sie können es aber auch via AirDrop an ein anderes iOS-8-Gerät schicken ⑭ (beachten Sie dabei allerdings, dass diese Funktion nur bei iPads ab der 4. Generation und iPhone 5 oder neuer zur Verfügung steht).

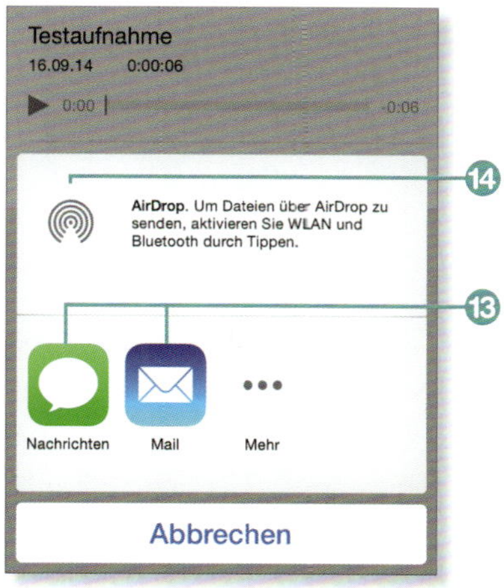


Sie werden dann an eine der beiden Apps *Mail* oder *Nachrichten* »weiterverwiesen«. Damit der Empfänger Ihrer Memos nicht im Dunkeln tappt, sollten Sie jeweils noch ein paar Zeilen dazuschreiben, und dann versenden Sie Ihr Memo wie üblich.

# Kapitel 9
# Synchronisieren mit iCloud

iCloud – Ihre persönliche »Festplatte« im Internet, auf der Sie verschiedene Daten problemlos speichern und mit anderen Geräten teilen können – ist mittlerweile voll in das iPhone integriert. iCloud ist in seinen Grundfunktionen gratis, solange Sie sich auf den zur Verfügung gestellten Speicherplatz beschränken. Was Sie alles mit iCloud anstellen können und welche Einstellungen zum Schutz Ihrer Daten sinnvoll sind, erfahren Sie in diesem Kapitel.

*iCloud synchronisiert Ihre Geräte und hält sie auf dem gleichen Stand.*

# Bei iCloud anmelden

Sie können bei der ersten Aktivierung Ihres iPhones 6/6 Plus entscheiden, ob Sie iCloud verwenden möchten. Haben Sie diese Gelegenheit verpasst, können Sie iCloud auch später noch jederzeit wie folgt aktivieren:

1. Tippen Sie auf **Einstellungen** und dann auf **iCloud** ❶.
2. Tippen Sie die E-Mail-Adresse Ihres Accounts in das vorgesehene Feld ❷, und geben Sie darunter das Kennwort Ihrer Apple-ID ein. Tippen Sie dann auf **Anmelden** ❸. Sollten Sie noch nicht über eine Apple-ID-verfügen, so können Sie an dieser Stelle eine Gratis-Apple-ID anlegen. Tippen Sie hierzu auf **Neue Apple-ID erstellen** ❹, und folgen Sie den Anweisungen.
3. Sie werden während der Anmeldung noch gefragt, ob Sie die Daten von Safari zusammenführen möchten ❺, ob iCloud Ihren Standort verwenden darf ❻ und ob ein iCloud-Backup gemacht werden soll ❼.
4. Wenn alles glatt gelaufen ist, sehen Sie nun Ihren Account mit allen Einstellungen (❽ auf der nächsten Seite).

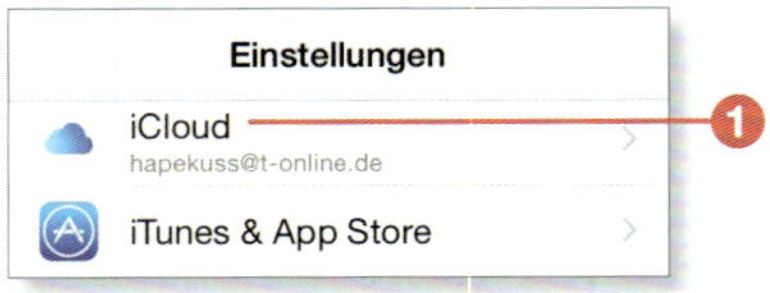

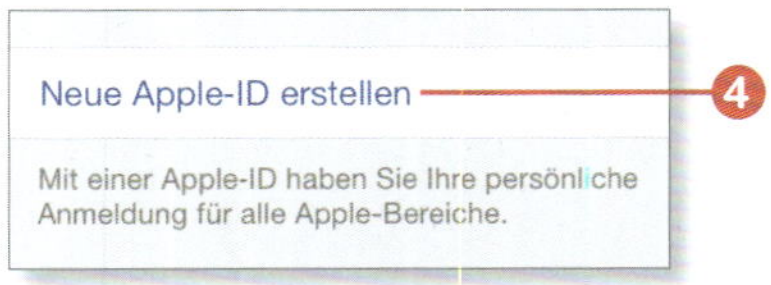

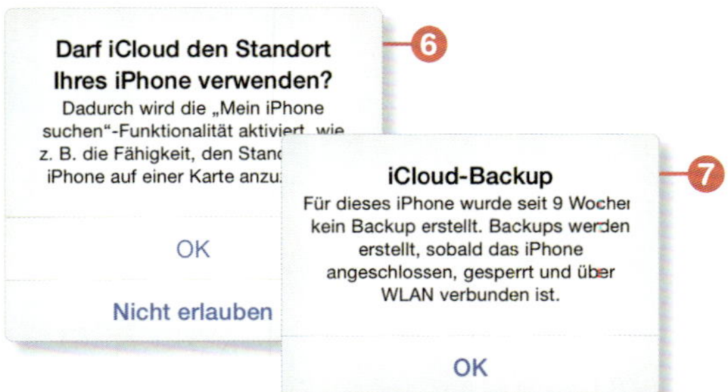


Mit diesen Eingaben haben Sie die iCloud-Anmeldung abgeschlossen. Nun sollten Sie jedoch noch einige wichtige Einstellungen vornehmen.

Folgen Sie dazu einfach den beschriebenen Schritten:

1. Melden Sie sich unter *www.icloud.com* mit Ihren iCloud-Account-Daten an, und tippen Sie auf den kleinen Pfeil ⑨. Sie können vorher noch entscheiden, ob Sie angemeldet bleiben möchten. In diesem Fall setzen Sie ein Häkchen unterhalb des Passwort-Eingabefeldes ⑩.
2. Fügen Sie anschließend ein Account-Bild hinzu, indem Sie auf **Einstellungen bearbeiten** ⑪ tippen und ein Foto auswählen, das auf Ihrem Computer gespeichert ist.
3. Stimmen Größe und Ausrichtung des Bildes, bestätigen Sie mit **Fertig** ⑫.

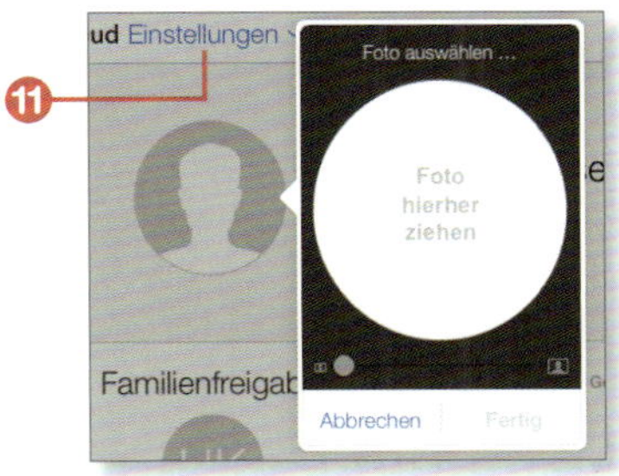

4. Stellen Sie noch Ihre Sprache und die Zeitzone ⑬ ein, in der Sie sich befinden.

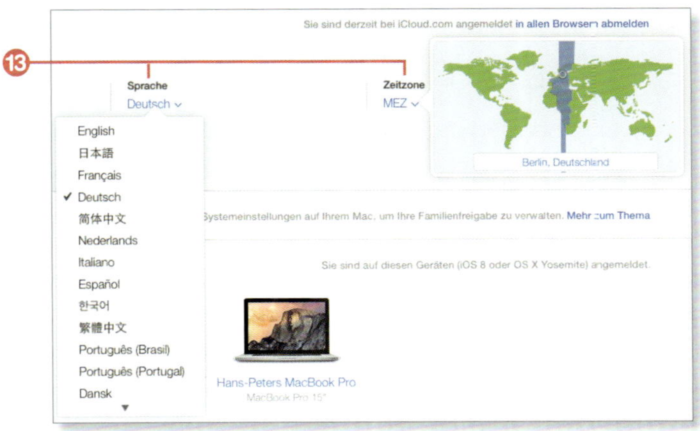


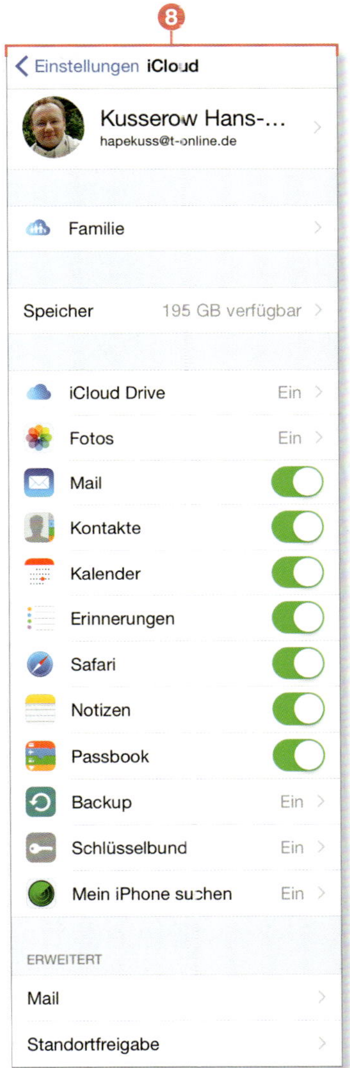

5. Tippen Sie zum Schluss auf **Fertig**, und schon ist Ihr iCloud-Konto eingerichtet. Sie gelangen daraufhin zur iCloud-Oberfläche, über die Sie die verschiedenen Apps, die Sie mit iCloud verwenden können, aufrufen.

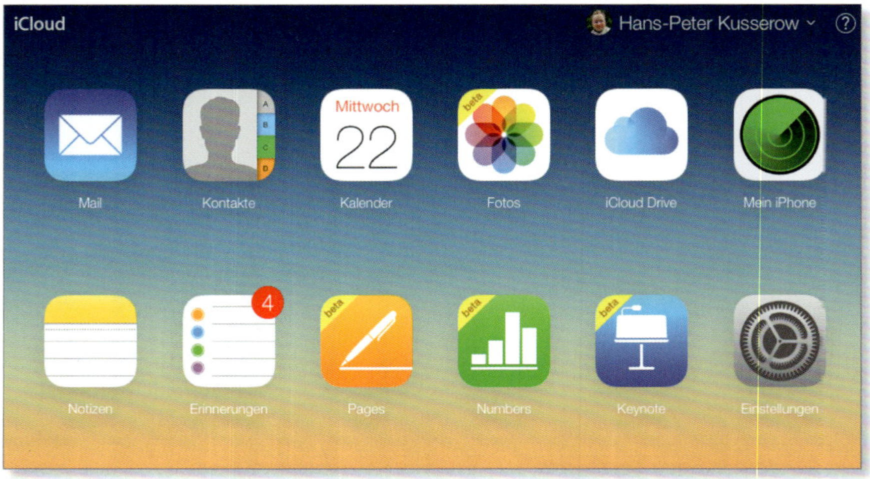


Das sind natürlich nur die Grundeinstellungen, die Sie für die Nutzung von iCloud vornehmen sollten. Wie Sie weitere Anpassungen vornehmen, erfahren Sie im nächsten Abschnitt.

## Die richtigen Einstellungen für iCloud

Unter **Einstellungen ▸ iCloud** legen Sie fest, welche Daten Sie mit iCloud synchronisieren möchten und welche nicht. In den meisten Fällen können Sie lediglich die Synchronisationsfunktion ein- oder ausschalten.

1. Entscheiden Sie jeweils, ob Sie **Fotos**, **Mail**, **Kontakte**, **Kalender**, **Erinnerungen**, **Safari**, **Notizen**, **Passbook** ❶ oder die Funktionen **Schlüsselbund** bzw. **Mein iPhone suchen** ❷ aktivieren möchten oder nicht. Um eine Funktion zu aktivieren, schieben Sie den Regler jeweils nach rechts. Leider können über iCloud nicht einzelne Dateien freigegeben werden, sondern immer nur ganze Apps und ihre Inhalte.

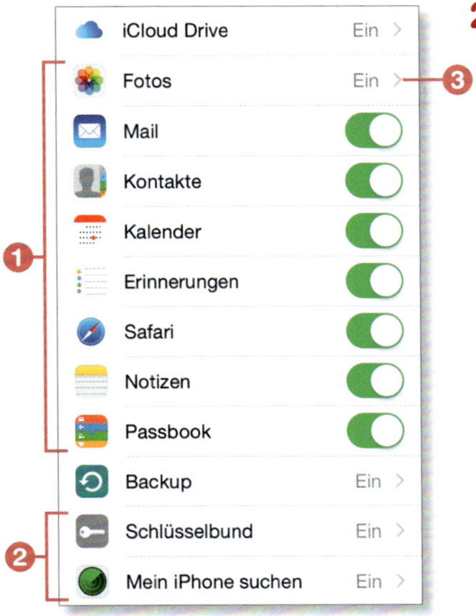

2. Darüber hinaus können Sie festlegen, ob Sie die Funktion **Mein Fotostream** einschalten und Ihre Fotos für andere freigeben möchten. Tippen Sie dazu auf den Eintrag **Fotos** ❸, und ziehen Sie einen oder beide Schalter nach rechts ❹. Legen Sie zusätzlich in **Fotos** fest, ob Sie die von Ihnen gemachten Serienaufnahmen auch hochladen ❺ bzw. die **iCloud Photo Library** aktivieren möchten ❻, was dann dazu führt, dass Ihre komplette Mediathek (Fotos und Videos) in iCloud geladen wird, sodass sie auf allen Ihren Geräten zur Verfügung steht.

INFO

**Die iCloud Photo Library**

Wenn Sie die iCloud Photo Library aktivieren, werden alle Ihre Fotos und Videos in iCloud geladen. Je nach Größe Ihrer Mediathek kann es dann erforderlich werden, zusätzlichen Speicherplatz hinzuzumieten, was dann monatliche Kosten verursacht und unter Umständen recht teuer werden kann. Sie müssen also entscheiden, ob Ihnen das wert ist.

## iCloud Drive nutzen

Die ehemalige Funktion *Dokumente und Daten* gibt es nun nicht mehr. Apple hat hierfür *iCloud Drive* eingeführt, das es Ihnen erlaubt, alle Ihre selbst erstellten Dokumente auf allen Ihren Apple-Geräten zu betrachten oder zu bearbeiten. Um iCloud Drive nutzen zu können, gehen Sie wie folgt vor:

1. Öffnen Sie in den Einstellungen den Menüpunkt **iCloud**, und aktivieren Sie **iCloud Drive** ❶.

2. Entscheiden Sie außerdem, welche App Sie für iCloud Drive aktivieren ❷ und ob Sie auch die mobilen Daten ❸ für iCloud Drive nutzen möchten. Der Punkt **Per E-Mail finden** ❹ bedeutet, dass hier Apps angezeigt werden, die es anderen Personen erlauben, Sie über Ihre Apple-ID zu finden. Ihr kompletter Name wird dabei angezeigt.

3. Sie haben dann Zugang zu iCloud Drive entweder über den Finder des Mac, der nun über eine iCloud-Drive-Rubrik verfügt, über *iCloud.com* oder über die Apps auf dem iPhone, die iCloud Drive unterstützen, wie Pages, Keynote oder Numbers.

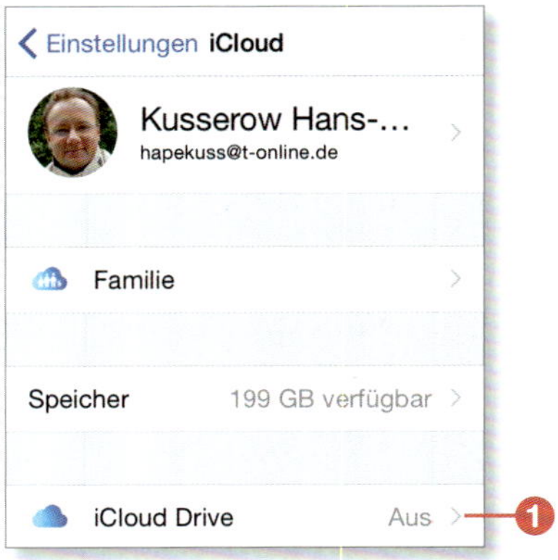


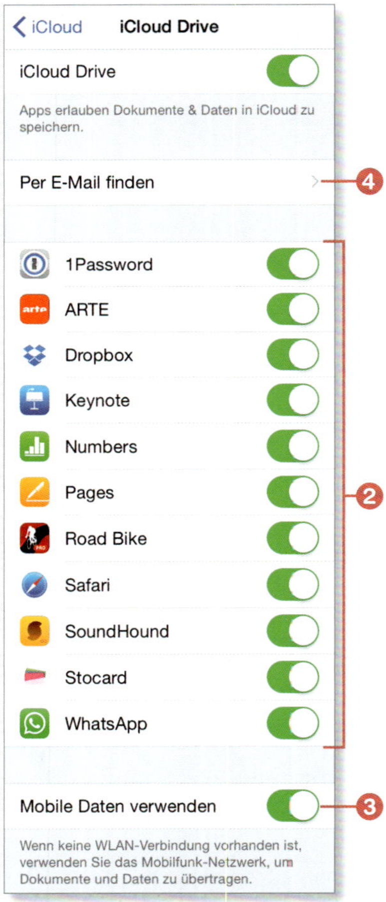


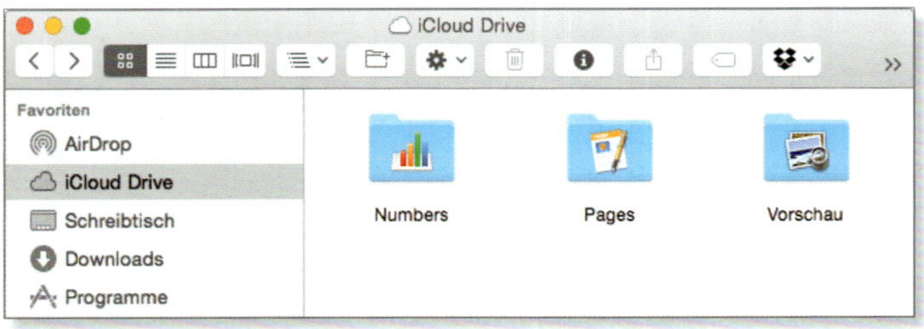


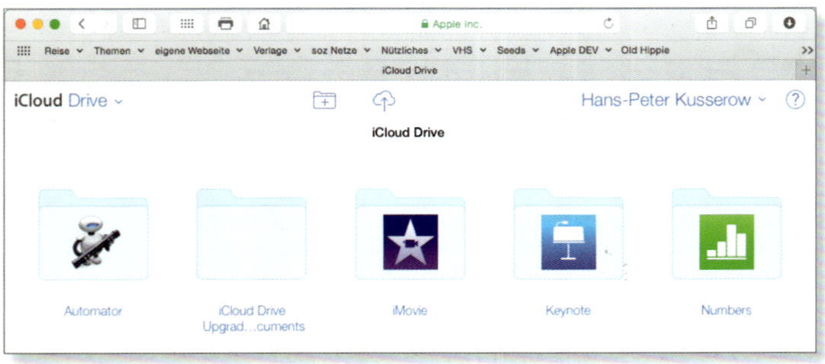

Sie können die Dateien entweder via Drag & Drop auf dem Mac oder PC in iCloud Drive kopieren oder über die Upload-Möglichkeit des Browsers in *iCloud.com*. Oder Sie machen es wie im folgenden Abschnitt beschrieben, indem Sie Dokumente mobil speichern.

ACHTUNG

**Vorsicht bei Aktivierung des Schalters »Mobile Daten«!**

Wenn unter **Einstellungen ▸ Mobiles Netz** der Schalter **Mobile Daten** eingeschaltet ist, werden Ihre Dokumente und Daten auch dann synchronisiert, wenn keine WLAN-Verbindung zur Verfügung steht. Die Daten werden dann über Ihr Mobilfunknetz übertragen. Besonders bei Verträgen mit geringem Datenvolumen gelangen Sie so schnell an Ihre Grenzen. Überlegen Sie sich also gut, ob Sie diese Funktion wirklich benötigen.

## Dokumente für den mobilen Einsatz speichern

Eine wichtige Funktion von iCloud ist die umgehende Synchronisation von Dokumenten. Solche Dokumente können dann auf dem Computer und auf allen mobilen iOS-Geräten wie iPhone und iPad, die mit demselben iCloud-Account verknüpft sind, synchronisiert und bearbeitet werden. iCloud dient in diesem Fall dazu, die jeweiligen Dokumente auf allen Geräten auf dem gleichen Stand zu halten. Wie aber kommen die Dokumente erst einmal dorthin, damit sie Ihnen für den mobilen Einsatz zur Verfügung stehen? Das erfahren Sie in diesem Abschnitt.

### Dokumente mit iTunes auf Ihr iPhone übertragen

Für die Übertragung können Sie zum einen natürlich iTunes nutzen. So können Sie z. B. Office-Dokumente (aus Word oder Excel) oder aber iWork-Dateien mit Ihrem iPhone synchronisieren. Voraussetzung ist natürlich, dass Sie die mobilen Versionen der benötigten Programme auf dem iPhone installiert haben, um die Dateien auch öffnen und verwenden zu können. Sie gehen dabei wie folgt vor:

1. Öffnen Sie iTunes, und schließen Sie Ihr iPhone an Ihren Rechner an.
2. Wenn das Gerät erkannt wurde, klicken Sie in der iTunes-Seitenleiste auf das iPhone ❶ und dann auf **Apps** ❷ und scrollen bis ganz nach unten.
3. Klicken Sie z. B. auf eine iWork-App, etwa Pages ❸, und ziehen Sie Ihre Dateien aus dem Finder oder Dateimanager per Drag & Drop in den rechten Bereich von iTunes. Sie können sie auch über die **Hinzufügen**-Schaltfläche ❹ auswählen. Synchronisieren Sie dann Ihr iPhone mit einem Klick auf **Synchronisieren** ❺.

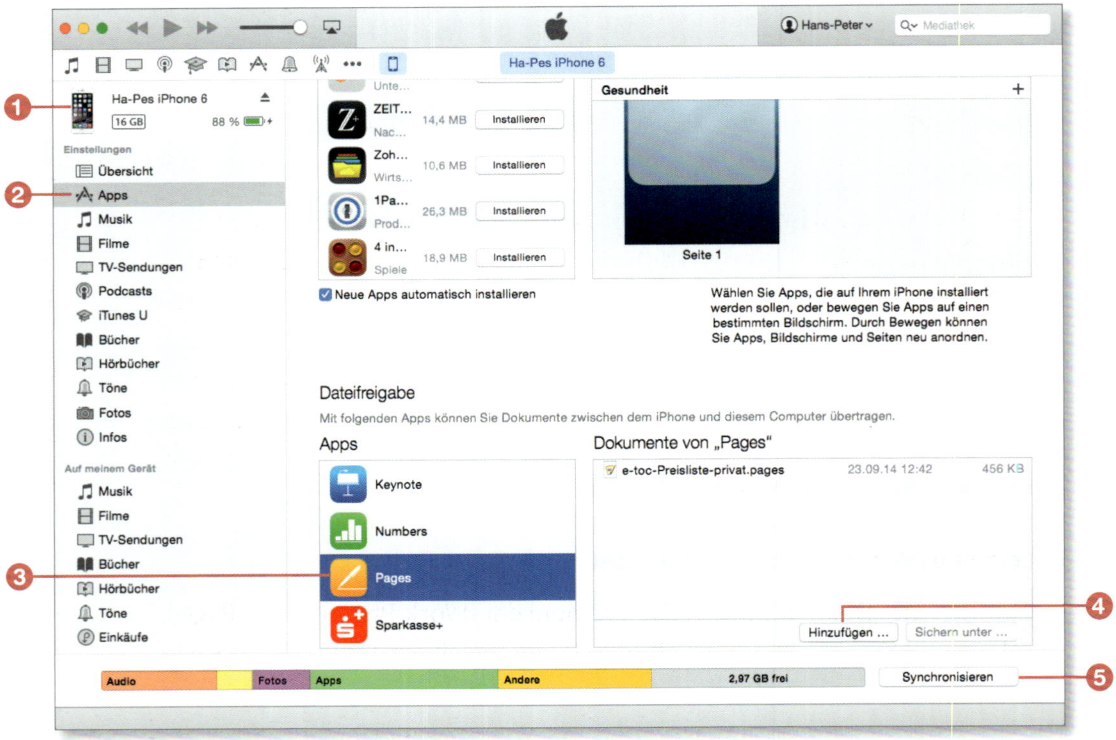


4. Öffnen Sie auf Ihrem iPhone nun ebenfalls Pages, und tippen Sie in der linken oberen Ecke der App auf das Plussymbol ❻. Es öffnet sich ein Auswahlfeld, in dem Sie auf **Von iTunes kopieren** ❼ tippen.
5. Sie sehen nun die Liste der Pages-Dokumente. Aus ihr wählen Sie ein Dokument aus ❽ und importieren es in Ihre App, indem Sie es antippen.

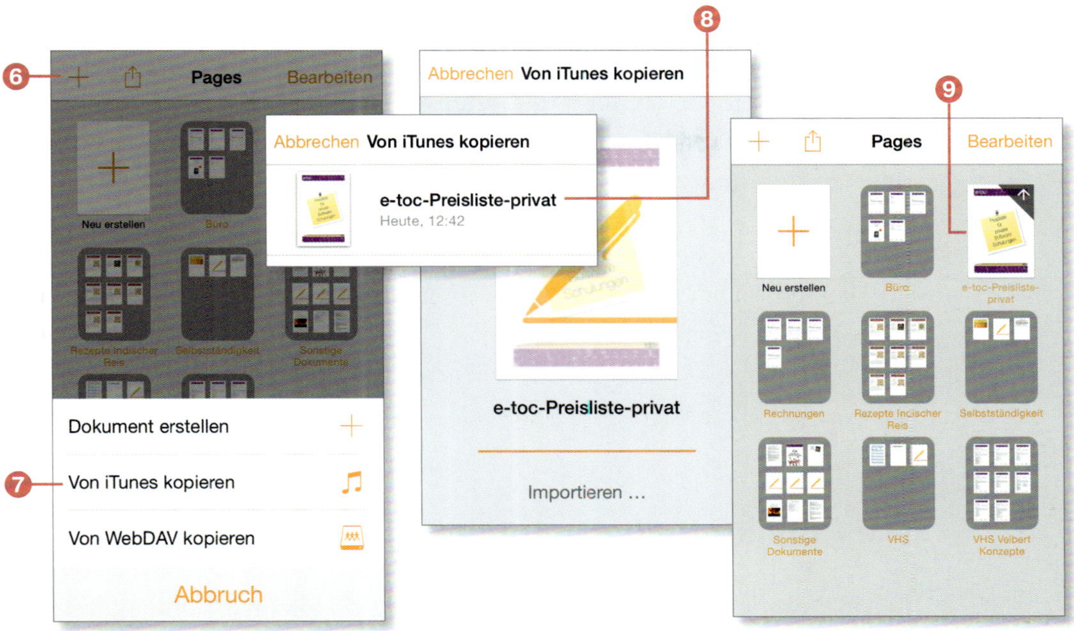


6. Das Dokument wird umgehend in Pages kopiert. Hin und wieder werden beim Import einige Schriften nicht korrekt angezeigt. Bestätigen Sie eine etwaige Importwarnung mit **OK**, und das Dokument ist daraufhin (ggf. mit anderen Schriften) in Pages verfügbar ⑨.

Zum Zeitpunkt der Fertigstellung dieses Buches befinden sich die Programme in iCloud noch im Betastadium, können aber bereits genutzt werden. Melden Sie sich bei iCloud an, und probieren Sie es aus.

### Dateien aus iWork direkt in iCloud Drive speichern

Sie können Ihre Dokumente direkt aus einem der iWork-Programme (Pages, Numbers und Keynote) heraus in iCloud Drive speichern. Dazu öffnen Sie in Pages ein Dokument, bearbeiten es und speichern es in iCloud Drive unter einem aussagekräftigen Namen ab ⑩.

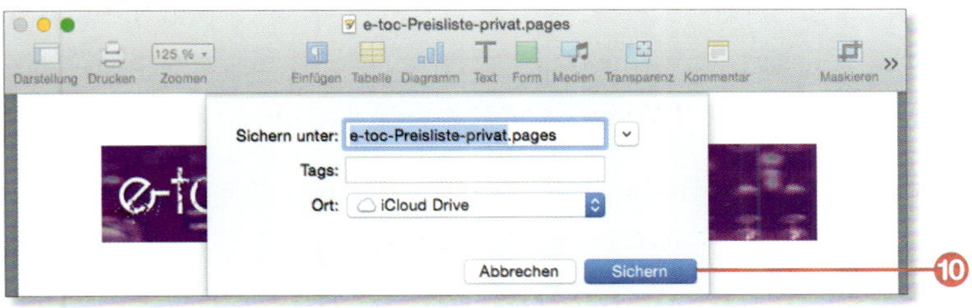

Weil Sie dieses Dokument direkt in iCloud Drive gespeichert haben, kann es sofort auf einem der anderen Geräte, die mit demselben iCloud-Account verknüpft sind, geöffnet, bearbeitet und wieder gespeichert werden. Dieser neue Bearbeitungsstand ist dann wiederum auch von Ihrem Rechner aus abrufbar.

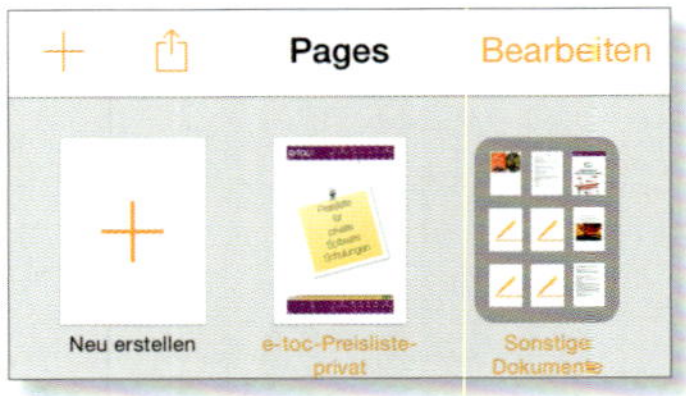


Wenn Sie nicht über einen Mac, sondern über einen Windows-PC verfügen, müssen Sie die Dokumente erst einmal über iTunes in iCloud laden.

## Die Familienfreigabe nutzen

In iOS 8 ist eine sehr interessante neue Funktion hinzugekommen, die man gar nicht genug schätzen kann, die Familienfreigabe. Damit können Sie Ihre Einkäufe aus dem iTunes Store, dem iBooks Store sowie dem App Store mit anderen Familienmitgliedern teilen – und das sogar mit bis zu sechs Personen. Voraussetzung hierfür ist natürlich, dass auf allen Geräten das aktuelle Betriebssystem installiert ist. Und so richten Sie die Familienfreigabe ein:

1. Tippen Sie auf **Einstellungen ▸ iCloud ▸ Familie** und dann auf **Familienmitglied hinzufügen** ❶. Geben Sie dann die E-Mail-Adresse des Familienmitgliedes ❷ ein.
2. Im nächsten Schritt bestätigen Sie den Sicherheitscode ❸ Ihrer Kreditkarte, und zur Verifikation geben Sie im Anschluss daran Ihr Apple-ID-Passwort ❹ ein.
3. Tippen Sie anschließend auf **Weiter**, und entscheiden Sie, ob Sie eine Einladung versenden ❺ oder ein Passwort eingeben ❻ möchten.

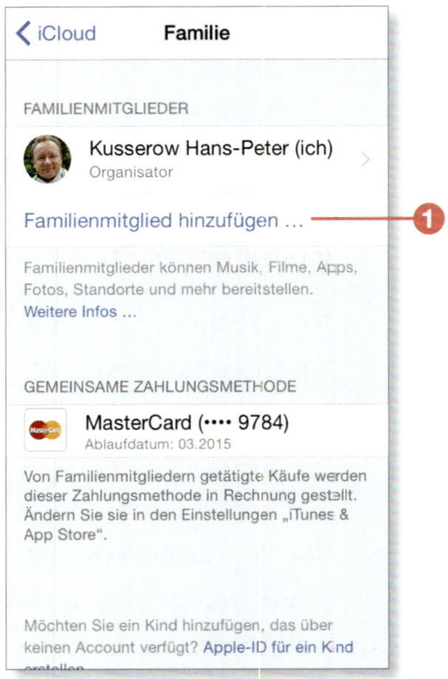

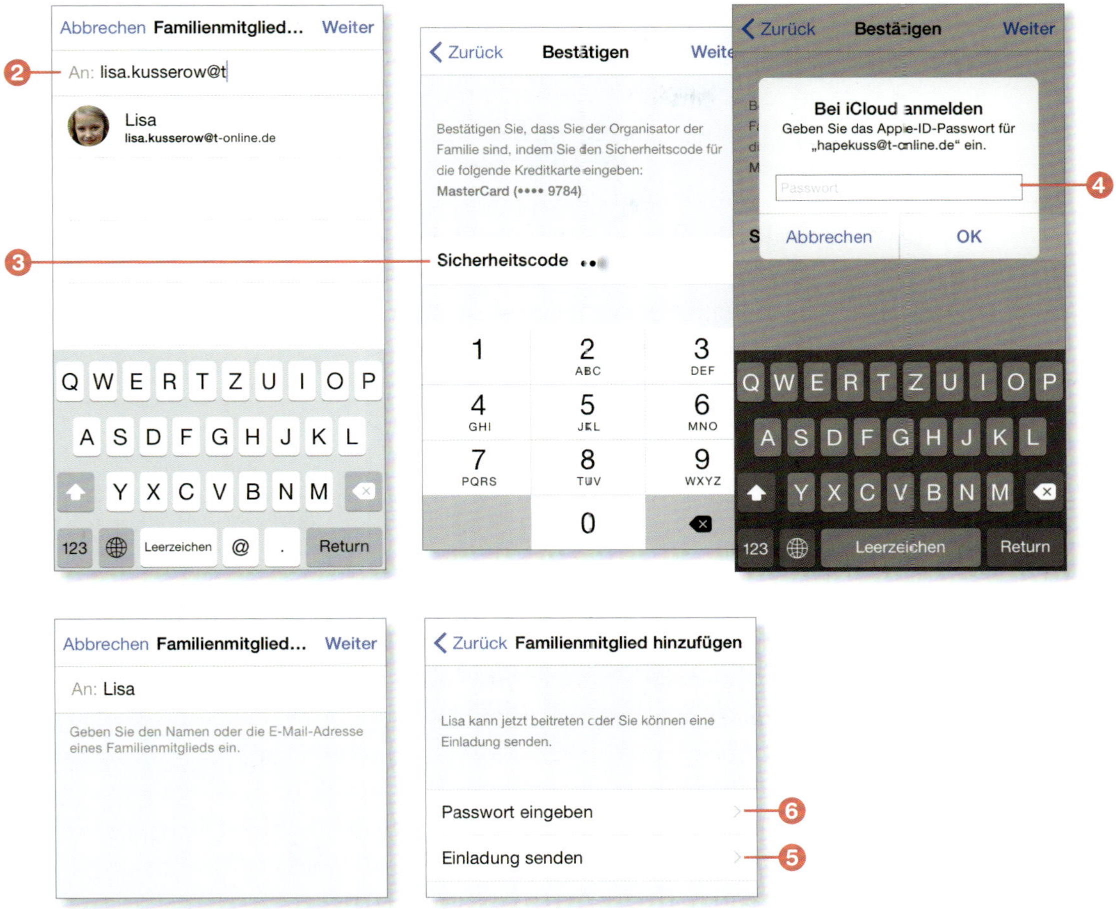


4. Der Empfänger muss dann lediglich auf **Einladung anzeigen** tippen und kann diese mit einem Fingertipp auf **Annehmen** akzeptieren. Sie als Organisator bestätigen (7 auf Seite 222) das Ganze schließlich noch.
5. Nun können Sie entscheiden, ob Sie Einkäufe mit der Apple-ID Ihres Familienmitgliedes freigeben 8 möchten. Legen Sie zum Schluss noch fest, ob der Standort des Familienmitgliedes freigegeben werden soll, sodass Sie ihn über die App *Freunde* einsehen können.

So, das war es auch schon. Nun sind beide Accounts über die Familienfreigabe verbunden, und alle Apps, eBooks, Songs und Videos können von nun an gemeinsam genutzt werden.

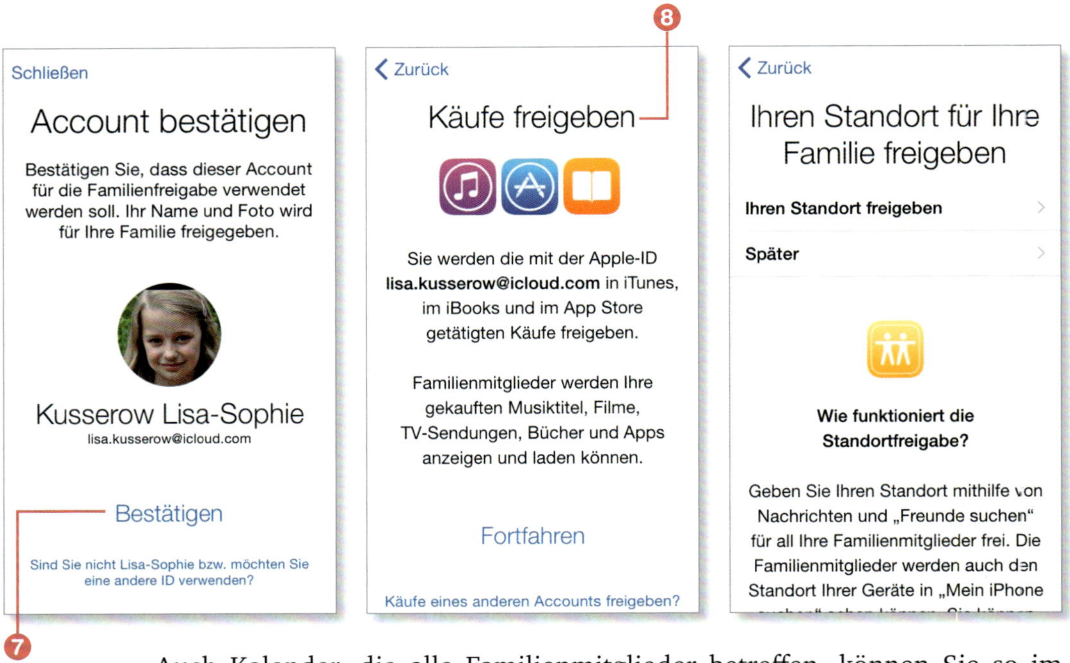


Auch Kalender, die alle Familienmitglieder betreffen, können Sie so im Kalender **Familie** ❶ anlegen, sodass alle immer auf dem Laufenden sind. Oder geben Sie Fotos im Album **Family** frei.

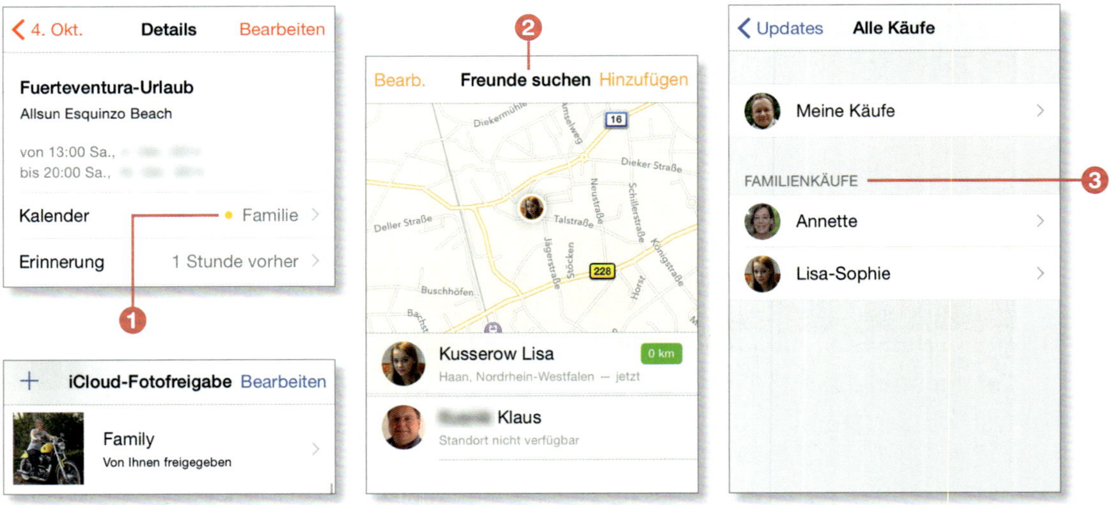


Über **Freunde suchen** ❷ können Sie sehen, wo sich Ihre Kinder oder auch deren iPhones befinden, falls diese einmal verlegt oder verloren wurden. Diese können Sie einfach über die Suche orten.

Schauen Sie sich die Einkäufe Ihrer Familie im App Store ❸ an, und laden Sie die Einkäufe von jedem einzeln, wenn Sie möchten. Gleiches gilt auch für Musik, Filme und TV-Sendungen im iTunes Store oder Familieneinkäufe im iBooks Store.

## Geteilte Fotostreams und Fotofreigabe

Mit iCloud haben Sie die Möglichkeit, Bilder aus Ihrem Fotostream bzw. aus Ihren Aufnahmen für andere freizugeben.

1. Um ein Bild aus Ihrem Fotostream auszuwählen, tippen Sie oben rechts auf die **Auswählen**-Schaltfläche ❶. Tippen Sie auf die Bilder, die Sie freigeben möchten, und dann links unten auf den **Teilen**-Button ❷. Tippen Sie nun auf **iCloud-Fotofreigabe** ❸, um eine neue Freigabe zu erstellen.

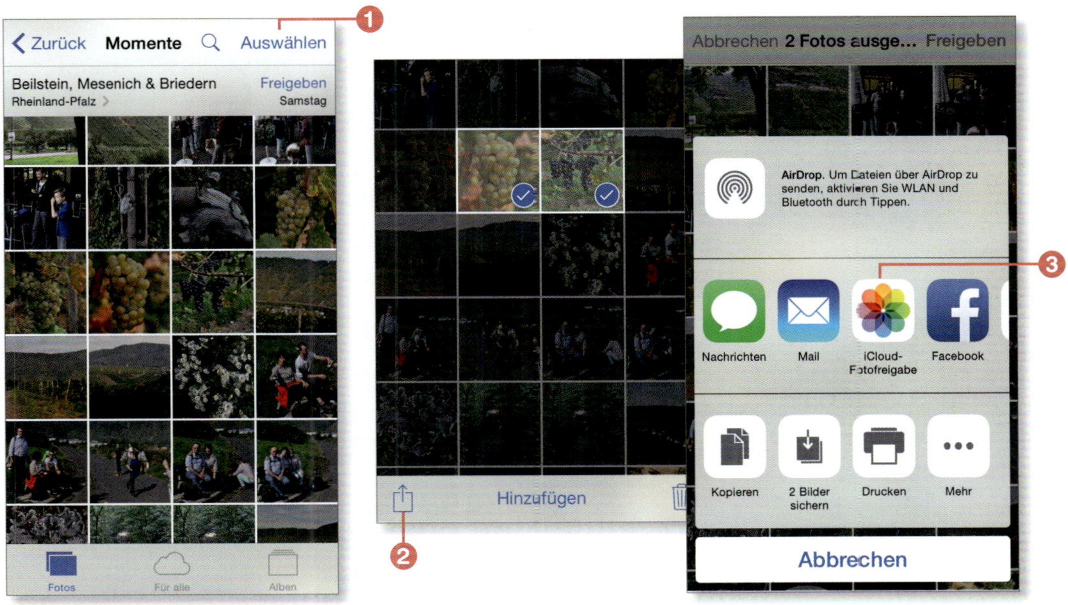


2. Geben Sie den Fotos einen aussagekräftigen Namen ❹, wählen Sie dann unter **Freigegebenes Album** ein Album aus, oder erstellen Sie ein neues Album, indem Sie auf das Plussymbol tippen ❺. Geben Sie auch diesem Album einen Namen ❻.

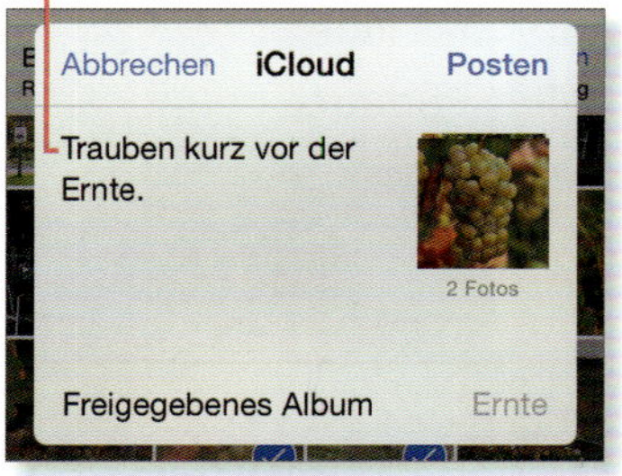

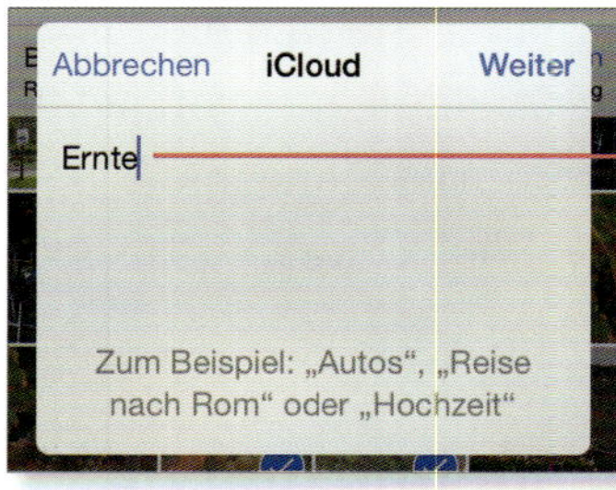


**3.** Wählen Sie nun die Personen aus, für die Sie das Album freigeben möchten, und tippen Sie anschließend auf **Weiter**. Sie haben jetzt alle Einstellungen vorgenommen und können nun auf **Posten** 7 tippen, um Ihr Album freizugeben. Ihren Stream können Sie sich jetzt anschauen 8.

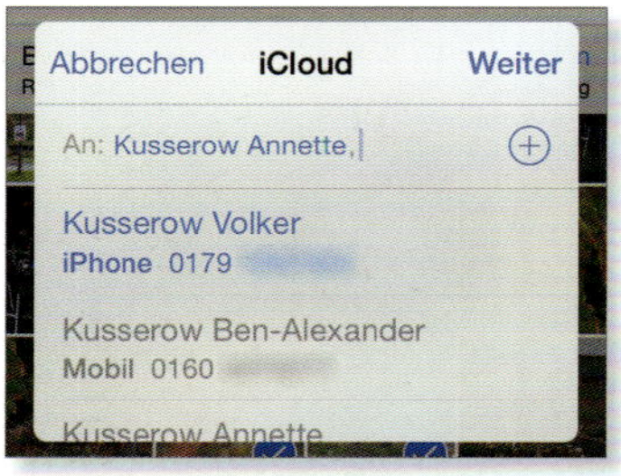


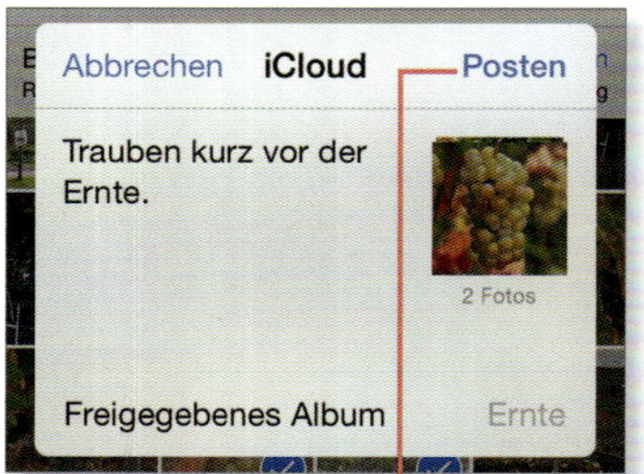

**4.** Diejenigen, die Zugang zu dem geteilten Fotostream haben, können Ihnen auch Kommentare zu Ihren Bildern schreiben, die Ihnen dann unterhalb des Bildes angezeigt werden 9.

**5.** Darüber hinaus können Sie jedem Ihrer freigegebenen Fotostreams weitere »Abonnenten« hinzufügen. Wählen Sie dazu einen Fotostream aus, tippen Sie auf die Schaltfläche **Personen** 10 und anschließend auf **Einladen** 11. Wählen Sie nun die entsprechende Person aus Ihren Kontakten aus.

**6.** Die eingeladene Person kann, nachdem sie die Einladung zu Ihrem Fotostream angenommen hat, die Fotos auch kommentieren, sofern Sie die Option **Abonnenten können posten** ⓬ aktiviert haben. Sie sehen neue Kommentare bereits auf Ihrem Sperrbildschirm.

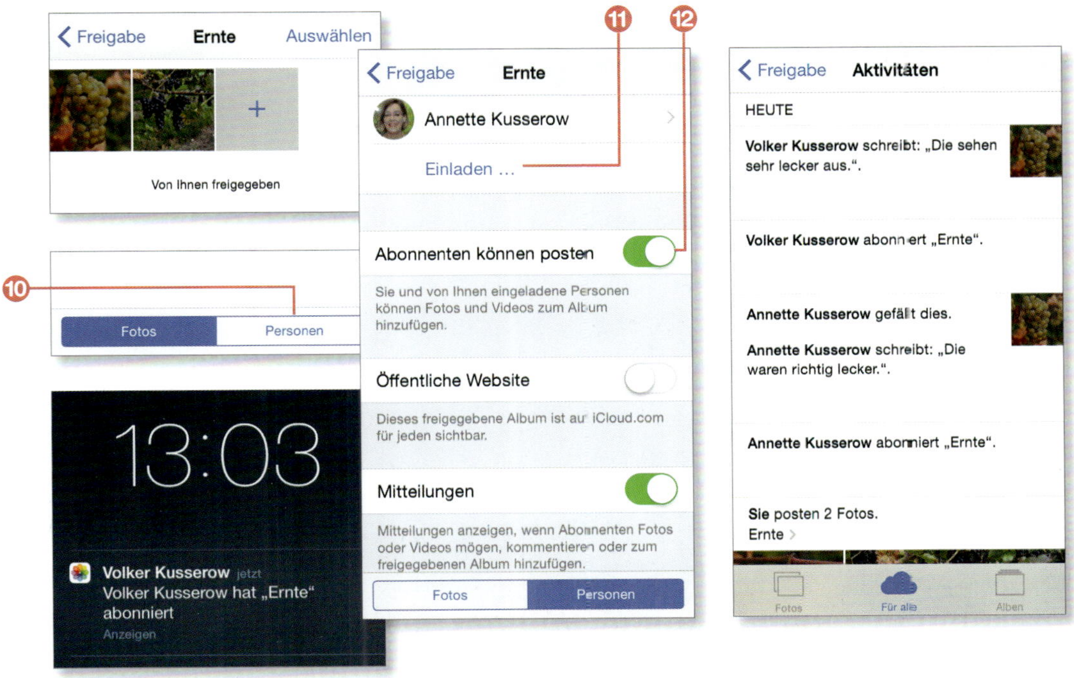


Fotos aus dem Fotostream können Sie nicht nur direkt mit Freunden und Bekannten teilen, sondern auch über die sozialen Netzwerke *Facebook* und *Twitter*. Mehr dazu erfahren Sie im Abschnitt »Fotos bei Twitter und Facebook veröffentlichen« ab Seite 269.

## Die Funktion »Mein iPhone suchen«

Ihr iPhone verfügt über einen integrierten GPS-Chip. Dieser kann in Kombination mit Ihren GSM-Daten dazu genutzt werden, den Standort Ihres iPhones zu lokalisieren. In iCloud können Sie sich dann die Position Ihres iPhones auf einer Karte darstellen lassen. Das kann insbesondere dann sehr wichtig sein, wenn Sie Ihr iPhone verloren haben oder es Ihnen gestohlen wurde. Nutzen Sie in diesem Fall Ihr iPhone über diese iCloud-Funktion, um entweder eine Nachricht an den Dieb oder Finder zu senden, das iPhone zu sperren oder gar ganz zu löschen, sodass Ihr Gerät für die Person, die es gefunden oder gestohlen hat, keinen Wert darstellt und Ihre Daten sicher sind.

1. Aktivieren Sie unter **Einstellungen ▸ iCloud** die Funktion **Mein iPhone suchen** ❶. Daraufhin werden Sie gebeten, diese Aktion noch einmal zu bestätigen. Tippen Sie auf **Erlauben** ❷. Sie können nun noch auswählen, dass Ihr letzter Standort an Apple gesendet wird ❸, eine Sicherheitsfunktion, wenn der Akku einmal fast leer ist.

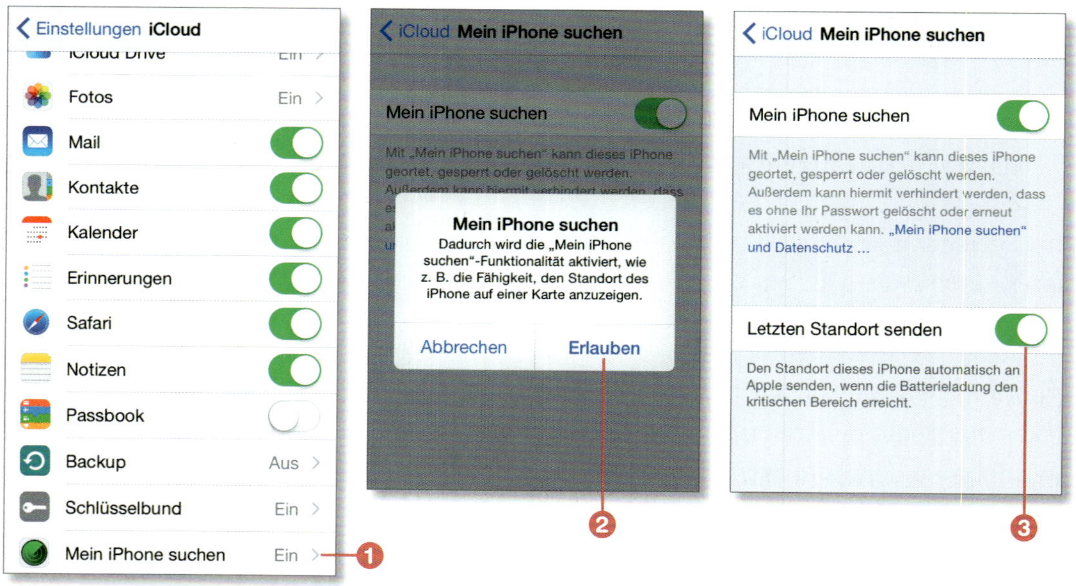


2. Melden Sie sich jetzt mit Ihren Apple-ID-Daten unter *www.icloud.com* an, und tippen Sie dann auf die Rubrik **Mein iPhone** ❹. Daraufhin müssen Sie sicherheitshalber noch einmal Ihr Apple-ID-Kennwort eingeben.

3. Nach wenigen Augenblicken wird die Position Ihres iPhones auf einer Karte angezeigt ❺. Wie üblich kann die Karte in der **Standard**-, **Satellit**- oder **Hybrid**-Ansicht dargestellt werden ❻. Außerdem können Sie den Kartenausschnitt durch Tippen auf die Plus-Schaltfläche ❼ vergrößern.

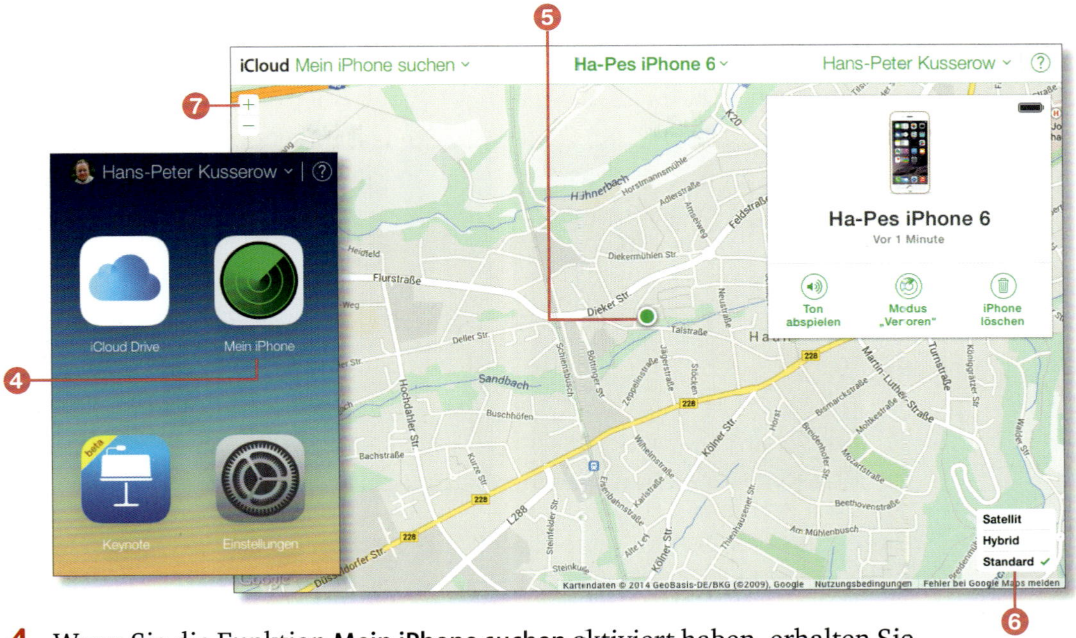


4. Wenn Sie die Funktion **Mein iPhone suchen** aktiviert haben, erhalten Sie dazu eine Bestätigungs-Mail von Apple.

Im Folgenden stelle ich Ihnen die Funktionen *Ton abspielen*, *Modus „Verloren“* und *iPhone löschen* vor und zeige Ihnen, wie Sie sie nutzen können.

### Einen Ton abspielen

Eine einfache Möglichkeit, Ihr iPhone zu suchen, besteht im Abspielen eines Tons. Ihr iPhone macht sich dann akustisch bemerkbar. Das ist z. B. dann praktisch, wenn Sie es einmal verlegt haben.

1. Tippen Sie in der Karte der Funktion **Mein iPhone suchen** auf **Ton abspielen** 8.
2. Ein Signalton wird auf Ihrem iPhone abgespielt, und ein Hinweis auf die Aktivierung der Funktion wird bereits im Sperrbildschirm angezeigt. Wenn Sie die Meldung nach links aus dem Bild wischen, gelangen Sie zum eigentlichen Hinweis bzw. können den Hinweis auch direkt löschen, indem

Sie auf das kleine Kreuzchen tippen ❾. Tippen Sie im Home-Bildschirm einfach auf **OK** ❿.

Sie erhalten außerdem eine E-Mail, die bestätigt, dass Sie diese Funktion aktiviert haben. Wenn Sie Ihr iPhone auf diese Art nicht in Ihrer Nähe gefunden haben, haben Sie es wohl verloren, oder es ist Ihnen gestohlen worden. Aber auch in solchen Fällen haben Sie Möglichkeiten, Ihr iPhone aufzuspüren oder aus der Ferne zu sperren, um wenigstens Ihre Daten zu schützen. Wie das geht, erfahren Sie in den nächsten Abschnitten.

## Das iPhone fernsperren: der Modus „Verloren"

Wenn Sie nicht wissen, wo Ihr iPhone ist, sollte der erste Schritt – ähnlich wie bei einer abhandengekommenen EC-Karte – sein, es zu sperren. Dazu aktivieren Sie den Modus „Verloren".

1. Um diesen Modus zu nutzen, tippen Sie in der Karte der Funktion **Mein iPhone suchen** auf die Schaltfläche **Modus „Verloren"** (siehe ⓫ im Bild zu Schritt 1 auf Seite 227). Dieser Modus versieht Ihr iPhone mit einem Code, den Sie zur Sicherheit direkt nach der ersten Eingabe noch einmal bestätigen müssen. Das

iPhone kann dann nur noch durch die Eingabe des Codes entsperrt werden.

2. Darüber hinaus können Sie, weil man ja doch an das Gute im Menschen glauben sollte, eine Nachricht für den ehrlichen Finder und eine Telefonnummer hinterlassen ⓬, unter der er Sie kontaktieren kann. Beides wird dann auf dem Display Ihres iPhones angezeigt.
3. Wie schon beim Abspielen eines Tons bekommen Sie auch in diesem Fall noch eine E-Mail, die Ihnen bestätigt, dass Sie den Modus „Verloren" aktiviert haben.

Zu guter Letzt können Sie das iPhone auch komplett in den Auslieferungszustand zurückversetzen, d.h. alle Ihre Daten und Einstellungen löschen, um sie vor unbefugtem Zugriff zu schützen. Wie das geht, erfahren Sie im nächsten Abschnitt.

INFO

**Die Code-Sperre bleibt weiterhin aktiv**

Die Code-Sperre, mit der Sie eine unbefugte Nutzung Ihres iPhones verhindern, bleibt weiterhin bestehen, wenn Sie Ihr iPhone tatsächlich wiedererhalten haben. Sie müssen sie dann manuell wieder entfernen, indem Sie sie in den Einstellungen im Bereich **Allgemein ▸ Code-Sperre** deaktivieren. Erst dann können Sie Ihr iPhone wieder normal nutzen.

## Das iPhone fernlöschen

Die wichtigste Funktion unter **Mein iPhone suchen** ist das Löschen. Damit befreien Sie das iPhone komplett von allen Ihren persönlichen Daten, sodass niemand mehr darauf zugreifen kann. Nach dem Löschen befindet sich das iPhone wieder im Auslieferungszustand. So schützen Sie empfindliche Daten sicher vor dem Zugriff anderer Personen. Wie das genau funktioniert, erfahren Sie in der folgenden Anleitung.

1. Melden Sie sich zuerst mit Ihren Account-Daten unter *www.icloud.com* an, und lassen Sie Ihr iPhone über die Funktion **Mein iPhone suchen** lokalisieren.
2. Tippen Sie in der Karte der Funktion **Mein iPhone suchen** auf die Schaltfläche **iPhone löschen** ❶.
3. Geben Sie Ihr Apple-ID-Kennwort ❷ ein, und tippen Sie auf **Weiter** ❸. Der Löschprozess beginnt.

Daraufhin werden alle Ihre persönlichen Daten und Einstellungen, Apps, Musik etc. von Ihrem iPhone gelöscht, und das iPhone wird in den Auslieferungszustand versetzt. Gleichzeitig erhalten Sie eine E-Mail, die Sie darüber informiert, dass Ihr iPhone nun komplett gelöscht ist. Falls Sie Ihr iPhone doch noch zurückerhalten, reicht eine normale Synchronisation mit iTunes aus, um Ihr iPhone in den ursprünglichen Zustand zu versetzen.

## Ein gelöschtes iPhone wiederherstellen

Sollten Sie Ihr iPhone einmal zurücksetzen müssen, ist das nur mit einer entsperrten SIM-Karte möglich, da der Anmeldeprozess keinen Bildschirm liefert, der das Entsperren während des Wiederherstellungsprozesses erlaubt. Sie sollten daher vorsichtshalber den SIM-Code deaktivieren, sodass sich das iPhone während des Wiederherstellungsprozesses problemlos über das Mobilfunknetz erneut bei Apple aktivieren kann. Um den SIM-PIN zu entfernen, müssen Sie unter **Einstellungen ▸ Telefon ▸ SIM-PIN** den Schalter deaktivieren.

Haben Sie Ihr iPhone wiedergefunden, oder ist es Ihnen zugeschickt worden? Wie auch immer – Sie können es nun problemlos wieder auf den letzten Stand bringen, ohne irgendeine Information zu verlieren.

1. Schalten Sie Ihr iPhone ein, und durchlaufen Sie den normalen Startvorgang so, als würden Sie Ihr iPhone zum ersten Mal einschalten.
2. Gehen Sie also folgende Schritte durch: Entsperren, Spracheinstellung, Land und Region, Aktivierung der Ortungsdienste, WLAN-Anmeldung, Aktivierungsbildschirm, der nach etwa drei Minuten automatisch umschaltet zur Auswahl, aus welcher Quelle das Backup aufgespielt werden soll. Wählen Sie hier die Quelle, die Ihre letzte Sicherung enthält. In diesem Fall ist das iTunes. Schließen Sie Ihr iPhone dann an iTunes an.
3. Ist Ihr iPhone an iTunes angeschlossen, wird es umgehend erkannt, und Sie können das letzte Backup, das Sie erstellt haben, auf Ihr iPhone zurückspielen, indem Sie die zweite Option **Aus diesem Backup wiederherstellen** ④ anklicken, im Feld daneben ein Backup auswählen und die Aktion mit **Fortfahren** ⑤ bestätigen.

Die Wiederherstellung kann je nach Größe und Inhalt des Backups eine ganze Weile dauern. Ist der Prozess abgeschlossen, ist Ihr iPhone wieder auf dem neuesten Stand.

## Ein iCloud-Backup einrichten

Das iCloud-Backup hat die gleiche Funktion wie ein Backup, das Sie kabelgebunden mit iTunes durchführen. Es hat allerdings den Vorteil, dass Sie für eine Sicherung Ihrer Daten keine Kabel mehr benötigen und das Backup jederzeit und von jedem Ort aus erledigen können. Sofern Sie die Backup-Funktion in iCloud noch nicht beim ersten Start des iPhones eingerichtet haben, können Sie dies natürlich jederzeit nachholen. So geht's:

1. Unter **Einstellungen ▸ iCloud** finden Sie unten die Schaltfläche **Backup** ❶. Tippen Sie darauf.
2. Schieben Sie dann den Regler **iCloud-Backup** ❷ nach rechts, um dadurch Ihr iCloud-Backup zu aktivieren.

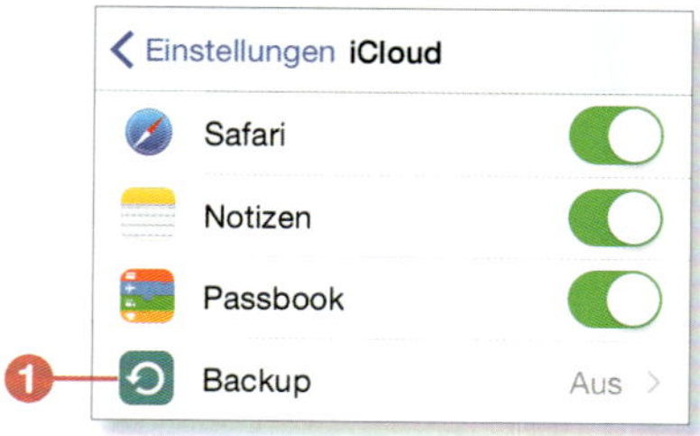


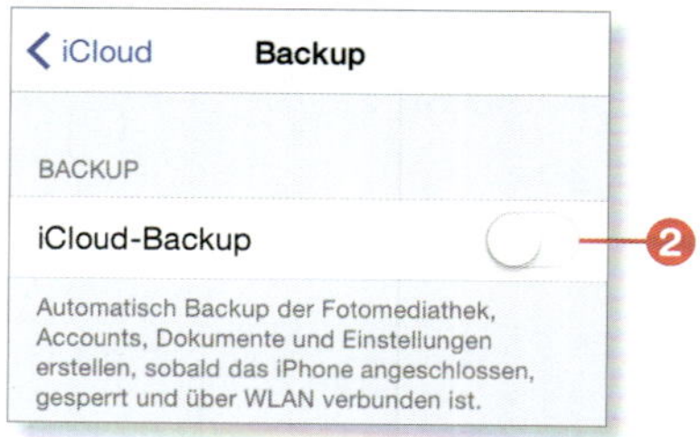


3. Sobald Sie den Backup-Schalter aktiviert haben, erhalten Sie eine Nachricht, die besagt, dass Ihre Daten ab sofort nicht mehr über iTunes gesichert werden. Bestätigen Sie diese Nachricht mit **OK**, und tippen Sie dann auf **Backup jetzt erstellen**. Sie werden nun gebeten, das Kennwort Ihrer Apple-ID einzugeben, um sich zu autorisieren.
4. Daraufhin wird Ihnen angezeigt, wie lange es dauern wird, das Backup zu erstellen. Haben Sie gerade wenig Zeit, können Sie es über **Backup abbrechen** ❸ sofort beenden.

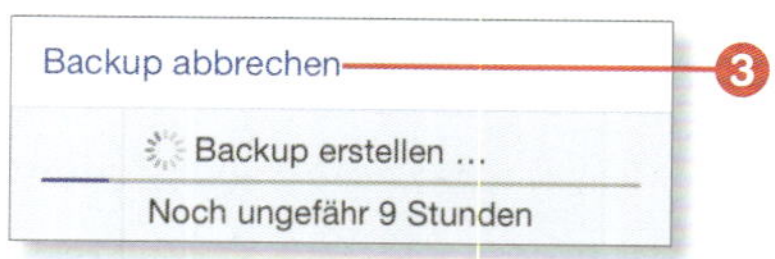


Eines müssen Sie jedoch wissen: Je mehr Daten, Musik, Filme, Apps etc. Sie auf Ihrem iPhone installiert haben, desto länger wird es dauern, ein Backup zu erstellen. Deshalb sollten Sie ein Backup nur dann vornehmen, wenn Sie über eine leistungsstarke WLAN-Verbindung verfügen.

# Den iCloud-Speicher verwalten

Im Laufe der Zeit sammeln sich viele Daten in Ihrem iCloud-Speicher an. Das muss Sie aber nicht schrecken, denn selbstverständlich können Sie sich immer einen genauen Überblick über alles verschaffen, was Sie in iCloud gespeichert haben. Tippen Sie unter **Einstellungen ▸ iCloud ▸ Speicher** auf **Speicher verwalten** ❹. Im Bereich **Dokumente & Daten** ❺ sehen Sie, welche Daten jede App gespeichert hat. Wenn Sie auf eine der Apps iMovie, Keynote oder Pages tippen, erfahren Sie, wie groß die einzelnen Dokumente sind ❻.

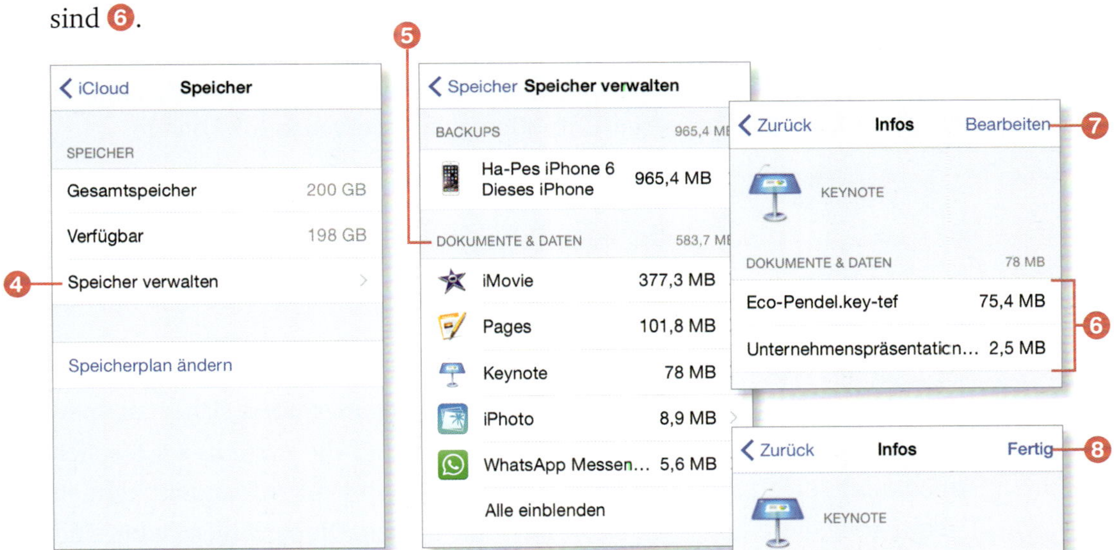

Wenn Sie einige Dokumente, die Sie in iCloud gespeichert haben, nicht mehr benötigen, können Sie sie aus iCloud löschen. Dazu tippen Sie auf **Bearbeiten** ❼ (die Schaltfläche bekommt dann die Bezeichnung **Fertig** ❽) und löschen ein Dokument per Tipp auf die Minus-Schaltfläche ❾. Oder Sie wischen mit dem Finger von rechts nach links über das zu löschende Dokument, sodass daneben die Schaltfläche **Löschen** ❿ erscheint, auf die Sie dann nur noch tippen müssen. Sämtliche Dokumente einer App löschen Sie, wenn Sie auf **Alle löschen** ⓫ tippen.

INFO

**Mehr iCloud-Speicher kaufen**

Möglicherweise reichen Ihnen die 5 GB freier iCloud-Speicher nicht. In diesem Fall können Sie zusätzlichen Speicher bei Apple hinzukaufen. Tippen Sie dazu unter **Einstellungen ▸ iCloud ▸ Speicher** auf **Speicherplan ändern**. Wählen Sie nun das für Sie passende Speicher-Upgrade aus. Sie haben die Wahl zwischen vier Optionen: **20 GB, 200 GB, 500 GB** oder **1 TB**. Nachdem Sie Ihre Auswahl getroffen haben, müssen Sie nur noch das Passwort Ihrer Apple-ID eingeben, und schon verfügen Sie über zusätzlichen Speicher. Beachten Sie, dass Ihr Speicher-Upgrade jedes Jahr automatisch verlängert wird, solange Sie nicht zum kostenlosen Speicher zurückwechseln, was Sie etwas weiter unten, unter **Downgrade-Optionen** tun können.

## Der Schlüsselbund

Bereits mit iOS 7 hat Apple eine Möglichkeit eingeführt, Benutzernamen, Passwörter, Kreditkartendaten oder WLAN-Zugangsdaten sicher zu speichern und zu verwalten: den Schlüsselbund. Auf die Art müssen Sie sich nicht mehr die unterschiedlichsten Zugangsdaten merken, sondern können das iPhone diese Angaben für Sie ausfüllen lassen. Die sensiblen Daten sind verschlüsselt und werden so vor Zugriffen Dritter (auch Apple selbst) geschützt. Die Funktion gibt es aber nur für den Apple-eigenen Browser Safari.

TIPP

**Automatisches Ausfüllen aktivieren**

Damit der iCloud-Schlüsselbund Passwörter und andere Zugangsdaten speichern kann, müssen Sie folgende Einstellung vornehmen: Wählen Sie **Einstellungen ▸ Safari**, und aktivieren Sie unter **Kennwörter & Autom. ausfüllen** die Punkte, die gespeichert werden dürfen.

Bei der Konfiguration Ihres iPhones bzw. von iCloud werden Sie gefragt, ob Sie den Schlüsselbund einrichten wollen. Wenn Sie das nicht getan haben, können Sie diese Funktion aber auch später aktivieren.

1. Tippen Sie im Menü **Einstellungen** auf **iCloud** und dann auf **Schlüsselbund** ❶. Ziehen Sie den Schalter ❷ nach rechts, um die Funktion zu aktivieren.

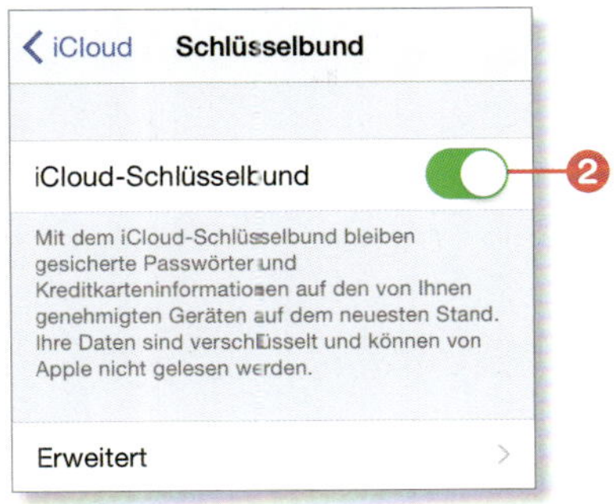


2. Nun melden Sie sich mit Ihrer Apple-ID bei iCloud an, sollte das noch nicht geschehen sein.

3. Bei der ersten Konfiguration müssen Sie entscheiden, ob Sie den Sicherheitscode Ihres Telefons für den iCloud-Schlüsselbund verwenden oder lieber einen separaten Code einrichten wollen. Diesen Code müssen Sie eingeben, um sich zu authentifizieren und um den Schlüsselbund auch auf anderen Geräten, z. B. einem Computer oder iPad, zu aktivieren.

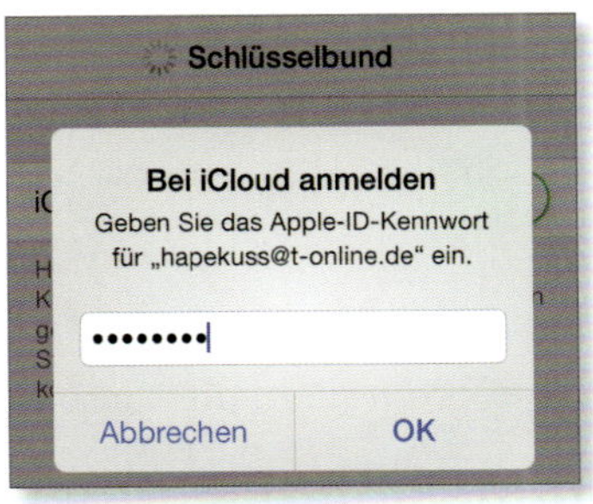


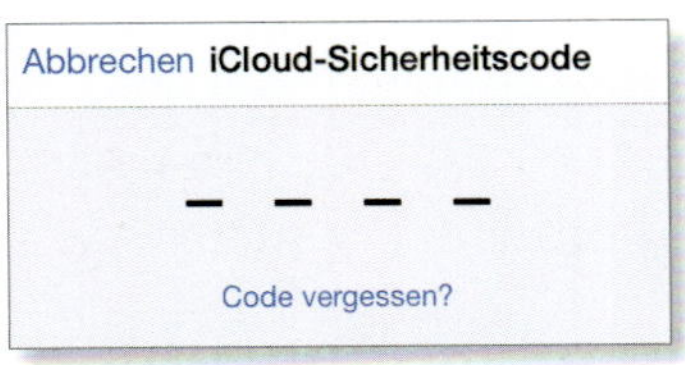


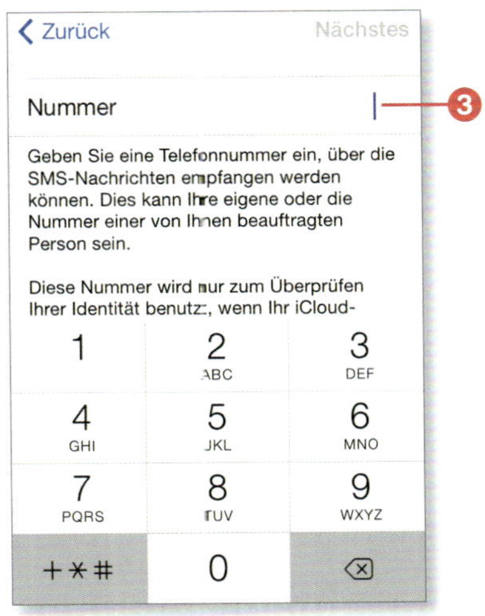


4. Dann werden Sie gebeten, eine Nummer anzugeben ❸, an die per SMS ein weiterer Überprüfungscode gesendet werden kann.

5. Anschließend geben Sie den sechsstelligen Überprüfungscode ein, der Ihnen per SMS an die in Schritt 4 angegebene Nummer gesendet wurde.

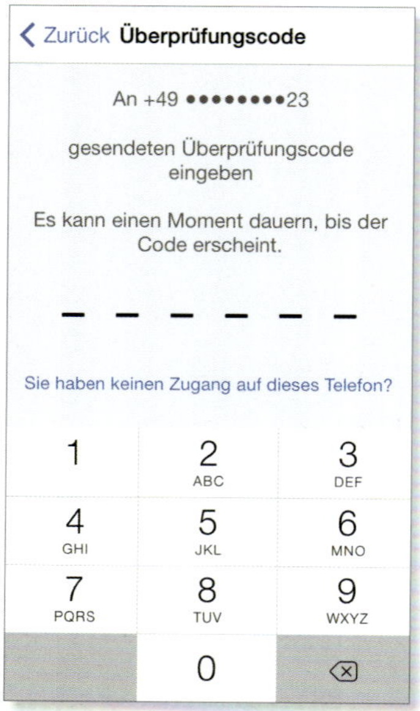

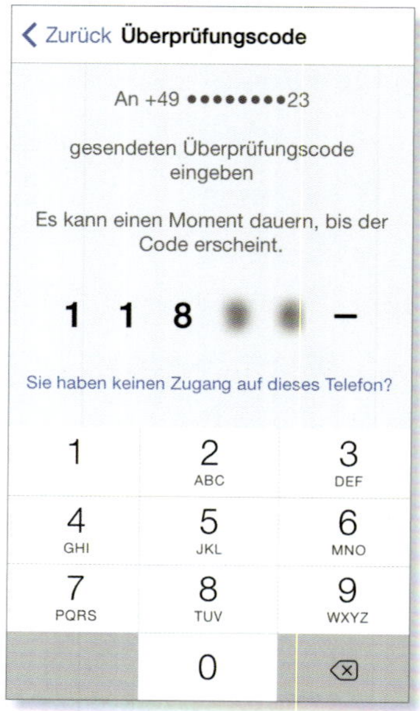


Sobald Sie den Code eingegeben haben, ist die Funktion iCloud-Schlüsselbund aktiviert. Fortan kann sie genutzt werden, und Sie können Ihre Benutzerdaten damit verwalten. Sobald Sie nun über Safari eine Webseite besuchen, auf der Sie Login-Daten eingeben müssen, werden Sie nach der Eingabe gefragt, ob Sie diesen Namen und dieses Passwort im iCloud-Schlüsselbund speichern möchten. Wenn Sie auf **Kennwort sichern** tippen, können Sie diese Daten auch auf allen anderen Geräten nutzen, auf denen Sie den Schlüsselbund eingerichtet haben. Sie müssen sie nicht mehr eingeben, sondern die Login-Felder werden automatisch ausgefüllt. Falls ein Login mal fehlschlägt oder das Passwort geändert wurde, werden Sie gefragt, ob das alte durch das neue Passwort ersetzt werden soll.

INFO

**Den Schlüsselbund deaktivieren**

Wenn Sie die Funktion iCloud-Schlüsselbund über das Menü **Einstellungen** deaktivieren, können Sie wählen, ob Sie die gespeicherten Zugangsdaten behalten wollen, um sie später wiederherzustellen, oder ob sie zurückgesetzt und damit gelöscht werden sollen.

# Kapitel 10
# Kamera und Fotos

Eine Fotoapplikation gehört zu jedem guten Smartphone. In den Apps *Kamera* und *Fotos* finden sich wieder einige interessante Neuerungen, die Apple mit dem neuen Betriebssystem eingeführt hat: eine deutlich verbesserte Bildstabilisierung, Zeitrafferaufnahmen sowie eine Helligkeitskontrolle vor der Aufnahme. Den Selbstauslöser nicht zu vergessen, und auch die Slow-Motion-Funktion können Sie nun auf zweierlei Weise nutzen. Lassen Sie sich überraschen.

*Das iPhone bringt einige Möglichkeiten der Bildbearbeitung mit, die sich auf dem Gerät selbst realisieren lassen und deren Ergebnisse auch gespeichert werden können.*

### Die beiden Kameras des iPhones

Die neuen iPhones 6 und 6 Plus verfügen – wie bereits ihre Vorgänger – über zwei integrierte Kameras: eine auf der Rückseite und eine auf der Frontseite.

Die Kamera auf der Rückseite werden Sie vermutlich am häufigsten benutzen, um Fotos und Videos aufzunehmen. Die Auflösung von 8 Megapixeln in Kombination mit einem vergrößerten Bildsensor steigert die Bildqualität. Beim iPhone 6 und 6 Plus wird die *iSight*-Kamera durch einen Saphirkristall geschützt, der fast so hart ist wie ein Diamant und deshalb nicht mehr so leicht verkratzt. Das ist wichtig, da die Kamera nun etwas vorsteht.

Neben diesen technischen Details kann die integrierte Kamera auf der Rückseite nun Videos in HD-Qualität aufnehmen (in einer Auflösung von 1.080 p und 60 Bildern pro Sekunde). Darüber hinaus verfügen das iPhone 6 und 6 Plus über eine Zeitrafferfunktion, die ich Ihnen in Kapitel 11, »Videos aufzeichnen«, genauer vorstellen werde.

Die Kamera auf der Frontseite wird mit einer Auflösung von 1,2 Megapixeln ausgeliefert und bietet Ihnen nun auch die Möglichkeit, Videos in HD-Qualität aufzunehmen (in einer Auflösung von 720p). Laut Apple ist die Frontkamera für *FaceTime* optimiert und hat genau die richtige Brennweite, um bei ausgestrecktem Arm das eigene Gesicht ins richtige Licht zu rücken.

## Fotografieren mit dem iPhone

Damit Sie mit dem neuen iPhone Fotos aufnehmen können, bringt es viele Eigenschaften mit. Zuerst einmal wurde der Zugang zu den integrierten Kameras deutlich erleichtert, indem bereits auf dem Sperrbildschirm rechts unten eine Schaltfläche ❶ eingeblendet wird, die das iPhone sofort in den Aufnahmezustand versetzt, wenn Sie sie nach oben schieben ❷. Um diese Schaltfläche aber überhaupt zu sehen, müssen Sie erst einmal auf die Home-Taste drücken.

Außerdem können Sie die Kamera aus dem neuen Kontrollzentrum heraus starten, indem Sie es vom unteren Rand nach oben ziehen und rechts unten auf das Kamerasymbol 3 tippen.

Bereits seit iOS 5 verfügen Sie über zwei Möglichkeiten, Fotos aufzunehmen: Entweder drücken Sie den klassischen Auslöser auf dem Display 4, oder Sie verwenden den oberen Lautstärkeknopf (+) 5 als Auslöser. Letzteres ist besonders praktisch, wenn Sie das iPhone quer halten.

> **TIPP**
>
> **Fotos mit dem Kopfhörer machen**
>
> So skurril es auch klingen mag, aber wenn Sie die mitgelieferten Kopfhörer an Ihr iPhone 6 oder 6 Plus anschließen, können Sie den [+]-Knopf des Kopfhörers genau wie die Knöpfe am iPhone als Fernauslöser nutzen. Der Vorteil dabei ist, dass Ihre Aufnahmen nicht mehr verwackeln. Gut geeignet ist die Technik z. B., um bessere Selbstporträts zu machen. Probieren Sie es aus!

### Raster für eine bessere Bildaufteilung einblenden

Das iPhone bietet Ihnen eine Hilfestellung, damit Sie die Bildaufteilung besser hinbekommen. Dazu verfügt die Kamera-App über ein Feature, das sich **Raster einblenden** nennt. Sie aktivieren es wie folgt: Öffnen Sie das Menü **Einstellungen**, und tippen Sie auf **Fotos & Kamera** ①. Scrollen Sie etwas nach unten bis zum Menüpunkt **Raster**. Schieben Sie den Regler **Raster** ② nach rechts, um die Funktion zu aktivieren.

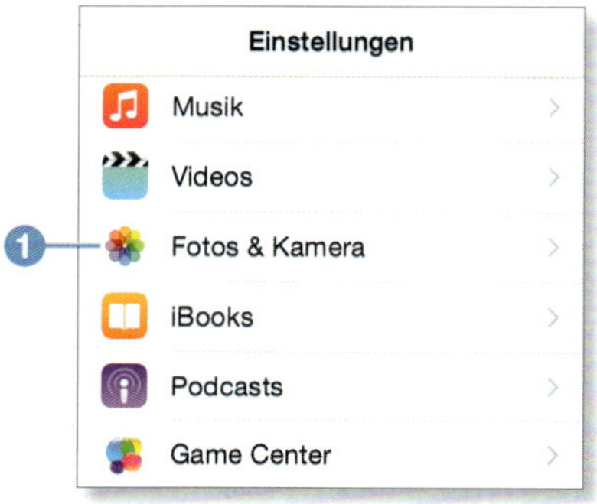

Sie können nach der Aktivierung sofort mit dem eingeblendeten Raster arbeiten und Ihre Bilder perfekt ausrichten.

Das Raster ermöglicht Ihnen die einfache Ausrichtung an horizontalen und senkrechten Linien im Foto, sodass Sie z. B. sofort verhindern können, dass Ihnen der Horizont »wegkippt«. Außerdem erreichen Sie so eine optimale Bildkomposition, etwa nach der Drittelregel bzw. nach dem Goldenen Schnitt.

### Die Serienbildfunktion nutzen

Mit dieser praktischen Funktion des iPhones machen Sie eine Serie von Fotos, aus denen Sie dann im Nachhinein das gelungenste auswählen können. Halten Sie dazu die **Aufnahme**-Schaltfläche ca. zwei Sekunden fest. Ihr iPhone macht daraufhin Serienaufnahmen mit zehn Bildern pro Sekunde.

1. Nach der Aufnahme schlägt das iPhone Ihnen ein Bild als am besten gelungen vor. Wenn Sie dann oben links auf **Aufnahmen** ③ tippen, sehen Sie alle Bilder in einem Stapel hintereinander ④.
2. Tippen Sie danach auf **Fertig** ⑤, und Sie gelangen wieder zur üblichen Ansicht.
3. Wenn Sie unten auf **Favoriten** ⑥ tippen, sehen Sie alle Fotos in einer verkleinerten Ansicht. Sie können sie einzeln nach links schieben, bis Sie das von Ihnen favorisierte Bild gefunden haben.

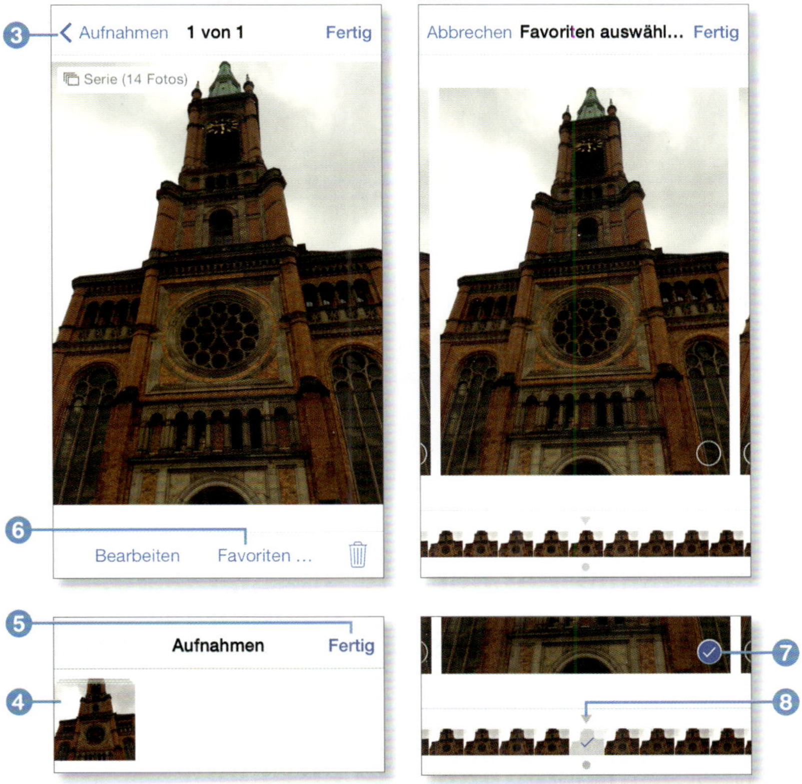


4. Wählen Sie dieses Bild durch Antippen aus. Es wird mit einem blauen Häkchen ⑦ markiert. In der verkleinerten Ansicht wird das Bild ausgegraut dargestellt und erhält ebenfalls ein blaues Häkchen ⑧. Das ausgewählte Bild wird Ihren Aufnahmen hinzugefügt.

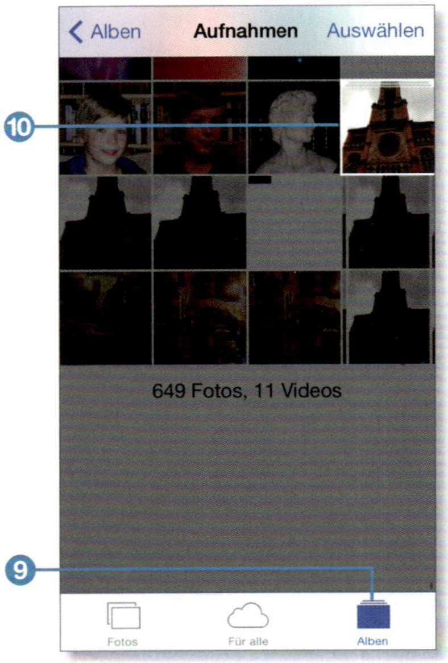

Wenn Sie zu einem späteren Zeitpunkt eines der anderen Bilder aus Ihrem Serienfoto-Stapel auswählen möchten, ist das auch ganz problemlos möglich. Tippen Sie dazu z. B. in der Fotos-App in der Ansicht **Alben** ⑨ auf Ihren Fotostapel ⑩. Dann tippen Sie unten auf **Favoriten auswählen** ⑪ und gehen genauso vor wie oben beschrieben.

## Fotos mit dem Selbstauslöser machen

Mit den neuen iPhones können Sie nun auch Aufnahmen per Selbstauslöser machen. Hierzu gibt es in der Kamera am oberen Rand ein kleines Uhrensymbol. Wählen Sie durch Antippen die gewünschte Zeit bis zur Auslösung der Aufnahme aus, entweder 3 oder 10 Sekunden.

Mit der 3-Sekunden-Aufnahme erzeugen Sie ein verwacklungsfreies Bild, bei der 10-Sekunden-Option können Sie sich bei einer Gruppenaufnahme selbst noch mit ins Bild schmuggeln. Die Sekunden werden übrigens links unten relativ groß auf dem Bildschirm dargestellt, sodass Sie immer sehen, wie viel Zeit Ihnen noch bleibt. Wenn Sie abgedrückt haben und die Zeit verstrichen ist, macht Ihr iPhone jeweils eine Serienaufnahme und schlägt Ihnen dann das beste Bild vor.

TIPP

**Verwacklungsfreie Aufnahmen mit Selbstauslöser machen**

Wenn Sie vollständig verwacklungsfreie Aufnahmen mit dem Selbstauslöser realisieren möchten, empfehle ich Ihnen ein Stativ mit einer Halterung für Ihr iPhone. Die gibt es schon für 5 € im Handel.

## Eine HDR-Aufnahme machen

Mit Ihrem iPhone können Sie auch sogenannte *HDR-Fotos* machen. Der Begriff HDR steht für *High Dynamic Range* und bezeichnet ein Foto mit einem erhöhten Dynamikumfang. Um ein derartiges Foto zu erzeugen, werden in der Regel mehrere Bilder aufgenommen, die dann automatisch übereinandergelegt werden. Beim iPhone funktioniert das so ähnlich. Das iPhone überlagert allerdings nur zwei Fotos unterschiedlicher Einstellungen miteinander.

Öffnen Sie die Kamera-App, und wählen Sie im nächsten Schritt die HDR-Funktion aus: In der Leiste am oberen Bildschirmrand sehen Sie die Schaltfläche **HDR aus** 1. Tippen Sie darauf, wird die HDR-Funktion aktiviert, und die Schaltfläche ändert sich in **HDR ein** 2.

Machen Sie mit ruhiger Hand ein Foto, und warten Sie, bis Ihr iPhone es gespeichert hat. Es befinden sich nun insgesamt zwei neue Fotos in Ihrem Fotoalbum (wie in der folgenden Abbildung zu sehen ist), von denen das zweite Foto das HDR-Bild ist.

*Das linke Bild wirkt eher etwas flau, wenn Sie sich die Blüten bzw. den Hintergrund links unten anschauen. Das HDR-Foto rechts ist deutlich kontrastreicher und farbintensiver. Es wirkt dadurch interessanter.*

## Quadratische Fotos machen

In die komplett neu gestaltete Kamera-App ist auch ein weiteres Bildformat aufgenommen worden. Sie können nun quadratische Fotos mit Ihrem iPhone aufnehmen. Zur Aktivierung dieses Bildformats wischen Sie in dem Drehmenü oberhalb des Auslösers von rechts nach links, bis der Menüpunkt **Quadrat** ① gelb hervorgehoben wird.

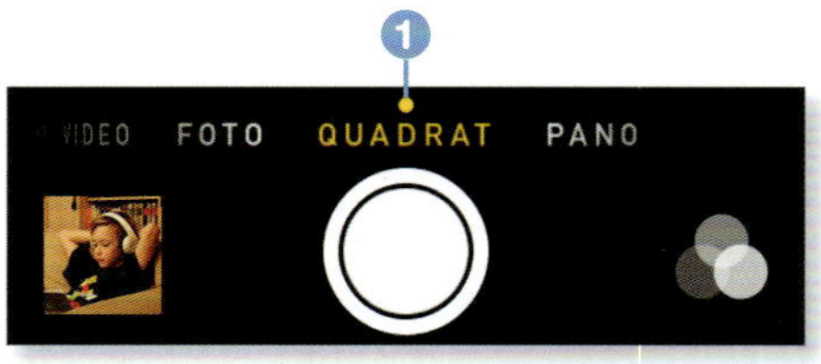


Das Bildformat wird daraufhin sofort aktiviert, und Sie können Ihre Aufnahme machen. Dabei ändert sich auch der Vorschaubildschirm, der dem Format angepasst wird und Ihnen nun eine quadratische Vorschau anzeigt.

## Panoramafotos machen

Die Panoramafunktion erstellt Panoramen mit bis zu 43 Megapixeln. Sie arbeitet mit einer dynamischen Autobelichtung, die während der Aufnahme angeglichen wird, sodass keine groben Farb- und Helligkeitsabweichungen auftreten und ein harmonisches Panoramabild entsteht.

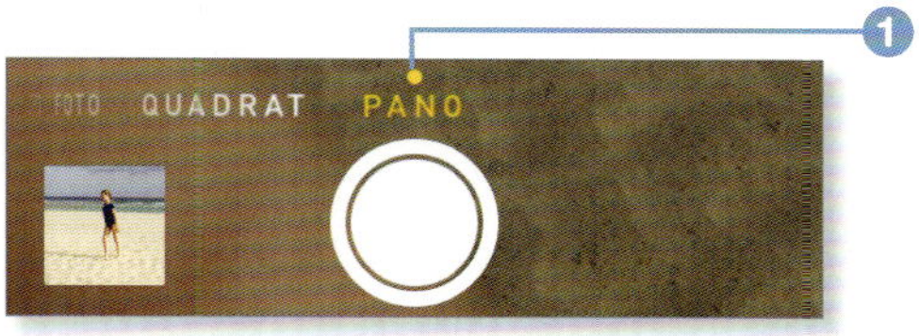


1. Wischen Sie zur Aktivierung der Funktion das Drehmenü oberhalb des Auslösers von rechts nach links, bis der Menüpunkt **Panorama** ❶ gelb dargestellt wird.
2. Die Panoramaansicht wird geöffnet. Nun müssen Sie nur noch auf die **Aufnahme**-Schaltfläche ❷ tippen und das iPhone gleichmäßig nach rechts bewegen. Das iPhone macht automatisch die entsprechenden Bilder und fügt sie zu einem Panoramabild zusammen. Dabei ist es wichtig, dass Sie das iPhone gerade und im gleichen Winkel halten. Der große Pfeil auf dem Display hilft Ihnen dabei: Wenn Sie ihn auf der eingeblendeten Linie halten, sind Sie auf der sicheren Seite.

3. Wenn Sie rechts am Ende der Linie angekommen sind, wird das Foto im Ordner *Panoramen* gespeichert. Sie rufen ihn auf, indem Sie die Fotos-App öffnen und auf **Panoramen** (❸ auf Seite 246) tippen. Diesen Ordner gibt es nur, wenn Sie bereits ein Panoramafoto gemacht haben. Er wird dann automatisch den bereits vorhandenen bzw. von Ihnen angelegten Ordnern hinzugefügt.

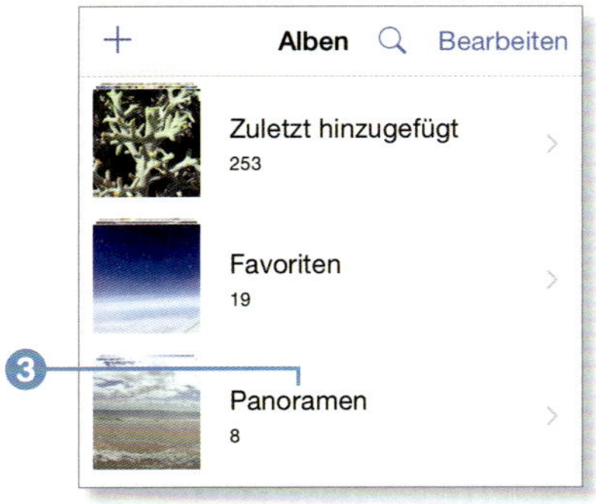

Ein fertiges Panoramabild sieht dann so ähnlich aus, wie in der nächsten Abbildung. Das Ganze funktioniert recht reibungslos aus der Hand, wenn Sie den Pfeil beachten. Sie benötigen also nicht unbedingt ein Stativ.

## Richtig scharf stellen

Die Kamera-App verfügt über eine Funktion, um auf ein Motiv scharf zu stellen. Zunächst einmal hat das iPhone einen automatischen Fokus, bei

dem Ihnen, während Sie das Motiv anvisieren, ein kleines Quadrat auf dem Display anzeigt, welcher Bildteil scharf dargestellt wird. Daneben befindet sich das Symbol einer kleinen Sonne, mit der Sie die Helligkeit des Fotos verändern können (siehe dazu den Abschnitt »Helligkeit während des Filmens einstellen« auf Seite 276).

Möchten Sie einen anderen Bildteil als den automatisch vom iPhone ausgewählten fokussieren, tippen Sie mit dem Finger auf die Stelle des Displays, an der das Bild scharf gestellt werden soll. Das Fokus-Quadrat bewegt sich an diese Stelle und stellt das Bild automatisch scharf.

Genauso verhält es sich, wenn Sie Personengruppen mit dem iPhone fotografieren möchten. Hier hat die Software den Vorteil, dass sie die Personen automatisch durch die Gesichtserkennung wahrnimmt. Die Gesichtserkennung wird durch ein gelbes Fokus-Quadrat auf dem Bildschirm angezeigt.

Das iPhone stellt dann entsprechend auf eine Person scharf und optimiert daraufhin die Gruppe mit diesen Werten. Die neue Gesichtserkennung arbeitet zuverlässig bis zu einer Gruppengröße von zehn Personen.

## Einen Ausschnitt vergrößern

Das iPhone ist in der Lage, Bildausschnitte noch vor dem eigentlichen Fotografieren zu vergrößern, sodass nur der gewählte Ausschnitt aufgenommen wird. Sie müssen dann also Ihr Motiv nicht nachträglich zoomen. Um einen Ausschnitt zu vergrößern, gehen Sie wie folgt vor:

1. Öffnen Sie die Kamera-App, und fokussieren Sie den entsprechenden Bildteil, indem Sie darauf tippen. Es erscheint ein gelbes Fokus-Quadrat mit einer kleinen Sonne am Rand.
2. Vergrößern Sie nun den Ausschnitt, indem Sie Daumen und Zeigefinger auf dem Display auseinanderbewegen.

3. Am unteren Rand wird daraufhin eine Vergrößerungsleiste eingeblendet, die Sie ebenfalls für die Vergrößerung verwenden können. Sie müssen dafür nur mit dem Finger an dem Regler ❶ ziehen.
4. Warten Sie, bis das iPhone Ihr Motiv erneut fokussiert hat, und lösen Sie nun die Aufnahme aus, indem Sie auf die **Aufnahme**-Schaltfläche ❷ tippen.

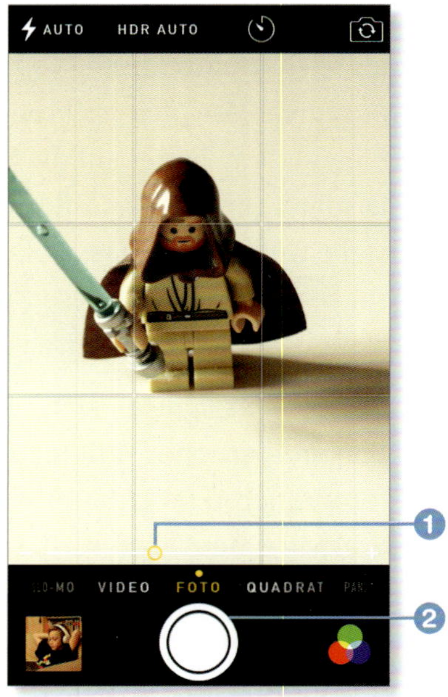


Es ist wichtig, dass Sie auf das erneute Fokussieren warten, denn sonst wird das Foto schnell unscharf. Grundsätzlich ist der Fokus aber eine leistungsfähige Funktion, mit deren Hilfe Sie das für Sie Wichtige hervorheben können.

## Live-Filter anwenden

Die Kamera-App enthält *Live-Filter*, die es Ihnen erlauben, Ihr Motiv durch verschiedene Filter zu betrachten und den passenden bereits vor der Aufnahme auszuwählen.

1. Aktivieren Sie die Live-Filter, indem Sie das Symbol mit den drei grauen Kreisen ❸ neben dem Auslöser antippen. Sobald Sie die Filter aktiviert haben, werden die grauen Kreise in der Tab-Leiste farbig dargestellt ❹.

2. Ihr Motiv wird mit den verschiedenen Filtern als Vorschau angezeigt. Wählen Sie den passenden Filter aus, indem Sie ihn antippen.
3. Machen Sie nun das Foto, indem Sie ganz normal auf den Auslöser tippen. Der Filter wird bei der Aufnahme auf das Bild angewandt und sorgt bei diesem abfotografierten Ölbild z. B. für etwas wärmere Farben.

Mithilfe der Filter können Sie interessante Bildeffekte und Stimmungen erzeugen. Von monochromen Aufnahmen über Aufnahmen, die nach gealterten Filmen aussehen, finden Sie hier eine ganze Reihe schöner Filter.

## Ein Selbstporträt machen

Mit dem iPhone ein Selbstporträt zu machen ist denkbar einfach. Dazu müssen Sie lediglich von der Rückseiten- zur Frontkamera wechseln, indem Sie in der Kamera-App oben rechts auf die entsprechende Schaltfläche 5 tippen. Die Kamera wird »gedreht«, und Sie sehen sich im Display. Nun können Sie Ihr Selbstporträt schießen. Für Selbstporträts können Sie auch gut die Selbstauslöserfunktion verwenden, die Ihnen erlaubt, verwacklungsfreie Bilder zu erzeugen.

Wenn Sie Brillenträger sind, sollten Sie darauf achten, dass Sie sich so fotografieren, dass der Lichteinfall auf der Brille minimiert wird, da es ansonsten zu unschönen Reflexionen kommen kann.

INFO

**Vorsicht vor Verzerrungen**

Die Frontkamera des iPhones ist so eingestellt, dass Sie die besten Ergebnisse erzielen, wenn Sie sich mit ausgestrecktem Arm fotografieren. Wenn Sie das iPhone zu dicht vor Ihr Gesicht halten, kommt es zu stärkeren Verzerrungen im Nasenbereich, und Ihr Gesicht wirkt unnatürlich.

## Die Blitzfunktion nutzen

Das iPhone verfügt über einen neuen True-Tone-Blitz, der mit zwei integrierten LED-Lichtern arbeitet, eins weiß und eins bernsteinfarben. Dank dieser Mischung lassen sich über 1.000 unterschiedliche Farbkombinationen abbilden, wodurch die Fotos realistischere Farben zeigen sollen.

In der linken oberen Ecke der geöffneten Kamera-App befindet sich eine Schaltfläche, die auf **Autom.** 6 eingestellt ist. Tippen Sie auf diese Schaltfläche, öffnet sich eine Auswahl, mit der Sie den Blitz entweder ausschalten (**Aus**) oder ihn dauerhaft aktivieren (**Ein**). Wenn die automatische Funktion eingeschaltet bleibt, löst der Blitz bei Bedarf selbsttätig aus.

## Aufnahmen direkt anschauen und aussortieren

Sofort nachdem Sie Ihre Aufnahmen gemacht haben, können Sie überprüfen, ob diese etwas geworden sind. Schlechte Aufnahmen löschen Sie dann einfach wieder.

1. Öffnen Sie die Kamera-App, machen Sie ein Foto, und tippen Sie dann unten links auf das kleine Vorschaubildchen ❶.

2. Nun öffnet sich das gerade geschossene Foto, und Sie können sofort beurteilen, ob Sie das Bild behalten möchten oder nicht. Um das Bild zu löschen, tippen Sie einfach auf das Papierkorbsymbol ❷.

3. Indem Sie oben rechts auf **Fertig** ❸ tippen, kehren Sie zur Kamera-App im Aufnahmemodus zurück. Wenn Sie links auf **Aufnahmen** ❹ tippen, gelangen Sie zum Ordner **Aufnahmen**, in dem sich alle Fotos befinden, die Sie mit Ihrem iPhone gemacht haben.

Wenn es Ihnen gefällt, können Sie das Bild von hier aus auch gleich verschicken oder eine Diashow anlegen ❺. Lesen Sie dazu die Abschnitte »Fotos per E-Mail oder MMS versenden« ab Seite 265, »Fotos bei Twitter und Facebook veröffentlichen« ab Seite 269 und »Eine Diashow erstellen« ab Seite 262.

## Fotofavoriten auswählen

Mit dem neuen iOS 8 können Sie direkt und ganz schnell Ihre Fotofavoriten auswählen, die dann in einem eigenen Album angezeigt werden.

1. Um ein Foto zu einem favorisierten Bild zu machen, müssen Sie lediglich das Bild anzeigen lassen und unten mittig auf das kleine Herzchen (❶ auf Seite 252) tippen, das daraufhin blau ❷ ausgefüllt wird.

2. Die Fotofavoriten werden dann automatisch in den Ordner **Favoriten** 3 im Bereich der Alben eingeordnet.

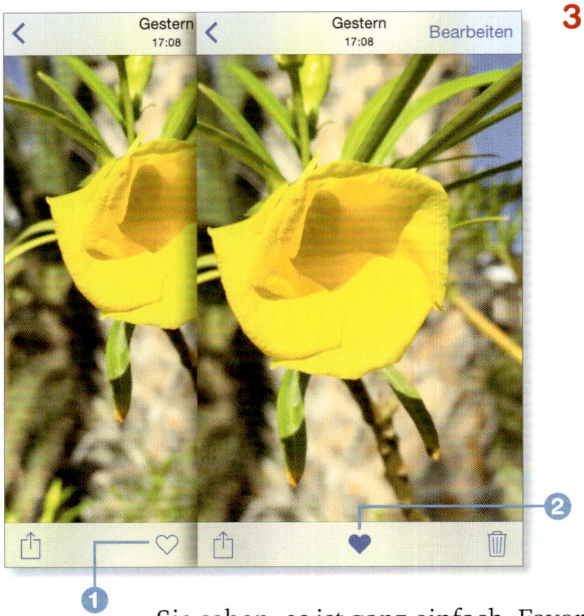


3. Um ein Bild wieder aus den Favoriten zu entfernen, gehen Sie den gleichen Weg in umgekehrter Richtung. Öffnen Sie das Bild in den Favoriten, und tippen Sie wieder auf das nun blaue Herzchen. Daraufhin wird die Füllung des Herzchens entfernt und das Bild aus den Favoriten gelöscht.

Sie sehen, es ist ganz einfach, Favoriten Ihrer Fotos zu erzeugen und sie auf diese Weise zu sortieren.

## Fotos direkt auf dem iPhone bearbeiten

Im neuen iOS sind auch recht ausgereifte Möglichkeiten hinzugekommen, um die eigenen Bilder auf dem iPhone zu bearbeiten. Sie können z. B. den Horizont gerade richten, verschiedene Bildformate auswählen, unterschiedliche Farbmodi zuweisen oder Licht, Farbe und Schwarz-Weiß-Werte anpassen oder – für die ganz Faulen – die Autokorrektur nutzen. Wie das alles funktioniert, sehen Sie hier.

### Horizont gerade richten, Bilder drehen und beschneiden

Um ein Foto gerade auszurichten, können Sie entweder auf die automatische Funktion zurückgreifen oder alles manuell einstellen.

1. Wählen Sie ein Foto aus, tippen Sie das Bild an und dann oben rechts auf **Bearbeiten** (1).

2. Sie gelangen auf die Bearbeiten-Oberfläche und können dort das Beschneiden-Werkzeug (2) anwählen.

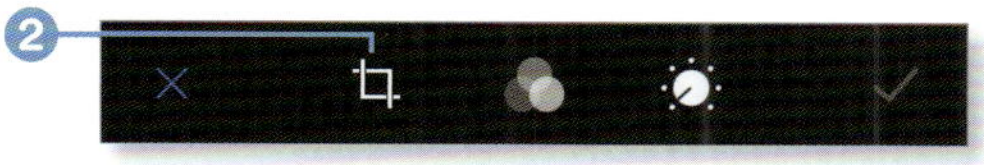


3. In der Ansicht zum Beschneiden und Bilddrehen haben Sie die Wahl, ob Sie Ihre Korrektur manuell vornehmen, indem Sie an der Skala (3) drehen, oder aber automatisch, indem Sie unten mittig auf den **AUTO**-Button (4) tippen. Mit der linken Schaltfläche (5) können Sie das Foto jeweils um 90 Grad drehen und mit der rechten Schaltfläche (6) vorausgewählte Bildformate nutzen. Natürlich können Sie Ihr Bild auch frei beschneiden, indem Sie an den Ecken (7) ziehen und so das gewünschte Format einstellen.

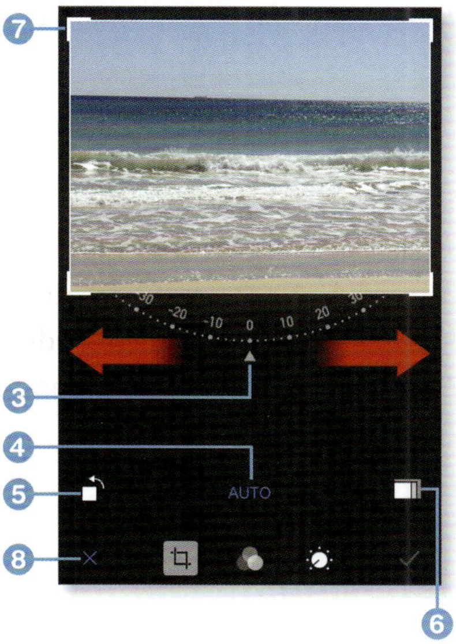


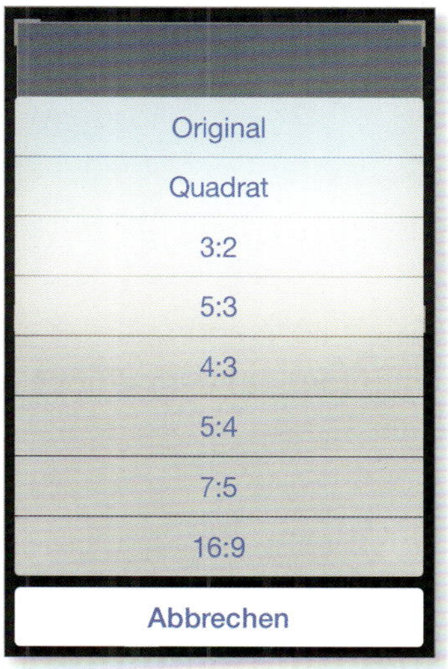


Einmal auf das blaue Kreuzchen (8) in der linken unteren Ecke getippt – und der Bearbeitungsmodus wird wieder beendet.

### Farbmodi zuweisen

Sie können übrigens auch im Nachhinein Ihren Bildern bestimmte Farbmodi zuweisen. Sie müssen das nicht schon beim Fotografieren tun.

1. Gehen Sie anfangs genauso vor wie in der obigen Anleitung, wählen Sie aber statt des Beschneiden-Werkzeugs (siehe Schritt 2 oben) das Farbmodi-Werkzeug 9 rechts daneben.

2. Wischen Sie weitere verschiedene Modi nach links ins Bild. Wählen Sie nun einen Modus durch Antippen aus, und bestätigen Sie dies mit einem Fingertipp auf das gelbe Häkchen 10 rechts unten.

Machen Sie hier mit den verschiedenen Farbmodi je nach Aufnahmesituation Ihre eigenen Erfahrungen.

### Licht und Farbwerte zuweisen

Noch eine genauere Fotobearbeitung gelingt Ihnen, wenn Sie den letzten Reiter in der Liste wählen. Hier geht es um Licht- und Farbwerte. Standardmäßig werden Ihnen Möglichkeiten in den Bereichen **Licht**, **Farbe** und **S/W** angeboten.

1. Wenn Sie vorne auf die Begriffe tippen, sehen Sie die Veränderungen am Bild direkt in einer Bildleiste 11 am unteren Rand. Diese Veränderung

betrifft jedoch alle Werte. Das erkennen Sie, wenn Sie auf das kleine Listensymbol ⑫ tippen, denn dann öffnen sich beispielsweise die einzelnen Einstellungen für Licht und die entsprechend eingestellten Werte. Der kleine graue Punkt zeigt übrigens den Ausgangszustand.

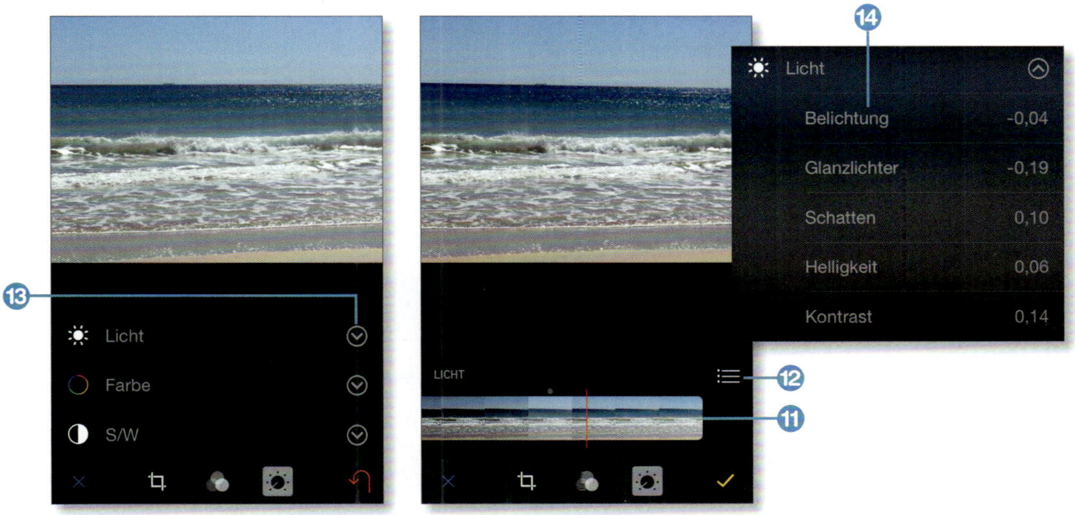


2. Natürlich können Sie auch die einzelnen Werte manuell anpassen, indem Sie auf die kleinen Pfeile ⑬ am rechten Rand tippen. Tippen Sie dann auf eine Rubrik, beispielsweise **Belichtung** ⑭, und Sie können diese manuell über eine Strichskala ⑮ variieren.

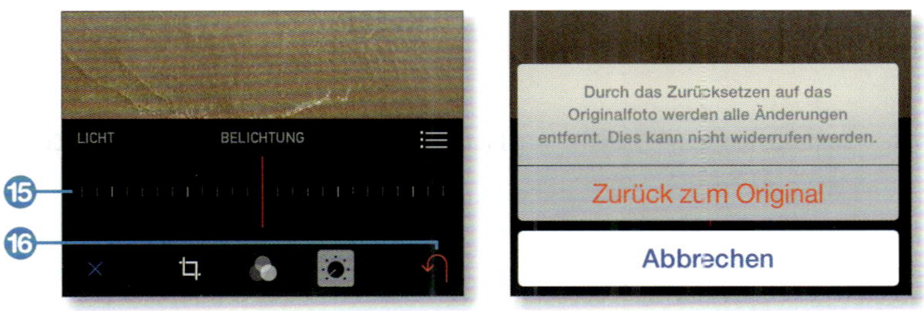


3. Ein Fingertipp auf den roten, gebogenen Pfeil ⑯, und Sie gelangen wieder zum Originalbild zurück, wenn eine Bearbeitung mal nicht so ausgefallen ist, wie Sie es sich wünschen.

Probieren Sie die verschiedenen Einstellungen doch einmal an Ihren Bildern aus, und Sie werden zu erstaunlichen Ergebnissen gelangen.

## Fotos drucken

Sie sind mit Ihrem iPhone auch in der Lage, die von Ihnen gemachten Fotos direkt via AirPrint-Technologie auszudrucken. Das ist allerdings nur dann möglich, wenn Sie auch über einen AirPrint-fähigen Drucker verfügen. Welche Drucker das sind, entnehmen Sie bitte der Apple-Website unter *http://support.apple.com/kb/HT4356?viewlocale=de_DE*. Wie das Drucken genau funktioniert, erfahren Sie in diesem Abschnitt.

1. Öffnen Sie das Bild, das Sie drucken möchten, und tippen Sie links unten auf **Teilen** ①.
2. Im zugehörigen Menü tippen Sie auf **Drucken** ② (ggf. müssen Sie vorher noch auf **Weiter** tippen).
3. Nun öffnet sich das Menü **Druckeroptionen**, in dem Sie einstellen, welchen Drucker Sie verwenden möchten ③ und wie oft Sie das Bild drucken wollen ④.

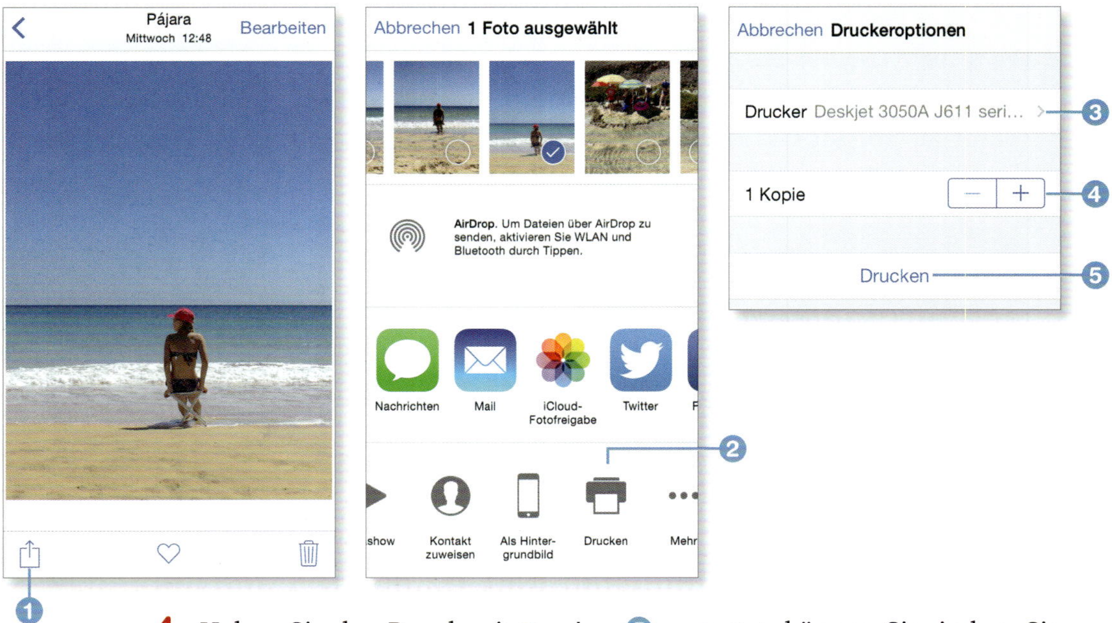


4. Haben Sie den Druck mit **Drucken** ⑤ gestartet, können Sie, indem Sie die Home-Taste zweimal schnell drücken, ins Menü **Druckinfos** hineinschauen (es steht dann auch in der Liste der geöffneten Apps).

**5.** Tippen Sie auf **Druckzentrale**, und Sie sehen sofort, welche Dokumentenart gerade gedruckt wird, auf welchem Drucker wie viele Kopien erstellt werden, ob doppelseitig gedruckt wird und wann der Druckauftrag gestartet wurde. Hier wird Ihnen auch der aktuelle Druckstatus angezeigt.

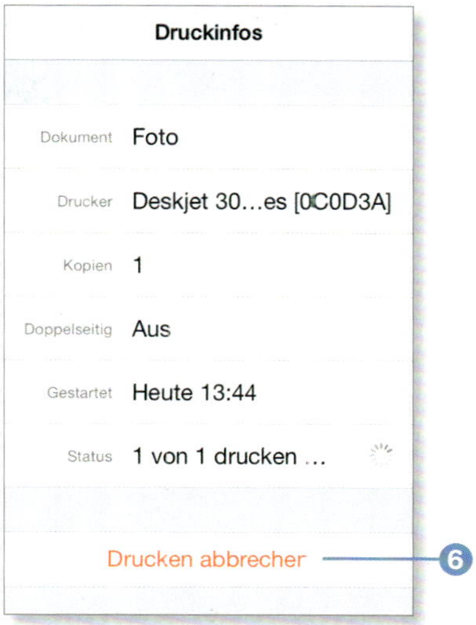


Wenn Sie doch nicht drucken wollen, tippen Sie einfach auf **Drucken abbrechen** 6. Nach dem Drucken verschwindet das Symbol **Druckzentrale** übrigens automatisch aus der Ansicht für die zuletzt verwendeten Apps.

> TIPP
>
> **Drucken auch ohne AirPrint-fähigen Drucker**
>
> Wenn Sie, wie ich auch, nicht über einen AirPrint-fähigen Drucker verfügen, müssen Sie trotzdem nicht auf diese Funktion verzichten. Es gibt Programme wie *handyPrint* (Mac) oder *AirPrint Activator* (PC), mit denen Sie Ihren Drucker über das heimische WLAN AirPrint-fähig machen. Diese Druckertreiber können Sie kostenlos testen. Probieren Sie es einfach aus.

## Die neue Fotomediathek

Apple hat in Zusammenarbeit mit der iCloud eine neue Funktion für die eigene Fotodatenbank eingeführt, die sogenannte *iCloud Fotomediathek*, die sich zum Zeitpunkt der Drucklegung dieses Buches allerdings noch im Betastadium befindet. Mit dieser Funktion können Sie alle Ihre Bilder von jedem Ihrer Geräte – ob iPhone, iPad, Mac oder PC – in die iCloud laden. Sie stehen Ihnen so auch auf jedem Ihrer Geräte zur Verfügung. Voraussetzung ist hierbei natürlich wie bei allen Onlinespeicher-Lösungen eine funktionierende Internetverbindung. Und so aktivieren Sie Ihre neue Fotomediathek:

1. Tippen Sie entweder auf **Einstellungen ▸ Fotos und Kamera**, oder gehen Sie über **Einstellungen ▸ iCloud ▸ Fotos**, und aktivieren Sie den Regler für **iCloud Photo Library (Beta)** ①. Entscheiden Sie darüber hinaus, ob Sie Ihre Fotos für den iPhone-Speicher optimieren möchten ② oder ob Sie die Option **Laden und Originale behalten** ③ vorziehen, welche natürlich mehr Speicherplatz benötigt.

2. Ist der Aktualisierungsprozess abgeschlossen, können Sie sich alle Ihre Fotos auch auf dem iPhone ansehen, da nun Ihre gesamte Mediathek hier gespeichert ist.

TIPP

**Was tun bei großen Fotobeständen?**

Bei großen Fotosammlungen reicht der kostenlose iCloud-Speicher mit seinen 5 GB vermutlich nicht aus. Sie können hier entsprechend iCloud-Speicher hinzukaufen.

## Fotostreams »Für alle«

Hinter dem Begriff *Für alle* verbergen sich alle Ihre iCloud-Fotofreigaben, die hier nun lediglich einen neuen Namen bekommen haben. Sie finden hier weiterhin Ihre Aktivitäten bzw. die verschiedenen Alben, die von Ihnen über die iCloud für bestimmte Personen freigegeben wurden. Sichtbar wird das Ganze wieder durch das kleine blaue Wolkensymbol 1, das die iCloud symbolisiert.

### Fotostream Familie

Der *Fotostream Family* ist eine Neuerung in iOS 8. Haben Sie beispielsweise mehrere Familienmitglieder in der Familienfreigabe zusammengefasst, so können Sie auch eigene Bilder in den Ordner *Family* ablegen, und jedes Familienmitglied kann diese Fotos dann direkt sehen. Weiteres zum Thema Familienfreigabe finden Sie im Abschnitt »Die Familienfreigabe nutzen« ab Seite 220.

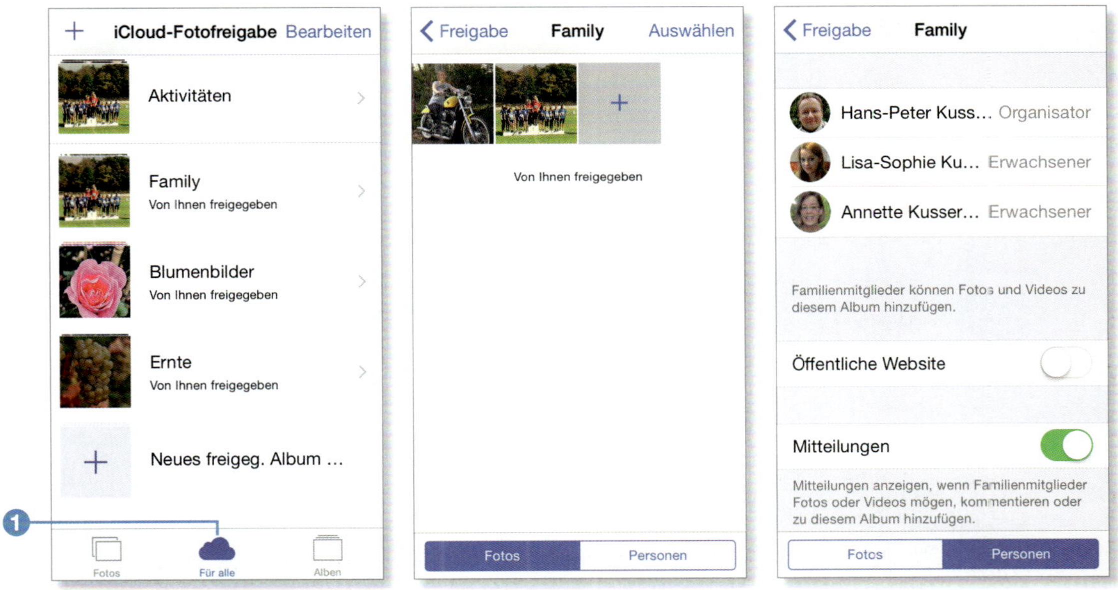


In der linken Abbildung sehen Sie die verschiedenen Alben, die Sie in iCloud freigegeben haben, in der Mitte dann die einzelnen freigegebenen Fotos eines Albums, hier »Family«, und rechts die Personen, die über die Familienfreigabe verknüpft sind. Das ist ein wirklich schönes Feature von iOS 8 und sehr praktisch. So müssen die Bilder nicht mehr unnötig hin- und hergeschickt werden.

## Die neuen Alben

Die neue Alben-Ansicht versammelt eine ganze Anzahl verschiedener Alben, wie z. B. **Alle Fotos**, **Favoriten**, **Panoramen**, **Videos**, **Slo-Mo**, **Zeitraffer**, **Serien** und **Zuletzt gelöscht**. Das sind die Standardalben, in die Ihre Fotos und Videos einsortiert werden.

Darüber hinaus können Sie natürlich weitere Alben Ihrer Wahl anlegen. Um ein neues Album anzulegen, gehen Sie wie folgt vor:

1. Tippen Sie oben links auf das Plussymbol ❶, und geben Sie Ihrem Album einen aussagekräftigen Namen. Tippen Sie dann auf **Sichern** ❷.
2. Wählen Sie nun die Bilder für Ihr Album aus. Diese werden mit einem kleinen weißen Häkchen in einem blauen Kreis gekennzeichnet ❸.
3. Das Album finden Sie dann in der Übersicht Ihrer Alben ❹. Tippen Sie darauf, um zu sehen, welche Fotos Sie hinzugefügt haben.

**INFO**

**Das Album »Zuletzt gelöscht«**

Hierbei handelt es sich um ein besonderes Album. Alle Bilder, die Sie vom iPhone löschen, werden automatisch in dieses Album geschoben. Sie haben dann insgesamt 30 Tage Zeit, um die Fotos wiederherzustellen, bevor sie automatisch und ohne Vorwarnung gelöscht werden. Bei jedem einzelnen Bild können Sie übrigens die noch verbleibende Verweildauer in diesem speziellen Album ablesen.

## Ganze Alben löschen

Wenn Sie das eine oder andere Album nach einer gewissen Zeit nicht mehr benötigen, so können Sie es auch wieder löschen. Gehen Sie wie folgt vor:

1. Tippen Sie in der Alben-Ansicht oben rechts auf **Bearbeiten**.

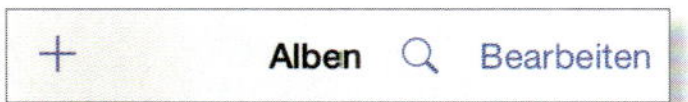


2. Wählen Sie das zu löschende Album aus, indem Sie auf das Minussymbol im roten Kreis 5 tippen. Tippen Sie anschließend auf **Löschen**.

5

3. Beenden Sie den Löschvorgang, indem Sie oben rechts auf **Fertig** tippen.

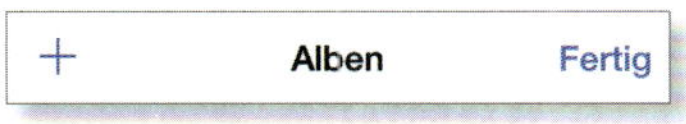


**INFO**

**Was passiert mit Fotos, die aus Alben gelöscht werden?**

Wenn Fotos aus Alben gelöscht werden, bleiben die Fotos selbst erhalten, da es sich dabei um Duplikate handelt.

## Eine Diashow erstellen

Als eine weitere interessante Funktion bietet Ihnen das iPhone die Möglichkeit, aus Ihren Bildern eine Diashow zu erstellen. Dabei ist es egal, ob es sich um Bilder aus einem Ihrer Fotoalben handelt oder um gerade aufgenommene Fotos.

1. Um eine Diashow zu erstellen, öffnen Sie die Fotos-App und tippen unter **Aufnahmen** oder in einem anderen von Ihnen angelegten Album in der Übersicht auf das Foto, mit dem Sie Ihre Diashow beginnen möchten.
2. Das Bild wird daraufhin groß dargestellt, und am unteren Rand wird eine Tab-Leiste eingeblendet. Tippen Sie darin auf **Teilen** ①.
3. Nun wird das ausgewählte erste Bild mit einem Häkchen versehen ②. Alle Bilder bis zum Ende des jeweiligen Ereignisses werden dabei in die Diashow mit aufgenommen.
4. Tippen Sie auf **Diashow** ③, um die letzten Einstellungen vorzunehmen.

5. Im nächsten Bildschirm können Sie die Übergänge zwischen den Fotos Ihrer Diashow sowie eine Hintergrundmusik festlegen. Tippen Sie also

zunächst auf **Übergänge** ④, und suchen Sie sich einen passenden Übergang aus, indem Sie darauf tippen. Er wird mit einem Häkchen gekennzeichnet ⑤.

6. Wenn Sie danach auf **Präsentation starten** ⑥ tippen, können Sie sich ansehen, wie der Übergang wirkt, und entscheiden, ob er Ihnen gefällt. Wenn nicht, wählen Sie einfach einen anderen aus wie im vorangegangenen Schritt beschrieben.

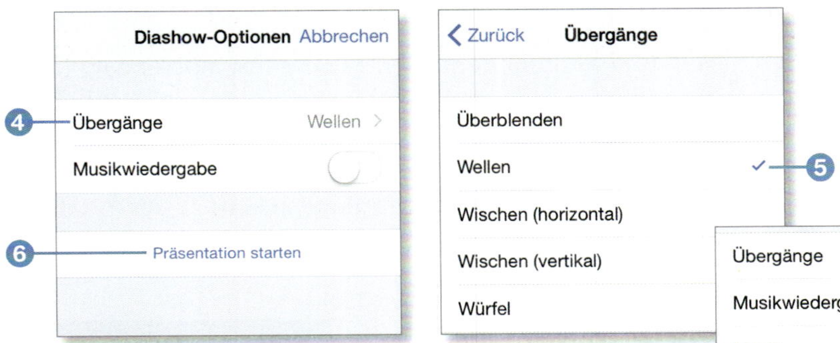


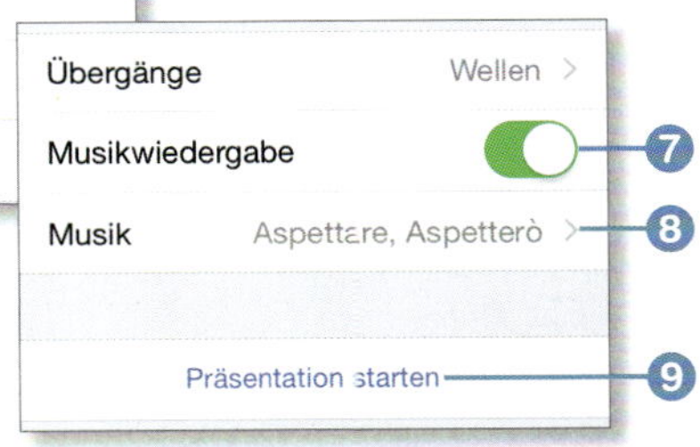


7. Wenn Sie möchten, wählen Sie jetzt noch eine Hintergrundmusik für Ihre Diashow aus. Aktivieren Sie dazu den Menüpunkt **Musikwiedergabe** ⑦. Daraufhin erscheint der Unterpunkt **Musik** ⑧; wenn Sie darauf tippen, können Sie ein passendes Lied auswählen. Natürlich können Sie nur Musik auswählen, die Sie auf Ihrem iPhone in der Musik-App gespeichert haben.

8. Zum Schluss tippen Sie auf **Präsentation starten** ⑨.

Mit dem letzten Fingertipp starten Sie Ihre Präsentation und können die Diashow mit Ihren Bildern, flotten Übergängen und der passenden Musik genießen!

### Diashows via AirPlay auf dem Fernseher abspielen

Sie können eine Diashow aber nicht nur auf Ihrem iPhone genießen, sondern sie auch anderen vorführen. Dafür kommt die AirPlay-Technik zum Einsatz. Folgendes sollte dafür vorhanden sein:

- ein aktives WLAN, in das sich auch Ihr iPhone einwählt
- Apple TV, das Sie über die HDMI-Schnittstelle an Ihren Fernseher angeschlossen haben

Wenn diese technischen Voraussetzungen erfüllt sind, müssen Sie nur noch die Diashow an den Fernseher schicken. Hier erfahren Sie, wie das funktioniert:

1. Schalten Sie auf Ihrem iPhone das WLAN ein, starten Sie Ihre Fotos-App, und wählen Sie ein Bild aus, mit dem Sie Ihre Diashow starten möchten.
2. Haben Sie Ihre Auswahl für die Diashow getroffen und das Menü **Diashow-Optionen** geöffnet (siehe Seite 262), wählen Sie im nächsten Schritt **Apple TV** ❶ zur Darstellung der Diashow aus und legen die Übergänge ❷ fest.

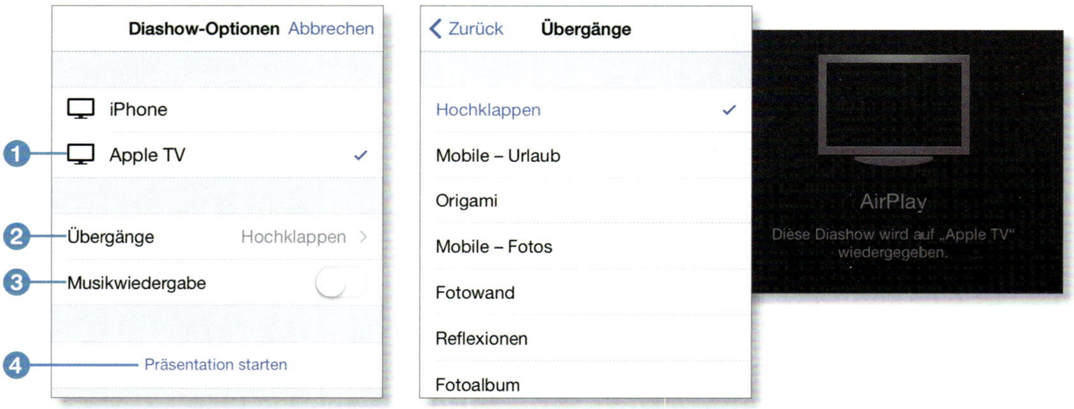


3. Auch beim Abspielen der Diashow über den Fernseher können Sie die Musikwiedergabe ❸ aktivieren und im Untermenü **Musik** das passende Stück zu Ihren Bildern auswählen.
4. Tippen Sie zum Schluss auf **Präsentation starten** ❹. Daraufhin wird die Ansicht an Ihrem iPhone ausgeschaltet und via AirPlay auf den Fernseher übertragen.

So genießen Sie Ihre Diashow auf dem eigenen Fernseher und können Ihre Fotos anderen präsentieren, ohne Ihr iPhone herumreichen zu müssen.

### Diashows via HDMI auf den Fernseher übertragen

Neben der AirPlay-Variante hat Apple einen Adapter entwickelt, mit dessen Hilfe Sie den Bildschirminhalt Ihres iPhones oder iPads auf dem Fernseher darstellen können.

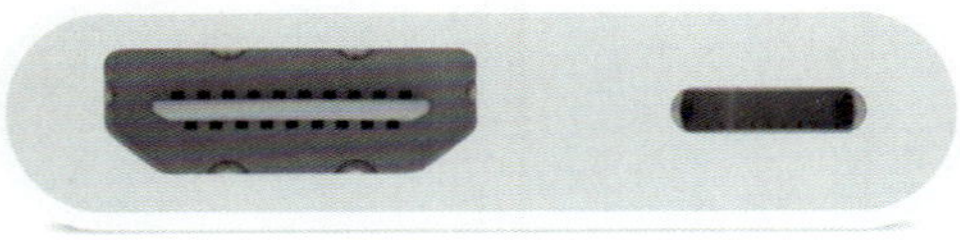

*Das Dock-Connector-Kabel für eine zusätzliche Stromversorgung schließen Sie auf der rechten Seite und das HDMI-Kabel auf der linken Seite an.*

*Passt, auch mit Adapter – das Dock-Connector-Kabel und das HDMI-Kabel sind angeschlossen.*

## Fotos per E-Mail oder MMS versenden

Die mit Ihrem iPhone 6 und 6 Plus erstellten Fotos können Sie Ihren Freunden zur Verfügung stellen, indem Sie sie versenden. Dazu haben Sie verschiedene Möglichkeiten. Versenden Sie die Bilder entweder per E-Mail oder als Nachricht (MMS), oder veröffentlichen Sie sie über soziale Netzwerke (siehe dazu den Abschnitt »Fotos bei Twitter und Facebook veröffentlichen«).

### Fotos per E-Mail versenden

Der klassische Weg, Fotos weiterzugeben, ist, sie per E-Mail zu verschicken. Das geht natürlich auch von Ihrem iPhone aus, sofern Sie einen Mail-Account eingerichtet haben (siehe dazu Kapitel 6, »E-Mails senden und empfangen«).

1. Wenn Sie ein Foto per E-Mail versenden möchten, wählen Sie es aus und tippen in der Tab-Leiste auf **Teilen** ❶.

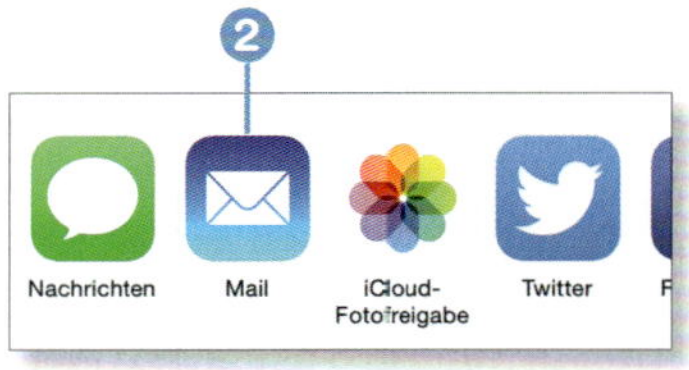


2. Weil Sie Ihr Foto ja per E-Mail verschicken möchten, tippen Sie auf dem nächsten Bildschirm auf **Mail** ❷.

3. Im nächsten Fenster müssen Sie festlegen, wie groß die Datei sein soll, die Sie verschicken. Sie können zwischen vier verschiedenen Optionen (**Klein**, **Mittel**, **Groß** und **Originalgröße**) wählen.
4. Ihre Mail-App öffnet sich mit einem Fenster für eine neue E-Mail, in der das Foto schon eingefügt ist. Geben Sie den Empfänger ❸, die Betreffzeile ❹ und ggf. weiteren Text ein.
5. Versenden Sie nun die E-Mail, indem Sie oben rechts auf **Senden** ❺ tippen. Beim Empfänger wird sie dann so angezeigt, wie Sie es im rechten Teil der folgenden Abbildung sehen.

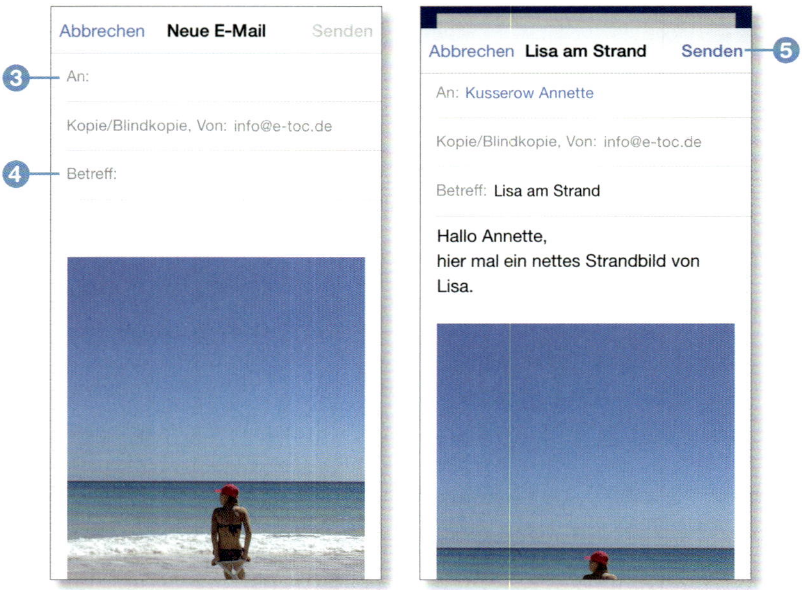


Selbstverständlich können Sie auch aus der Mail-App Fotos verschicken. Wie das geht, erfahren Sie im Abschnitt »Bilder und andere Medien per Mail versenden« ab Seite 148.

### Mehrere Bilder auf einmal versenden

Mit Ihrem iPhone können Sie natürlich auch mehrere Bilder auf einmal versenden und müssen dafür nicht immer eine neue E-Mail erstellen.

1. Wählen Sie in der Fotos-App die Bilder aus, die Sie versenden möchten, indem Sie erst einmal oben rechts auf **Auswählen** ⑥ tippen.
2. Mit einem Fingertipp auf die Bildervorschau markieren Sie die gewünschten Bilder. Ein ausgewähltes Bild wird mit einem Häkchen ⑦ gekennzeichnet.
3. Ist Ihre Auswahl vollständig, tippen Sie links unten auf die Schaltfläche **Teilen** ⑧.

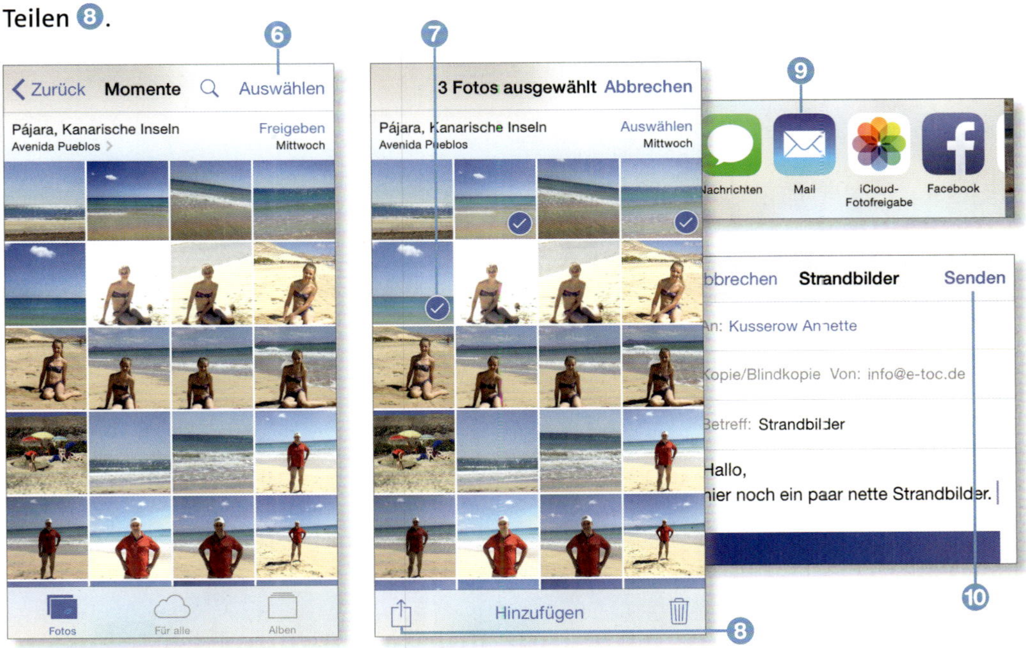


4. Tippen Sie im nächsten Menü auf **Mail** ⑨. Die Bilder werden direkt in Ihre E-Mail eingefügt, Sie müssen nur noch den Empfänger und ggf. einen Text hinzufügen und die E-Mail mit **Senden** ⑩ verschicken.

Vor dem Versenden können Sie noch entscheiden, mit welcher Dateigröße die Fotos verschickt werden sollen. Bei kleineren Größen geht die Datenübertragung naturgemäß wesentlich schneller.

### Fotos in einer Nachricht (MMS) versenden

Sie können Ihre Fotos auch über die Nachrichten-App als MMS versenden. Ihnen stehen dafür zwei Varianten zur Verfügung: Die eine geht von der Fotos-App aus und wird im Folgenden beschrieben. Zum anderen können Sie Ihre Bilder auch direkt aus der Nachrichten-App versenden, lesen Sie dazu den Abschnitt »Bild- und Videonachrichten versenden« ab Seite 98.

1. Öffnen Sie Ihre Fotos-App, und wählen Sie ein Foto aus.
2. Tippen Sie dann in der Tab-Leiste auf **Teilen** ①, und wählen Sie anschließend eine App für den Versand aus, hier **Nachrichten** ② (ggf. müssen Sie vorher noch auf **Weiter** tippen).

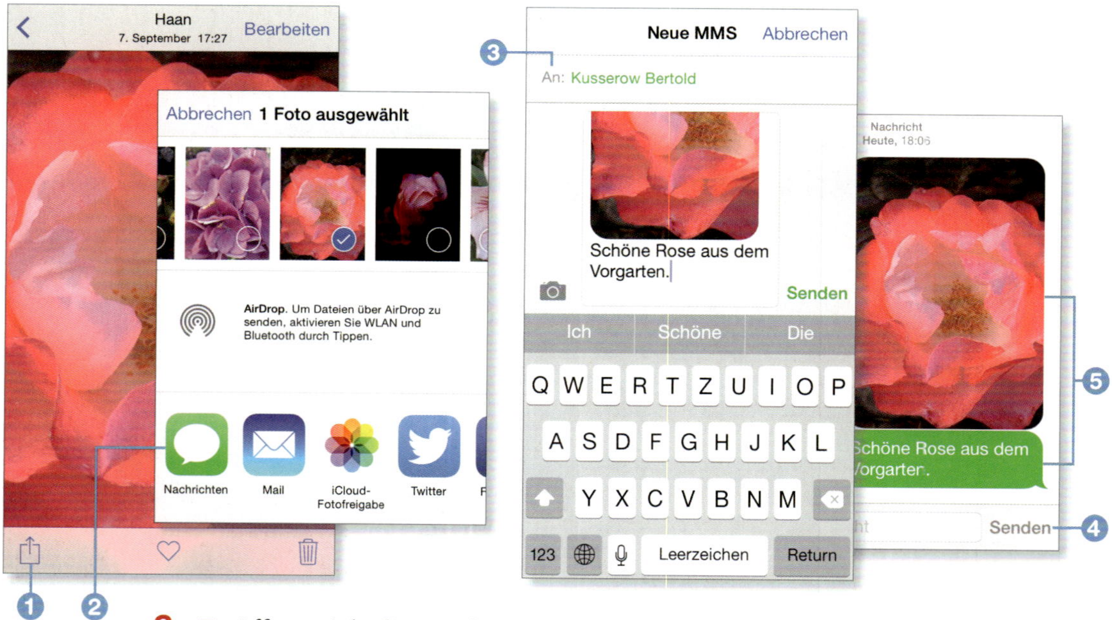


3. Es öffnet sich die Nachrichten-App; geben Sie manuell oder per Auswahl aus Ihren Kontakten einen Adressaten ein ③, schreiben Sie einen passenden Text dazu, und versenden Sie die Nachricht ④.

Wenn Sie, wie hier zu sehen, den Text in die gleiche Blase schreiben, in der auch das Bild steht, werden beide zusammen verschickt. Beim Empfänger und auch bei Ihnen werden in den **Gesendeten Nachrichten** Bild und Text dann trotzdem in zwei getrennten Blasen ⑤ angezeigt.

# Fotos bei Twitter und Facebook veröffentlichen

Heutzutage nutzen immer mehr Menschen die unterschiedlichsten sozialen Netzwerke. Ich werde Ihnen in diesem Abschnitt zeigen, wie Sie Ihre Fotos ganz einfach bei *Twitter* oder *Facebook* veröffentlichen.

## Foto als Tweet versenden

Seit iOS 5 bietet Ihr iPhone eine systemweite Twitter-Integration. Das bedeutet, dass Sie Bilder direkt aus der Fotos-App heraus als Tweet versenden können.

1. Geben Sie zunächst unter **Einstellungen ▸ Twitter** Ihre Twitter-Daten wie Name und Passwort ein. Sie müssen dies nur einmal tun, Ihr iPhone wird den Account dann in Zukunft verwenden.
2. Wählen Sie in Ihrer Fotos-App ein Bild aus, tippen Sie auf die Schaltfläche **Teilen** ①, und wählen Sie im Menü den Eintrag **Twitter** ② aus (ggf. müssen Sie vorher noch auf **Weiter** tippen).

3. Daraufhin wird ein Tweet erstellt, dem Ihr Foto angehängt wurde ③, und Sie können noch einen Text eingeben. Tippen Sie zu guter Letzt auf die Schaltfläche **Posten** ④, um Ihren Tweet zu veröffentlichen.

INFO

**Was ist Twitter?**

Twitter (englisch für *Gezwitscher*) ist ein Dienst im Internet, über den Sie kurze Nachrichten und Bilder veröffentlichen können. Sie bestimmen, wer diese Dinge sehen darf. Twitter dient als Kommunikationsplattform, soziales Netzwerk oder auch als öffentlich einsehbares Onlinetagebuch, hat sich aber inzwischen auch als Nachrichtendienst und politische Bühne etabliert.

### Foto an Facebook senden

Nicht nur über Twitter, auch bei Facebook können Sie Ihre Fotos der Öffentlichkeit preisgeben. Das Ganze funktioniert dann ähnlich wie zuvor für Twitter beschrieben.

1. Suchen Sie sich ein Bild in Ihrer Fotos-App aus, und tippen Sie auf die Schaltfläche **Teilen** 1.

2. Daraufhin öffnet sich das bereits bekannte Overlay-Menü (ggf. müssen Sie vorher noch auf **Weiter** tippen), in dem Sie diesmal auf die Schalt-

fläche **Facebook** ❷ tippen. Sie befindet sich rechts neben der **Twitter**-Schaltfläche, und Sie müssen sie zunächst mit einem Finger nach links in den Bildschirm hineinwischen.

3. Daraufhin wird ein neuer Post, also eine Facebook-Meldung, geöffnet, dem Ihr Foto bereits angehängt ist ❸. Nun geben Sie nur noch einen passenden Text zum Bild ein. Wenn Sie möchten, teilen Sie auch noch Ihren Standort ❹ mit.
4. Zum Schluss tippen Sie auf **Posten** ❺, um Ihre Nachricht mit Ihrem Foto für Facebook freizugeben.

Bei der Veröffentlichung oder dem Versenden von Fotos wird also eigentlich immer nach dem gleichen Schema vorgegangen. Versuchen Sie es; Sie werden sehen, es ist gar nicht so kompliziert.

## Ein Foto als Hintergrundbild einrichten

Grundsätzlich können Sie aus jedem Ihrer Fotos ein Hintergrundbild erstellen, wenn Sie es jeden Tag sehen möchten. Im Folgenden erfahren Sie, wie das geht:

1. Suchen Sie sich ein Bild aus Ihrer Fotos-App aus, tippen Sie auf **Teilen** ❶, und wählen Sie die Option **Als Hintergrundbild** ❷ (ggf. müssen Sie vorher noch auf **Weiter** tippen). Um diese Option zu sehen, müssen Sie die Auswahlleiste mit dem Finger nach links wischen.
2. Bewegen und skalieren Sie Ihr Foto, um den richtigen Ausschnitt zu finden, und tippen Sie auf **Sichern** (❸ auf Seite 272).

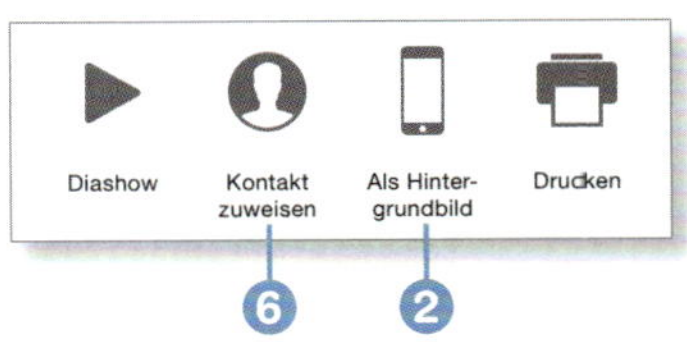


3. Zum Schluss weisen Sie Ihr Foto einem der beiden Bildschirme zu, also dem **Sperrbildschirm** oder dem **Home-Bildschirm**, oder aber Sie wählen den Menüpunkt **Beide** aus ❹.

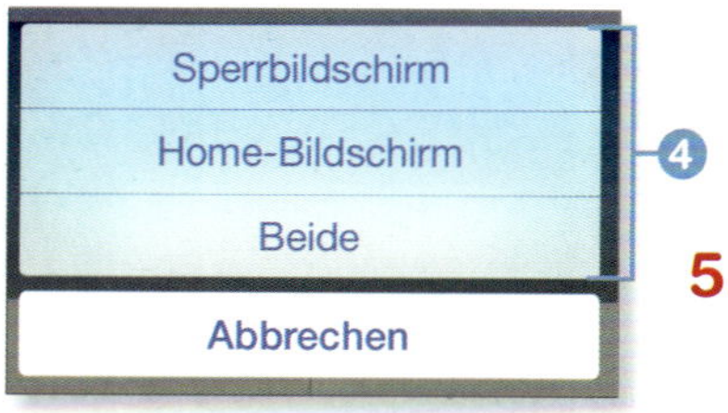

## Bilder für Ihre Kontakte

Sie können die Kontakteinträge in Ihrem Adressbuch mit entsprechenden Bildern versehen, um sie visuell ansprechender zu gestalten.

1. Öffnen Sie dazu Ihre Fotos-App, und wählen Sie ein Bild aus, um es einer Person zuzuordnen.
2. Dann tippen Sie auf **Teilen** (1 auf Seite 271) und wählen **Kontakt zuweisen** 6 (ggf. müssen Sie vorher noch auf **Weiter** tippen).
3. Die Kontaktliste öffnet sich, aus der Sie durch Antippen den Kontakt auswählen, dem das Bild zugeordnet werden soll.
4. Daraufhin öffnet sich das Foto wieder. Bewegen Sie es mit dem Finger, und skalieren Sie es bei Bedarf, um den schönsten Ausschnitt zu finden. Beenden Sie diese Aktion durch Tippen auf **Auswählen** 7.
5. Das Foto wird zu Ihrem Kontakt gespeichert und sieht in der Kontakte-App dann so aus, wie Sie es in der nächsten Abbildung sehen.

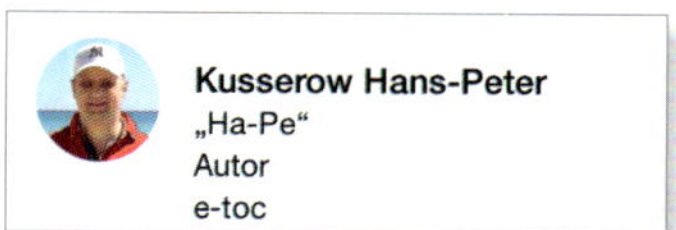


Wenn dieser Kontakt Sie das nächste Mal anruft, sehen Sie sein Foto auf dem Display. Um das Foto zu ändern, öffnen Sie den Kontakt, klicken oben rechts auf **Bearbeiten** und dann auf das Kontaktbild.

# Kapitel 11
# Videos aufzeichnen

Mist! Schon wieder keine Videokamera mitgenommen … Geht es Ihnen auch oft so: Immer wenn Sie eine Kamera gebrauchen könnten, haben Sie keine dabei? Das hat nun ein Ende, da im iPhone eine mittlerweile wirklich gute Kamera eingebaut ist. Sie können damit sich selbst oder andere ganz einfach filmen. Auch Filme in der Dämmerung sind kein Problem, genauso wenig wie die Nachbearbeitung auf dem iPhone selbst.

iStockphoto, Tabitha Patrick

*Videoschnitt ist auf dem iPhone ganz problemlos zu realisieren. Videoaufnahmen sowohl im Querformat als auch im Hochformat gehören zum Standardrepertoire des iPhones.*

## Ein Video aufnehmen

Es ist genauso einfach, ein Video mit dem iPhone aufzunehmen, wie damit zu fotografieren. Gehen Sie folgendermaßen vor:

1. Starten Sie die Kamera-App, und wischen Sie den Text über dem Auslöser nach rechts, sodass der Begriff **Video** gelb hervorgehoben ist ❶. Daran erkennen Sie, dass die Videofunktion aktiviert ist. Der Auslöser verändert sich und wird zu einer **Aufnahme**-Schaltfläche ❷, die Sie vielleicht von Videokameras kennen.

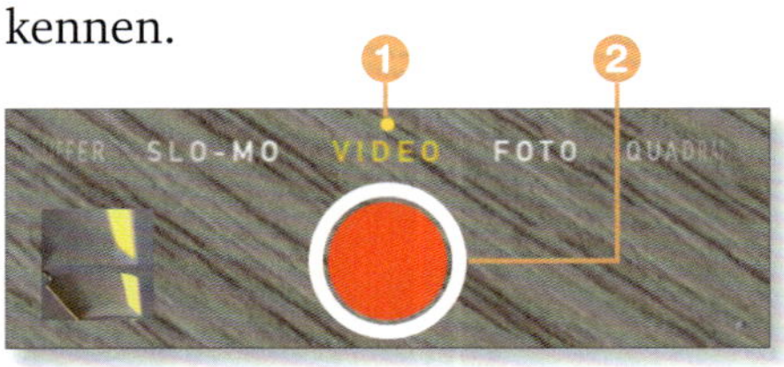

2. Tippen Sie darauf, wird die Videoaufnahme sofort gestartet. Die **Aufnahme**- wird dann zu einer **Stopp**-Schaltfläche ❸. Die laufende Aufnahme erkennen Sie außerdem daran, dass oben in der Mitte eine Uhr ❹ mitläuft und dass links neben dieser Aufnahmezeit ein roter Punkt zu blinken beginnt.

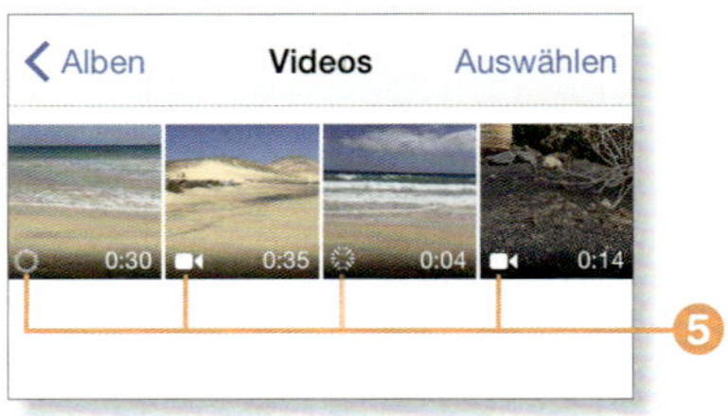


3. Wenn Sie den Film beenden möchten, tippen Sie wieder auf den Auslöser. Ihre Aufnahme wird daraufhin – paradoxerweise – automatisch der Fotos-App hinzugefügt. Sie finden das Video zusammen mit Ihren Fotos im Ordner **Aufnahmen** und erkennen es daran, dass das Vorschaubild mit einer kleinen Videokamera bzw. Symbolen für Zeitraffer und Slow Motion ❺ und einer Zeitangabe versehen wurde.

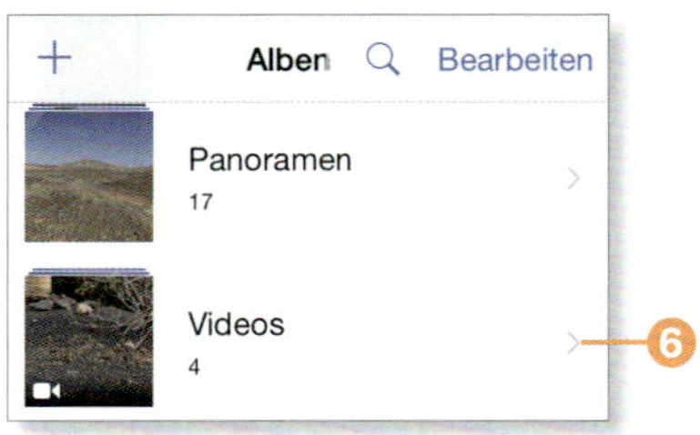

Sie können aber auch ausschließlich Ihre Videos aufrufen, indem Sie in der Fotos-App den Ordner **Videos** 6 öffnen.

INFO

**Das iPhone 6 Plus bringt Bewegung in Filme**

Wer ein iPhone 6 Plus besitzt und gerne bewegte Aufnahmen macht, kann sich freuen: Es verfügt gegenüber dem iPhone 6 zusätzlich über einen Bildstabilisator, der eine wirklich gute Korrektur bei »Wacklern« vornimmt. So können Sie etwa jemanden filmen, der mit einem Fahrrad neben Ihnen herfährt, und bekommen dennoch ruhige Bilder.

Wenn Sie mit der integrierten Kamera Filme aufnehmen, werden diese, wie gesagt, in der Fotos-App gespeichert. Die App Videos speichert hingegen nur TV-Sendungen und Filme, die Sie entweder aus iTunes importiert oder aber im iTunes Store käuflich erworben haben.

TIPP

**Ein Video und gleichzeitig ein Foto aufnehmen**

Wenn Ihnen während des Filmens ein schönes Motiv vor die Linse kommt, können Sie gleichzeitig ein Foto davon machen – Ihre Filmaufnahme läuft dabei weiter. Tippen Sie hierzu einfach auf den weißen Knopf 7 links unten, und machen Sie das Foto.

7

## Während des Filmens zoomen

Die Kamera des iPhones bietet Ihnen einen dreifachen Zoom, den Sie während des Filmens anwenden können. Mit ein wenig Übung gelingen Ihnen so weiche und sanfte »Kamerafahrten« in Ihren Videos. Probieren Sie es doch gleich einmal aus:

1. Starten Sie die Aufnahme, indem Sie den Auslöser drücken.

2. Möchten Sie nun näher an Ihr Motiv heranzoomen, ziehen Sie zwei Finger langsam auf dem Display auseinander, etwa so, als würden Sie ein Foto vergrößern. Wenn Sie das ganz behutsam machen, zoomen Sie Stück für Stück an Ihr Filmobjekt heran.

3. Möchten Sie dann wieder herauszoomen, also zur ursprünglichen Ansicht zurückkehren, ziehen Sie zwei Finger auf dem Display zusammen. Sie entfernen sich dann wieder von Ihrem Motiv.

Während des gesamten Zoomvorgangs wird Ihr Motiv automatisch fokussiert, sodass Ihre Aufnahme zu jeder Zeit scharf bleibt.

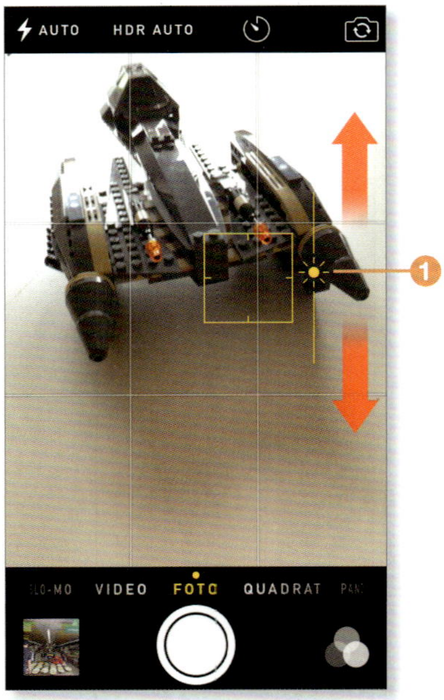


## Helligkeit während des Filmens einstellen

Als besonderes Feature im neuen Betriebssystem Ihres iPhones 6 können Sie nun schon beim Filmen die Helligkeit der Aufnahme beeinflussen, indem Sie neben dem kleinen Sonnensymbol 1 den Finger entweder nach oben über das Display gleiten lassen, um das Video heller zu machen, oder nach unten bewegen, um das Video dunkler zu gestalten. Diesen Effekt der Helligkeitsänderung können Sie übrigens direkt im Bild mitverfolgen und entsprechend anpassen, bis Sie das gewünschte Ergebnis erzielt haben. Nehmen Sie dann einfach den Finger wieder vom Display.

## Hoch- oder Querformat?

Selbstverständlich können Sie Ihre Videos mit dem iPhone sowohl im Hochformat als auch im Querformat aufnehmen. Das Hochformat kann hier auch ganz nett sein. Allerdings sollten Sie beachten, dass die meisten Videoausgabegeräte Filme im Querformat besser darstellen, sodass es sich anbietet, Ihre Filme sofort im Querformat aufzuzeichnen.

Vergleichen Sie einmal die beiden Aufnahmen, die ich im Hochformat und im Querformat erzeugt habe. Wird das im Hochformat aufgenommene Video auch im Hochformat abgespielt (oberes Bild), müssen Sie keine Verluste in der Bilddarstellung hinnehmen. Hingegen wirkt ein im Hochformat aufgenommenes Video, wenn es im Querformat abgespielt wird (rechts), wegen der breiten schwarzen Streifen sehr klein.

Auch wenn Sie mit einem Doppelklick auf den Bildschirm die Darstellung eines im Hochformat aufgenommenen Videos so vergrößern wollen, dass der komplette Bildschirm ausgefüllt ist, verlieren Sie sehr viel an Darstellungsfläche, wie Sie in der mittleren Abbildung erkennen. Ein Film, der im Querformat aufgenommen wurde, lässt sich hingegen viel besser und mit deutlich weniger Verlusten im Vollbildmodus darstellen.

*Eine Querformataufnahme nutzt den iPhone-Bildschirm viel besser aus als eine Aufnahme im Hochformat.*

**TIPP**

**Videos starten im Querformat**

Schon seit geraumer Zeit gibt es beim iPhone die Möglichkeit, die Lautstärkeknöpfe an der linken Seite als Auslöser zu verwenden. Das funktioniert auch im Videomodus. Besonders praktisch ist das, wenn Sie im Querformat filmen möchten.

## Filmen mit dem True-Tone-Hilfslicht

Sie können beim Filmen in dunklen Umgebungen genau wie beim Fotografieren das eingebaute True-Tone-Hilfslicht nutzen, um Ihre Aufnahme etwas aufzuhellen. So gelingen Ihnen schöne Filme, auch wenn nur wenig Licht vorhanden ist.

Um das True-Tone-Hilfslicht einzuschalten, gehen Sie vor wie beim normalen Blitzen (siehe dazu den Abschnitt »Die Blitzfunktion nutzen« ab Seite 250). Tippen Sie auf das Blitzsymbol und anschließend auf **Ein**, dann wird Ihre Szenerie gut ausgeleuchtet.

Hier sehen Sie die gleiche Szene einmal ohne Hilfslicht (links) und einmal mit dem True-Tone-Blitz des iPhones (rechts). Der Abstand zum gefilmten Objekt lag bei ungefähr einem Meter. Sie sehen, dass sich in manchen Fällen der Einsatz des Hilfslichtes durchaus lohnen kann.

*Links sehen Sie eine normale Aufnahme ohne Hilfslicht und rechts die Aufnahme mit dem True-Tone-Blitz.*

> **HINWEIS**
>
> **Stromfresser True-Tone-Hilfslicht**
>
> Einen Nachteil hat das True-Tone-Hilfslicht allerdings: Es benötigt viel Strom. Sie werden merken, dass schon nach kurzer Zeit der Akkuladezustand rapide abnehmen wird. Nutzen Sie das Hilfslicht also mit Bedacht.

## Filme direkt nach der Aufnahme anschauen und aussortieren

Genauso wie beim Fotografieren können Sie sich Ihre Aufnahme, direkt nachdem Sie sie gemacht haben, anschauen und entscheiden, ob Sie sie eventuell löschen möchten.

1. Um sich das zuletzt gefilmte Video anzuschauen, tippen Sie auf die kleine Bildvorschau 1.

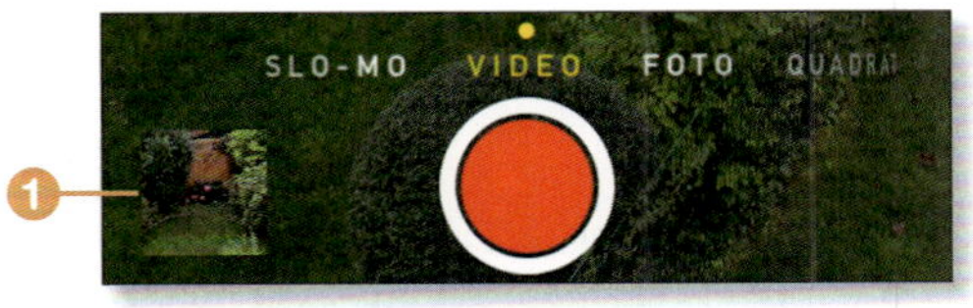


2. Dann spielen Sie das Video ab, indem Sie in der Mitte oder am unteren Rand des Bildschirms auf **Play** 2 tippen.
3. Um das Video zu löschen, tippen Sie auf das Papierkorbsymbol 3 in der Tab-Leiste und wählen im zugehörigen Menü **Video löschen** 4 aus.

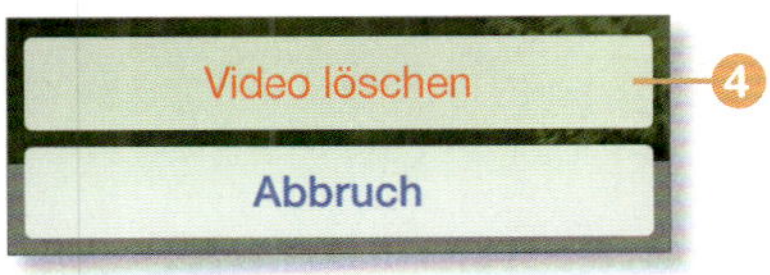


Kehren Sie anschließend durch Tippen auf die Schaltfläche **Fertig** in der rechten oberen Ecke in die Videoansicht zurück. Auf diese Art überfrachten Sie Ihren Speicher nicht mit Videos, die nicht Ihren Ansprüchen genügen.

INFO

**Videos am iPhone anschauen**

Sie finden Ihre selbst gedrehten Videos in der Fotos-App. Videos erkennen Sie in der Vorschau daran, dass ein kleines Kamerasymbol und die Länge des Videos angezeigt werden. Tippen Sie auf das Vorschaubild, und starten Sie anschließend die Wiedergabe, indem Sie auf die **Video**-Schaltfläche tippen.

## Filme auf dem iPhone bearbeiten

Sicherlich ist das iPhone kein ausgewiesenes Videoschnittgerät. Allerdings können Sie Ihren Videoclip recht genau am Anfang und am Ende in der Länge kürzen. Man nennt das *trimmen*.

1. Öffnen Sie die Fotos-App, und wählen Sie im Ordner **Videos** mit einem Fingertipp den Clip aus, den Sie bearbeiten möchten.

2. Das Video wird aufgerufen. Gleichzeitig erscheint oben eine Bearbeitungsleiste mit kleinen Einzelbildern Ihres Videos (die Trimmspur ❶). Um die Funktion **Trimmen** zu aktivieren, tippen Sie auf den linken oder rechten Rand dieser Bearbeitungsleiste.

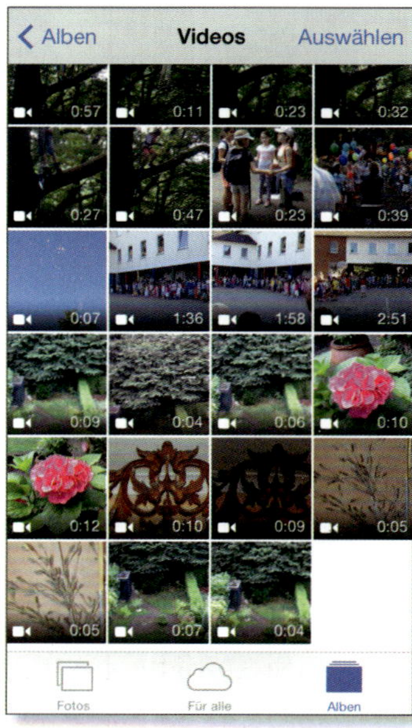


3. Die Leiste wird nun gelb umrahmt, und dieser Rahmen kann an beiden Enden bewegt werden ❷. Ziehen Sie den Rahmen so weit nach rechts oder links, bis Sie jeweils den Punkt erreicht haben, an dem Sie Ihr Video schneiden möchten. Hier habe ich einfach den Anfang drastisch gekürzt.

TIPP

**Hochformat oder Querformat?**

Sicherlich können Sie Ihre Filme sowohl im Hochformat als auch im Querformat bearbeiten. Ich möchte Ihnen aber das Querformat ans Herz legen, da die Trimmspur entsprechend länger wird, wenn Sie das Querformat benutzen. Auch Filme, die Sie im Hochformat gedreht haben, können Sie im Querformat besser bearbeiten.

4. Tippen Sie auf **Kürzen** 3. Daraufhin können Sie noch entscheiden, ob Sie den Originalfilm kürzen oder ihn zuvor als neuen Clip abspeichern und den Originalfilm behalten möchten 4.

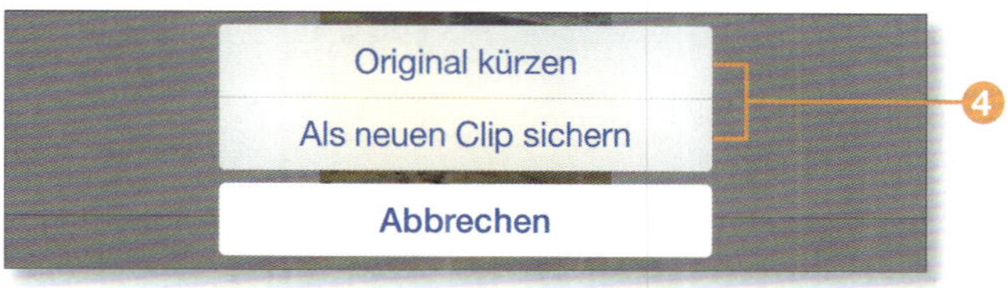


TIPP

**Originale behalten**

Wenn Sie einen Videoclip z. B. im Urlaub drehen, können Sie diese Aufnahmen später nicht mehr wiederholen. Wenn Sie also einen Filmclip bearbeiten, sollten Sie ihn immer als neuen Clip sichern, um das Originalvideo nicht unwiederbringlich zu zerstören. Arbeiten Sie also immer mit einer Kopie, bevor Sie es verändern.

Wenn Sie Ihre Videoclips bearbeitet haben, können Sie diese Filme anschließend an Ihre Bekannten und Freunde versenden. Dazu bietet Ihnen das iPhone verschiedene Möglichkeiten – z. B. per Mail oder MMS (siehe dazu den folgenden Abschnitt).

## Filme per E-Mail oder MMS versenden

Wie Sie Fotos und Videos mit der Mail-App per E-Mail verschicken, haben Sie bereits im Abschnitt »Fotos per E-Mail oder MMS versenden« ab Seite 265 erfahren. Das Ganze funktioniert aber auch direkt aus der Fotos-App (vorausgesetzt, Sie haben einen Mail-Account eingerichtet, siehe dazu den Abschnitt »Einen Account manuell anlegen und verwalten« ab Seite 132).

1. Wählen Sie in Ihrer Fotos-App aus dem Ordner **Videos** ein schönes Video aus, das Sie weitergeben möchten.

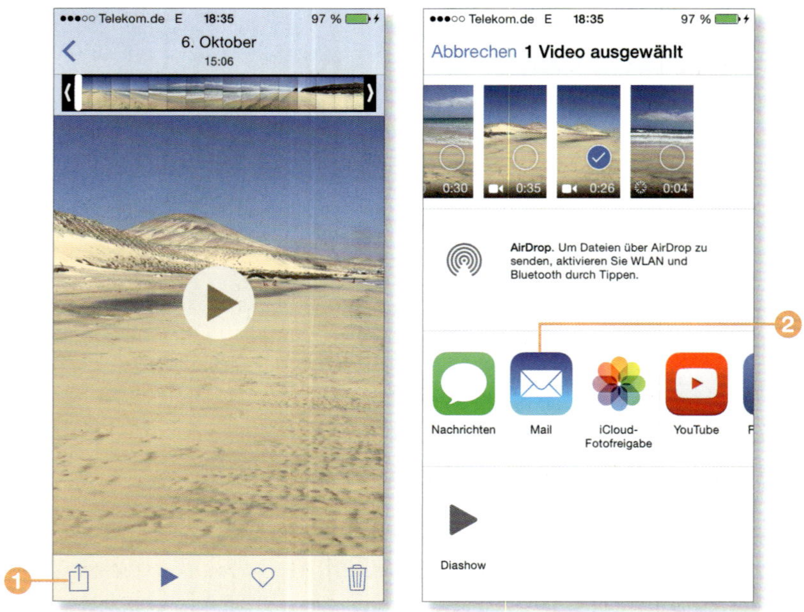


2. Tippen Sie links unten auf **Teilen** 1, und wählen Sie im dann erscheinenden Overlay-Menü den Eintrag **Mail** 2 aus.

**3.** Daraufhin wird das Video zum besseren Versand automatisch komprimiert, und es öffnet sich die Mail-App mit einer neuen E-Mail, an die Ihr Video bereits angehängt ist ③. Geben Sie den Adressaten und einen Betreff ein ④, und schreiben Sie, wenn Sie mögen, noch weiteren Text dazu.

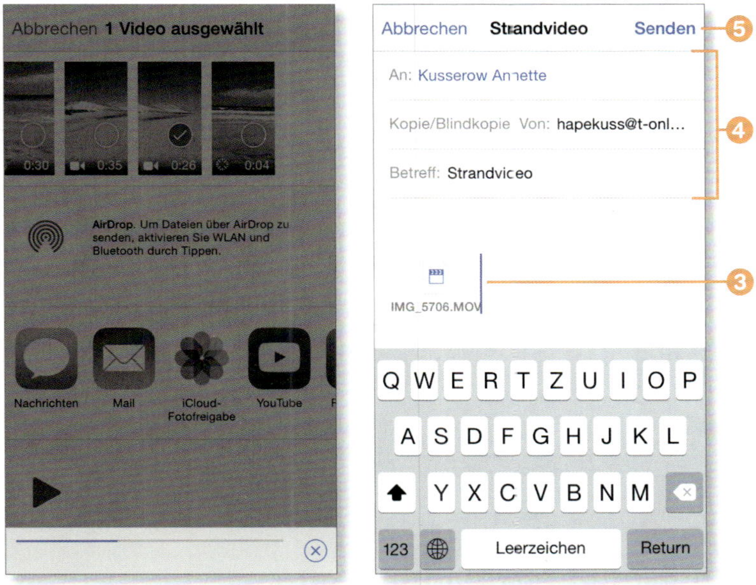


**4.** Sobald Ihre E-Mail fertiggestellt ist, tippen Sie oben rechts auf die Schaltfläche **Senden** ⑤.

Der Empfänger erhält daraufhin wenig später eine E-Mail, die Ihr Video enthält, und bekommt – sofern er die Mail von einem Mac oder einem iPhone aus abruft – auch gleich ein Vorschaubild angezeigt. Er kann das Video nun mit einem Klick auf die **Play**-Schaltfläche abspielen, oder er lädt es sich zuerst als Datei auf seinen Computer und spielt es dann ab.

Wenn Sie ein Video per *MMS* (SMS mit Multimedia-Inhalt) verschicken wollen, gehen Sie genauso vor, nur dass Sie in Schritt 2 anstelle von **Mail** die Option **Nachrichten** auswählen.

> **INFO**
>
> **Videos zu YouTube, Facebook und Co. hochladen**
>
> Übrigens können Sie Ihre Videos auch ganz leicht zu YouTube, Facebook oder Vimeo hochladen. Das funktioniert genauso wie der E-Mail-Versand, allerdings müssen Sie bei dem jeweiligen Dienst angemeldet sein und die entsprechende App installiert haben.

## Slow-Motion-Aufnahmen machen

Mit dem iPhone können Sie auch Slow-Motion-Aufnahmen machen. Bei der Wiedergabe wird die normale Bildfrequenz von 30 FPS entweder auf 120 FPS oder auf 240 FPS (Frames per Second) erhöht, wodurch die Wiedergabe des Films um das Vierfache bis Achtfache verlangsamt wird.

1. Öffnen Sie die Kamera-App, schieben Sie die Menüleiste nach rechts bis zur Einstellung **Slo-Mo** 1, und tippen Sie rechts auf **120 FPS** 2, um entweder mit 120 oder 240 FPS aufzunehmen.
2. Nun können Sie ganz normal filmen (siehe dazu auch den Abschnitt »Ein Video aufnehmen« ab Seite 274).
3. Wenn Sie sich das Video nach der Aufnahme direkt anschauen, sehen Sie am oberen Rand die Videobildleiste 3 und darunter eine Reihe kleiner Striche unterschiedlicher Breite. Die auseinanderliegenden blauen Striche 4 symbolisieren den Slow-Motion-Teil. Sie können den Start- und den Endpunkt Ihrer Zeitlupenaufnahme verändern, indem Sie die schwarzen Striche am Anfang und am Ende dieses Bereichs verschieben.

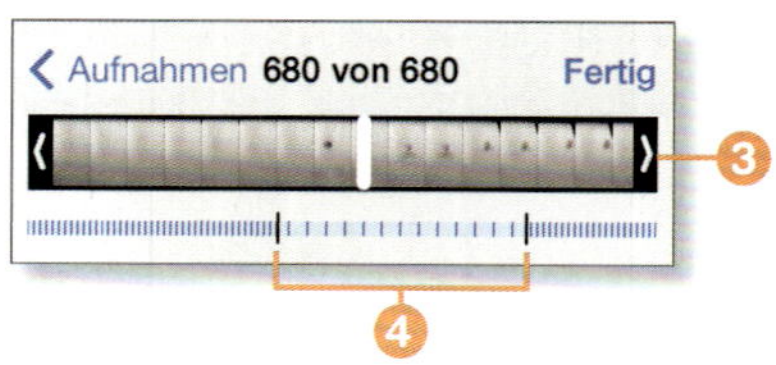

Für Zeitlupenaufnahmen besonders interessant sind Bewegungen, also Sportaufnahmen, Naturaufnahmen von fliegenden Vögeln oder Ähnliches. Probieren Sie den Zeitlupenmodus aus! Ich garantiere Ihnen viel Spaß mit dieser kreativen Funktion.

INFO

**Sich selbst geschickt filmen**

Selbstverständlich können Sie sich auch selbst filmen. Dazu müssen Sie oben rechts auf das Kamerasymbol tippen, denn dann stellt das iPhone auf die displayseitige FaceTime-Kamera um.

Tippen Sie einfach auf die rote **Aufnahme**-Schaltfläche, und beginnen Sie zu filmen. Sie können dabei übrigens auch das mitgelieferte

Kopfhörerkabel als »Fernbedienung« nutzen. Drücken Sie einfach auf das Plus, schon beginnt die Aufnahme.

## Zeitrafferaufnahmen für beschleunigte Bewegungen

Genau das Gegenteil der Slow-Motion-Funktion liefert Ihnen die neu mit iOS 8 eingeführte Zeitrafferfunktion für beschleunigte Bewegungen. Die Funktion befindet sich links neben der Slow-Motion-Funktion, sodass Sie von dort noch einmal weiter nach rechts wischen müssen, um diese nutzen zu können.

Tippen Sie auch hier zunächst auf den Startbutton, und filmen Sie Ihr Motiv im Zeitraffer.

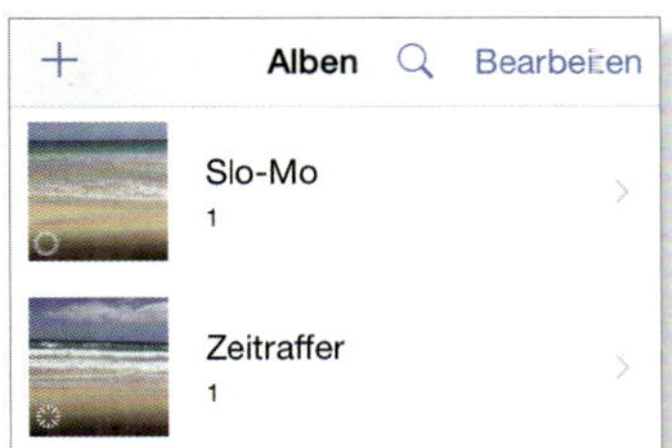


Slow-Motion- als auch Zeitraffervideos werden in den Alben der App Fotos jeweils in einem eigenen, automatisch so benannten Ordner dargestellt. Zudem werden diese Videos auch im Ordner **Videos** abgelegt.

> **INFO**
>
> **iMovie-App für iPhone 6 und iPhone 6 Plus gratis im App Store**
>
> Allen Käufern des iPhones 6 und 6 Plus stellt Apple die intuitiv zu bedienende Videoschnitt-App *iMovie* kostenlos im App Store zur Verfügung.

## Video-Teilen-Menü den eigenen Bedürfnissen anpassen

Sie können darüber hinaus auch das Teilen-Menü Ihren eigenen Bedürfnissen anpassen. Tippen Sie hierzu im Teilen-Menü rechts auf die mit **Mehr** bezeichneten drei Punkte ❶, und ändern Sie entweder die Reihenfolge der Menüpunkte, indem Sie auf die drei Striche tippen und mit gedrücktem Finger den jeweiligen Menüpunkt nach oben oder unten verschieben ❷, oder, falls Sie nicht über einen Facebook- oder einen Vimeo-Account verfügen, schalten Sie diese Menüpunkte aus ❸.

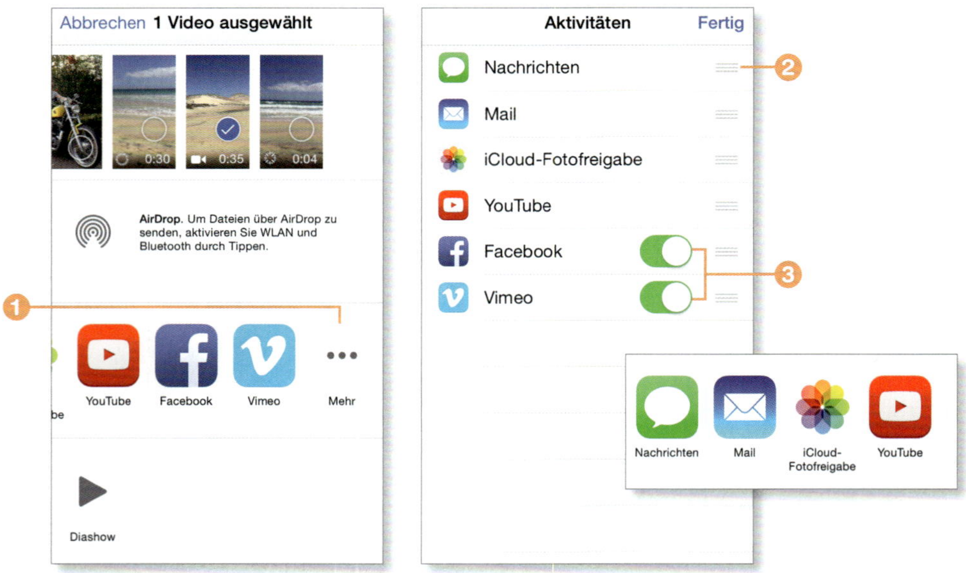


Das Menü wird auf diese Weise übersichtlicher, und Sie können den jeweils benötigten Menüpunkt schneller auswählen.

# Kapitel 12
# Karten und Navigation

Schon für iOS 7 hat Apple die *Karten*-App komplett neu gestaltet. Sie verfügt nicht nur über frei skalierbare, vektorbasierte Karten, sondern auch über eine integrierte Navigation und einen 3D-Modus. Auch eine Verkehrsinfo ist mit an Bord. In diesem Kapitel erfahren Sie, welche einzelnen Anwendungsmöglichkeiten hinzugekommen sind und wie die neue Karten-App im Detail funktioniert.

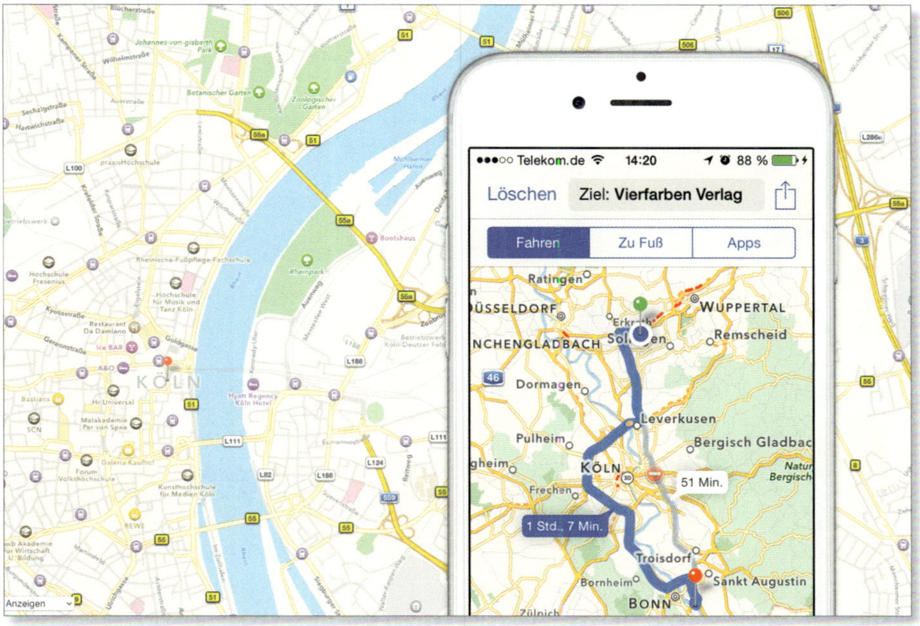


*Mit Ihrem iPhone gelingt Ihnen die Navigation nicht nur im Inland, sondern auch über Grenzen hinweg.*

## Die Ansichten der neuen Karten-App

Die Karten-App ist eine der von Apple vorinstallierten Applikationen. Sie verfügt über einige Ansichtsmodi, die ich Ihnen hier vorstellen werde. Tippen Sie auf das kleine **i** ❶ am rechten unteren Rand der Tab-Leiste, um die Karteninfos »hochzuklappen«.

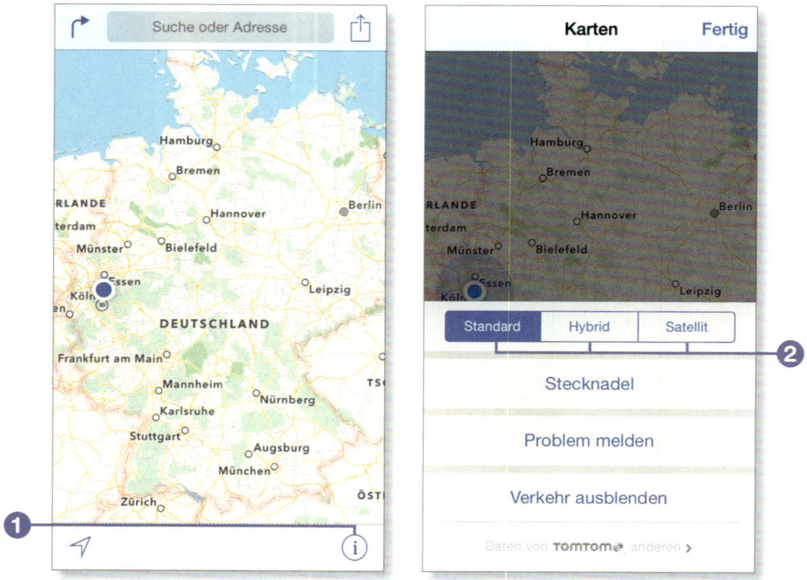


Sie wechseln zwischen den einzelnen Ansichten, indem Sie auf den entsprechenden Begriff ❷ tippen. Folgende Ansichten stehen Ihnen dann zur Verfügung: Standard, Hybrid und Satellit.

Je nachdem, für welche Ansicht Sie sich entschieden haben, sehen Sie die Darstellung auf Ihrem iPhone (nachdem Sie die Karteninfos mit einem Fingertipp auf die Karte wieder geschlossen haben): Sie erkennen in der folgenden Abbildung die normale Kartenansicht (links), die Hybrid-Ansicht (Mitte) und die Satellit-Ansicht (rechts). Der blaue Punkt gibt Ihre ungefähre Position an, die das iPhone über GPS geortet hat (siehe dazu den Abschnitt »Die eigene Position finden« ab Seite 291). In allen drei Ansichten können Sie zoomen, indem Sie die Finger auf dem Display auseinanderziehen.

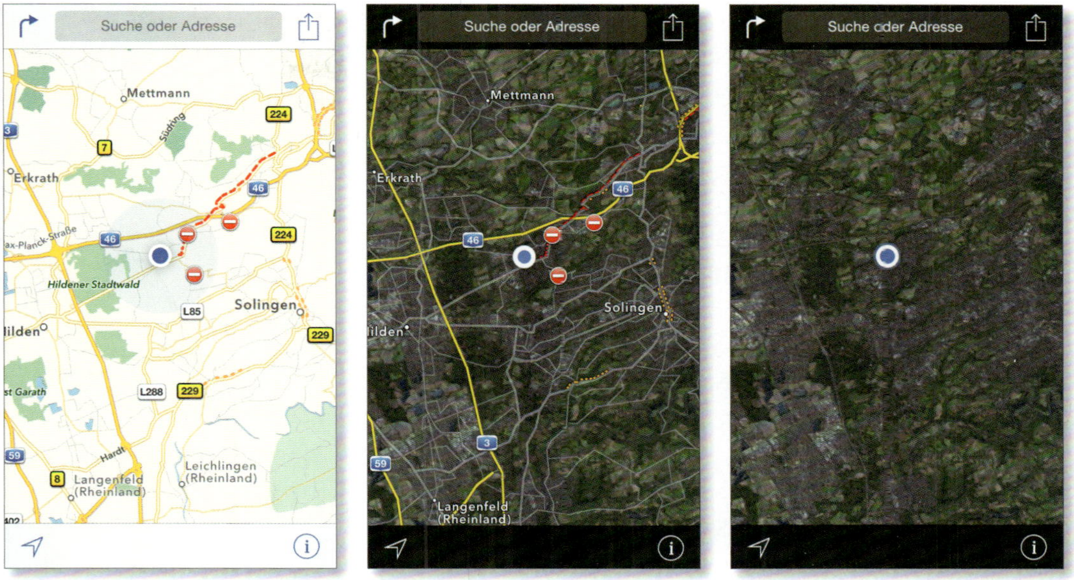


In den beiden Ansichten **Standard** und **Hybrid** können Sie sich zusätzlich die aktuelle Verkehrssituation einblenden lassen. Öffnen Sie dazu wieder die Karteninfos, und tippen Sie darin auf **Verkehr** ❸.

Die rot gestrichelten Abschnitte bedeuten Beeinträchtigungen im Verkehrsfluss bis hin zum Stau ❹, die roten Warnschilder ❺ stehen für Sperrungen des Teilstücks, und die orangefarbenen Baustellenzeichen ❻ bedeuten, dass es hier eine größere Baustelle gibt.

Sie können sich auch noch detailliertere Informationen zur aktuellen Verkehrssituation anzeigen lassen. Tippen Sie dazu entweder auf ein Baustellenschild oder auf ein Sperrungssymbol. Wenn Sie auf das sich öffnende Etikett tippen, erhalten Sie zusätzliche Informationen zu dem angetippten Ereignis. Wenn Sie oben links auf **Karte** ⑦ tippen, gelangen Sie jeweils wieder zurück zur Kartenansicht.

## GPS-Empfang einstellen

Um aber überhaupt vernünftig mit der Karten-App navigieren zu können, müssen Sie erst einmal den GPS-Empfang (*Global Positioning System*) einstellen. Und das geht so:

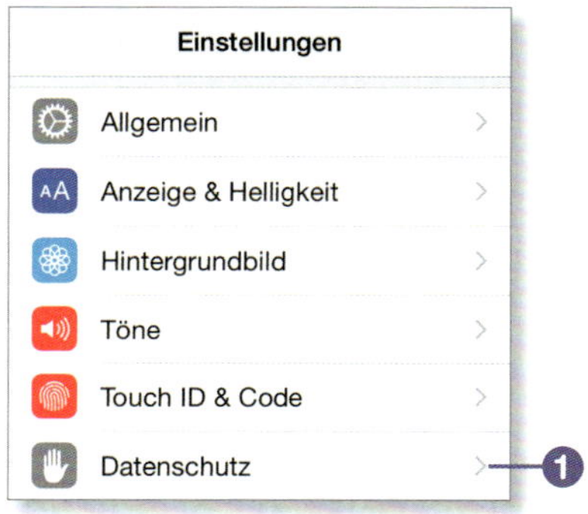


1. Um den GPS-Empfang bzw. die Ortungsdienste einzustellen, öffnen Sie zunächst das Menü **Einstellungen ▸ Datenschutz** ①.
2. Tippen Sie dann auf **Ortungsdienste** ②, und aktivieren Sie die Funktion, indem Sie den zugehörigen Regler ③ nach rechts schieben.

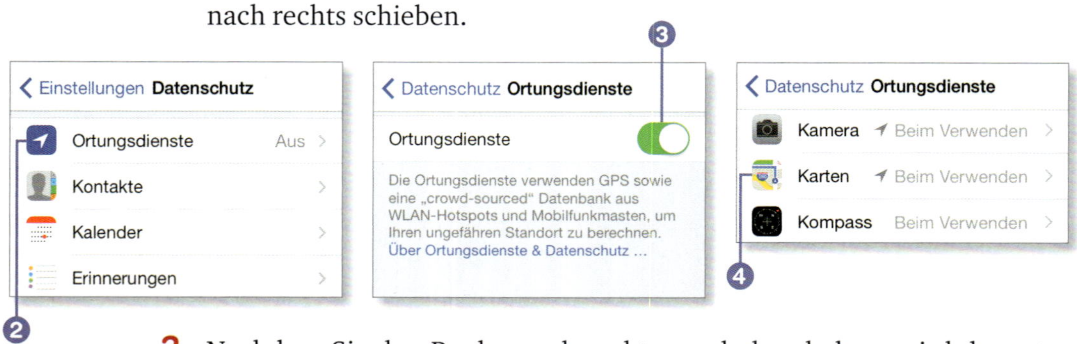


3. Nachdem Sie den Regler nach rechts geschoben haben, wird darunter eine Liste aller Apps eingeblendet, die Ortungsdienste verwenden. Auf die Weise können Sie auch noch im Einzelnen bestimmen, welche App die GPS-Funktion nutzen darf und welche nicht. Schieben Sie die Liste nach oben, um alle Apps zu sehen. Bei **Karten** ④ sollte die Funktion aktiviert sein, wenn Sie die App zur Navigation nutzen möchten.

Das gilt natürlich auch, wenn Sie Navigationssysteme wie Navigon, TomTom oder andere nutzen. Diese Apps müssen Sie auch für die Ortung freischalten.

# Die eigene Position finden

Egal, wo Sie sich gerade aufhalten, die Karten-App ist in der Lage, Ihre exakte Position ohne Probleme zu bestimmen, wenn Sie sich z. B. einmal verlaufen haben. Öffnen Sie die Karten-App, und tippen Sie links unten auf den kleinen Pfeil ①. Dieser färbt sich daraufhin komplett blau. Wenn Sie genügend Empfang haben, sehen Sie nach wenigen Sekunden einen blauen Punkt ②, der Ihre ungefähre Position anzeigt (über GPS geortet).

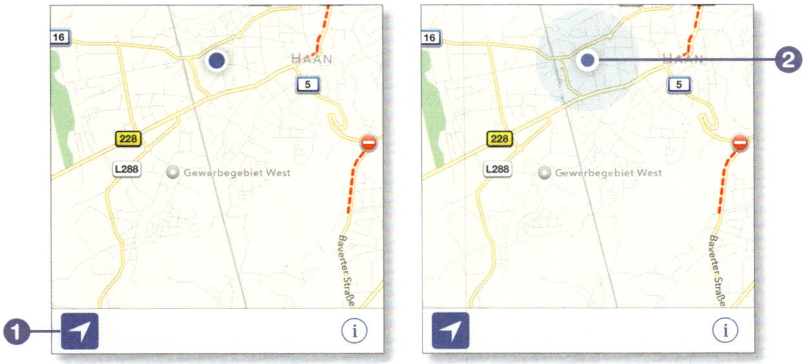


Dass der Suchvorgang des GPS-Systems im Gange ist, erkennen Sie an einem halbtransparenten Kreis um den Punkt herum. Je größer der halb transparente Teil um den Kreis ist, desto ungenauer ist die GPS-Ortung.

INFO

**So erkennen Sie ein eingeschaltetes GPS-Signal**

Sie können sofort erkennen, ob Sie die Ortungsdienste für die Karten-App eingeschaltet haben: Oben rechts in der Menüleiste befindet sich dann nämlich ein kleiner schwarzer Pfeil ③, der das eingeschaltete GPS-Signal symbolisiert.

Sollten Sie sich einmal in einer fremden Stadt nicht so gut auskennen und nicht genau wissen, in welche Richtung Sie gerade blicken, hilft Ihnen Ihr iPhone auch hier weiter. Wenn Sie in der Karten-App unten links auf die Schaltfläche mit dem Pfeil tippen, wird die GPS-Erkennung wie beschrie-

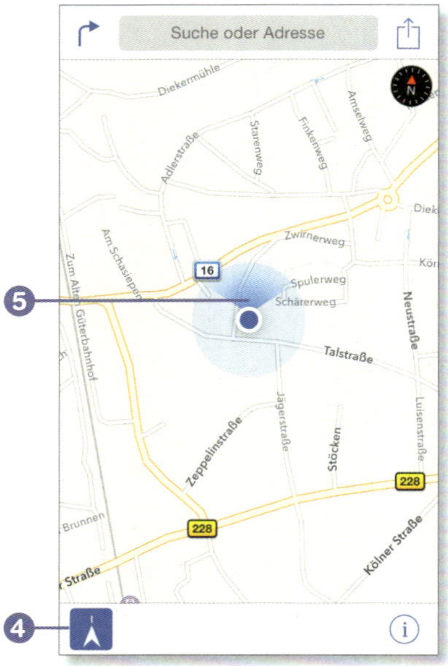


ben aktiviert, und der Pfeil färbt sich blau. Tippen Sie ein zweites Mal auf diesen Pfeil, verändert er sich nochmals ❹. Die Ansicht wird dann dank des eingebauten Kompasses so geändert, dass Sie genau sehen können, in welche Richtung Ihr iPhone jetzt zeigt ❺.

So wissen Sie immer, in welche Richtung Sie sich wenden müssen, um zu Ihrem Ziel zu gelangen. Darüber hinaus wird in der oberen rechten Ecke auch noch ein kleiner Kompass eingeblendet, der Ihnen die Himmelsrichtung anzeigt, in die Sie gerade blicken.

INFO

**Der Kompass**

Das iPhone verfügt über einen eingebauten digitalen Kompass, der zusätzlich zum GPS für die Positionsbestimmung eingesetzt wird. Er wird bei Bedarf in der rechten oberen Ecke der Karten-App eingeblendet. Zusätzlich steht Ihnen die mitgelieferte *Kompass*-App zur Verfügung, die den Kompass auf dem kompletten Display anzeigt, sodass Sie die Himmelsrichtung noch viel präziser ablesen können.

## Die Karten-App als Routenplaner

Mit der Karten-App können Sie auch eigene Routen planen, die Sie dann wie mit einem klassischen Navigationssystem abfahren. Dieses Navigationsfeature kann mittlerweile also sogar ein handelsübliches Navigationssystem ersetzen. Sie geben dabei die Zieladresse entweder manuell ein oder verwenden Adressen aus Ihren Kontakten. In diesem Abschnitt erfahren Sie, wie das genau geht.

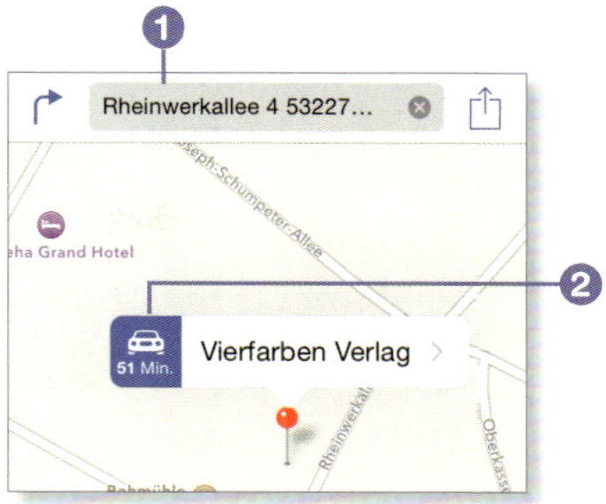


Stellen Sie sich vor, Sie möchten einen Geschäftsfreund besuchen, dessen Adresse Sie bereits in Ihren Kontakten gespeichert haben. Dann gehen Sie wie folgt vor:

1. Öffnen Sie die Karten-App, und tippen Sie oben in das Suchfeld ❶ den Namen bzw. die Anfangsbuchstaben des Kontaktes ein, den Sie in Ihrem Adressbuch abgespeichert haben. Er wird Ihnen dann in den Ergebnissen angezeigt, und Sie können einfach darauf tippen.
2. Haben Sie den Kontakt ausgewählt, ortet das GPS die Adresse, und diese wird sofort in der Karte angezeigt. Wenn Sie jetzt auf das Autosymbol ❷ des Kontaktetiketts tippen, werden Ihnen verschiedene Routenvorschläge angezeigt.

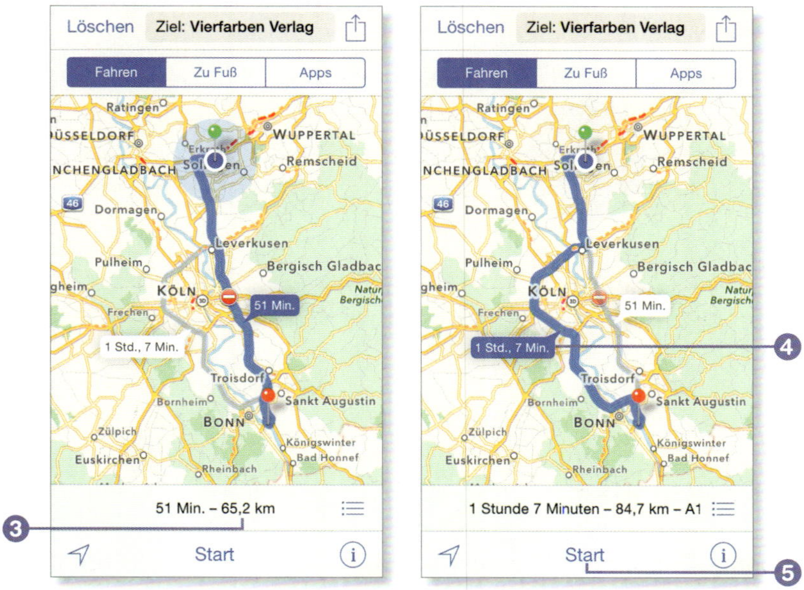


3. Die Unterschiede in der Länge der jeweiligen Route erkennen Sie anhand der Streckeninformationen ❸. Um zwischen den Routenvorschlägen zu wechseln, tippen Sie einfach auf das jeweilige Etikett mit der Fahrtdauer ❹, hier: **51 Min.** oder **1 Std. 7 Min.**

4. Um die Navigation zu starten, tippen Sie auf **Start** (❺ aus Seite 293).

5. Sie werden dann Stück für Stück durch die Strecke geführt. Im oberen Bereich sehen Sie jederzeit, wie viele Kilometer es noch bis zum Ziel sind und wann Sie in etwa ankommen werden.

6. Wenn Sie oben auf die Routeninfos tippen, wird Ihnen unten in der Mitte der Menüpunkt **Liste** für die Listenansicht ❻ angezeigt. Wenn Sie darauf tippen, sehen Sie eine Liste mit allen Stationen der Route (ganz rechts in der Abbildung). Dabei wird der letzte Routenhinweis auch noch einmal von Siri angesagt bzw. angezeigt.

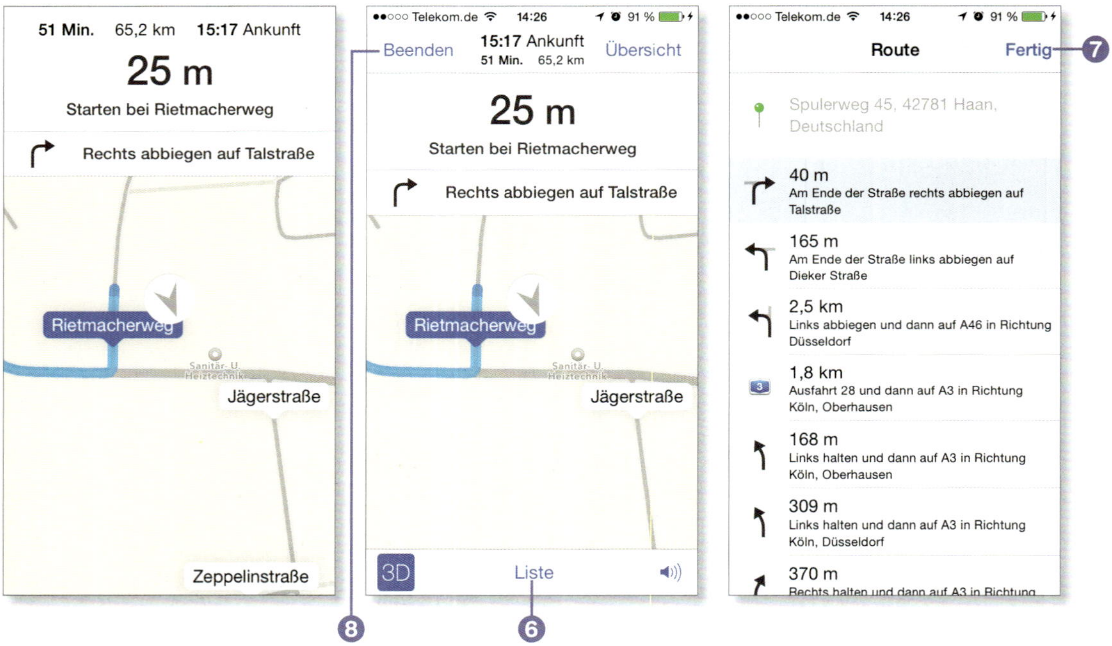


7. Tippen Sie auf **Fertig** ❼, um wieder in die Kartenansicht der aktuellen Navigationsanfrage zu gelangen.

8. Mit **Beenden** ❽ schließen Sie die Navigation und kehren zum Eingabebildschirm der Karten-App zurück.

Natürlich können Sie das Ziel Ihrer Fahrt auch manuell eingeben, wenn Sie die Adresse nicht in den Kontakten gespeichert haben. Dazu gehen Sie wie folgt vor:

1. Tippen Sie auf den kleinen blauen Pfeil ⑨, der nach rechts geknickt ist.
2. So öffnet sich ein Eingabefenster, in dem Sie Start und Ziel Ihrer Reise eingeben ⑩. Im Feld **Start** steht **Aktueller Ort**, weil Ihr iPhone davon ausgeht, dass Sie Ihre Reise sofort beginnen möchten. Es ortet Sie und berechnet die Route von Ihrem aktuellen Standort aus. Sie können aber selbstverständlich auch einen anderen Ort eingeben. Um den Eintrag in einem Feld zu löschen, tippen Sie darauf und drücken entweder die Löschen-Taste auf Ihrer Tastatur oder tippen auf das Kreuzchen ⑪ im Feld.

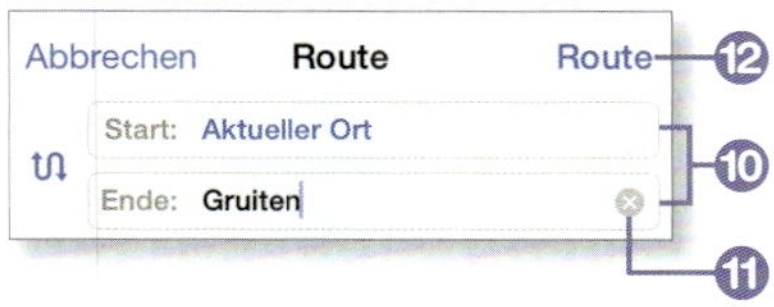


3. Zum Schluss tippen Sie auf **Route** ⑫, und schon wird Ihre Reiseroute berechnet wie eben beschrieben.

In der Übersichtsansicht der Routen sehen Sie drei Schaltflächen: **Fahren**, **Zu Fuß** und **Apps**. Was es damit auf sich hat, erkläre ich Ihnen im nächsten Abschnitt.

## Unterschiede für Fußgänger, Autos und Apps

Es gibt Unterschiede in der Navigation – abhängig davon, ob Sie mit dem Auto oder zu Fuß eine bestimmte Route zurücklegen ❶. Ich werde Ihnen das anhand eines Beispiels verdeutlichen.

Ich habe eine kurze Route zwischen Haan und der Nachbarstadt Gruiten gewählt. Die Distanz zwischen beiden Städten beträgt ungefähr 3 bis 4 km. Der Unterschied in den Routen ist hier ganz deutlich zu erkennen. Das Auto ❷ benötigt für 5 km 11 Minuten. Der Weg des Fußgängers ❸ ist ein komplett anderer – hier kann natürlich nicht die gleiche Straße gewählt werden wie für das Auto –, und er benötigt für einen 4,3 km langen Weg 52 Minuten. Apps ❹ verweist auf weitere Navigations-Apps, z. B. Fahrpläne für die öffentlichen Verkehrsmittel, die Sie im App Store herunterladen können (Stand: Oktober 2014).

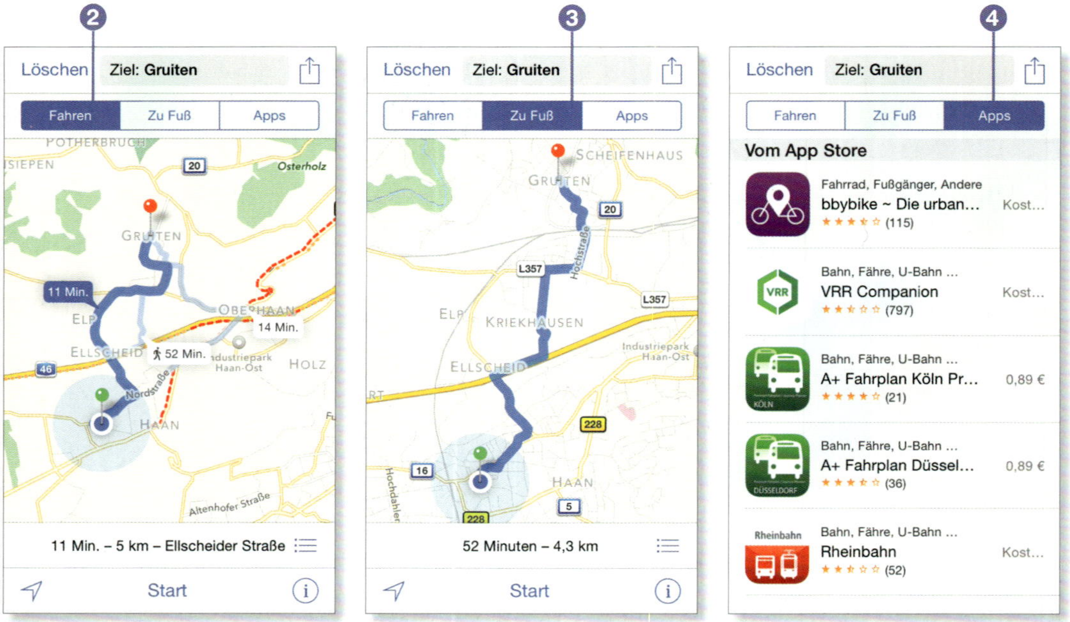


Um sich als Fußgänger von der Karten-App navigieren zu lassen, tippen Sie bei der Eingabe der Route auf das mittlere Icon mit dem Fußgänger und dann wie gehabt oben rechts auf **Start**. Streichen Sie die Etiketten von rechts nach links, um von einem Wegpunkt zum nächsten zu gelangen.

**INFO**

### Genauigkeit des GPS-Signals

Sie können auf den ersten Blick erkennen, wie genau das entsprechende GPS-Signal ist, das Sie empfangen. Je genauer das Signal ist, desto kleiner wird der den Punkt umgebende Kreis. Die Positionsbestimmung links ist noch relativ ungenau, rechts daneben ist sie schon wesentlich exakter.

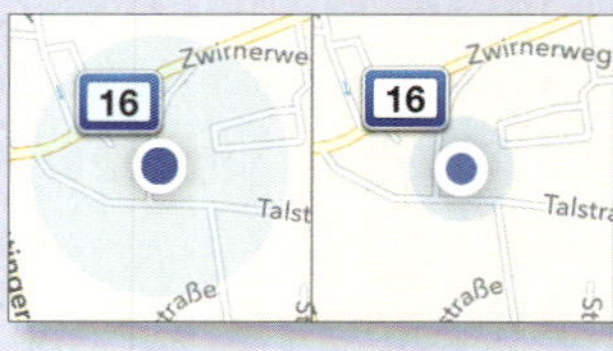

## Adressen suchen

Ein ganz großer Vorteil der Karten-App ist die Möglichkeit, gezielt nach bestimmten Adressen zu suchen. Die entsprechende Adresse muss dabei nicht in Ihrem Adressbuch vorhanden sein. Gehen Sie wie folgt vor, um eine Adresse zu finden:

1. Öffnen Sie die Karten-App, und tippen Sie oben in das Suchfeld ❶. Dort geben Sie nun die gewünschte Adresse oder einen Suchbegriff ein (z. B. den Namen eines Museums), oder Sie diktieren sie, indem Sie auf die Mikrofon-Schaltfläche ❷ tippen. Schon bei der Eingabe der ersten Buchstaben macht die App passende Vorschläge ❸, von denen Sie einen auswählen, indem Sie darauf tippen.

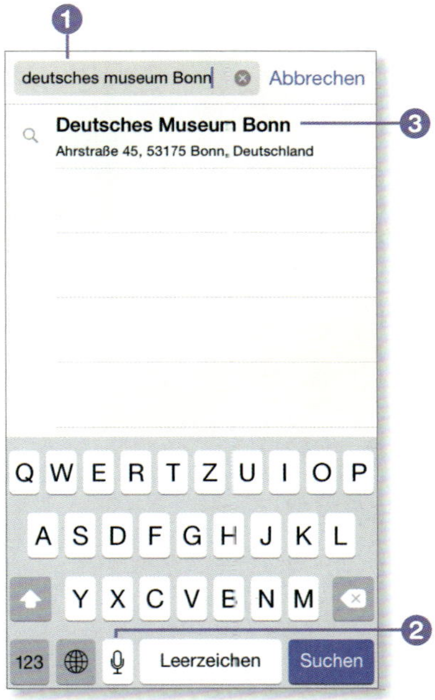


2. Die Adresse wird daraufhin gesucht und in der Karte mit einem Etikett versehen, sobald sie gefunden wurde. Wenn Sie weitere Informationen zu der Adresse benötigen, weil es sich z. B. um ein Restaurant oder Museum handelt, tippen Sie auf den grauen Pfeil in dem Etikett ❹, und Sie gelangen in die Infoansicht.
3. Um hingegen sofort die Route zu berechnen, tippen Sie in der Karte auf das Autosymbol ❺. Die Route wird daraufhin auf der Karte dargestellt.
4. Auch aus der Infoansicht heraus (Schritt 2) können Sie die Route berechnen. Dabei haben Sie darüber hinaus die Möglichkeit, auszuwählen, ob die Route von dort zu Ihrem aktuellen Standort ❻ oder von Ihrem Standort aus dorthin ❼ berechnet werden soll.

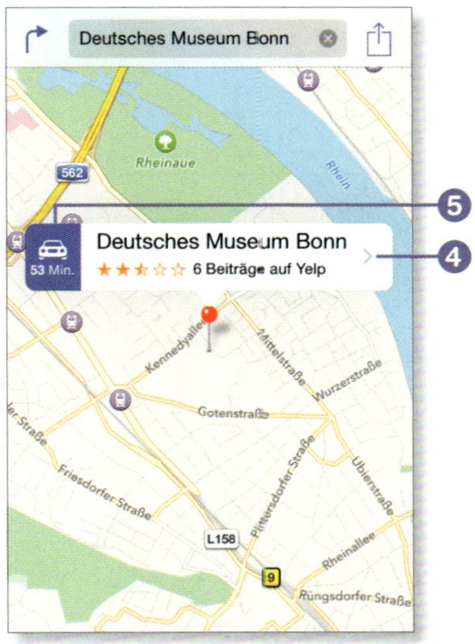

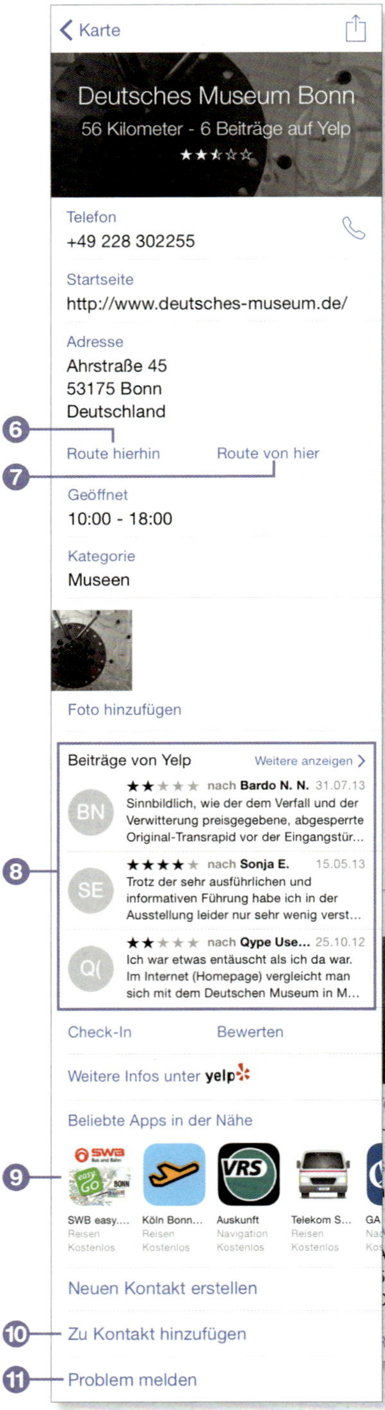


5. In der Infoansicht werden Ihnen neben Beurteilungen, die mit dem Beurteilungsportal Yelp verknüpft sind ❽, beliebte Apps in der Nähe der gesuchten Adresse angezeigt, d.h. Apps, die in dieser Region häufig genutzt werden ❾. Außerdem können Sie die Adresse zu Ihren Kontakten ❿ hinzufügen.

6. Wenn Sie in Ihrer Karten-App einmal einen Fehler finden – wenn also z.B. eine Adresse nicht stimmt, die Lokalität nicht mehr existiert oder der Pin falsch platziert ist –, können Sie das an Apple melden ⓫. Die zuständigen Entwickler nehmen sich des Problems dann hoffentlich an.

7. Zu guter Letzt können Sie, wenn Sie oben rechts auf **Teilen** ⓬ tippen, den Standort auch als Nachricht verschicken, in Twitter oder Facebook posten oder via AirDrop an andere iOS-Nutzer übermitteln ⓭. Hier haben Sie zudem die Möglichkeit, die gesuchte Adresse als Favorit ⓮ abzuspeichern.

INFO

**Was ist gemeint mit der Option »Favorit«?**

Mit dieser Funktion speichern Sie eine Navigation in den Favoriten der Karten-App und rufen diese später einfach mit einem Fingertipp wieder auf. Um zu gespeicherten Favoriten zu gelangen, tippen Sie in der Karten-App in das Suchfeld und dann darunter auf **Favoriten**. Nun öffnet sich eine Ansicht, die neben den letzten Suchvorgängen sowie Ihren Kontakten und deren Adressen auch die Favoriten enthält, die Sie gespeichert haben.

## Eigene Kontakte in der Karten-App darstellen

Wenn Sie Ihre eigenen Kontakte in der Karten-App darstellen lassen möchten, ist das mit Ihrem iPhone 6 und 6 Plus auch kein Problem. Gehen Sie dabei wie folgt vor:

1. Öffnen Sie Ihre Kontakte, und suchen Sie sich einen Kontakt aus, indem Sie darauf tippen.
2. Der Kontakt öffnet sich, und alle entsprechenden Kontaktdaten werden Ihnen angezeigt. Tippen Sie nun auf die Adresse, um sie sich in der Kartendarstellung anzeigen zu lassen.

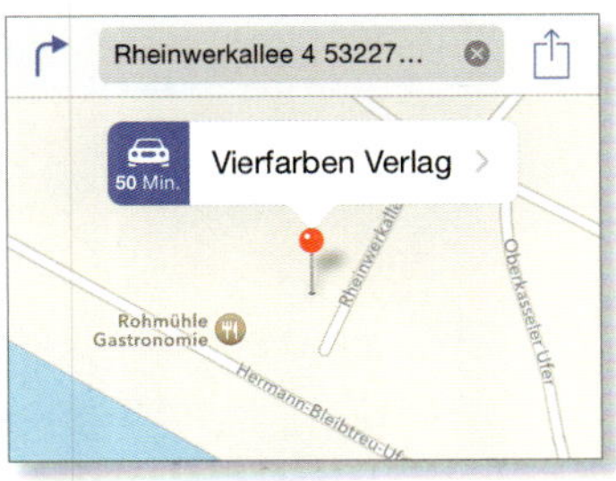

Denken Sie daran, dass Sie alle Adressen, zu denen Sie navigieren, auch als Favoriten abspeichern können, um die Strecke nicht immer wieder neu eingeben zu müssen (siehe dazu auch den Kasten »Was ist gemeint mit der Option ›Favorit‹?« auf Seite 299).

## Flyover und 3D-Ansicht anzeigen

Die neue Karten-App hat auch eine neue Ansicht bekommen, die Apple *Flyover* nennt. Das ist eigentlich nichts anderes als eine nah herangezoomte Satellitenansicht, in der Sie die einzelnen Gebäude dann von allen Seiten sehen. Man soll damit Ballungsräume in fotorealistischer Darstellung erleben können. Allerdings funktioniert das in Deutschland zurzeit nur in Berlin, Köln und München. Weitere Städte sollen aber im Laufe der Zeit hinzukommen. Aber wie gelangen Sie in diesen Modus? Nun, dazu müssen Sie Folgendes tun:

1. Öffnen Sie die Karten-App, und geben Sie die Stadt ein, die Sie sich anschauen möchten, also z. B. »Berlin«.
2. Schalten Sie dann erst einmal die Satellitenansicht ❶ ein.

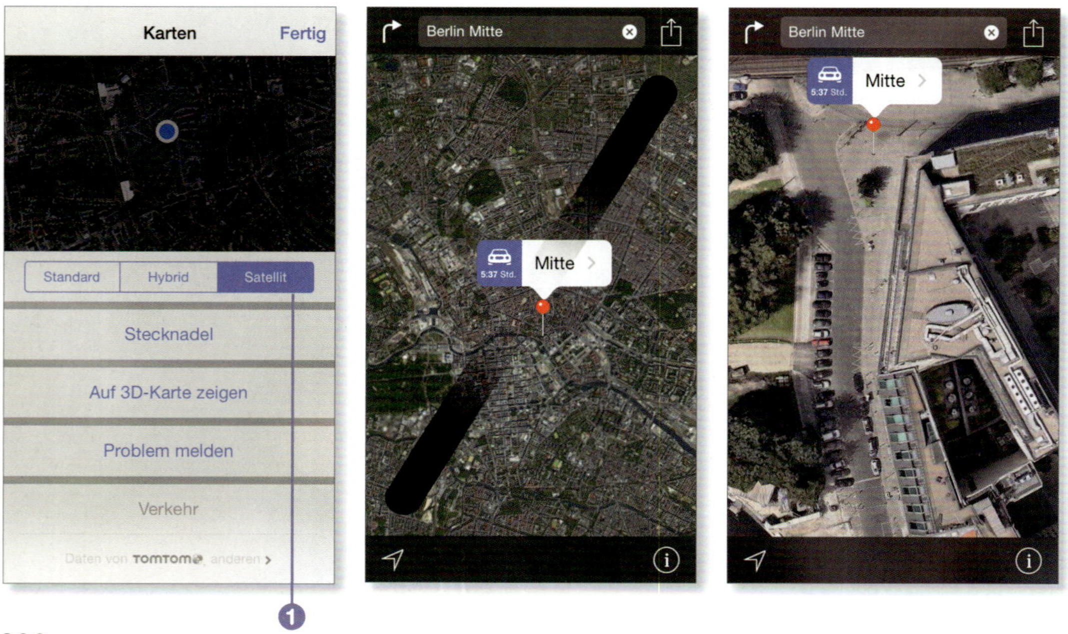

3. Zoomen Sie in die Stadt hinein, indem Sie Daumen und Zeigefinger auf dem Display auseinanderziehen.

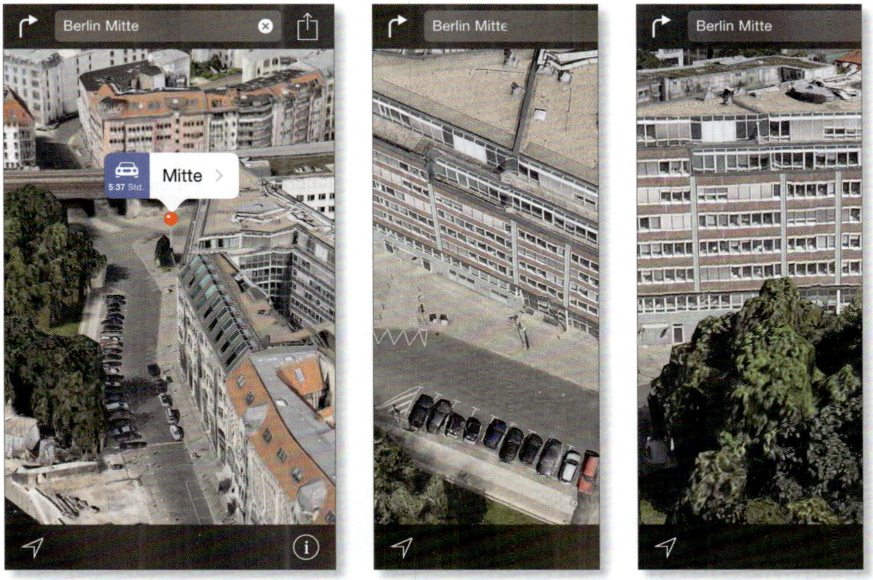


4. Schieben Sie nun gleichzeitig zwei Finger von unten nach oben über das Display, dann kippt die Ansicht immer weiter. Das machen Sie so lange, bis Sie die Häuserfassaden gut sehen können. Sie können dabei die Ansicht drehen, indem Sie beide Finger auf dem Display im oder entgegen dem Uhrzeigersinn drehen. Die Blickrichtung wird dabei von einem kleinen Kompass in der rechten oberen Ecke angezeigt. Tippen Sie einmal auf das Display, und die Navigationselemente werden ausgeblendet. Auf diese Weise können Sie sie auch wieder einblenden.

So können Sie die ganze Stadt gut erforschen und verschiedene Sehenswürdigkeiten auch aus der Ferne betrachten. Auch Städte im Ausland, z. B. Paris oder Rom, können Sie sich auf diese Weise anschauen.

INFO

**Die 3D-Ansicht**

Die 3D-Ansicht aktivieren Sie, indem Sie zunächst auf das kleine **i** unten rechts und dann auf **Auf 3D-Karte zeigen** tippen. Besonders gut wirkt diese Ansicht im Hybrid- oder Satellitenmodus; hier spielt sie ihre Stärken aus. Der linke Teil des Bildes stellt Garmisch-Partenkirchen in der Draufsicht dar: Die Berge sind bereits zu erkennen. Aber erst mit dem 3D-Modus (rechts) sind die Berge scheibar zum Greifen nah.

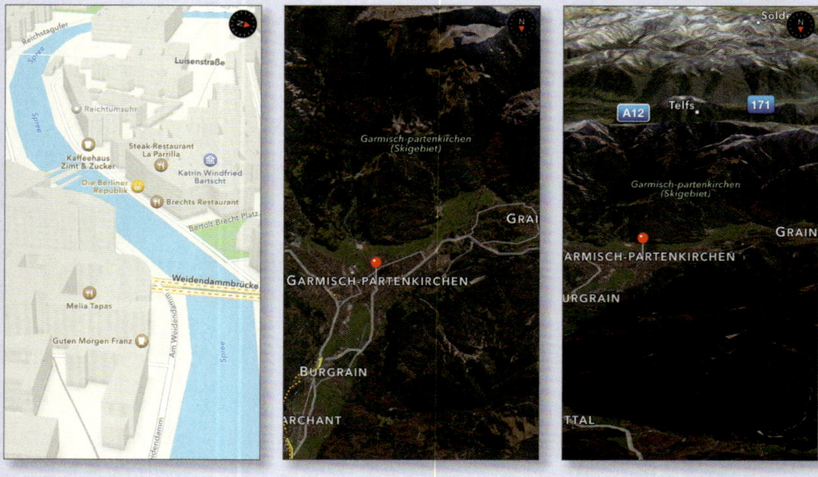


## Die lokale Suche

Wenn Sie sich in einer fremden Stadt aufhalten, ist es für Sie unter Umständen wichtig zu wissen, wo welche Geschäfte oder Restaurants zu finden sind. Diesem Umstand hat Apple in der Karten-App ebenfalls Rechnung getragen und regionale Informationen in die App integriert. Sie erfahren im Folgenden, wie Sie damit umgehen.

1. Öffnen Sie in der Karten-App zuerst einmal die Standardansicht, und geben Sie einen Städtenamen ein, z. B. »Düsseldorf«.

2. Wenn Sie etwas näher in die Stadt hineinzoomen, sehen Sie sofort, dass Geschäfte, Bars, Restaurants, Banken, U-Bahnen etc. mit jeweils einem kleinen runden Symbol dargestellt werden. Die gleichen Informationen sehen Sie auch in der Ansicht **Hybrid** (rechts in der Abbildung), nur ohne schriftliche Details.

3. Wenn Sie mehr über eine Lokalität wissen möchten, tippen Sie einfach auf das jeweilige Symbol. Zunächst wird Ihnen ein entsprechendes Etikett angezeigt. Sie sehen darin den Namen, eine erste Bewertung (Sterne) und die Information, dass Sie auf der Internet-Bewertungsplattform Yelp einige Beiträge dazu finden.

4. Um sich eine Detailansicht dieser Informationen anzuschauen, tippen Sie einfach auf das Etikett.

Im oberen Drittel des nächsten Menüs sehen Sie den Namen der jeweiligen Lokalität, wie weit sie von Ihrem aktuellen Standort entfernt ist und wie sie bisher bewertet wurde ❶. Darunter stehen die Telefonnummer, die Internetadresse und die normale Adresse ❷.

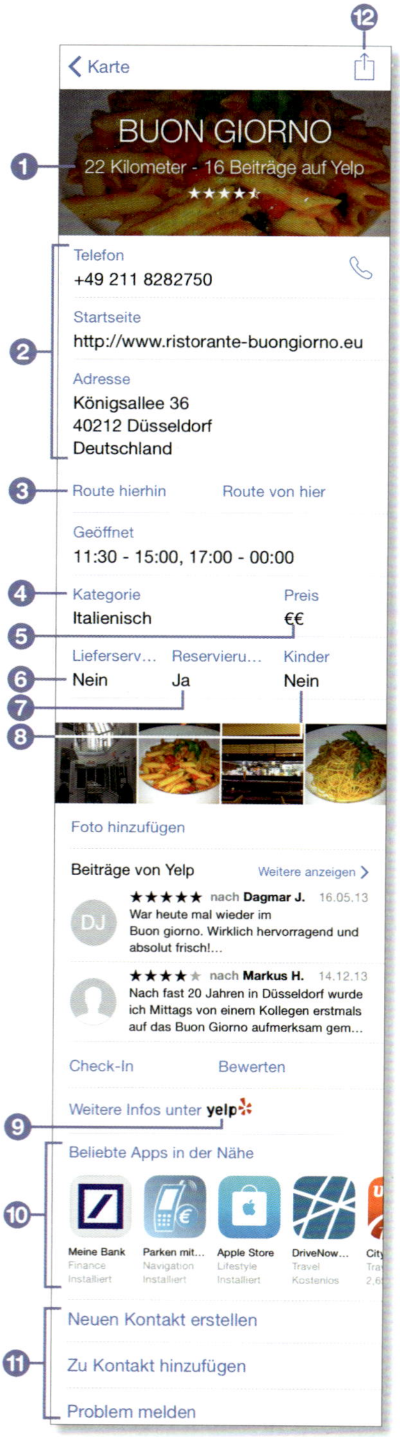


Auch aus dieser Ansicht heraus können Sie sofort eine Navigation starten ❸. Sehen Sie auch die **Kategorie** ❹ als auch die Preiskategorie ❺ ein, oder informieren Sie sich darüber, ob es einen **Lieferservice** ❻ gibt, ob **Reservierungen** ❼ angenommen werden oder ob **Kinder** ❽ willkommen sind.

Außerdem haben Sie die Möglichkeit, Bewertungen von Yelp zu lesen bzw. Yelp aufzurufen und sich dort weitere Bewertungen genauer anzusehen ❾. Beliebte Apps in der Nähe der Lokalität können ausgewählt werden ❿, und Sie können die Adresse in Ihre Kontakte aufnehmen oder aber ein Problem melden ⓫ (siehe dazu auch den Abschnitt »Adressen suchen« ab Seite 297).

Zu guter Letzt können Sie, wenn Sie oben rechts auf **Teilen** ⓬ tippen, die Adresse auch als Nachricht oder Mail verschicken oder in Twitter und Facebook posten ⓭. Sie können sie auch via AirDrop ⓮ an andere iPhones in Ihrer Nähe senden oder aber einen Eintrag in den **Favoriten** ⓯ erstellen.

INFO

**Apps in Ihrer Nähe**

Bei der Funktion *Beliebte Apps in der Nähe* handelt es sich um eine Empfehlung seitens Apple. Ihnen werden hier die regional beliebtesten, am meisten genutzten Apps angeboten. Wenn Sie sich in den Bergen befinden, könnten das z. B. interessante Wander-Apps sein, in Großstädten eher Museumsführer. Die Funktion soll Ihnen dabei helfen, Ihre Umgebung zu erschließen.

### Yelp als Informationsquelle nutzen

Wenn Sie Yelp als Informationsquelle nutzen oder Bewertungen schreiben möchten, gehen Sie folgendermaßen vor:

1. Scrollen Sie etwas nach unten, und Sie sehen in unserem Beispiel schon einmal drei Bewertungen von Yelp ❶. Um sich die in Yelp verfassten Beiträge zu der vorher ausgewählten Lokalität genauer anzuschauen, tippen Sie auf **Weitere anzeigen** ❷, dann werden Sie direkt zu Yelp weitergeleitet.

2. Sie können von hier aus außerdem selbst bei Yelp »einchecken« ❸ oder einen eigenen Tipp verfassen ❹.

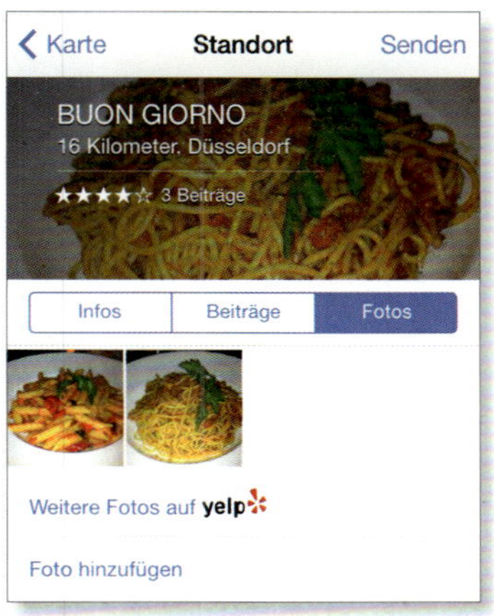

3. Wenn Fotos ⑤ von der Lokalität vorhanden sind, werden sie oberhalb der Yelp-Bewertungen angezeigt. Sind keine Fotos vorhanden, können Sie eigene Fotos machen und diese dann, falls Sie einen eigenen Yelp-Account haben, bei Yelp hochladen ⑥.

Sie sehen, die regionalen Informationen sind bereits recht reichhaltig. Je mehr Leute mitmachen, desto genauer werden diese Informationen, und umso nützlicher sind sie für den Anwender. Also schnell bei Yelp anmelden und mitmachen!

INFO

**Was genau ist eigentlich Yelp?**

Yelp ist ein Portal im Internet, das dazu gedacht ist, Restaurants, Bars und andere Dienstleistungsunternehmen zu bewerten. Die Bewertungen schreiben die Kunden selbst. Sie können sich unter *www.yelp.de* anmelden oder sich die passende iPhone-App gratis aus dem App Store herunterladen.

# Kapitel 13
# Musik hören auf dem iPhone

Es gibt Menschen, die es lieben, viele verschiedene Geräte wie ein Handy, ein Navigationsgerät oder einen iPod mit sich herumzutragen. Diese Menschen muss ich enttäuschen, denn sie brauchen von nun an nur noch ein Gerät. Das iPhone vereinigt alle diese Funktionen in sich. Mir persönlich hat es besonders die iPod-Funktion, die Ihnen Ihr iPhone mit der *Musik*-App bietet, angetan.

*Alles, was mit Musik zu tun hat, gibt es auf dem iPhone aus erster Hand.*

# Die Musik-App auf dem iPhone

Seit es das iPhone gibt, gibt es auch die Musik-Funktion auf dem iPhone. Wohl niemand möchte diese Funktion seither missen. Dabei ist das Icon der App zwar mit »Musik« betitelt, es verbirgt sich dahinter jedoch einiges mehr: Mit der Musik-App spielen Sie nicht nur Ihre Musik unterwegs ab, Sie können sie außerdem ganz leicht verwalten und bewerten, Wiedergabelisten anlegen, Hörbücher abspielen oder Ihre Musik über iCloud streamen. In diesem Kapitel lernen Sie die Möglichkeiten der Musik-App kennen und erfahren außerdem, wie Sie sich ganz einfach Musikvideos auf Ihrem iPhone anschauen können.

## Musik automatisch übertragen

Es gibt verschiedene Alternativen, Musiktitel in die Musik-App Ihres iPhones zu übertragen. Sie können Ihre Musik entweder manuell verwalten, oder Sie wählen aus verschiedenen Wiedergabelisten und Sortierungen die Musik aus, die Sie hören möchten. Es besteht aber auch die Möglichkeit einer automatischen Übertragung Ihrer Musik. Wie das geht, erfahren Sie in diesem Abschnitt.

Öffnen Sie zunächst iTunes, und schließen Sie Ihr iPhone an Ihren Computer an. Wählen Sie Ihr iPhone im Auswahlmenü links aus und öffnen Sie die Registerkarte **Musik**. Wenn Sie das Häkchen bei **Musik synchronisieren** ❶ aktivieren, wird die Musik auf Ihrem Computer automatisch auf Ihr iPhone übertragen. Sie haben dabei die Wahl, ob die gesamte Musikmediathek ❷ übertragen werden soll oder nur bestimmte Titel oder Wiedergabelisten ❸.

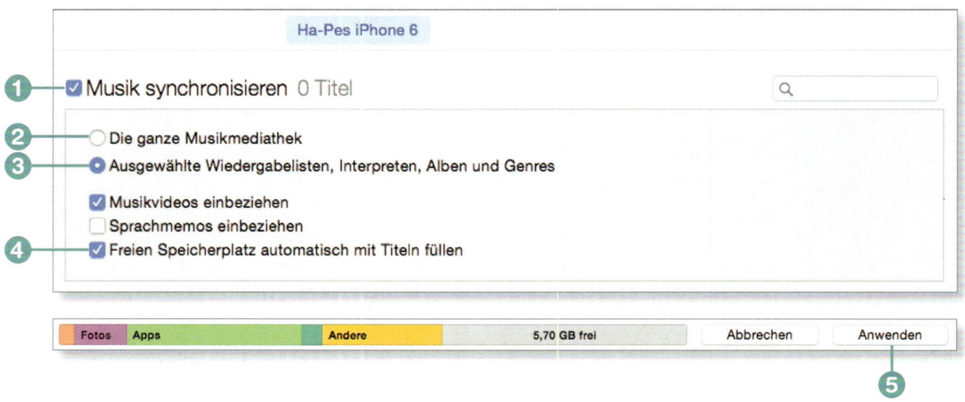

Über die Option **Freien Speicherplatz automatisch mit Titeln füllen** ④ können Sie festlegen, dass der gesamte freie Speicher des iPhones mit Musik gefüllt wird. Diese Einstellung ist allerdings sehr unpraktisch, schon deshalb, weil das iPhone ohnehin ständig mit Informationen bestückt wird – seien es neue Kalendereinträge, neue Kontakte, neue Einkäufe etc. Sie sollten also sicherstellen, dass für diese Daten immer genügend Platz zur Verfügung steht. Tippen Sie unten auf **Anwenden** ⑤, werden Ihre Änderungen ausgeführt, und Ihre Musik wird automatisch verwaltet.

Die Funktion **Musik synchronisieren** ist hilfreich, wenn Sie Ihre Musik automatisch auf Ihr iPhone geladen haben möchten und Sie ohnehin nur über eine kleine Musikmediathek verfügen, die nicht so viel Speicherplatz einnimmt. Wenn Sie Ihren Speicherplatz auf dem iPhone aber lieber selbst verwalten möchten, lesen Sie am besten den nächsten Abschnitt.

### Inhalte manuell verwalten

Aus den im vorangegangenen Abschnitt genannten Gründen bietet es sich an, die Inhalte der Musik-App auf dem iPhone manuell zu verwalten. Dazu müssen Sie im Vorfeld lediglich eine Einstellung vornehmen.

1. Um die Inhalte manuell verwalten zu können, setzen Sie in iTunes in den iPhone-Einstellungen auf der ersten Registerkarte **Übersicht** unter **Optionen** ein Häkchen vor **Musik und Videos manuell verwalten** ⑥.

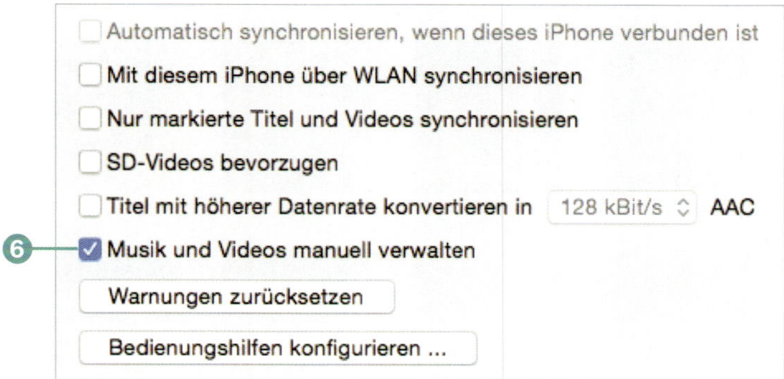


2. Das führt dazu, dass alle Optionen, die für die automatische Synchronisation von Audio- und Videodateien gelten, in der iTunes-Ansicht grau dargestellt werden, weil die Synchronisierungsfunktion ausgeschaltet

wurde, und auch das Häkchen vor **Musik synchronisieren** auf der Registerkarte **Musik** ist verschwunden ❼. Alle Dateien können von nun an nur noch manuell und nicht mehr automatisch synchronisiert werden.

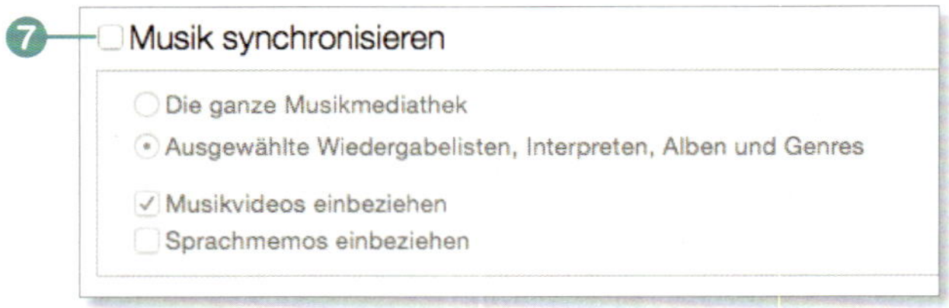


**3.** Möchten Sie nun Audio- oder Videoinhalte manuell übertragen, ziehen Sie diese Inhalte per Drag & Drop (also mit gedrückter linker Maustaste) links oben auf das Bild Ihres iPhones. Am besten gelingt dies in der Alben-Ansicht.

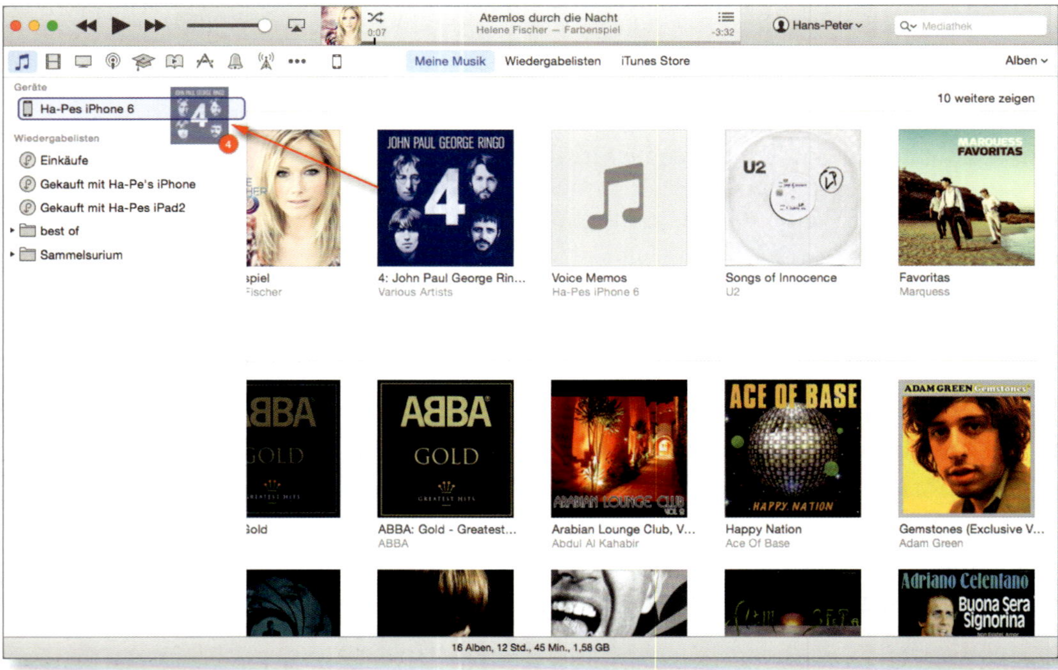


Auf die gleiche Weise können Sie auch einzelne Titel, Wiedergabelisten, Podcasts, Filme und andere Inhalte auf Ihr iPhone befördern. Bei dieser Methode haben Sie die volle Kontrolle über die Inhalte Ihres iPhones, daher ist sie der automatischen Synchronisation vorzuziehen.

# Musik hören

Wenn Sie Ihr iPhone entsprechend mit Musik bestückt haben, können Sie sich die Titel nach Belieben unterwegs anhören. Wie das geht, erfahren Sie in der folgenden Anleitung:

1. Um Musik auf Ihrem iPhone wiederzugeben, tippen Sie auf die Musik-App und in der Tab-Leiste z. B. auf **Alben**.
2. Tippen Sie dann auf ein Album Ihrer Wahl, und es öffnet sich eine Liste, in der Ihnen die Lieder aus dem Album, die Sie auf Ihr iPhone kopiert haben, angezeigt werden.
3. Schließlich tippen Sie auf das Lied, das Sie sich anhören möchten, und es wird umgehend abgespielt.

Sie sehen nun den Abspielmodus der Musik-App. Der Bildschirm ist in drei Bereiche unterteilt, die ich Ihnen hier kurz vorstelle: Die obere Leiste zeigt Ihnen die Titelnummer des aktuellen Liedes und die Gesamtzahl der Albumtitel an ❶. Der Pfeil ❷ führt Sie zurück in die Titelauswahl des Albums. Die Schaltfläche auf der rechten Seite ❸ schaltet um auf die Listenansicht, sodass Sie erkennen können, welche Lieder zum Album gehören bzw. welche Lieder eines Albums Sie auf Ihr iPhone kopiert haben.

Der mittlere Bereich zeigt standardmäßig das aktuelle Albumcover an. In der Listenansicht sehen Sie hier die Liste der zum Album gehörenden Titel. Wenn Sie in der Listenansicht links oben auf **Wertung** (❹ auf Seite 312) tippen, können Sie das jeweilige Lied mit einem bis fünf Sternen bewerten. Die Listenansicht verzeichnet außerdem die Reihenfolge der Lieder im Album und die Länge jedes einzelnen Liedes. Über die **Fertig**-Schaltfläche ❺ verlassen Sie die Listenansicht und gelangen zurück in die Wiedergabe-Ansicht.

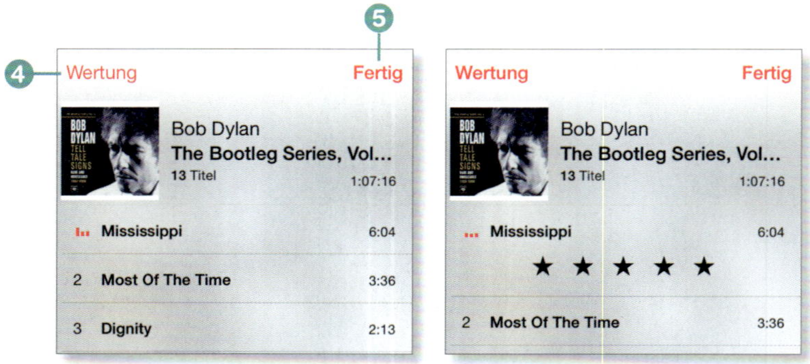


Der untere Bereich der Wiedergabe-Ansicht enthält den Titel des gerade gespielten Liedes und den zugehörigen Albumtitel ❻. Wenn Sie darauf tippen, können Sie die Bewertung des Titels einsehen und anpassen ❼. Darunter befinden sich die Bedienelemente Play/Pause, Vor- und Zurückspulen ❽ und Lautstärke ❾.

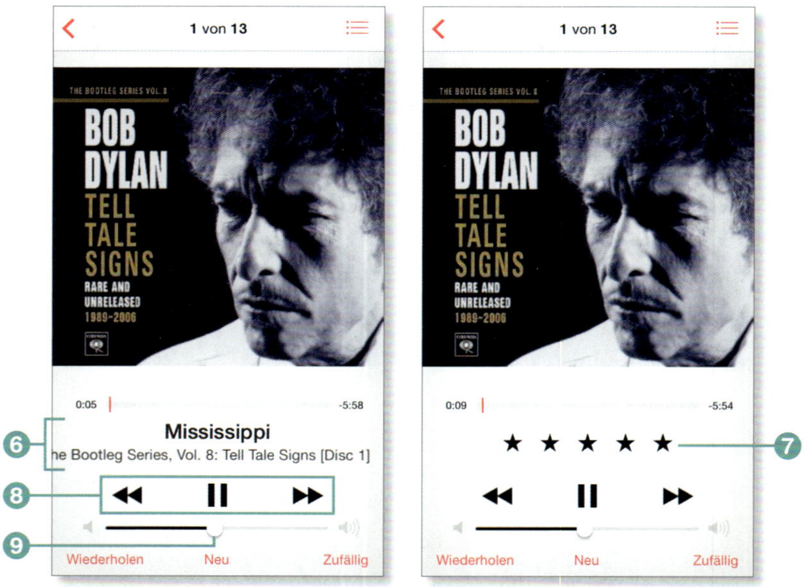


In der Tab-Leiste darunter befinden sich die Funktionen **Wiederholen**, **Neu** und **Alle zufällig** ❿. Wenn Sie auf **Wiederholen** tippen, können Sie noch entscheiden, was Sie wiederholen möchten (**Titel wiederholen** oder **Liste wiederholen**), bzw. die Funktion mit **Wiederholen aus** wieder abschalten. Über die Schaltfläche **Neu** können Sie sich aufgrund des aktuell gespielten

Liedes eine Genius-Liste erstellen lassen (siehe dazu den Kasten »Genius« auf Seite 324).

Die dritte Schaltfläche **Alle zufällig** spielt Ihr Album, Ihre Wiedergabeliste oder alle Lieder Ihrer Mediathek in einer zufälligen Reihenfolge ab, je nachdem, aus welcher Ansicht heraus Sie diese Funktion aktiviert haben. In der Tab-Leiste können Sie daraufhin sofort erkennen, dass diese Funktion aktiv ist.

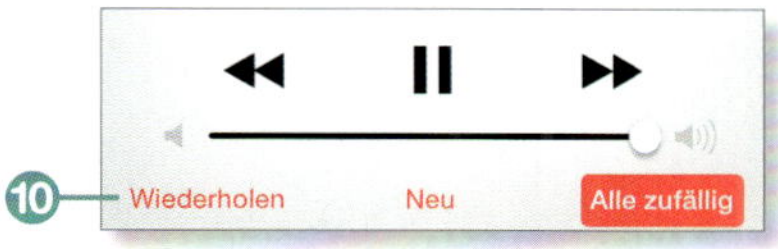


INFO

**AirPlay**

*AirPlay* ist eine Funktion, mit der Sie Musik und Videos drahtlos über das heimische WLAN auf andere Geräte übertragen und dort abspielen können, z. B. auf die Stereoanlage und/oder den Fernseher. Sie können diese Funktion über das Kontrollzentrum einschalten und z. B. AirPlay-Lautsprecher zur Wiedergabe der Musik auf Ihrem iPhone nutzen. Ist Ihr iPhone mit einem AirPlay-Gerät verbunden, wird der Name des Geräts in der AirPlay-Schaltfläche angezeigt, und diese wird weiß dargestellt.

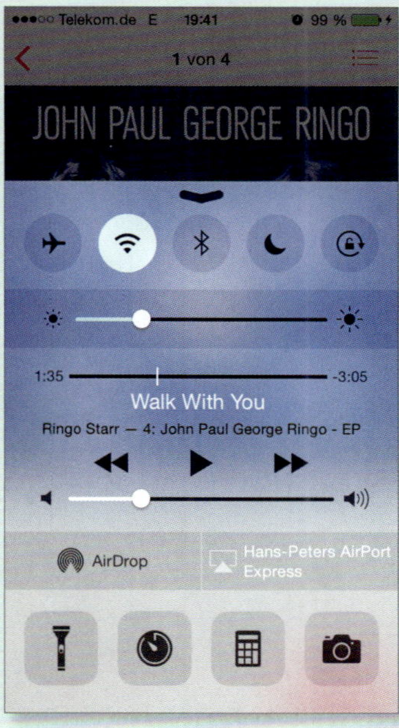

## Musik abspielen aus dem Kontrollzentrum

Sie können auch bei gesperrtem Bildschirm weiterhin eine laufende Musikwiedergabe steuern. Wenn Sie die Home-Taste drücken, wird Ihnen das aktuell gespielte Lied angezeigt. Sie können darüber hinaus auf dem Sperrbildschirm die Wiedergabe anhalten, vor- und zurückspulen oder die Lautstärke anpassen.

Wenn der Sperrbildschirm aktiv ist und Sie gerade keine Musik wiedergeben, können Sie die Musikwiedergabe auch von hier aus starten. Öffnen Sie dazu das Kontrollzentrum, indem Sie es aus dem unteren Rand des Sperrbildschirms »heraufziehen«. Wenn Sie nun auf die Play-Schaltfläche ❶ tippen, beginnt die Wiedergabe des aktuellen Liedes. Im Hintergrund sehen Sie das Liedcover durchschimmern.

Selbstverständlich können Sie auch aus dem Kontrollzentrum die Wiedergabe erneut anhalten, vor- oder zurückspulen, die Lautstärke anpassen ❷ oder die AirPlay-Funktion aktivieren ❸. Um jedoch die Wiedergabe eines anderen Albums oder einer Wiedergabeliste zu starten, müssen Sie die Musik-App öffnen; dies funktioniert nicht aus dem Kontrollzentrum heraus.

# Die Ansichten der Musik-App

Bevor ich Ihnen die weiteren Bedienungsmöglichkeiten der Musik-App erläutere, werde ich Ihnen zuerst die verschiedenen Ansichten vorstellen, damit Sie selbst entscheiden können, wie Sie Ihre Musik erleben möchten.

### Die Ansicht »Listen«

Die Ansicht **Listen** enthält alle von Ihnen auf Ihr iPhone kopierten Wiedergabelisten und die Ordner, die Sie für Ihre Listen angelegt haben. Sie alle werden in alphabetischer Reihenfolge angezeigt ❶. Das einfache Antippen einer Wiedergabeliste öffnet sie und zeigt Ihnen alle Titel an, die zu dieser Liste gehören. In der Titelzeile sehen Sie den Namen der aktuell ausgewählten Wiedergabeliste ❷, darunter noch einige Bearbeitungsmöglichkeiten (dazu kommen wir gleich noch) und eine Liste der Titel, die zu dieser Wiedergabeliste gehören, inklusive der Angabe des Interpreten und des Albums, dem sie jeweils entnommen worden sind.

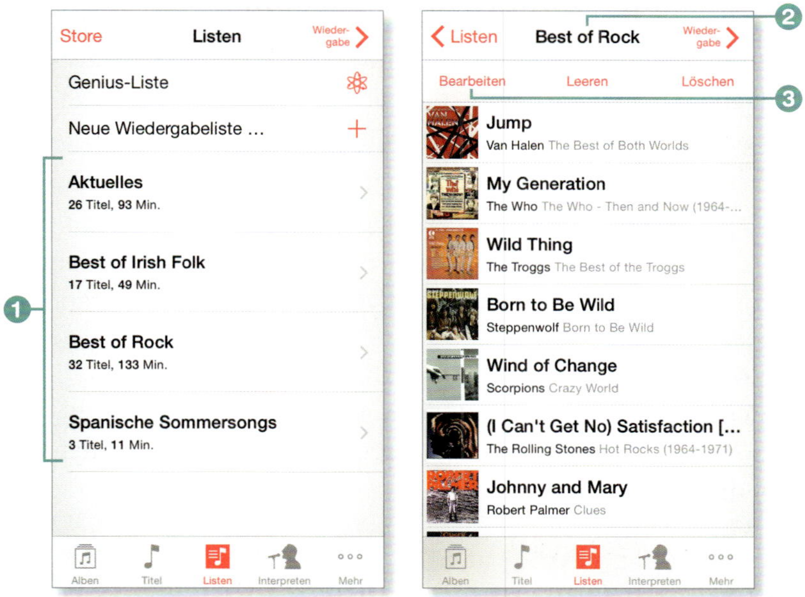


Um die Wiedergabeliste zu bearbeiten, tippen Sie auf die Schaltfläche **Bearbeiten** ❸. Um die Reihenfolge der Titel zu verändern, halten Sie den Finger auf den Querstrichen hinter dem jeweiligen Lied gedrückt und ziehen das

Lied an die gewünschte Position ④. Möchten Sie der Wiedergabeliste weitere Lieder hinzufügen, tippen Sie auf das Plus ⑤ und wählen neue Titel aus Ihrer Mediathek aus. Sie können einzelne Lieder aber auch aus der Wiedergabeliste löschen, indem Sie auf das rote Minus vor dem Lied und anschließend auf **Entfernen** ⑥ tippen. Wenn Sie die Veränderungen an Ihrer Wiedergabeliste abgeschlossen haben, tippen Sie auf **Fertig** ⑦.

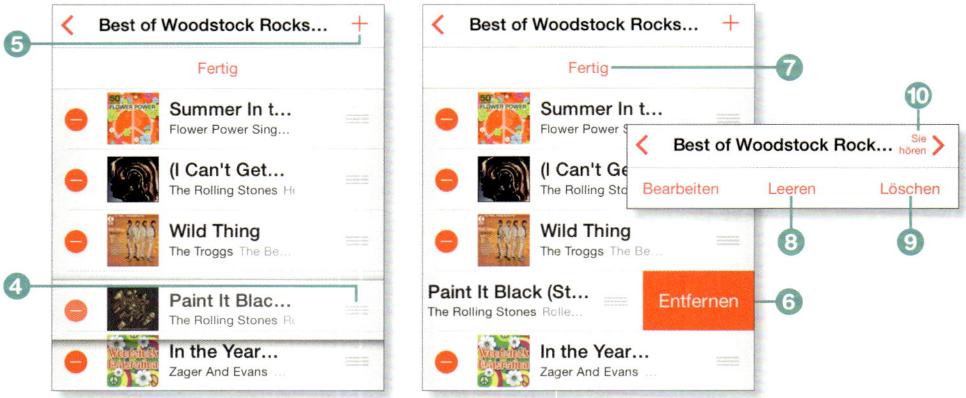


Es gibt aber noch eine weitere Möglichkeit, mit Listen zu arbeiten. Angenommen, Sie haben eine Wiedergabeliste erstellt, die bereits mit Songs gefüllt ist. Wenn Ihnen die gesamte Zusammenstellung dieser Wiedergabeliste nicht mehr gefällt, können Sie sie ändern. Tippen Sie auf **Leeren** ⑧, um die aktuelle Wiedergabeliste von allen Titeln zu befreien. Die Wiedergabeliste als solche bleibt unter dem alten Namen bestehen, nur dass sich nun keine Lieder mehr darin befinden. Gefällt Ihnen eine Wiedergabeliste überhaupt nicht mehr, können Sie sie antippen und ganz einfach löschen ⑨. Beides müssen Sie noch einmal gesondert bestätigen, um sicherzustellen, dass Sie nicht aus Versehen auf **Leeren** oder **Löschen** getippt haben. Über die Schaltfläche **Sie hören** ⑩ gelangen Sie zu dem zuletzt gespielten Song.

Wie Sie eigene Wiedergabelisten auf Ihrem iPhone erstellen, lesen Sie im Abschnitt »Wiedergabelisten anlegen« ab Seite 323.

### Die Ansicht »Interpreten«

Als nächste Ansicht in der Musik-App steht Ihnen die Ansicht **Interpreten** ① zur Verfügung. Hier haben Sie einen sehr guten Überblick über alle Songs und Alben eines bestimmten Interpreten auf Ihrem iPhone.

Die Ansicht **Interpreten** ist ähnlich aufgebaut wie die Listenansicht. Die Namen der Interpreten sind alphabetisch angeordnet, und Sie sehen bereits, bevor Sie einen Interpreten ausgewählt haben, wie viele Alben Sie von ihm besitzen ❷. Tippen Sie auf einen Interpreten, z. B. auf **The Beatles**, werden Ihnen in einer neuen Liste sämtliche Alben und Songs dieses Interpreten angezeigt, die sich auf Ihrem iPhone befinden ❸. Sie können die Titelliste albumweise nach oben schieben.

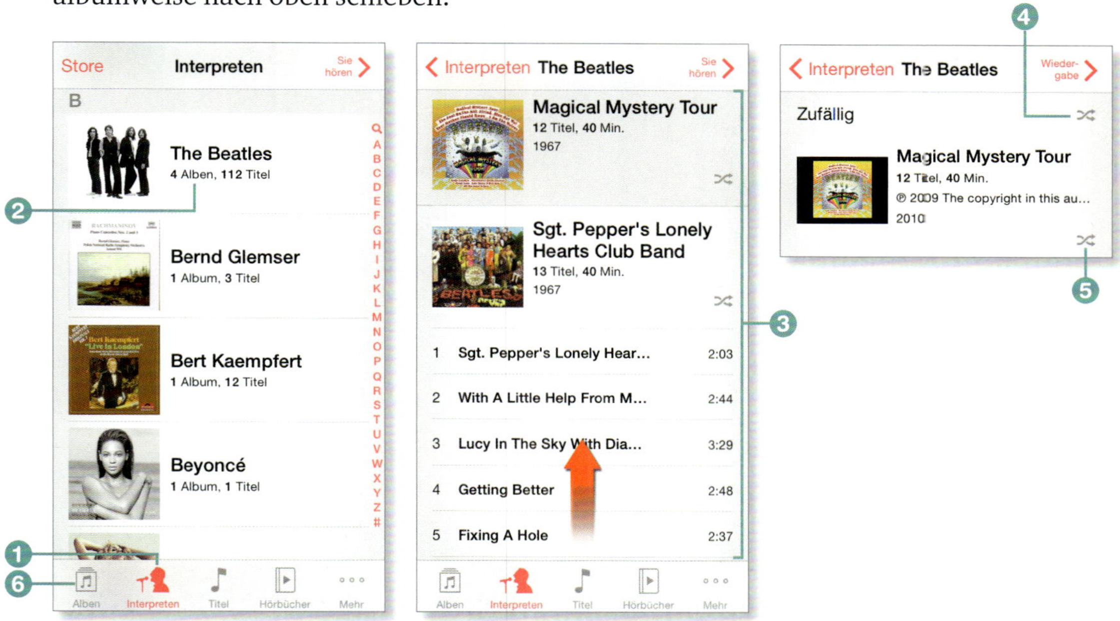


Wenn Sie die Titelliste unterhalb der oberen Menüleiste ein wenig nach unten ziehen, können Sie die Funktion **Zufällig** ❹ aktivieren.

Dabei werden alle vorhandenen Songs eines Interpreten in einer zufälligen Reihenfolge wiedergegeben. Auf diese Weise können Sie die Songs Ihrer Lieblingsinterpreten mal in einer ganz neuen Zusammenstellung genießen. Über die Schaltfläche **Zufällig** ❺ können Sie aber auch nur ein bestimmtes Album in zufälliger Titelfolge abspielen.

### Die Ansicht »Alben«

Wenn Sie in der Tab-Leiste den Punkt **Alben** ❻ antippen, erhalten Sie eine alphabetisch sortierte Liste aller Alben auf Ihrem iPhone. Tippen Sie auf ein Album, um seinen Inhalt in Form einer Titelliste angezeigt zu bekommen.

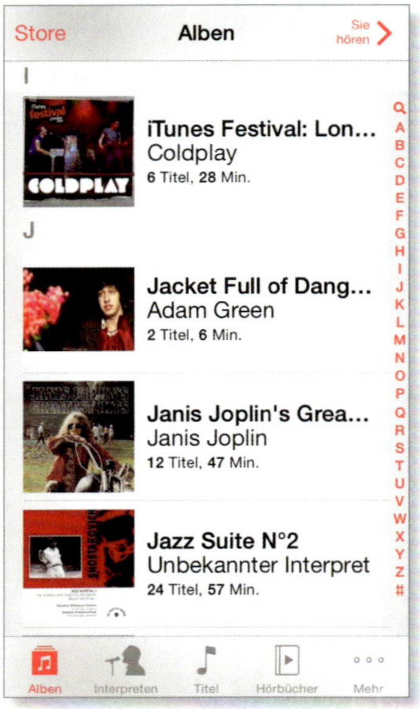


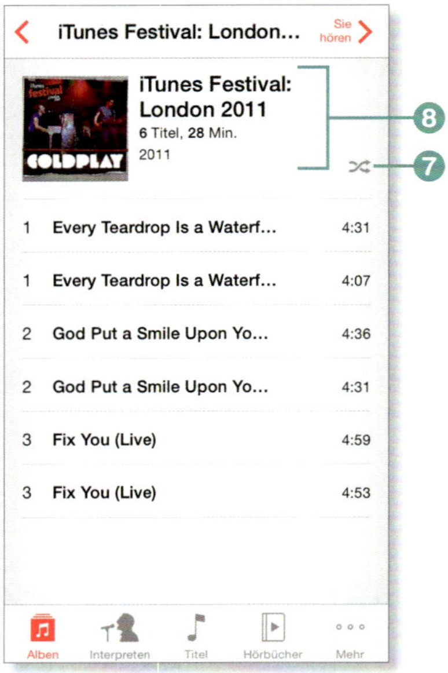


Von hier aus können Sie sich jeden einzelnen Titel anhören; oder Sie stellen eine zufällige Wiedergabe ❼ ein. Oben im Display sehen Sie auch das Albumcover, den Namen des Albums, seine Länge, die Anzahl der Musiktitel, die es umfasst, und das Datum seiner Veröffentlichung ❽.

### Die Ansichten »Titel« und »Compilations«

Die Ansicht **Titel** ❾ ist eigentlich die simpelste Ansicht. Sie zeigt alle Musiktitel, die sich auf Ihrem iPhone befinden, in alphabetischer Reihenfolge.

Wenn Sie häufig Musikzusammenstellungen – z. B. Best-of-CDs einzelner Künstler, Genre-Zusammenstellungen wie Jazz-Sampler oder Weihnachtsklassiker – hören, dann ist die Ansicht **Compilations** ❿ genau die richtige für Sie. Nur in dieser Ansicht können Sie derartige Zusammenstellungen genießen. Wenn sie in der Tab-Leiste nicht zu sehen ist, finden Sie sie unter dem Menüpunkt **Mehr** ⓫. Die Tab-Leiste kann zur besseren Handhabung und Sortierung Ihrer Musiksammlung ganz individuell bestückt werden. So stehen eine Reihe von Kategorien wie z. B. »Compilations« zur Verfügung (siehe dazu auch den Kasten »Die Tab-Leiste anpassen« auf Seite 319).

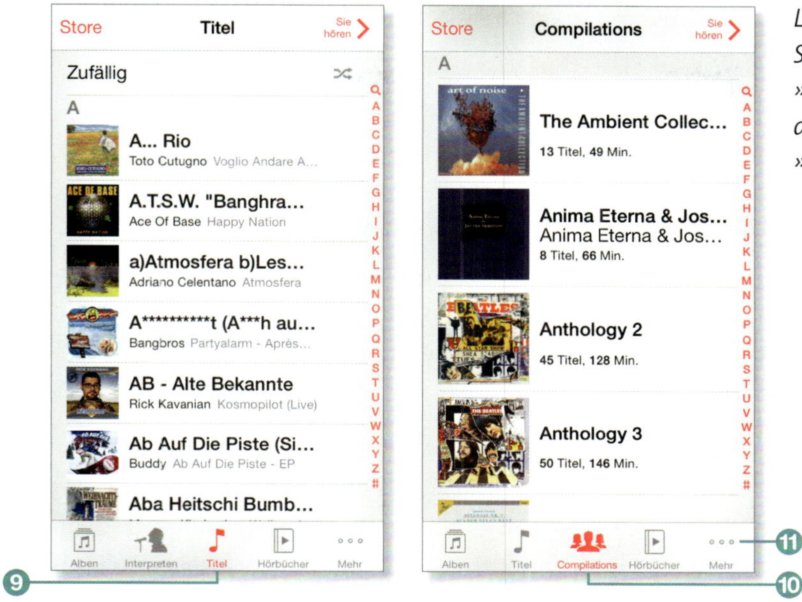


*Links sehen Sie die Ansicht »Titel«, rechts die Ansicht »Compilations«.*

> **INFO**
>
> **Die Tab-Leiste anpassen**
>
> Wenn die Tab-Leiste bei Ihnen anders aussieht, d.h. die einzelnen Schaltflächen z.B. in einer anderen Reihenfolge dargestellt werden, als hier zu sehen ist, liegt das daran, dass ich meine Tab-Leiste nach meinen Vorstellungen angepasst habe. Dazu tippen Sie unten in der Leiste auf **Mehr** und im nächsten Fenster oben links auf **Bearbeiten**. Sie sehen dann eine Auflistung von Kategorie-Icons, die Sie nach Belieben in die Tab-Leiste ziehen oder innerhalb der Tab-Leiste verschieben können.

### Die Ansicht »Genres«

Sind Sie ein Genre-Fan? Dann ist die gleichnamige Ansicht das Nonplusultra für Sie. Lassen Sie sich Ihre Titel nach Genres wie Rock, Pop, Blues oder Jazz geordnet anzeigen, und erfahren Sie auf diese Weise mehr über Ihre eigene Mediathek. Die Genres werden in iTunes automatisch angelegt und können dort natürlich auch geändert werden. Dazu müssen Sie lediglich einen Song oder ein Album anklicken, und mit `cmd` + `I` bzw. mit

Strg + I können Sie dann in den Einstellungen des Liedes oder Albums das Genre selbstständig angeben.

Auch diese Ansicht finden Sie in der Tab-Leiste der Musik-App unter **Mehr** (siehe dazu auch den Kasten »Die Tab-Leiste anpassen« auf Seite 319). Wenn Sie im zugehörigen Menü auf **Genres** ❶ tippen, sehen Sie auf den ersten Blick, zu welchen Genres die Lieder gehören, die sich zurzeit auf Ihrem iPhone befinden. Wenn Sie z. B. auf **Alternative** ❷ tippen, werden Ihnen alle Künstler angezeigt, die diesem Genre zugeordnet sind.

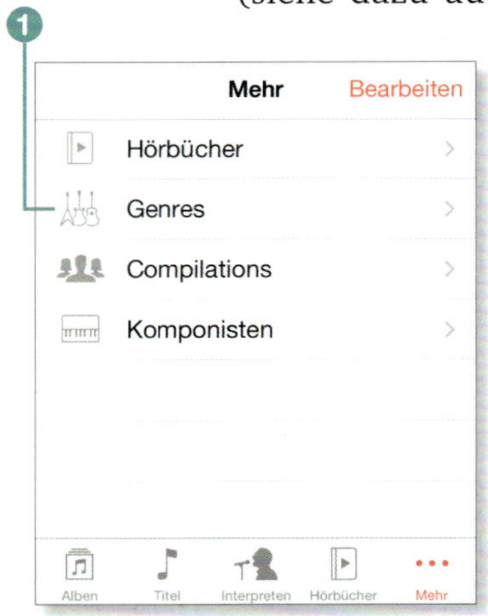


Klicken Sie nun auf einen Künstler ❸, um eine Übersicht über alle Titel und Alben dieses Künstlers auf Ihrem iPhone zu erhalten. Und wenn Sie schließlich auf ein Album tippen, sehen Sie – natürlich – eine Übersicht über alle Titel, die zu diesem Album gehören ❹.

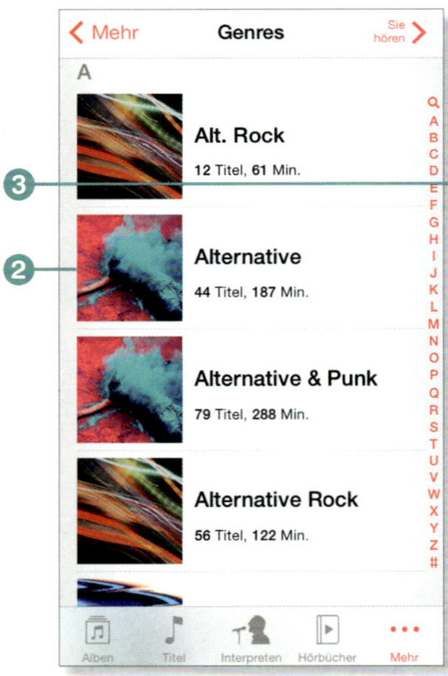


Lassen Sie sich Ihre Musik nach Genres sortiert anzeigen. Die Musik-App ordnet die Titel automatisch zu.

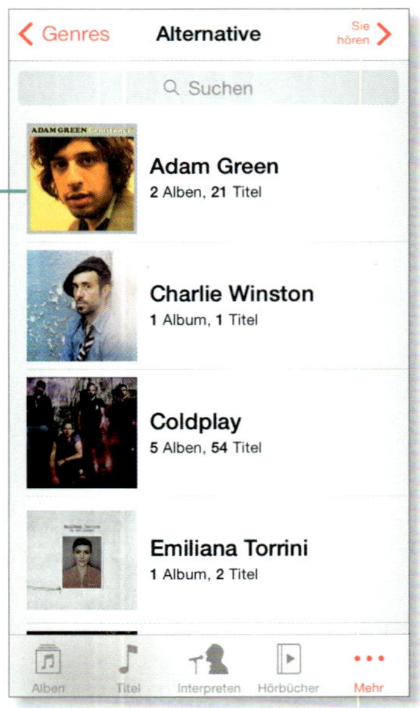


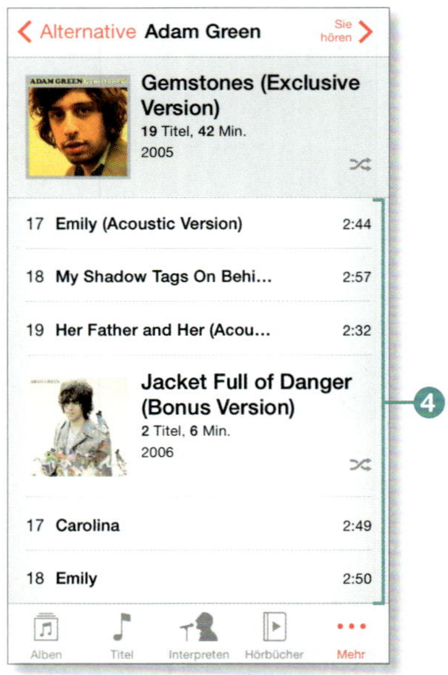


Links sehen Sie die Liste der Interpreten des ausgewählten Genres und rechts die Alben und die Titel des ausgewählten Künstlers.

### Die Ansicht »Hörbücher«

Wenn Sie sich dazu entschieden haben, Hörbücher auf Ihr iPhone zu laden, erscheint in der Tab-Leiste unter **Mehr** eine entsprechende Kategorie. Ist kein Hörbuch installiert, gibt es diese Kategorie nicht. Mehr dazu erfahren Sie im Abschnitt »Hörbücher auf dem iPhone anhören« ab Seite 335.

### Die Ansicht »Komponisten«

Bei der Ansicht **Komponisten**, die Sie über die Schaltfläche **Mehr** finden, kommen Klassikfans voll auf ihre Kosten, denn sie suchen häufiger nach Komponisten als nach Interpreten. Allerdings geht es bei dieser Kategorie nicht allein um die großen Virtuosen Mozart oder Chopin: Mit »Komponist« sind immer diejenigen gemeint, die die Songs geschrieben haben (was oft nicht gleichbedeutend mit den Interpreten ist). Tippen Sie einfach auf den Namen eines Komponisten ❶, dann auf ein Album ❷, und dann können Sie die Musikstücke entweder einzeln auswählen oder zufällig ❸ abspielen lassen. Auch die Angaben zum Komponisten können Sie übrigens in iTunes ändern, indem Sie einen Song oder ein Album anklicken und `cmd` + `I` bzw. `Strg` + `I` drücken.

### Die Cover-Ansicht

Die Cover-Ansicht ist meiner Meinung nach die schönste Möglichkeit, Ihre Mediathek visuell zu erfahren. Um in die Cover-Ansicht zu gelangen, bringen Sie einfach Ihr iPhone von der Hochkant- in die waagerechte Position. Sie können nun mit dem Finger über das Display wischen und auf diese Weise Ihre Mediathek visuell erfahren. Indem Sie auf ein Cover tippen, rufen Sie eine Titelliste auf, über die Sie die Musik abspielen können.

> **TIPP**
>
> **Wenn Ihr iPhone nicht in die Cover-Ansicht umschaltet**
>
> Sollte Ihr iPhone einmal nicht in die Cover-Ansicht umschalten, kann es daran liegen, dass Sie die Ausrichtungssperre aktiviert haben. Um diese Sperre zu deaktivieren, ziehen Sie das Kontrollzentrum aus dem unteren Bildschirmrand heraus und tippen oben rechts auf die Schaltfläche **Ausrichtungssperre** 4.
>
> 
> 
>
> Die in dieser Abbildung weiße Schaltfläche wird dann wieder schwarz, und die Ausrichtungssperre ist aufgehoben.

# Wiedergabelisten anlegen

Die Wiedergabelisten sind eine gute Möglichkeit, Ihre Musik immer wieder anders kennenzulernen. Sie können direkt aus iTunes Ordner und Unterordner mit Wiedergabelisten auf Ihr iPhone kopieren (und finden sie dann in der Ansicht **Listen**, siehe den Abschnitt »Die Ansichten der Musik-App« ab Seite 315) oder aber direkt in der Musik-App solche Listen anlegen.

1. Um eine neue Wiedergabeliste zu erstellen, tippen Sie in der Listenansicht auf **Neue Wiedergabeliste** ①.
2. Geben Sie auf dem nächsten Bildschirm den Titel Ihrer neuen Wiedergabeliste ein ②, oder diktieren Sie ihn. Bestätigen Sie den neuen Namen, indem Sie auf **Sichern** ③ tippen.

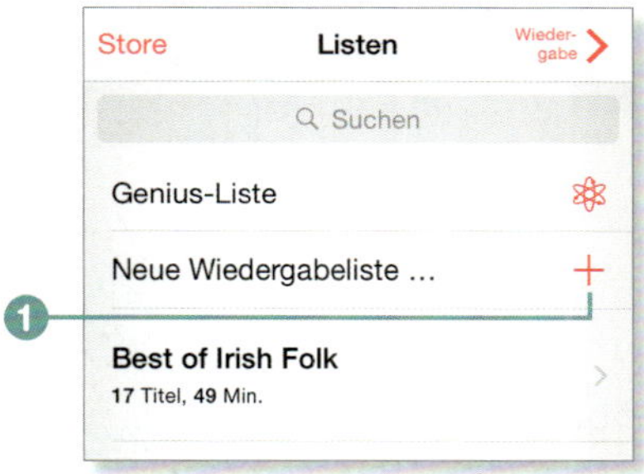


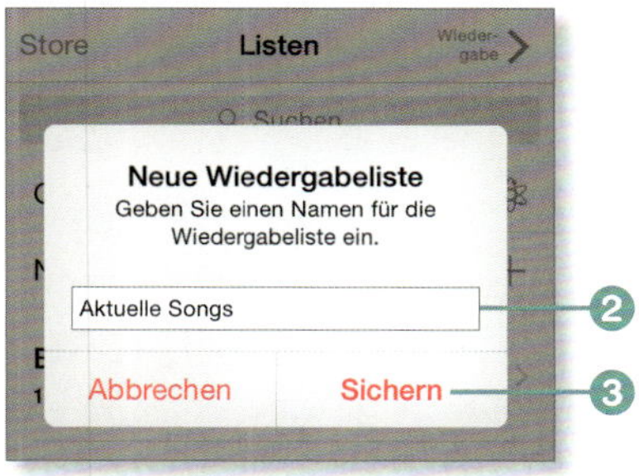


3. Auf dem nächsten Bildschirm fügen Sie durch Tippen auf die kleinen roten Plussymbole ④ Ihrer Wiedergabeliste Titel hinzu. Hinzugefügte Titel werden dann in der neuen Wiedergabeliste mit Cover dargestellt.

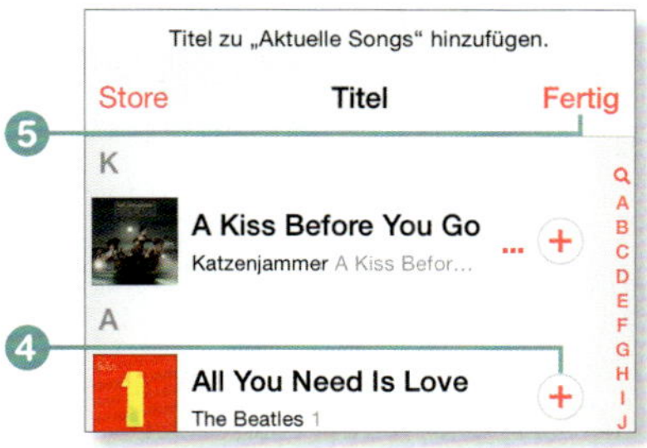


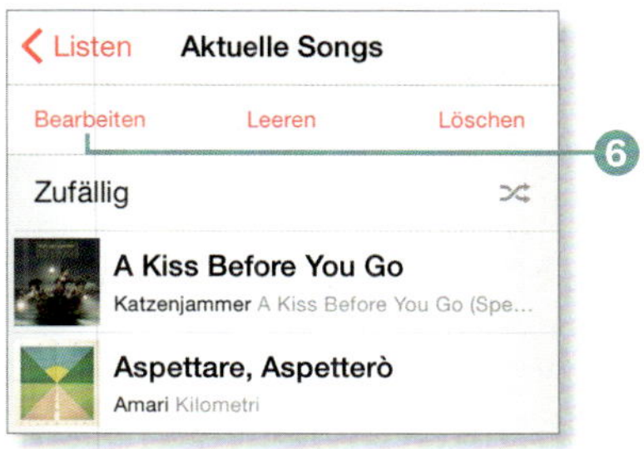


4. Haben Sie Ihre Auswahl getroffen, bestätigen Sie sie mit **Fertig** ⑤. Daraufhin sehen Sie den Inhalt Ihrer Wiedergabeliste, die Sie jederzeit

bearbeiten ❻ können (siehe dazu den Abschnitt »Die Ansicht ›Listen‹« ab Seite 315). Die neue Liste reiht sich in die alphabetische Sortierung Ihrer Wiedergabelisten ein, die Sie in der Ansicht **Listen** aufgeführt finden.

> INFO
>
> **Genius**
>
> Die Funktion *Genius* erstellt intelligente Wiedergabelisten. Genius-Wiedergabelisten funktionieren folgendermaßen: Sie tippen auf **Genius-Liste** und wählen ein Lied aus, dann legt iTunes automatisch eine Wiedergabeliste mit Songs aus Ihrer Mediathek an, die gut zu dem ersten Lied passen.

## Die Musikbibliothek durchsuchen

Geht es Ihnen auch so – Sie haben inzwischen so viele Musiktitel auf Ihrem iPhone, dass Sie den Überblick verloren haben? Sie wissen nicht mehr, wo ein bestimmter Titel abgespeichert ist? Dann suchen Sie doch einfach danach. In jeder der in diesem Kapitel beschriebenen Ansichten können Sie nach Liedern suchen. Ziehen Sie dazu die Bildschirmansicht in der Musik-App mit dem Finger ein wenig nach unten, bis das Suchfeld erscheint.

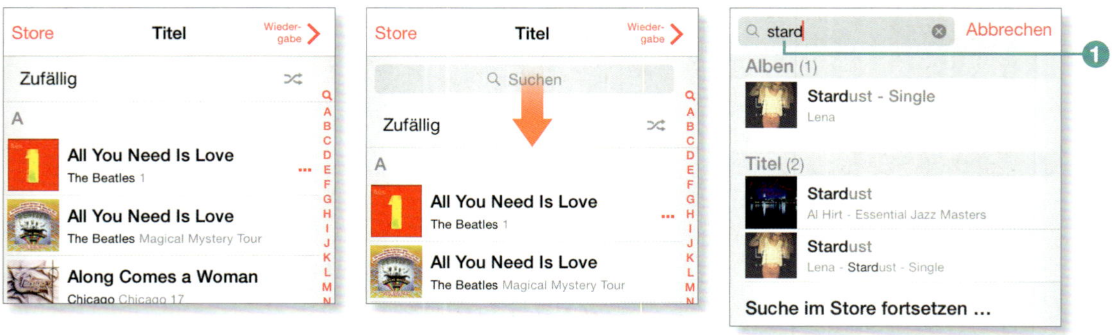


Tippen Sie in das Suchfeld, und geben Sie den entsprechenden Suchbegriff ein ❶, oder diktieren Sie ihn. Die Groß- und Kleinschreibung spielt bei der Suche nach einem Titel keine Rolle. Sie müssen noch nicht einmal auf die

**Suchen**-Schaltfläche neben der Tastatur tippen, da die Suche sofort beginnt, sobald Sie den ersten Buchstaben eintippen. Ist ein passender Interpret, ein passendes Album oder ein passender Titel auf Ihrem iPhone vorhanden, wird das Ergebnis (oder mehrere Treffer) sofort angezeigt, und Sie können es mit einem Fingertipp öffnen. Um einen neuen Suchbegriff einzugeben, löschen Sie den ersten, indem Sie auf das Kreuzchen rechts im Suchfeld tippen.

### In der übergreifenden Suche nach Liedern suchen

Sie müssen sich nicht unbedingt in einer Ansicht der Musik-App befinden, um nach Liedern zu suchen. Dies können Sie auch in der übergreifenden Suche auf Ihrem iPhone erledigen.

1. Tippen Sie unter **Einstellungen** auf **Allgemein**, dann auf **Spotlight-Suche**, und aktivieren Sie in der zugehörigen Liste den Eintrag **Musik**.
2. Um die Bedeutung dieser App bei Ihren Suchergebnissen zu erhöhen, ziehen Sie die Rubrik **Musik** weiter nach oben, indem Sie auf die drei grauen Striche rechts neben diesem Eintrag tippen, den Finger nicht vom Display nehmen und den Eintrag an eine andere Position verschieben.

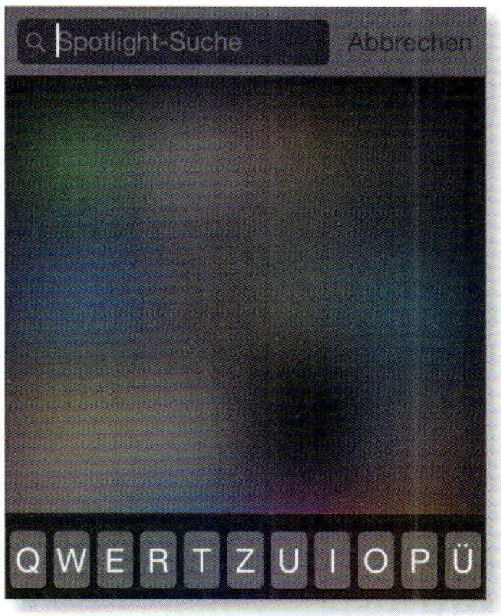


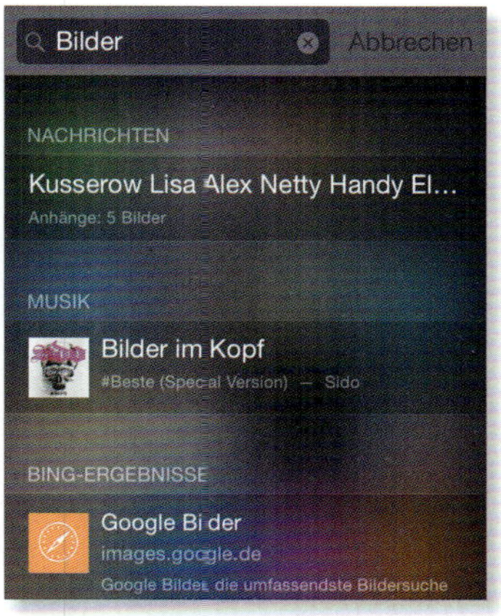


3. Jetzt können Sie in der iPhone-übergreifenden Spotlight-Suche nach Ihren Musiktiteln suchen. Diese Suche rufen Sie auf, indem Sie auf dem Startbildschirm von oben nach unten wischen. Geben Sie in das Suchfeld den Titel des gesuchten Songs ein.

Schon bei der Eingabe wird eine Liste mit passenden Suchergebnissen eingeblendet. Ist das richtige Ergebnis dabei, müssen Sie den Titel nur einmal antippen, und schon wird er abgespielt.

## Die Musikwiedergabe mit dem Headset steuern

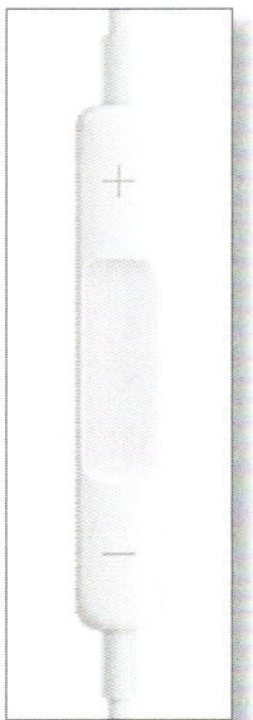


Selbstverständlich können Sie die Musik, die Sie auf Ihrem iPhone gespeichert haben, auch mit dem mitgelieferten Headset steuern. Über die Tasten + und – regeln Sie die Lautstärke, und über den Knopf in der Mitte spielen Sie Songs ab oder pausieren sie (einmal drücken) oder springen ein Lied vor (zweimal drücken).

Die Musikwiedergabe lässt sich auch dann starten, wenn die Musik-App nicht geöffnet ist und Ihr iPhone sich im Standby-Betrieb befindet. Die Musikwiedergabe beginnt dann dort, wo Sie sie das letzte Mal beendet haben.

## Die Lautstärke anpassen

Sind die einzelnen Lieder Ihrer Wiedergabeliste oft von unterschiedlicher Lautstärke? Das ist etwas nervig, aber Sie können das leicht ändern. Passen Sie den Lautstärkepegel so an, dass er die einzelnen Lieder über Ihre Wiedergabeliste hinweg so in der Lautstärke angleicht, dass Sie ein harmonisches Klangerlebnis haben. Öffnen Sie dazu das Menü **Einstellungen**, tippen Sie auf **Musik**, und aktivieren Sie den Regler **Lautstärke anpassen** ➊.

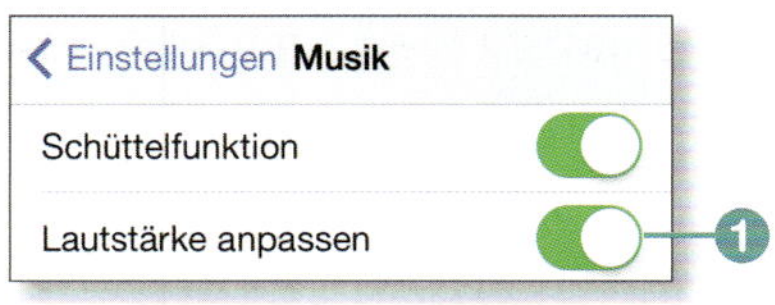


Von nun an regelt Ihr iPhone die Lautstärke der wiederzugebenden Titel eines Albums oder einer Wiedergabeliste selbstständig. Übermäßige Lautstärkeausschläge sind nun nicht mehr zu befürchten, sondern Ihre Musik wird zu einem gleichmäßigen Klangteppich.

Darüber hinaus können Sie in Ihrem iPhone die maximale Lautstärke festlegen. Das ist insbesondere dann sinnvoll, wenn Sie Ihre Musik immer mit dem Kopfhörer hören, da zu laute Musik nachweislich Ihr Gehör schädigen kann. Damit das nicht passiert, können Sie in Ihrem iPhone die Lautstärke auf ein erträgliches Maß reduzieren.

1. Öffnen Sie dazu erneut das Menü **Einstellungen**. Dort tippen Sie auf **Musik** und dann auf **Maximale Lautstärke**.
2. Regeln Sie die Lautstärke einfach etwas herunter, indem Sie den Regler ❷ mit dem Finger nach links ziehen.

3. Wenn Sie den Schalter **Max. Lautstärke (EU)** ❸ aktivieren, wird die Lautstärke automatisch um ca. ein Drittel herabgesetzt und damit auf das von der EU empfohlene Maximum beschränkt.

Auf diese Weise können Sie sich selbst etwas beschränken (und die Mitreisenden nicht mehr mit zu lauter Musik belästigen). Die Funktion ist nicht automatisch aktiviert und die Lautstärke nicht von vornherein begrenzt, sondern Sie haben selbst die Wahl.

## Ihre Lieder bewerten

Möchten Sie ein Lied während der Wiedergabe bewerten, tippen Sie einfach auf den Titel ❶. Daraufhin erscheint die Bewertungsansicht, und Sie können hier Ihre Sterne ❷ vergeben. Tippen Sie jeweils auf den Stern, der in Ihren Augen die richtige Bewertung für diesen Titel ist, oder wischen Sie über die Sterne. Wenn Sie anschließend wieder auf das Coverbild tippen, kehren Sie zur Wiedergabe-Ansicht zurück.

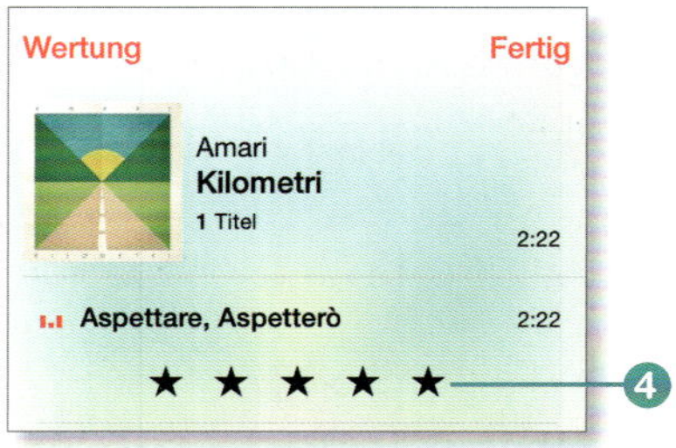


Sie können auch in der Wiedergabe-Ansicht oben rechts auf die Schaltfläche für die Listenansicht tippen. Danach tippen Sie links oben auf **Wertung** ❸. Es öffnet sich dann die Bewertungsansicht, in der Sie Ihre Sterne vergeben können ❹.

Eine Fünf-Sterne-Bewertung stellt, wie bei Hotels auch, die beste Bewertung dar. Um eine Bewertung zu entfernen, tippen Sie einfach einmal vor den ersten Stern. Über diese Bewertungen können Sie dann z. B. Ihre Mediathek in iTunes nach der Beliebtheit der Songs sortieren.

## Die Schüttelfunktion nutzen

Die Schüttelfunktion erlaubt es Ihnen, ohne weitere Tastenbefehle von einem Lied zum anderen zu gelangen. Die Reihenfolge ist dabei jedoch zufällig. Es ist also eine ganz eigene Art, Ihre Musik im Zufallsmodus zu hören. Die Schüttelfunktion müssen Sie allerdings zuerst einmal aktivieren, bevor Sie sie benutzen können. Zum Einschalten der Schüttelfunktion tippen Sie unter **Einstellungen** auf **Musik** und schieben dann den Schalter **Schüttelfunktion** nach rechts.

Sobald Sie nun Ihre Musik mit dem iPhone genießen, können Sie von einem Lied zu einem zufällig ausgewählten nächsten Titel springen, indem Sie Ihr iPhone einfach schütteln.

## Eine Endloswiedergabe einstellen

Wenn Sie einmal gar keine Lust mehr darauf haben, irgendwelche Einstellungen in der Musik-App vorzunehmen, sondern einfach nur eine Wiedergabeliste endlos durchspielen lassen möchten, bietet es sich an, die Wiederholungsfunktion einzustellen. Dabei haben Sie zwei Möglichkeiten: die Endloswiederholung eines einzelnen Titels und die Wiederholung eines Albums oder einer Wiedergabeliste.

Um eine Wiedergabeliste oder ein Album wiederholen zu lassen, tippen Sie auf das erste Lied. Es öffnet sich in der Wiedergabe-Ansicht. Tippen Sie am unteren linken Rand der Wiedergabe-Ansicht auf **Wiederholen** ❶. Entscheiden Sie sich im Folgenden, ob Sie nur den aktuellen Titel oder das gesamte Album wiederholen möchten ❷.

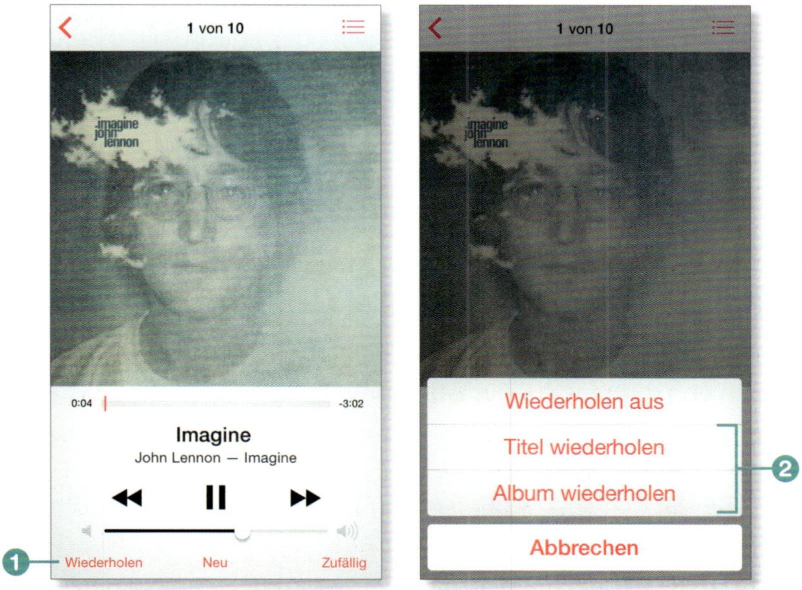

Wenn Sie einen Titel einer Wiedergabeliste ausgewählt haben, wird Ihnen in diesem Auswahlmenü der Menüpunkt **Liste wiederholen** anstelle von **Album wiederholen** angeboten.

## iTunes Match einschalten und Musik streamen

Das iPhone bietet eine wunderbare Funktion, die sich *iTunes Match* nennt. Das Ganze ist ein Dienst von Apple, der Ihre komplette Mediathek im Onlinespeicher iCloud speichert bzw. Ihre Musik abgleicht und nur das in iCloud ablegt, was nicht ohnehin im iTunes Store vorhanden ist. Auf diese Weise können Sie immer auf Ihre gesamte Musiksammlung zugreifen – egal, von welchem (Apple-)Gerät aus, und egal, wo Sie sich aufhalten. Sie müssen nicht alle Dateien auf Ihrem iPhone vorhalten, denn es greift per *Streaming* auf die online gespeicherten Daten zu. Streaming bedeutet, dass Daten – in diesem Fall Musik – aus dem Internet übertragen und gleichzeitig abgespielt werden. Eine Internetverbindung ist also Voraussetzung.

Das Beste kommt aber noch: Sie haben dank iTunes Match immer Zugriff auf eine qualitativ hochwertige Variante eines Albums oder Liedes, auch wenn Sie es in schlechter Qualität heruntergeladen oder importiert haben. Ab sofort liegt die Qualität Ihrer Musik bei 256 KBit/s statt bei 128 KBit/s. Das Ganze ist darüber hinaus auch noch DRM-frei, d. h., dass z. B. Kopierbeschränkungen wegfallen. Dafür verlangt Apple lediglich 24,99 € pro Jahr. Das sind nur etwas mehr als 2 € im Monat – ein recht günstiges Angebot, wie ich finde.

### Ihre iTunes-Mediathek für iTunes Match einrichten

Tippen Sie einfach auf ein Musikstück, und schon wird es aus iCloud auf Ihr iPhone gestreamt. Das hört sich alles sehr einfach an und ist es auch, aber zuvor müssen Sie den Dienst noch einrichten. Gehen Sie dazu wie folgt vor:

1. Zuerst aktivieren Sie den Dienst iTunes Match direkt in iTunes. Sie finden diese Möglichkeit dort im Hauptmenü unter **Store ▸ iTunes Match aktivieren**.

2. Nachdem Sie diesen Menüpunkt angeklickt haben, werden Sie gebeten, den Computer für die Funktion freizuschalten. Klicken Sie dazu auf die Schaltfläche **Diesen Computer hinzufügen** ①.

3. Zur Bestätigung müssen Sie noch Ihre Apple-ID ② und das entsprechende Passwort ③ eingeben und dann noch einmal auf **Diesen Computer hinzufügen** ④ klicken.

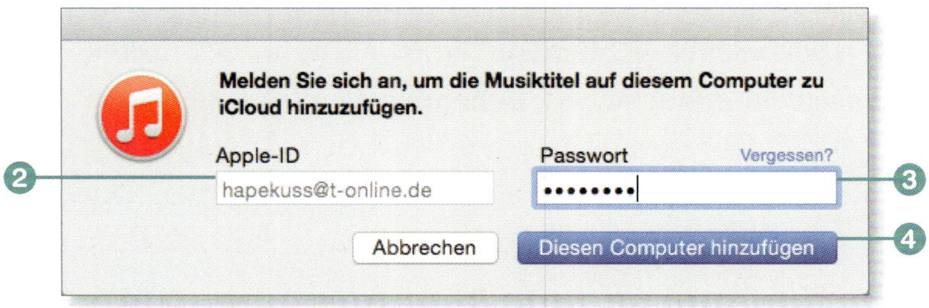


4. Die Daten Ihrer Mediathek werden nun gesammelt und an Apple übermittelt. Die drei Schritte, die Sie hier sehen (Sammeln der Daten, Abgleichen Ihrer Musiktitel und Laden der Grafiken und der restlichen Songs), können je nach Größe und Beschaffenheit Ihrer Mediathek eine ganze Weile dauern.

5. Ist alles erfolgreich durchgeführt worden, sehen Sie den Bildschirm, der in der folgenden Abbildung dargestellt ist, und müssen nur noch auf **Fertig** (⑤ auf Seite 332) klicken.

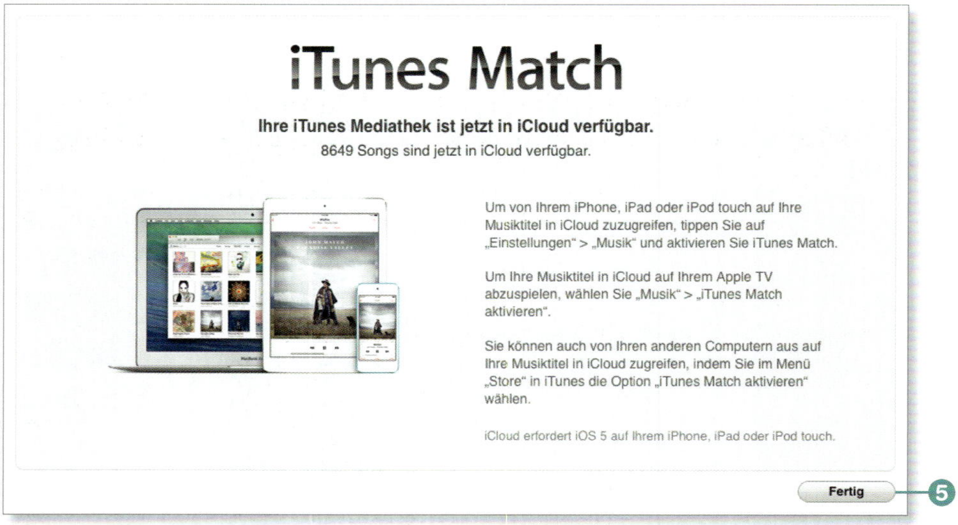


Nun haben wir die Grundlage geschaffen. Doch damit Sie den Dienst iTunes Match auch nutzen können, müssen Sie ihn jetzt auch noch auf Ihrem iPhone freischalten.

### iTunes Match auf Ihrem iPhone einrichten

Ist iTunes so weit vorbereitet, können Sie darangehen, auch Ihr iPhone für diesen iCloud-Dienst bereitzumachen. Gehen Sie dabei wie folgt vor:

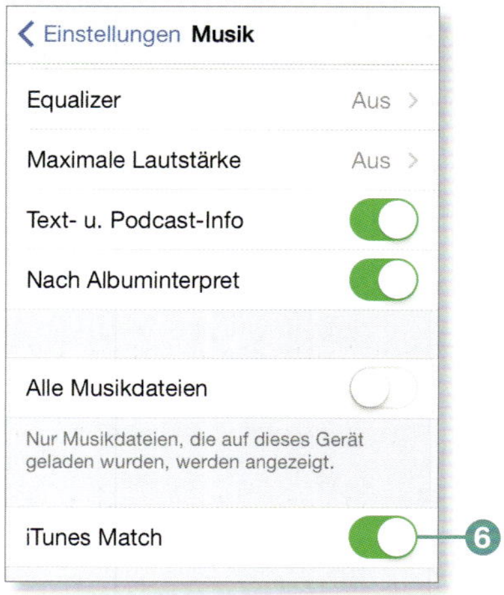


1. Öffnen Sie das Menü **Einstellungen**, und tippen Sie darin auf **Musik**.
2. Auf dem nächsten Bildschirm aktivieren Sie den Regler **iTunes Match** 6 und bestätigen Ihre Aktion durch die Eingabe Ihrer Apple-ID.
3. Schieben Sie danach auch den Schalter **Alle Musikdateien** 7 nach rechts, und tippen Sie dann auf **Aktivieren** 8. Sie sehen ab sofort Ihre komplette Mediathek auf Ihrem iPhone.

**4.** Die Option **Mobiles Netz**, die Sie unter **Einstellungen ▸ Mobiles Netz** finden, deaktivieren Sie für die Musik-App ⑨ am besten gleich, indem Sie den Schalter antippen, denn diese Funktion kann Ihre Handyrechnung in die Höhe treiben, wenn Sie ständig über Ihr Mobilfunknetz Musik auf Ihr iPhone streamen.

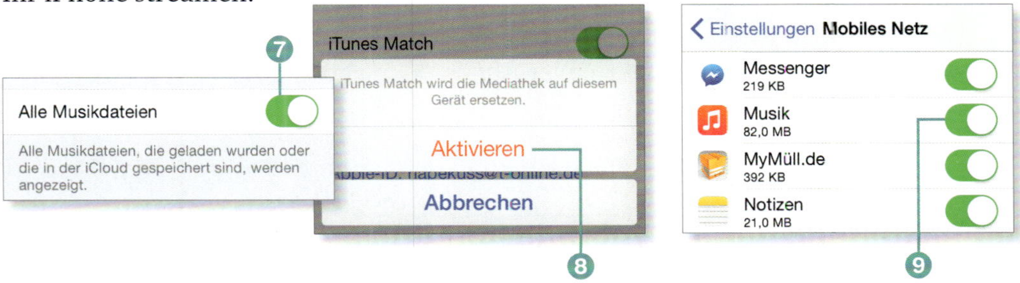


In den verschiedenen Ansichten der Musik-App erkennen Sie an den kleinen Wolken mit einem roten Pfeil ⑩, dass diese Songs nicht auf Ihrem iPhone gespeichert sind, sondern sich in iCloud befinden und umgehend geladen werden können. Die Wolke, die als Symbol für iCloud steht, wird durch eine Kreis-Schaltfläche ⑪ ersetzt, anhand derer Sie den Ladestatus verfolgen können.

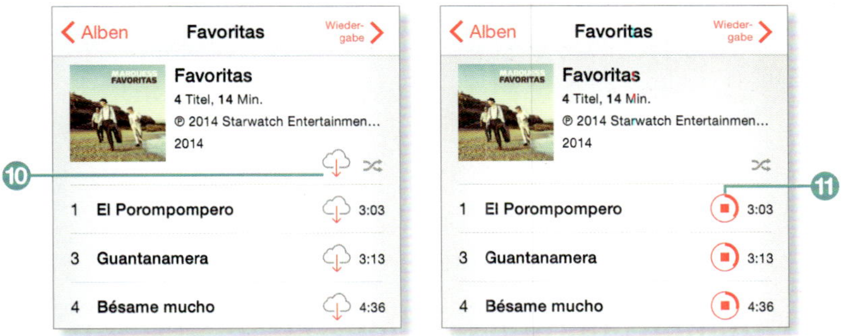


Wenn alles geladen ist, verschwindet die Schaltfläche. Die Titel wurden dann vollständig aus iCloud geladen und auf Ihrem iPhone gespeichert.

### Musik streamen, anstatt zu laden

Sie müssen Ihre Musik gar nicht auf Ihr iPhone herunterladen, sondern Sie können sie auch einfach nur streamen. Das Musikstück wird dann geladen und abgespielt, aber nicht gespeichert. Diese Vorgehensweise kann dann sinnvoll sein, wenn Sie über eine sehr große Musiksammlung verfügen, diese aber nicht komplett auf Ihrem iPhone gespeichert haben möchten. Sie sollten jedoch beachten, dass das Streamen einen erhöhten Datenverkehr bewirkt (siehe dazu auch den Kasten »iTunes-Match-Download ›frisst‹ Datenguthaben«); nutzen Sie diese Funktion daher nur mit einer WLAN-Verbindung. Mit der Nutzung in Ihrem mobilen Netz würden zusätzliche Kosten entstehen, außerdem ist ein WLAN meistens deutlich schneller, sodass es nicht zu Musikaussetzern kommt.

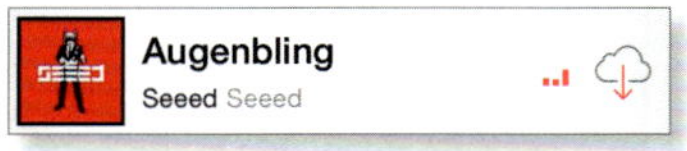


Um die Streaming-Funktion zu aktivieren, müssen Sie lediglich auf einen Titel tippen. Schon startet die Wiedergabe. Ein Wolkensymbol zeigt an, dass der Titel derzeit aus iCloud gestreamt wird.

Möchten Sie ein ganzes Album streamen, gehen Sie genauso vor: Tippen Sie auf das erste Lied des Albums, um das Streamen zu starten. Sobald das Lied zu Ende ist, beginnt automatisch die Wiedergabe des nächsten Liedes. Wiedergabelisten können Sie auf die gleiche Weise streamen.

HINWEIS

**iTunes-Match-Download »frisst« Datenguthaben**

Wenn Sie über einen begrenzten Datentarif für Ihr iPhone verfügen, sollten Sie mit dem Download der Songs via iTunes Match etwas vorsichtig sein, denn das Guthaben ist schnell aufgebraucht, und danach wird das mobile Netz bekanntlich sehr langsam. Mein Tipp ist, nur dann Musik via iTunes Match auf Ihr iPhone zu laden, wenn das iPhone mit einem WLAN verbunden ist, das belastet dann Ihren Datentarif nicht und geht zudem schneller.

## Musikvideos abspielen

Über Ihr iPhone können Sie natürlich auch Musikvideos abspielen, sofern Sie welche auf Ihrem iPhone gespeichert haben. Die Musikvideos werden allerdings nicht in der Musik-App verwaltet, sondern befinden sich in der *Videos*-App.

Öffnen Sie die App. Wenn Sie bisher noch keine Videos auf Ihrem iPhone gespeichert haben, werden Ihnen automatisch die Musikvideos angezeigt. Sollten sich bereits andere Videos auf Ihrem iPhone befinden, wählen Sie zunächst den Ordner **Musikvideos** aus. Haben Sie ein Musikvideo ausgewählt, das Sie wiedergeben möchten, tippen Sie einfach darauf, und es wird sofort (im Querformat) abgespielt. Über die Steuerelemente können Sie die Wiedergabe unterbrechen, vor- und zurückspulen ①, die Lautstärke verändern ②, das Video in den Vollbildmodus ③ versetzen, es via AirPlay ④ auf Ihrem Fernseher wiedergeben oder die Wiedergabe mit **Fertig** ⑤ beenden. Nach ein paar Sekunden Wiedergabe werden die Steuerelemente automatisch ausgeblendet. Tippen Sie den Bildschirm an, werden sie erneut eingeblendet.

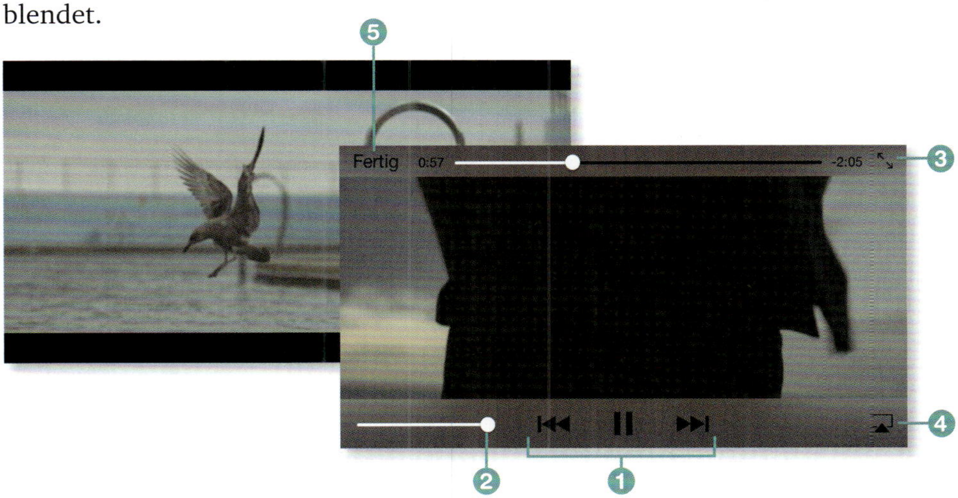


Im iTunes Store können Sie bei manchen Alben gleich die zugehörigen Musikvideos mit erwerben, wenn Sie das komplette Album kaufen. In der Genreansicht des Stores gibt es sogar eine Kategorie **Musikvideos**.

## Hörbücher auf dem iPhone anhören

Wenn Sie bereits Hörbücher erworben haben, können Sie sie über iTunes mit Ihrem iPhone synchronisieren, oder Sie kaufen sie direkt von Ihrem iPhone aus im iTunes Store (siehe dazu den Abschnitt »Hörbücher kaufen« ab Seite 351).

1. Nachdem Sie ein Hörbuch geladen haben, tippen Sie in der Musik-App in der Ansicht **Hörbücher** (bzw. **Mehr ▸ Hörbücher**) darauf ❶. Sie gelangen zum nächsten Bildschirm, der die einzelnen Teile des Hörbuches auflistet.

2. Tippen Sie auf den Teil ❷ des Buches, den Sie hören möchten, und Ihre Lesung kann beginnen. Wenn es nur einen Teil gibt, tippen Sie natürlich darauf.

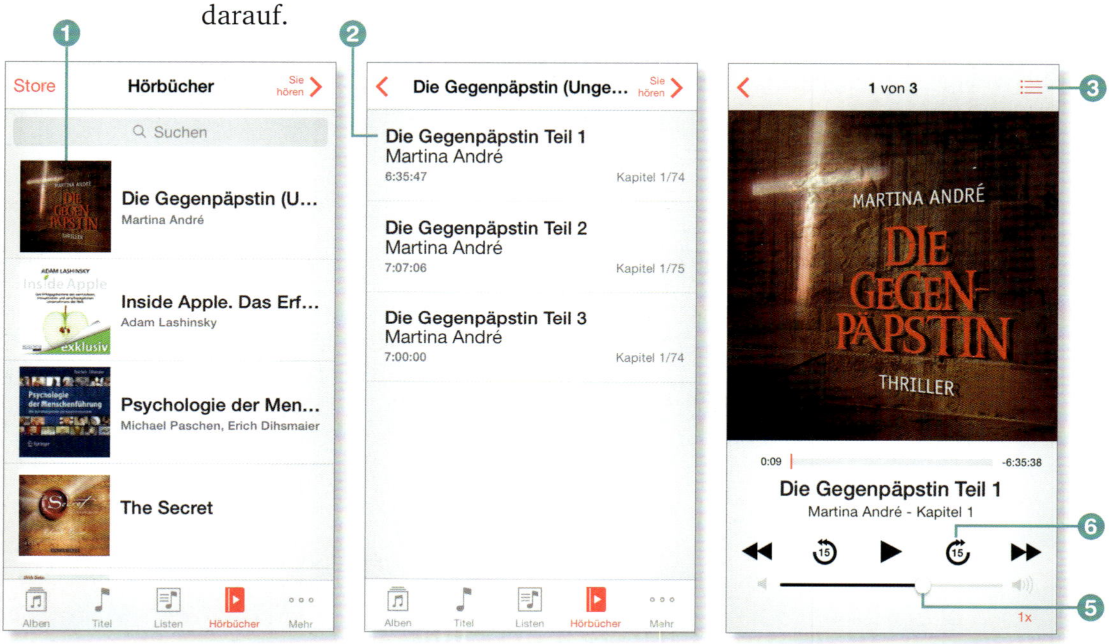


3. In der oberen rechten Ecke der Wiedergabe-Ansicht befindet sich die Schaltfläche für die Listenansicht ❸. Tippen Sie darauf, um sich die einzelnen Kapitel des Hörbuches anzeigen zu lassen.

4. In der Listenansicht können Sie nun auch die einzelnen Kapitel ansteuern. Mit einem Tipp auf **Fertig** ❹ gelangen Sie wieder zur ursprünglichen Abspielposition.

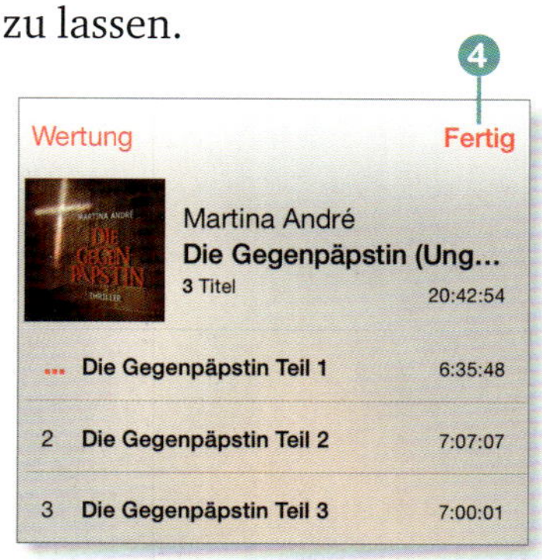

Um in Ihrem Hörbuch vor- und zurückzuspulen, verschieben Sie den Wiedergaberegler (5 auf Seite 336) mit dem Finger. Es ist nicht leicht, den genauen Zeitpunkt auf diese Art zu treffen, dafür brauchen Sie eine sehr ruhige Hand. Aber es gibt auch hier Abhilfe: Mit den kreisförmigen Pfeilschaltflächen 6 springen Sie jeweils 15 Sekunden zurück oder vor.

### Die Abspielgeschwindigkeit anpassen

Es kann vorkommen, dass die Abspielgeschwindigkeit eines Hörbuches für Ihre Hörgewohnheiten zu schnell oder auch zu langsam ist. Das können Sie aber problemlos ändern. Sie müssen lediglich in der Wiedergabe-Ansicht rechts auf die Schaltfläche **1x** 7 tippen. Wenn Sie einmal darauf tippen, wird die Abspielgeschwindigkeit verdoppelt (**2x**) 8. Ein zweites Tippen verändert die Schaltfläche diesmal in **0,5x** 9, und somit wird die ursprüngliche Lesegeschwindigkeit halbiert. Beim dritten Tipp gelangen Sie wieder zur ursprünglichen Geschwindigkeit zurück.

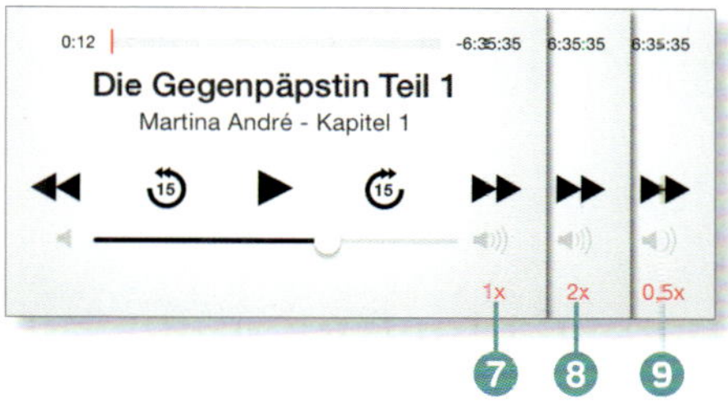

# Kapitel 14
# Musik und Videos kaufen im iTunes Store

Der iTunes Store ist Apples Musikladen auf dem iPhone. Er kann aber natürlich noch viel mehr. Laden Sie sich hier die neuesten Videos, TV-Serien oder Töne herunter. Auch Hörbücher finden Sie dort vor. In diesem Kapitel dreht sich alles um Ihre Unterhaltung. Begeben Sie sich hier auf eine virtuelle Einkauftour im bekannten Shop von Apple.

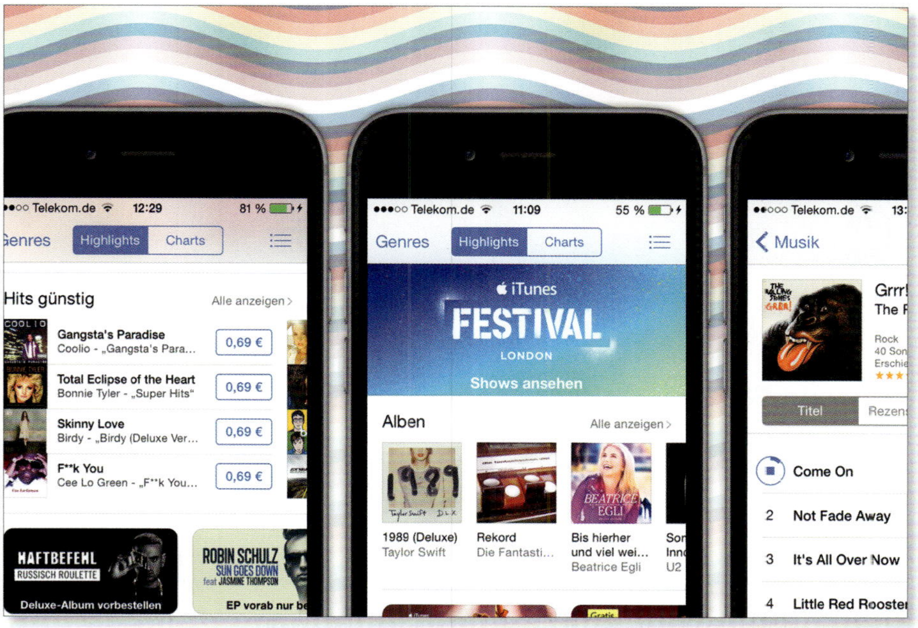


*Der iTunes Store auf dem iPhone: Musik, Filme, TV-Serien, Hörbücher und dazu passende Rezensionen – alles das und noch viel mehr ist möglich.*

## Der iTunes Store im Überblick

Sie öffnen den iTunes Store einfach über die gleichnamige App iTunes Store auf Ihrem iPhone. Ganz oben sehen Sie zwei Schaltflächen für die Ansicht: **Highlights** ❶ und **Charts** ❷. Je nachdem, welcher Bereich unten in der Tab-Leiste aktiviert ist, verändern sich die Kategorien der beiden Ansichten. Im Folgenden erläutere ich Ihnen die Ansichten des Bereichs **Musik** ❸.

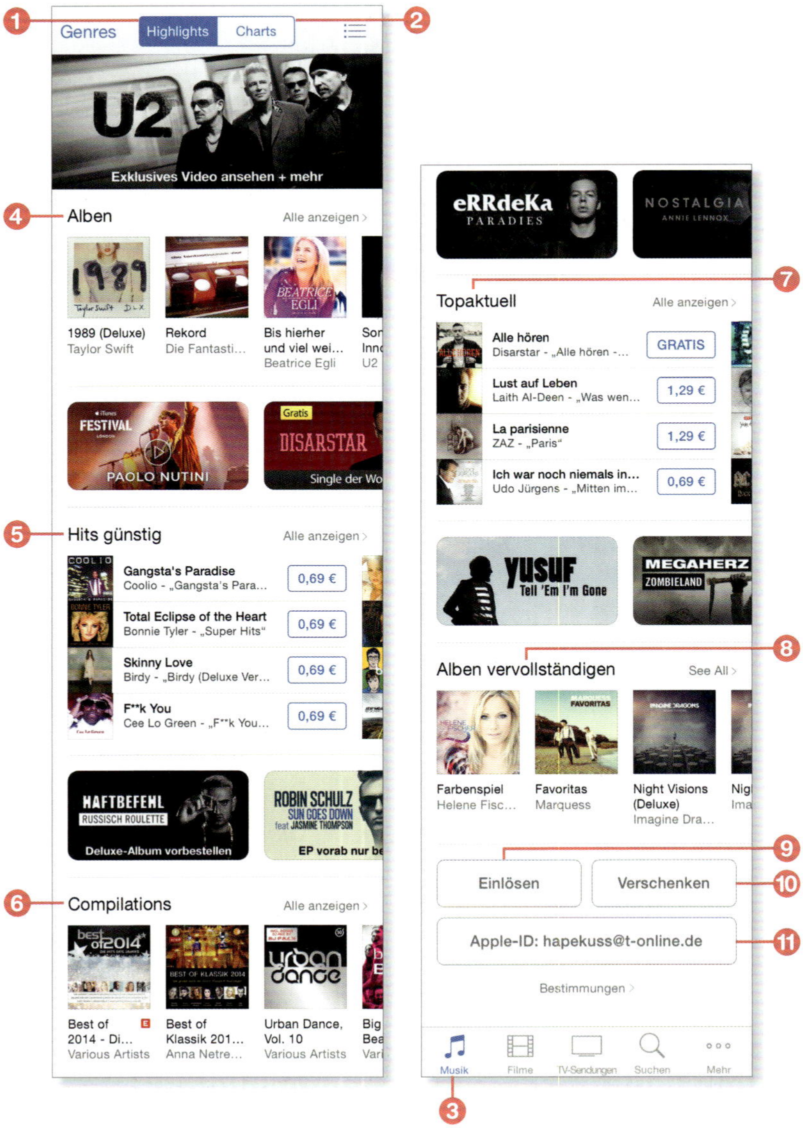

Wenn Sie den Musikbereich des Stores in der Ansicht **Im Spotlight** von oben nach unten durchscrollen, finden Sie folgende Kategorien, die Sie nach interessanten Musiktiteln durchstöbern können:

4 **Alben** (gefolgt von ausgewählten Künstleralben)

5 **Hits günstig** (gefolgt von ausgewählten Künstleralben)

6 **Compilations** (gefolgt von ausgewählten Künstleralben)

7 **Topaktuell** (gefolgt von ausgewählten Künstleralben)

8 **Alben vervollständigen**

Über die Schaltfläche **Einlösen** 9 am Ende der Ansicht **Im Spotlight** können Sie iTunes-Gutscheine einlösen und mit **Verschenken** 10 einen Gutschein für den iTunes Store per E-Mail verschenken. Über die Schaltfläche **Apple-ID** 11 rufen Sie Ihre Kennung auf und ändern sie, wenn Sie dies möchten.

Die zweite Ansicht, die Sie im Musikbereich aufrufen können, ist die Ansicht **Charts** 12. Darin finden Sie in den Kategorien **Songs**, **Alben** und **Musikvideos** die Top 300 der jeweiligen Charts.

In beiden Ansichten steht Ihnen natürlich die Tab-Leiste zur Verfügung, die beim Scrollen immer zu sehen ist. In dieser Tab-Leiste sehen Sie die Tabs **Musik**, **Filme**, **TV-Sendungen**, **Suchen** und **Mehr**, auf die ich in den folgenden Abschnitten noch näher eingehen werde. Hinter dem Bereich **Mehr** 13 verbergen sich weitere Tab-Kategorien: **Hörbücher**, **Töne**, **Genius**, **Käufe** und **Downloads**.

*Die verschiedenen Ansichten im Music Store bieten Ihnen reichlich Möglichkeiten, Ihre Lieblingstitel aufzufinden.*

## Musik Probe hören

Bevor Sie im iTunes Store Musik kaufen, können Sie sich diese erst einmal anhören. Apple bietet Ihnen die Möglichkeit, jeden Song Probe zu hören – und so geht's:

1. Öffnen Sie den Store, indem Sie auf die iTunes-Store-App tippen.
2. Wählen Sie nun ein Album aus, das Sie interessiert, und tippen Sie darauf ①. Es öffnet sich ein Bildschirm, auf dem Sie alle Titel des Albums angezeigt bekommen.

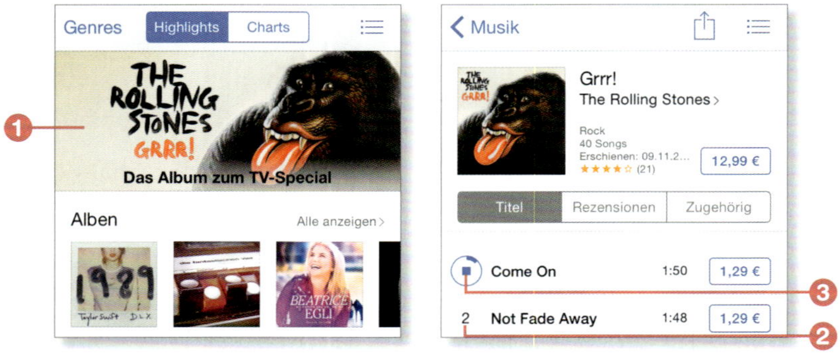


3. Tippen Sie auf die Nummer vor dem Titel ②, und Sie können sich ihn eine Zeit lang anhören.
4. Wenn Sie das Probehören beenden möchten, tippen Sie einfach auf das Quadrat ③ in der Mitte des Kreises.

Das Ganze können Sie natürlich auch mehrfach hintereinander machen. Und das Beste daran ist: Sie können das Probehören auch fortsetzen, während Sie den Store weiter durchstöbern.

## Die Vorschauliste ansehen

Schon seit geraumer Zeit bietet Ihnen der iTunes Store eine *Vorschau*-Funktion. Sie arbeitet ähnlich wie der Verlauf Ihres Internetbrowsers: In einer Liste werden die Lieder gesammelt, die Sie zuletzt probeweise angehört haben. Um die Vorschau im iTunes Store aufzurufen, tippen Sie oben rechts auf die Schaltfläche, die eine Liste anzeigt ④.

Standardmäßig gelangen Sie zunächst in den Bereich **Wunschliste** ⑤ (lesen Sie dazu auch den Kasten »Eine Wunschliste anlegen« auf Seite 344). Tippen Sie rechts auf **Vorschau** ⑥, um die Vorschauliste aufzurufen. Hier sehen Sie nun, welche Lieder und Videos Sie sich in den letzten Tagen im iTunes Store angehört oder angesehen haben. So müssen Sie Ihre Suche nicht immer wieder neu beginnen, wenn Sie sich vor dem Kauf ein wenig im Store »umhören« möchten.

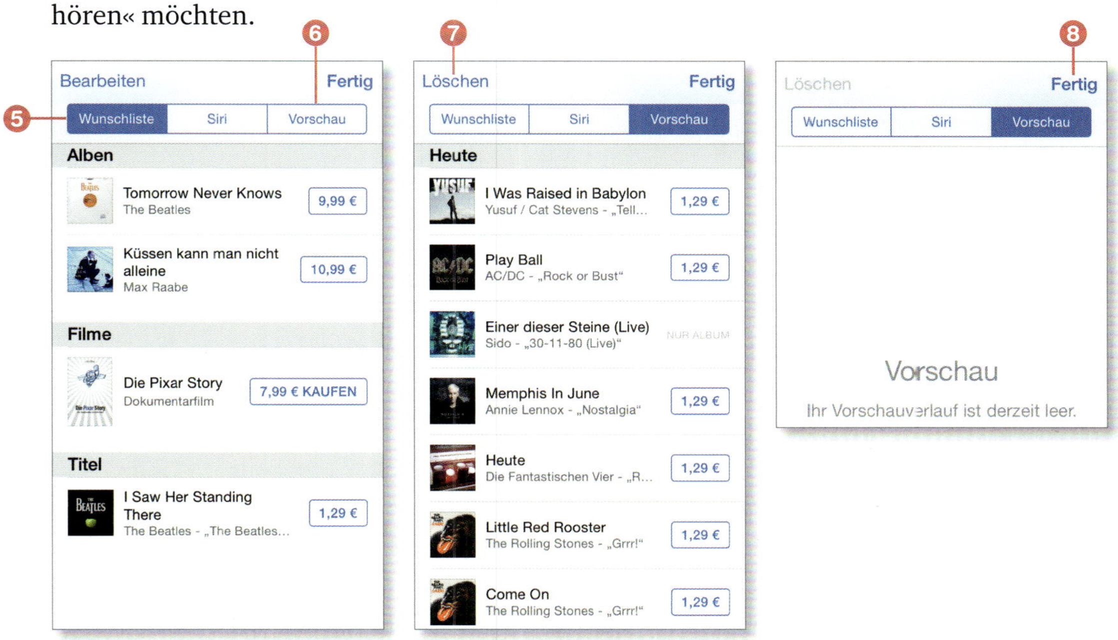


Mit der Zeit kann die Vorschauliste relativ lang und unübersichtlich werden, wenn Sie sich häufig Titel im iTunes Store vorab angehört haben. Sie können die Vorschau daher nach Belieben löschen. Tippen Sie dazu in der Vorschauliste auf die Schaltfläche **Löschen** ⑦ oben links. Danach müssen Sie lediglich noch eine weitere Nachfrage bestätigen, mit der Ihr iPhone sichergeht, dass Sie die Vorschau auch wirklich leeren wollen, und schon ist die Liste gelöscht. Zum Verlassen der Vorschau tippen Sie einfach oben rechts auf **Fertig** ⑧, dann gelangen Sie wieder in die Store-Ansicht, die Sie zuvor verlassen haben.

### Siri zuhören lassen und den Song in der Liste anzeigen lassen

Sie wissen sicherlich, dass Apple Siri ständig verbessert und ausbaut. Auch jetzt ist es wieder so weit. Sie können, wenn Sie ein Lied hören, das Ihnen gefällt, Siri mithören lassen. Siri zeigt Ihnen das Lied dann an und speichert es in der entsprechenden Rubrik 9, sodass Sie es später noch einmal in der Vorschau hören oder aber es gleich kaufen können. Siri nutzt dafür den Dienst von *Shazam* 10, wie Sie rechts unten in der Ecke erkennen können.

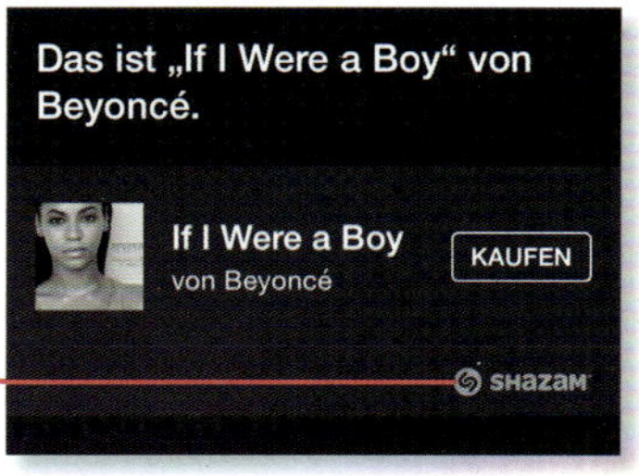

> **INFO**
>
> **Eine Wunschliste anlegen**
>
> Sie haben im iTunes Store die Möglichkeit, eine Wunschliste für einen späteren Einkauf anzulegen. Haben Sie ein Album oder ein Lied aufgerufen, das Sie zu einem späteren Zeitpunkt kaufen möchten, können Sie es Ihrer Wunschliste ganz einfach über die Schaltfläche **Teilen** in der oberen Menüleiste hinzufügen. Wählen Sie im zugehörigen Menü im unteren Bereich **Zur Wunschliste hinzufügen** aus. Möchten Sie Ihre Wunschliste aufrufen, tippen Sie im iTunes Store in der oberen Menüleiste rechts auf die Schaltfläche, die eine Liste anzeigt (siehe 4 auf Seite 343).

## Musik und Videos kaufen

Wenn Sie sich die einzelnen Musikstücke angehört haben, können Sie sie natürlich auch kaufen. Dabei haben Sie zwei Möglichkeiten: Sie können einen einzelnen Musiktitel oder ein ganzes Album kaufen.

### Einen einzelnen Musiktitel kaufen

Wenn Sie einen Song im Radio gehört haben, der Ihnen besonders gut gefällt, aber kein Interesse an dem Album haben, von dem der Song stammt, gehen Sie folgendermaßen vor:

1. Um einen einzelnen Musiktitel aus einem Album zu kaufen, tippen Sie auf die Schaltfläche, die den Preis für diesen Titel anzeigt ❶. Dieser Preis kann durchaus variieren; je nach Beliebtheit des Liedes liegt er zwischen 0,69 € und 1,29 €.

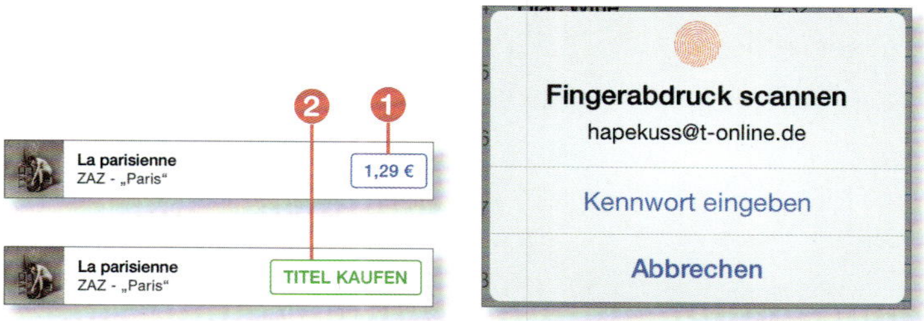


2. Der Button verwandelt sich dann in die Schaltfläche **Titel kaufen** ❷, die Sie ebenfalls antippen.
3. Der Download wird vorbereitet, Sie müssen allerdings zur Sicherheit noch das Kennwort zu Ihrer Apple-ID eingeben und den Kauf mit **OK** bestätigen. Wahlweise können Sie auch Touch ID zur Authentifizierung verwenden (zu dieser Funktion siehe auch den Abschnitt »Den Fingerabdrucksensor einrichten« ab Seite 372).

Der jeweilige Song wird daraufhin umgehend auf Ihr iPhone geladen, und Sie können ihn problemlos über die App Musik anhören.

### Ein ganzes Album kaufen

Sie können natürlich auch das komplette Musikalbum kaufen. Dabei haben Sie oft die Gelegenheit, Songs zu erwerben, die nur mit dem Album selbst verkauft werden. Darüber hinaus bekommen Sie digitale Booklets oder weiteres Bonusmaterial, die nur zusammen mit dem Album erhältlich sind. Und nicht zuletzt – die einzelnen Songs sind dann natürlich auch günstiger, wenn Sie ein ganzes Album erwerben.

INFO

**iTunes-Gutscheinkarte für Einkäufe aktivieren**

Sie können Ihre Einkäufe nicht nur von Ihrem Bankkonto abbuchen lassen, sondern auch, ähnlich wie bei einer Prepaid-Telefonkarte, über eine iTunes-Gutscheinkarte Guthaben in Ihren iTunes Store laden. Ihre Einkäufe werden dann mit dem vorhandenen Guthaben verrechnet. Kaufen Sie dazu eine Gutscheinkarte an einer Tankstelle oder in einem Geschäft, das iTunes-Karten führt (REWE, dm etc.), und rubbeln Sie auf der Rückseite vorsichtig den Code frei. Tippen Sie im iTunes Store in der Ansicht **Highlights** unten auf **Einlösen**, und fotografieren Sie den Code auf der Rückseite der Karte ab ❸. Sie können den Code auch manuell eingeben ❹, wenn Ihnen das lieber ist. Auf Groß- und Kleinschreibung müssen Sie dabei übrigens nicht achten.

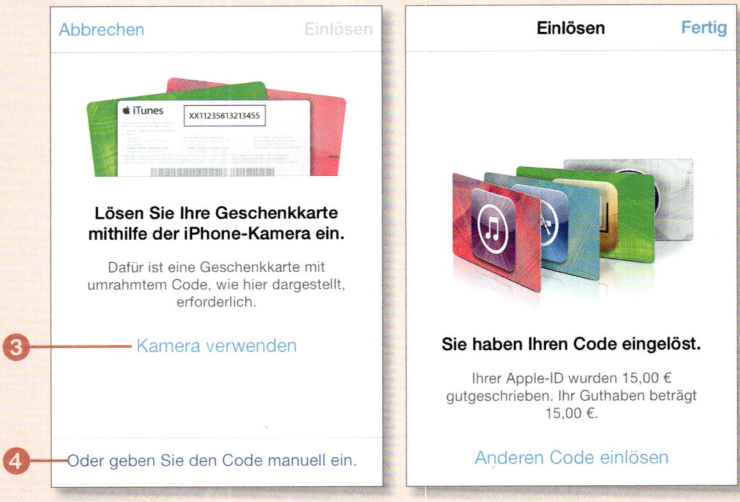


Ist alles erfolgreich verlaufen, wird Ihnen eine Bestätigung angezeigt, dass der entsprechende Betrag Ihrer Apple-ID gutgeschrieben wurde. Bei Ihren nächsten Einkäufen im iTunes Store können Sie dann auf dieses Guthaben zurückgreifen.

Sollten Sie sich ein Album ausgesucht haben, auf dem es Titel gibt, die Sie nur zusammen mit dem ganzen Album kaufen können ❺, oder eines mit einem Booklet bzw. Bonusmaterial 6, sehen Sie dies direkt in der Listenvorschau des Albums.

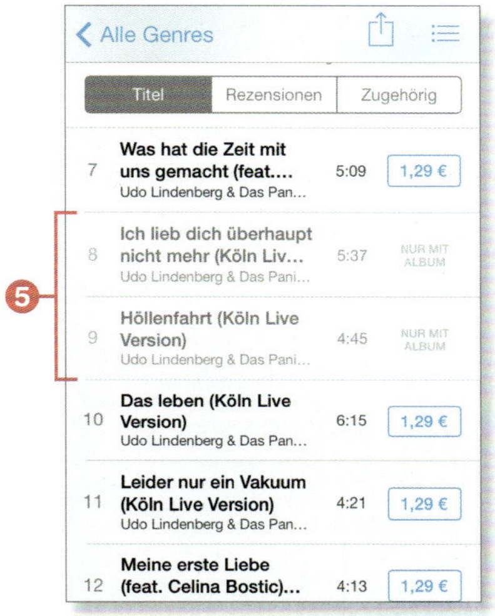


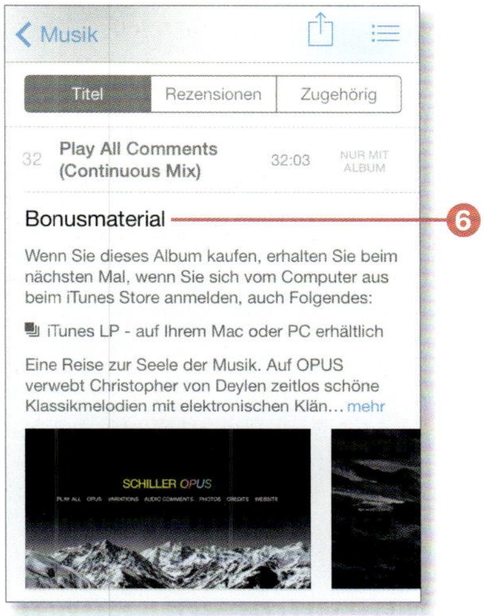


Das Kaufen bzw. Laden eines Albums im iTunes Store funktioniert ähnlich, wie es im vorangegangenen Abschnitt für einen Einzeltitel beschrieben wurde. Tippen Sie zum Kauf allerdings auf die Preis-Schaltfläche für das gesamte Album. Das digitale Booklet und weiteres Bonusmaterial können Sie sich hinterher in iTunes auf Ihrem Computer ansehen, da es sich auf dem iPhone leider nicht darstellen lässt.

INFO

**Klingeltöne**

Sie müssen nicht mehr mit vorgefertigten Ruf- und SMS-Tönen vorliebnehmen. In der Kategorie **Mehr ▸ Töne** des iTunes Stores finden Sie Klingeltöne für Ihr iPhone, die Sie ebenso kaufen können wie andere Musik (lesen Sie dazu den Abschnitt »Klingeltöne kaufen und nutzen« ab Seite 87).

### Filme und Musikvideos kaufen

Im iTunes Store können Sie natürlich auch Filme, TV-Serien und Musikvideos käuflich erwerben oder sie – im Falle von Filmen – auch ausleihen.

1. Wenn Sie einen Film, eine Folge Ihrer Lieblings-TV-Serie oder ein bestimmtes Musikvideo kaufen möchten, tippen Sie zunächst in der Tab-Leiste auf eine der beiden Kategorien **Filme** oder **TV-Sendungen** bzw. im Bereich **Musik** oben links unter **Genres** auf **Musikvideos** oder **Konzertfilme**.
2. Wenn Sie eine Auswahl getroffen haben, tippen Sie auf die entsprechende Preis-Schaltfläche.

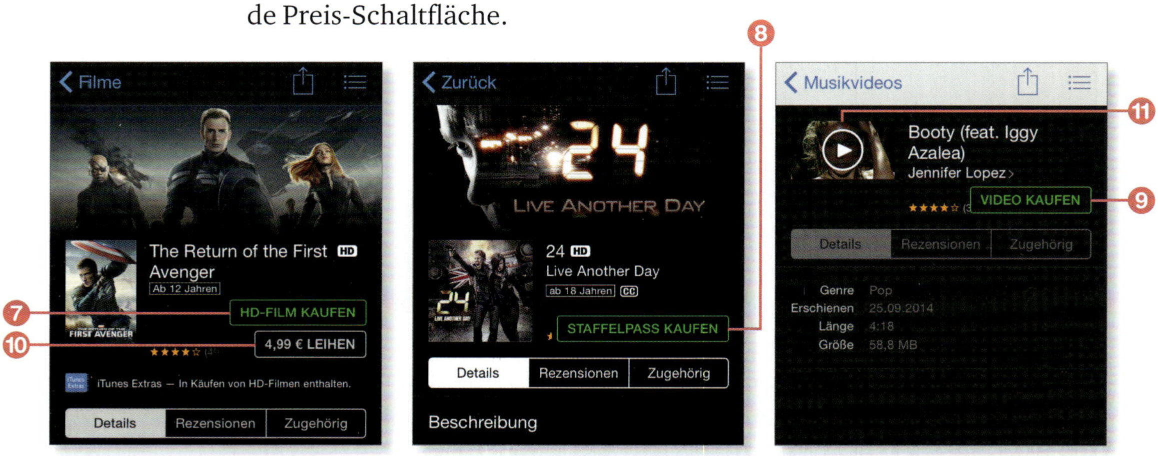


3. Bestätigen Sie dann Ihre Wahl, indem Sie auf **Film kaufen** bzw. **HD-Film kaufen** ❼, auf **Staffelpass kaufen** oder **HD-Folge kaufen** ❽ oder – in der Kategorie **Musikvideos** – auf **Video kaufen** ❾ tippen.

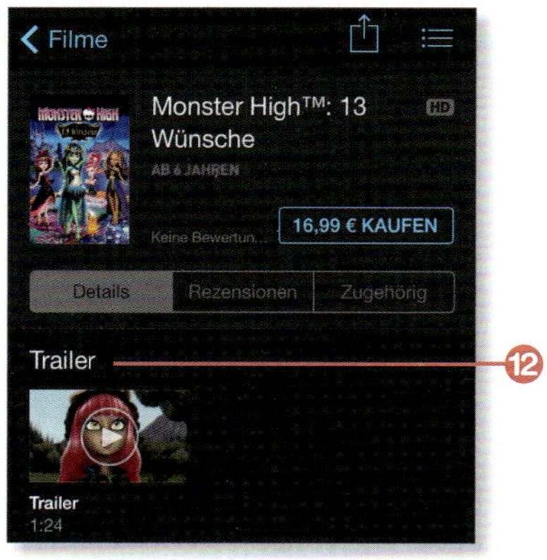


4. Im iTunes Store können Sie Filme auch leihen ❿, dann wird Ihnen der Film für eine begrenzte Zeit auf Ihrem iPhone zur Verfügung gestellt.
5. Schauen Sie sich die Vorschau einer Serie oder eines Musikvideos an, indem Sie auf die **Vorschau**-Schaltfläche ⓫ tippen. Die Vorschau wird etwa zwei Minuten lang abgespielt. Für eine Vorschau bei Filmen wählen Sie die Vorschau in der Kategorie **Trailer** aus ⓬. Beachten Sie bitte auch, dass nicht bei allen Filmen, Serien oder Musikvideos Vorschauen vorhanden sind.

> **INFO**
>
> **Filme leihen**
>
> Wenn Sie sich einen Film ausleihen, steht er Ihnen für eine begrenzte Zeit zur Verfügung, bevor er wieder von Ihrem iPhone gelöscht wird. Sie haben insgesamt 30 Tage Zeit, sich den Film anzuschauen. Haben Sie einmal mit dem Abspielen des Films begonnen, bleiben Ihnen 48 Stunden, um den Film zu Ende zu schauen. Dabei ist es egal, wo Sie den Film schauen: auf Ihrem Computer, dem iPhone, einem iPad oder einem iPod touch.

## Einkäufe immer wieder laden

Wenn Sie einmal ein Musikstück, einen Film oder eine TV-Sendung gekauft haben, dann können Sie Ihre Einkäufe immer wieder aus dem Store herunterladen, sollten Sie diese aus Platzgründen oder versehentlich einmal gelöscht haben.

1. Tippen Sie hierzu in der Tab-Leiste auf **Mehr** und danach auf **Käufe** ❶.

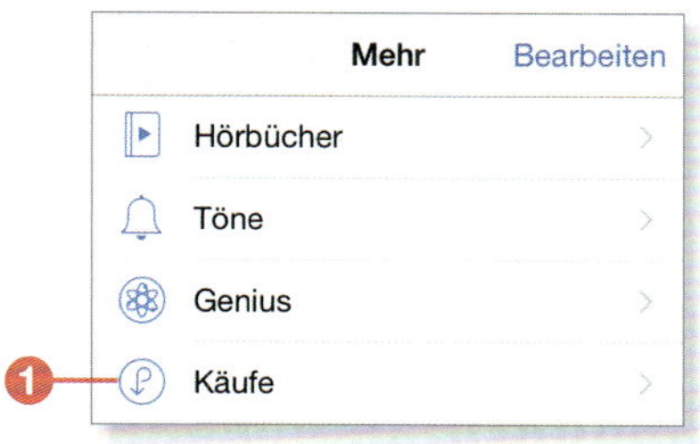


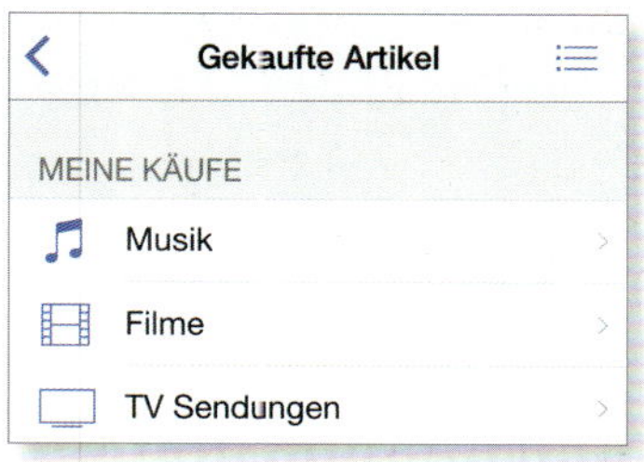


2. Ihre Käufe sind dann in die Kategorien **Musik**, **Filme** und **TV-Sendungen** unterteilt, und Sie können sie hier einsehen.

3. Tippen Sie auf das Musikstück, den Film oder die TV-Sendung und anschließend auf das Wolkensymbol ❷, und laden Sie das Objekt erneut auf Ihr iPhone.

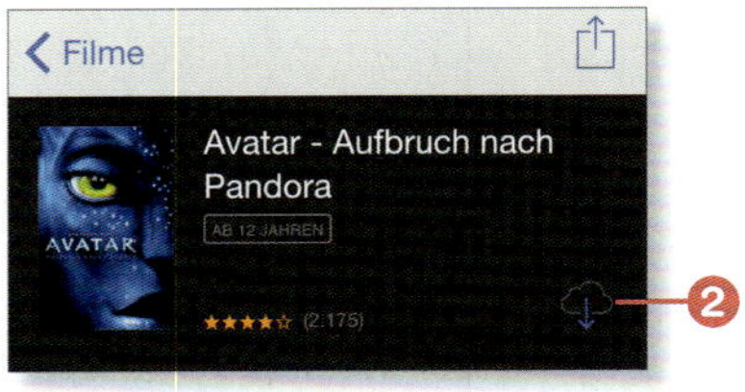


### Familieneinkäufe

In den Käufen finden Sie übrigens auch die Familieneinkäufe. Wenn Sie Familienmitglieder hinzugefügt haben, können Sie alle Käufe der Familienmitglieder ebenfalls kostenlos laden. Eine wirklich praktische Funktion, denn dann muss nichts mehr doppelt gekauft werden.

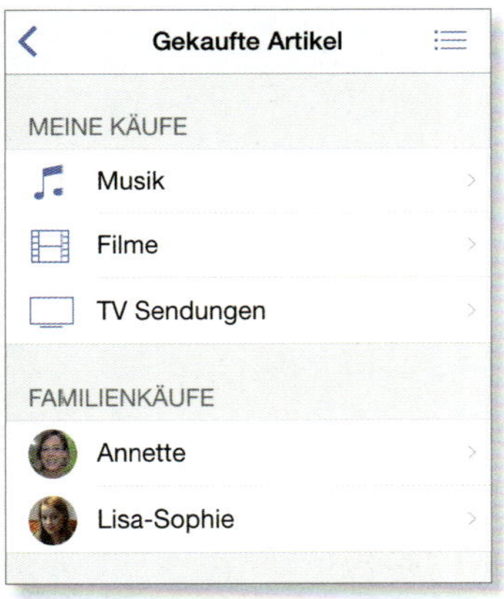


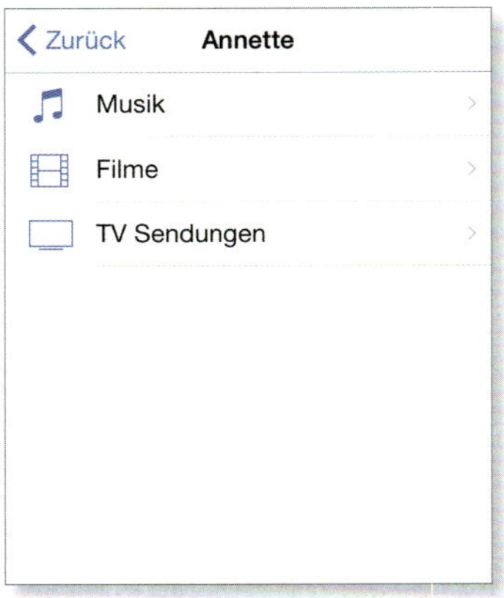


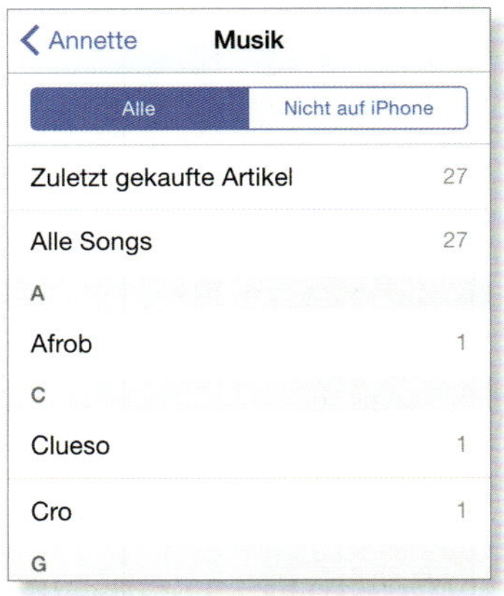


**INFO**

**Kann jedes iOS-Gerät die Familienkäufe nutzen?**

Im Prinzip kann jedes Gerät die Familienkäufe nutzen. Einzige Voraussetzung ist, dass das aktuelle Betriebssystem iOS 8 auf dem jeweiligen Gerät installiert sein muss. Sie können in der Familienfreigabe bis zu sechs Familienmitglieder integrieren.

## Hörbücher kaufen

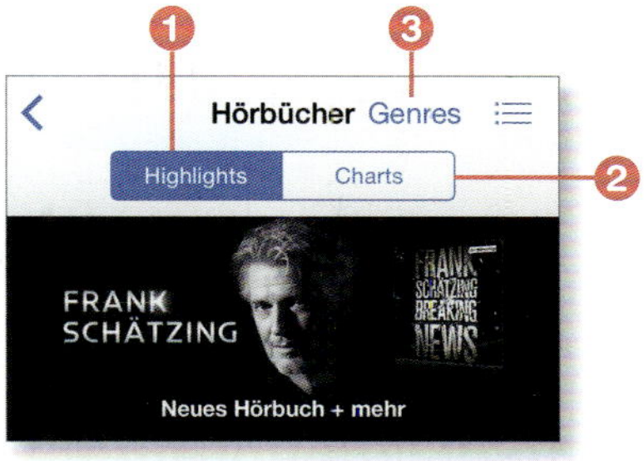


Weiter oben war bereits schon einmal die Rede von Hörbüchern und Co. Hier erfahren Sie, wie Sie sie im iTunes Store erwerben können.

Der iTunes Store bietet auch eine große Auswahl an Hörbüchern. Sie finden hier wieder die für den iTunes Store üblichen Unterteilungen in die Rubriken **Highlights** ❶, **Charts** ❷ und **Genres** ❸.

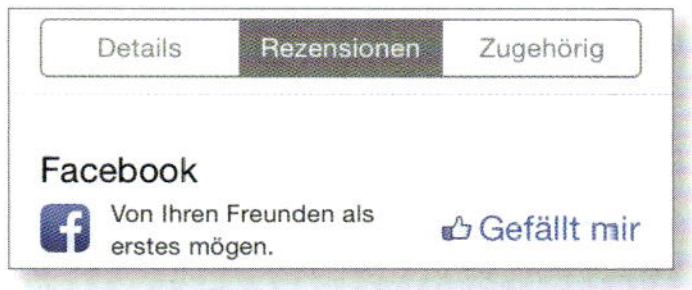


1. Bevor Sie sich ein Hörbuch kaufen, können Sie natürlich auch eine 1,5-minütige Hörprobe laden, um eine Vorstellung von Inhalt und Lesestimme zu erhalten. Tippen Sie dazu auf **Vorschau** ❹.

2. Um das Hörbuch schließlich zu kaufen, tippen Sie auf die Schaltfläche mit dem Preis ❺. Nachdem Sie den Kauf mit der Eingabe des Kennworts zu Ihrer Apple-ID offiziell gemacht oder mit Ihrem Fingerabdruck verifiziert haben, können Sie sich das Hörbuch auf Ihrem iPhone anhören.

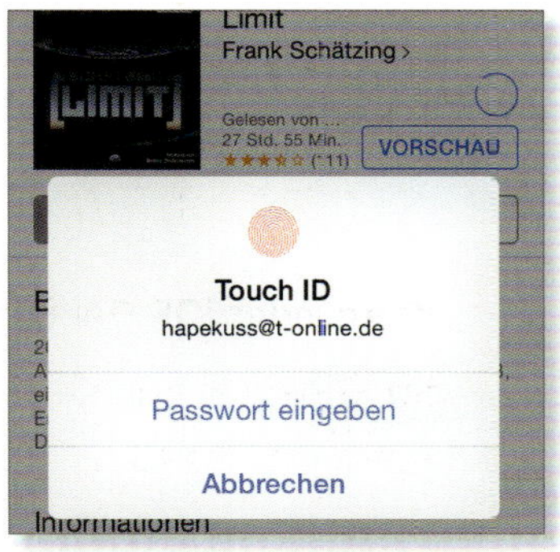


Im Gegensatz zu Musiktiteln sind Hörbücher recht kostspielig. Allerdings bieten sie Ihnen auch eine recht gute Qualität.

Apple arbeitet übrigens mit Audible zusammen, sodass Sie auch direkt dort Hörbücher kaufen können, was z. B. bei manchen Abonnements günstiger ist. Diese Hörbücher müssen Sie dann aber manuell herunterladen und auch selbst in iTunes importieren.

INFO

**»Gefällt mir«**

Der »Gefällt mir«-Button ist Teil von Apples Social-Network-Strategie, die tief in das Betriebssystem iOS integriert ist und sich auf Facebook und Twitter konzentriert. Wenn Sie also im iTunes Store auf »Gefällt mir« klicken, können Ihre Facebook-Kontakte sehen, was Ihnen gefällt.

Falls Sie die Facebook-App auf Ihrem iPhone installiert haben, können Sie Ihren »Gefällt mir«-Eintrag dort sofort einsehen. Selbstverständlich tauchen diese Einträge auch in Ihrer privaten Facebook-Chronik auf.

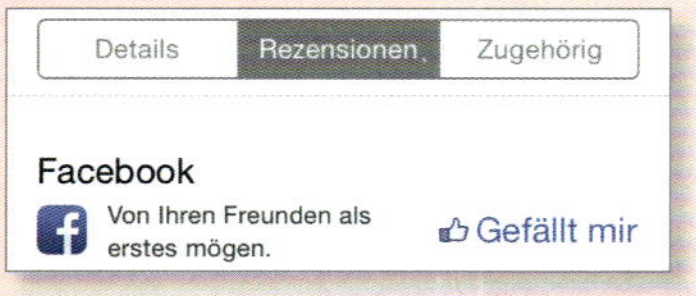

# Kapitel 15
# Apps kaufen und installieren über den App Store

Der App Store ist neben dem iTunes Store Apples zweiter Onlineladen, den Sie vom iPhone aus erreichen. Darüber können Sie die Funktionen Ihres iPhones mithilfe interessanter Apps deutlich erweitern.

*Im App Store finden Sie alles gut sortiert vor: Neben den besten neuen Apps und Spielen gibt es auch die Möglichkeit, sich die Apps in Kategorien anzeigen zu lassen.*

# Der App Store im Überblick

Der App Store wurde, wie auch der iTunes Store, einem Facelifting unterzogen und sieht nun etwas frischer aus als in den letzten iOS-Versionen. Damit Sie sich im App Store zurechtfinden, werde ich Ihnen zu Anfang einen kurzen Überblick geben. Der neue App Store unterteilt sich in drei Bereiche, die Sie über die Tab-Leiste anwählen können:

1. **Highlights**
2. **Topcharts**
3. **Entdecken**

Außerdem starten Sie über die Tab-Leiste Ihre Suche 4 und rufen Updates zu Ihren installierten Apps 5 auf bzw. sehen sich die Liste mit Ihren bisher geladenen Apps an. Sie können auch die verschiedenen Kategorien 6 des App Stores aufrufen und darin stöbern und sich Ihre Wunschliste 7 ansehen (siehe dazu auch den Kasten »Ihre Wunschliste« auf Seite 358).

An der Tab-Leiste erkennen Sie auf einen Blick, in welchem Bereich Sie sich gerade befinden, da der aktive Bereich immer blau hervorgehoben wird. Im Folgenden stelle ich Ihnen die verschiedenen Bereiche des App Stores vor, und Sie erfahren, wie Sie über die Funktion **Kategorien** schneller die gesuchten Apps finden.

### Der Bereich »Highlights«

Wenn Sie den App Store zum ersten Mal öffnen, wird Ihnen standardmäßig der Bereich **Highlights** angezeigt. Auf der Startseite dieses Bereichs sehen Sie eine Auswahl an interessanten Apps, sortiert in verschiedene Rubriken (die Abbildung habe ich zweigeteilt, um Ihnen das ganze Display zeigen zu können):

8 Die besten neuen Apps
9 Die besten neuen Spiele
10 Updates für die besten ...
11 Previews
12 Apps und Spiele für Kinder
13 Alles auf einen Klick

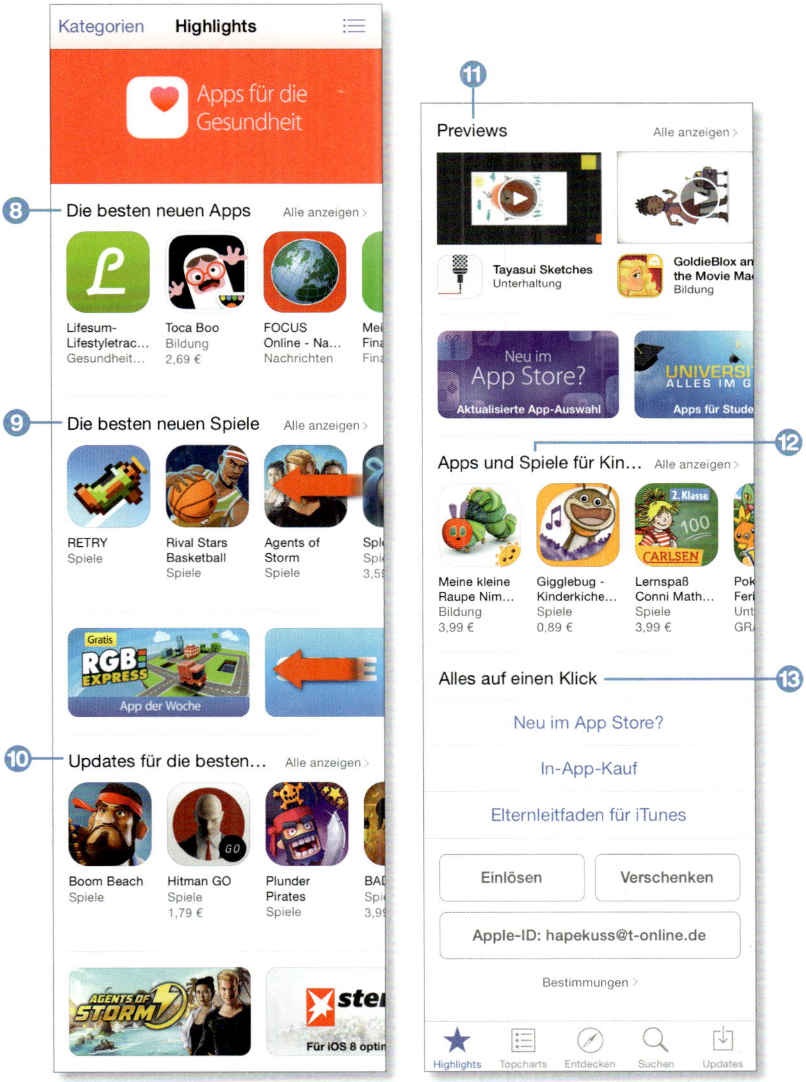


Wenn Sie nichts Bestimmtes suchen, können Sie in diesem Bereich also schon mal stöbern, ob etwas Passendes für Sie dabei ist. Schauen Sie etwa in der Rubrik **Die besten neuen Apps** nach aktuellen App-Veröffentlichungen, die Sie noch nicht kennen, oder schauen Sie sich z. B. die Neuigkeiten in der Kategorie **Essen und Trinken** an. Möchten Sie weitere Apps sehen, wischen Sie in der entsprechenden Rubrik von rechts nach links über die Apps.

### Der Bereich »Topcharts«

Im Bereich **Topcharts** finden Sie die beliebtesten Apps, eingeteilt in die Kategorien **Gekauft** (meistgekaufte Apps), **Gratis** (am meisten geladene kostenlose Apps) und **Umsatzstärkste**.

Ihnen werden jeweils die ersten 300 Apps der drei Kategorien angezeigt, und Sie können die Liste einfach von unten nach oben wischen.

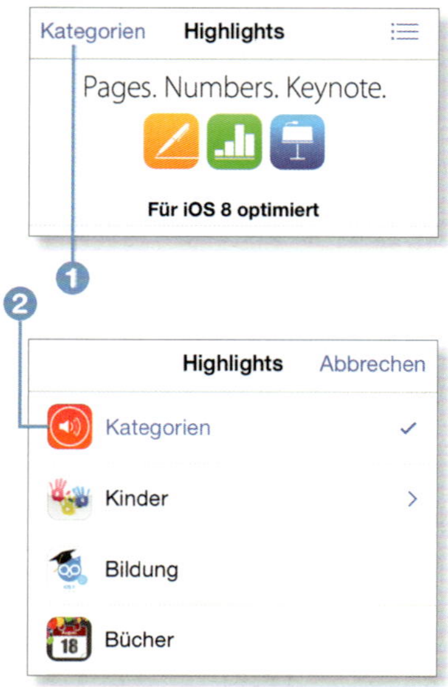


### Die Kategorien im App Store

Wenn Sie in den Bereichen **Highlights** oder **Topcharts** oben links auf die Schaltfläche **Kategorien** (1) tippen, gelangen Sie zu einer Liste, die alle Kategorien aufführt, denen die Apps im App Store zugeordnet werden können. Bei der Vielzahl an iPhone-Apps ist das sehr praktisch, denn so können Sie schon mal eingrenzen, wonach Sie suchen. Wenn Sie eine Kategorie ausgewählt haben, gelangen Sie mit einem Tipp auf **Kategorien** (2) wieder in die Standardansicht zurück.

Der App Store enthält u. a. folgende Kategorien: **Kinder**, **Bildung**, **Bücher**, **Dienstprogramme**, **Essen und Trinken**, **Finanzen**, **Foto und Video**, **Gesundheit und Fitness**, **Kata-**

**loge**, **Lifestyle**, **Medizin**, **Musik**, **Nachrichten**, **Navigation**, **Produktivität**, **Referenz**, **Reisen**, **Soziale Netze**, **Spiele**, **Sport**, **Unterhaltung**, **Wetter**, **Wirtschaft und Zeitungskiosk**. Bei den Kategorien **Kinder**, **Spiele** und **Zeitungskiosk** werden Ihnen Unterkategorien angeboten, die die Auswahl noch weiter eingrenzen.

Je nachdem, ob Sie die Kategorie aus dem Bereich **Highlights** oder dem Bereich **Topcharts** heraus aufgerufen haben, unterscheidet sich die Darstellung der in ihr enthaltenen Apps. Wenn Sie eine Kategorie ausgehend vom Bereich **Highlights ▸ Dienstprogramme** aufgerufen haben, ist sie in vier Rubriken unterteilt, die allerdings immer anders benannt sind. Hier: **Neue Tastaturen hinzufügen** ③, **Helfer für den Alltag** ④, **Rechnen und Umrechnen** ⑤ und **Im Takt bleiben** ⑥. Im Bereich **Topcharts** werden die Apps der gewählten Kategorie wie gehabt in die drei Bereiche **Gekauft**, **Gratis** und **Umsatzstärkste** unterteilt (siehe den Abschnitt »Der Bereich ›Topcharts‹« ab Seite 356).

### Der Bereich »Entdecken«

Mit iOS 8 wurde ein neuer Bereich in den App Store eingefügt, der sich *Entdecken* nennt. Hier können Sie sich Apps anzeigen lassen, die in der jeweiligen Kategorie beliebt sind. Darüber hinaus werden Ihnen auch noch weitere Unterkategorien angeboten, die das Thema der Kategorie weiter unterteilen und die Sie durchstöbern können.

Wenn Sie auf **Entdecken** (① auf Seite 358) tippen, gelangen Sie in eine Kategorienübersicht. Wählen Sie eine Kategorie aus, gelangen Sie zu einer weiteren Übersicht, die Ihnen beliebte Apps und wiederum weitere Unterkategorien anbietet. Stöbern Sie doch einmal in den einzelnen Kategorien, und lassen Sie sich neue Apps vorschlagen.

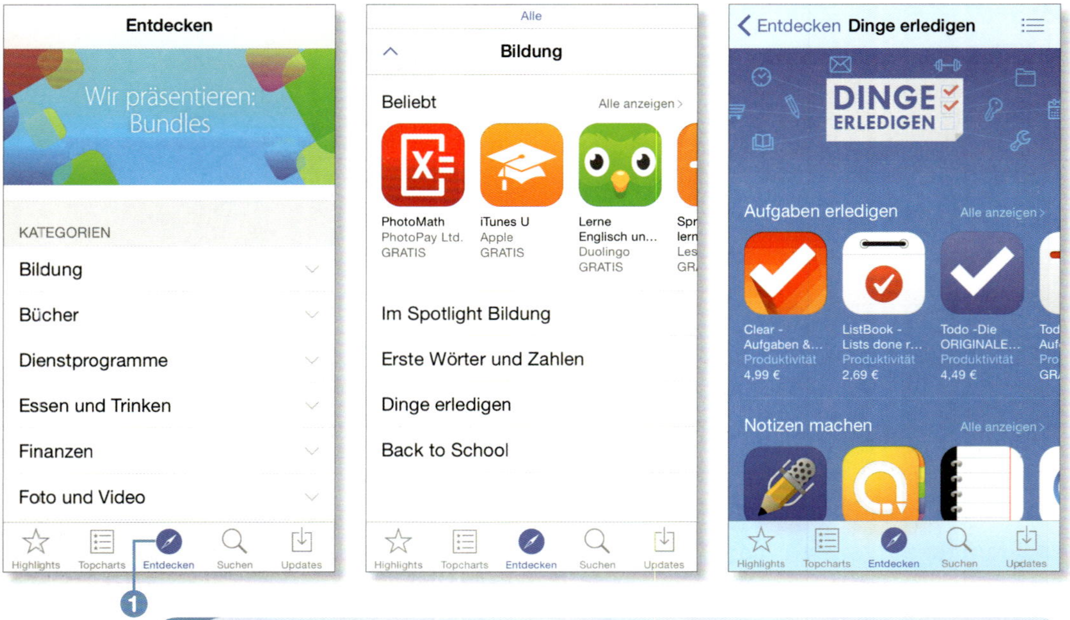


> **Ihre Wunschliste**
>
> **INFO**
>
> Aus den Bereichen Highlights und Topcharts des App Stores können Sie schnell Ihre Wunschliste aufrufen und Apps, die Sie dort gespeichert haben, laden. Tippen Sie einfach auf die Schaltfläche mit der Liste rechts oben in der Menüleiste, dann sehen Sie die zuvor gespeicherten Apps. Um Ihrer Wunschliste Apps hinzuzufügen, öffnen Sie die Detailansicht der App und tippen dann auf die Schaltfläche **Bereitstellen** in der oberen Menüleiste. Auf dem nächsten Bildschirm wählen Sie **Zur Wunschliste hinzufügen**.

## Apps suchen

Das Angebot der im App Store erhältlichen Apps beläuft sich mittlerweile auf über 1 Million – und es werden jeden Tag mehr. Da verliert man schnell den Überblick, deshalb ist es wichtig, dass Sie gezielt nach Apps suchen können und diese dann auch schnell finden. Wie das geht, zeige ich Ihnen hier.

Angenommen, Sie suchen eine App, die sich mit dem Thema Kochen beschäftigt. Um etwas Passendes zu finden, gehen Sie wie folgt vor:

1. Tippen Sie in der Tab-Leiste auf **Suchen** ②. Sie sehen dann schon eine Liste mit beliebten Suchbegriffen. Ist Ihr Begriff nicht dabei, tippen Sie ihn oben in das Suchfeld ein.
2. Geben Sie in der Suchleiste am oberen Rand den Begriff »Kochen« ein. Schon während der Eingabe werden Ihnen erste Vorschläge ③ zu Ihrem Stichwort angezeigt.
3. Wenn das passende Ergebnis bereits dabei ist, tippen Sie einfach darauf. Wenn nicht, tippen Sie auf **Suchen** ④, um alle entsprechenden Apps angezeigt zu bekommen.

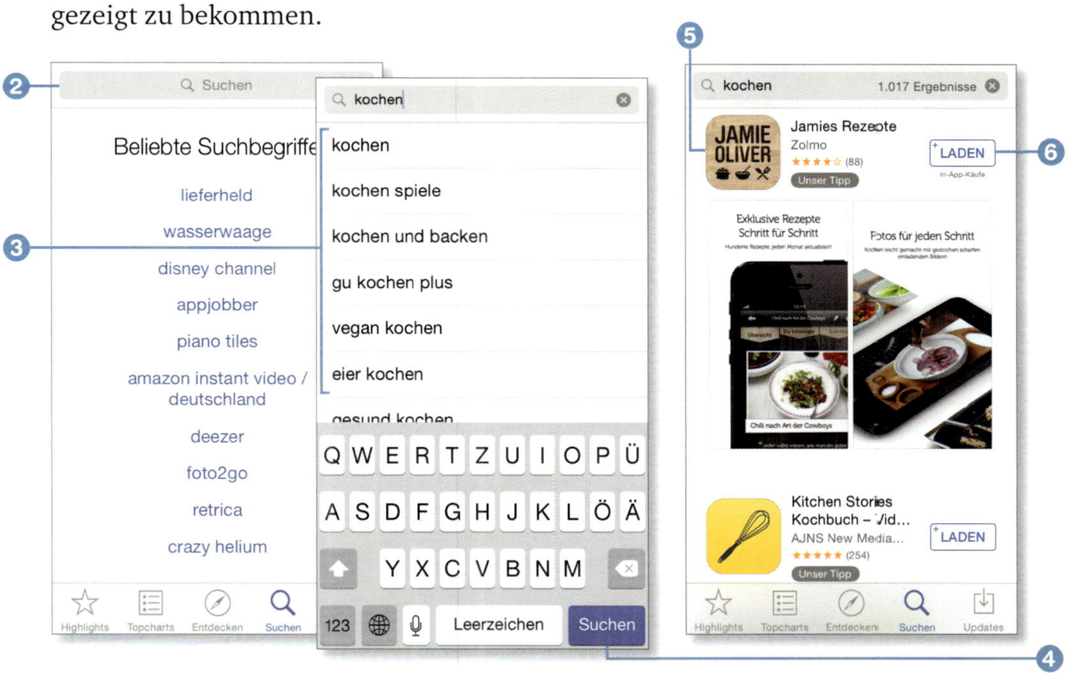


4. Es öffnet sich nun eine Liste der Apps, die mit dem Thema Kochen zu tun haben. Neben dem App-Symbol ⑤ sehen Sie verschiedene Infos, z. B. den Namen der App, den Namen der Firma, die diese App programmiert hat, und die Anzahl und den Durchschnitt der Bewertungen. Ganz rechts sehen Sie schließlich den Preis der App ⑥; in diesem Beispiel handelt es sich um eine kostenlose App.

Wischen Sie von unten nach oben durch die Trefferliste Ihrer Suchanfrage, um sich weitere Apps anzuschauen.

## Erst schauen, dann kaufen

Insbesondere wenn es sich um eine App handelt, für die Sie Geld bezahlen müssen, ist es ganz nützlich, sich erst einmal anzuschauen, was genau die App Ihnen bietet.

1. Tippen Sie im Suchergebnis unten auf die Vorschau der App ①, für die Sie sich interessieren, dann öffnet sich eine Infoseite, die weitere Informationen über diese App liefert, z. B. weitere Screenshots, die Sie von rechts nach links über den Bildschirm schieben können.
2. Wenn Sie diese Seite nach oben wischen, erhalten Sie neben der allgemeinen Beschreibung weitere Informationen wie das Erscheinungsdatum, die Dateigröße oder Angaben zu den Systemvoraussetzungen dieser App.

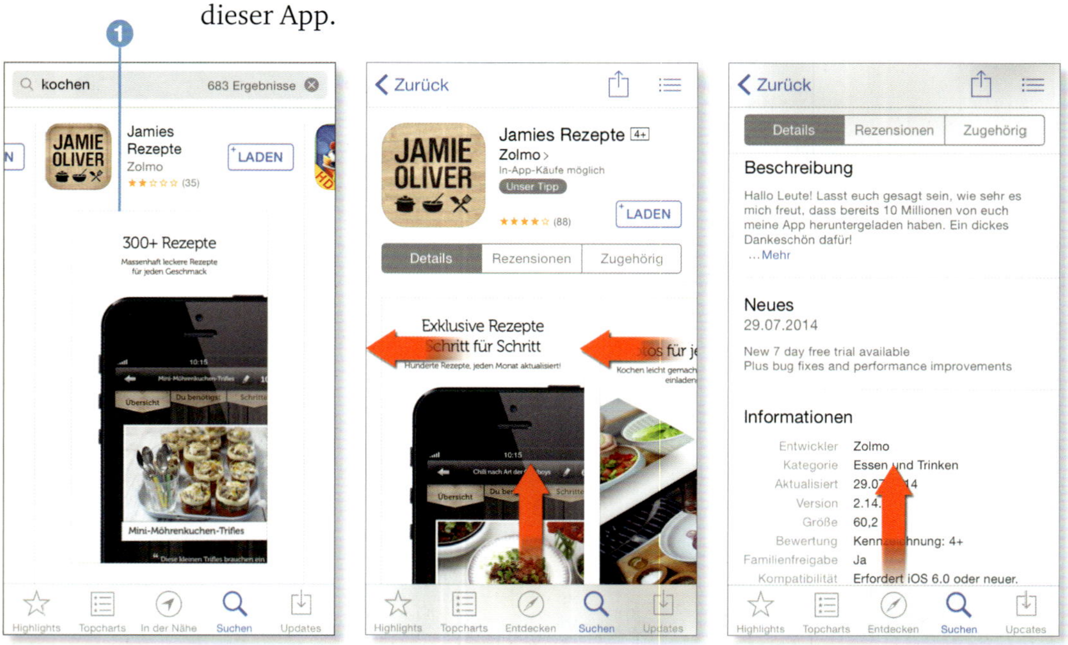

**3.** Interessieren Sie sich nach der Durchsicht aller Screenshots und der übrigen Informationen noch immer für die App? Dann tippen Sie auf den Preis 2, und kaufen Sie die App mit einem Klick auf **Kaufen** 3. (Bei Gratis-Apps steht hier dann **Laden** 4 bzw. **Installieren** 5.)

**4.** Geben Sie nun noch das Passwort zu Ihrer Apple-ID ein, bzw. bestätigen Sie den Kauf mit Ihrem Fingerabdruck, dann wird die App auf Ihr iPhone heruntergeladen und automatisch installiert, sodass Sie sie ab sofort nutzen können.

INFO

**Warum das Passwort der Apple-ID bei Gratis-Apps eingeben?**

Apple protokolliert genau, welche Apps Sie installiert haben, egal, ob gegen Bezahlung oder gratis. Das dient u. a. dazu, Ihnen die App weiterhin zur Verfügung stellen zu können, auch wenn Sie sie einmal von Ihrem iPhone gelöscht haben. Sie können die App dann bei Bedarf jederzeit wieder aus dem App Store laden und müssen sie nicht erneut bezahlen. Bei Gratis-Apps dient das dazu, dass Sie einmal erworbene Apps schneller wiederfinden können, indem Sie im App Store unter **Updates ▸ Käufe** nachsehen (siehe dazu auch den Kasten »Bereits gekaufte Apps« auf Seite 362).

## Kostenlose Apps finden

Wie Sie sich sicherlich denken können, gibt es im App Store aber nicht nur kostenpflichtige Apps. Um möglichst ohne Umwege an die Gratis-Apps zu gelangen, tippen Sie unten in der Tab-Leiste auf **Top-Charts** und wählen die

Rubrik **Gratis** aus. Sie können aber auch in der Suche den Begriff »Gratis Apps« eingeben, und Sie bekommen dann eine unsortierte Liste aller Apps, die im App Store kostenlos zur Verfügung stehen. Selbstverständlich können Sie auch einen konkreten Begriff eingeben, um nach Apps zu einem Thema zu suchen. In den Suchergebnissen werden Sie dann auch Gratis-Apps finden.

INFO

**Bereits gekaufte Apps**

Wenn Sie eine App bereits »gekauft«, also aus dem Store geladen haben, sie aber aktuell nicht auf Ihrem iPhone installiert ist, können Sie sie schnell und unkompliziert nachladen. Anstelle des Wortes **Laden** oder **Kaufen** ist eine solche App mit dem Begriff **Öffnen** gekennzeichnet. Sie müssen nur einmal darauf tippen und eventuell noch einmal Ihr Apple-ID-Kennwort eingeben, und schon wird die App wieder auf Ihr iPhone geladen (siehe dazu auch den Kasten »Warum das Passwort der Apple-ID bei Gratis-Apps eingeben?« auf Seite 361).

Die zweite Möglichkeit ist, dass Sie in der Tab-Leiste auf **Updates** tippen. Dahinter verbirgt sich nämlich auch eine Kategorie mit dem Titel **Käufe** ①. Tippen Sie auf diese Kategorie und dann auf **Meine Käufe** ②. In der nächsten Ansicht sehen Sie oben zwei Schaltflächen ③: **Alle** und **Nicht auf iPhone**. In letzterer Kategorie sind die Apps zu finden, die Sie schon gekauft, aber nicht auf Ihrem iPhone installiert haben. Tippen Sie also auf **Nicht auf iPhone**, und wählen Sie die App aus, die Sie erneut laden möchten, indem Sie auf die kleine Wolke ④ tippen. Der Installationsprozess beginnt daraufhin sofort, und Sie finden die App nach der Installation auf Ihrem Home-Bildschirm.

## Apps weiterempfehlen

Über den App Store können Sie Empfehlungen für besonders interessante Apps an Freunde verschicken. Um das zu tun, gehen Sie folgendermaßen vor:

1. Tippen Sie eine App an, dann gelangen Sie auf die Detailseite, auf der Sie oben rechts die Schaltfläche **Teilen** ❶ sehen. Tippen Sie darauf.

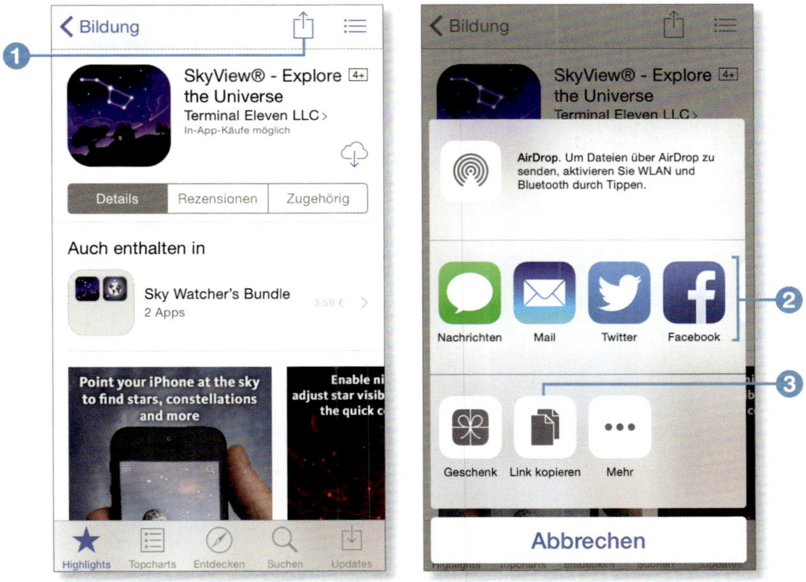


2. Wählen Sie nun den Weg aus, über den Sie Ihre Empfehlung weitergeben möchten ❷.
3. Geben Sie dann einen Empfänger für Ihre Empfehlung an, schreiben Sie bei Bedarf noch einen persönlichen Text, und versenden Sie Ihre Empfehlung jeweils über **Senden** oder **Posten**.
4. Sie können aber auch den iTunes-Link zu dieser App kopieren ❸ und ihn z. B. in der App *Notizen* speichern.

Eine andere Möglichkeit ist, die App über die integrierte AirDrop-Funktion mit anderen iPhones oder iPads in Ihrer Nähe zu teilen:

1. Wählen Sie eine App aus, die Sie per AirDrop zu einem anderen iOS-7- bzw. iOS-8-Gerät senden möchten, und tippen Sie oben rechts in der Menüleiste der Detailansicht auf **Bereitstellen**.

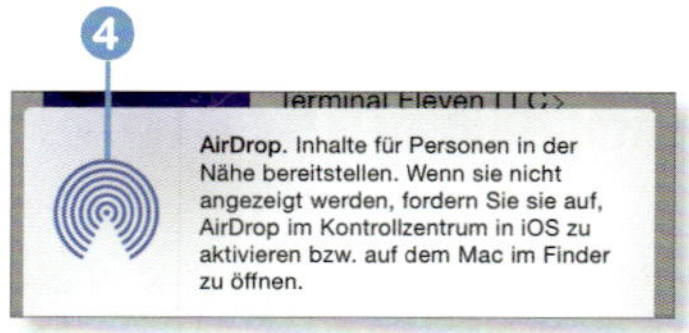


2. Im nächsten Menü tippen Sie auf die Schaltfläche **AirDrop** (4).

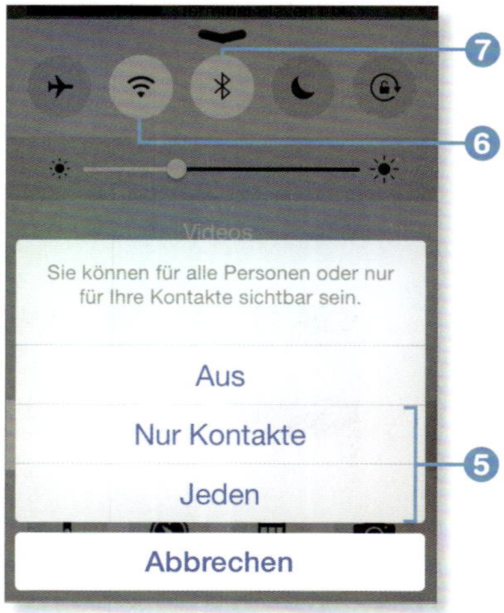


3. Dann müssen Sie im Kontrollzentrum festlegen, ob Sie AirDrop nur für Ihre Kontakte oder für jeden freigeben möchten (5). Darüber hinaus müssen WLAN (6) und Bluetooth (7) im Kontrollzentrum aktiviert sein.

4. Sobald sich nun ein iPhone oder ein iPad »nähert«, auf dem auch mindestens iOS 7 oder iOS 8 installiert ist, können Sie die Daten austauschen, indem Sie auf den erscheinenden Kontakt tippen (8).

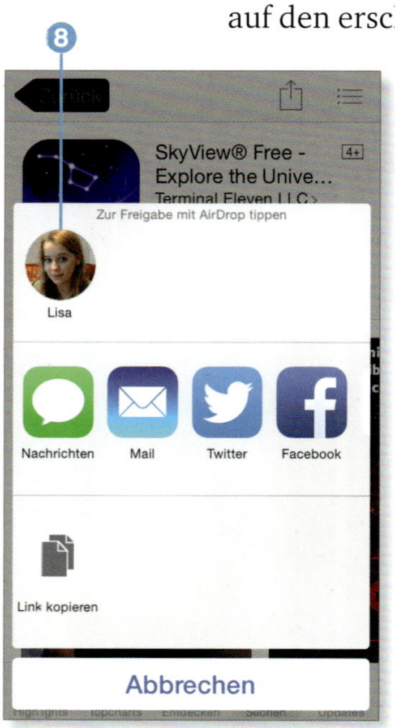


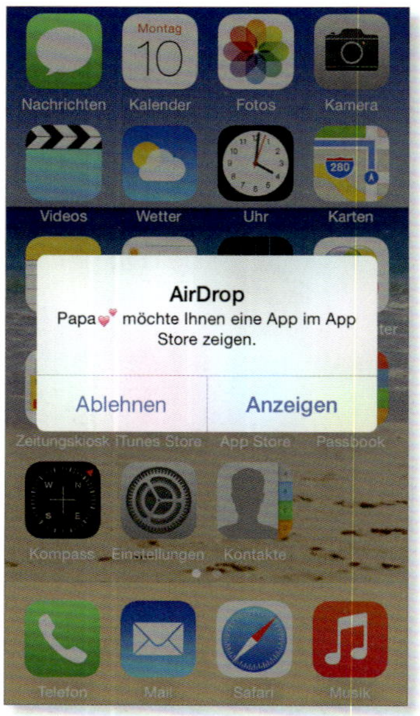


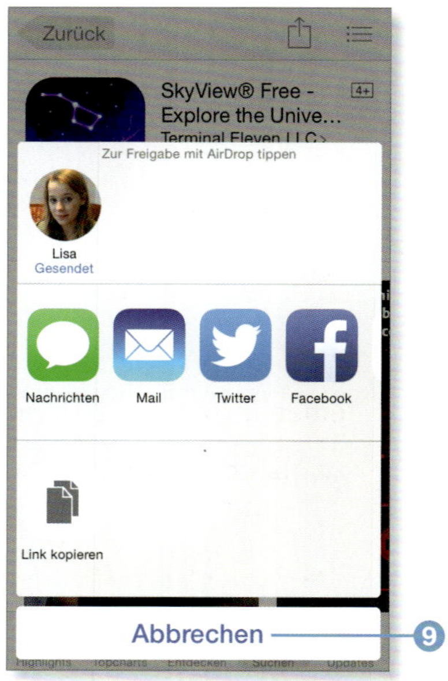

5. Daraufhin erhält der Empfänger eine Benachrichtigung zu dem Vorgang, den er entweder annehmen oder ablehnen kann.
6. Sobald der Hinweis zu der App erfolgreich übermittelt worden ist, beenden Sie den Vorgang, indem Sie auf **Abbrechen** 9 tippen.

### Eine App verschenken

Wie Sie sicherlich schon gesehen haben, können Sie eine App auch verschenken.

1. Tippen Sie hierzu auf den **Teilen**-Button und dann auf **Geschenk** 10.

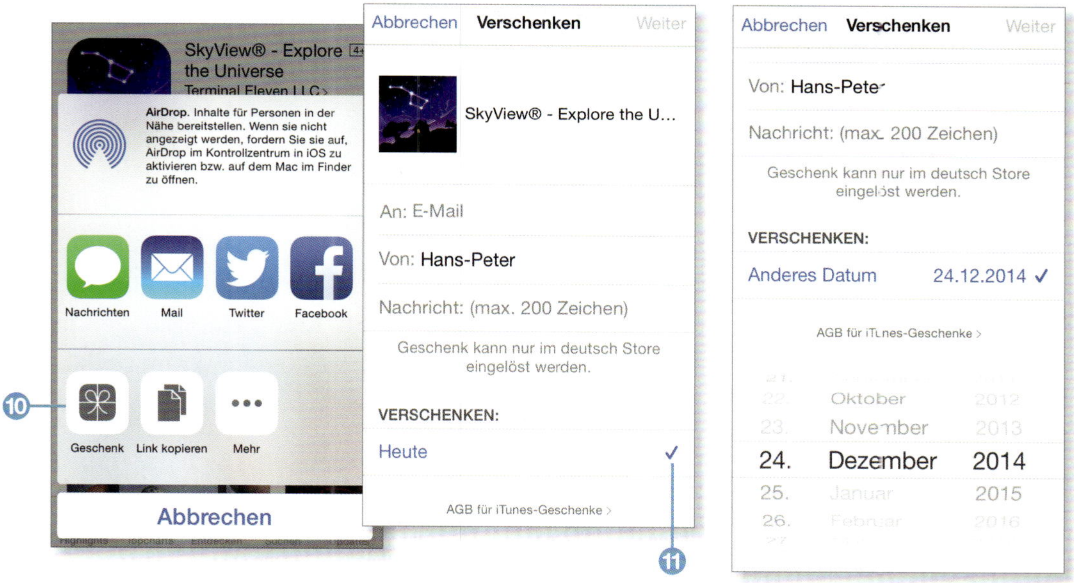


2. Geben Sie nun die E-Mail-Adresse des Adressaten ein, und schreiben Sie einen kurzen Text, der maximal 200 Zeichen umfassen darf.
3. Wollen Sie die App direkt verschenken, dann kann **Heute** 11 stehen bleiben. Wenn Sie sie zu einem bestimmten Datum verschenken wollen, dann tippen Sie auf **Heute** und stellen das entsprechende Datum ein.

Wie Sie sehen, ist auch eine Empfehlung oder ein Geschenk direkt aus dem App Store heraus schnell erledigt. Ihre Freunde werden sich darüber freuen.

### Familieneinkäufe anzeigen lassen

Sie können natürlich auch für Apps die Familienkäufe anzeigen lassen und so die Apps anderer Familienmitglieder nutzen. Tippen Sie hierzu wieder auf **Käufe**, und wählen Sie ein Familienmitglied aus, dessen Käufe Sie einsehen möchten.

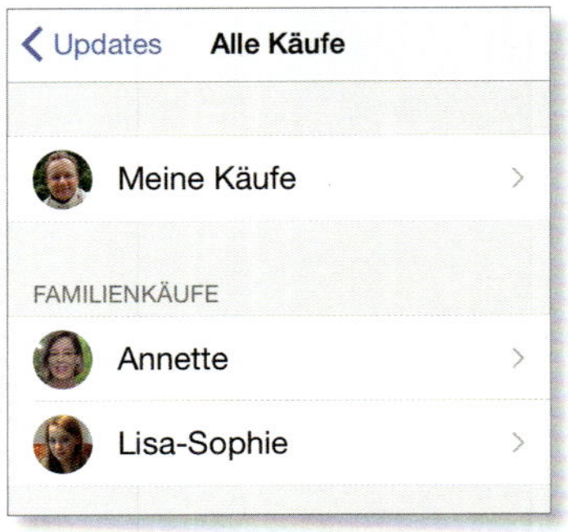


## Apps aktualisieren

Da die einzelnen Programmierer immer wieder einmal neue Versionen ihrer Apps herausbringen, ist es natürlich sinnvoll, hin und wieder diese Updates herunterzuladen, die häufig auch Programmverbesserungen und zusätzliche Features (Funktionen) mit sich bringen. Seit iOS 7 gibt es eine sinnvolle Funktion, über die Updates automatisch geladen werden. Dadurch sind Ihre installierten Apps immer auf dem neuesten Stand, und Sie müssen sich darüber keine Gedanken mehr machen. Um diese Funktion nutzen zu können, aktivieren Sie im Menü **Einstellungen** in der Rubrik **iTunes & App Store** ❶ die Funktion **Updates** ❷ im Bereich **Automatische Downloads**.

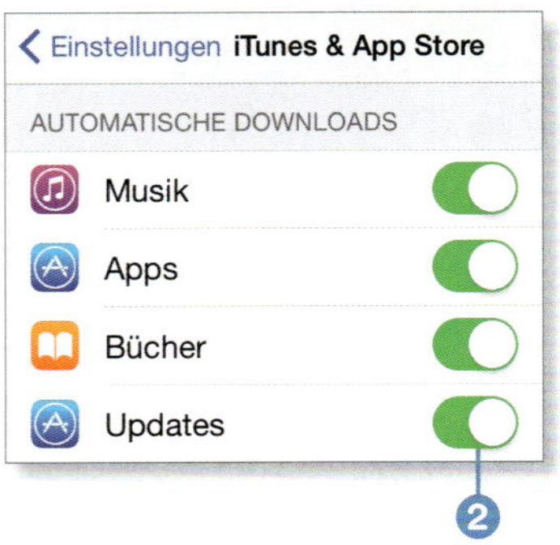


Wenn Sie verhindern wollen, dass sich die Apps auch dann automatisch aktualisieren, wenn das iPhone das mobile Datennetz nutzt, deaktivieren Sie einfach den Schalter **Mobile Daten verwenden**, den Sie durch Wischen nach oben erreichen. Die Apps werden dann nur aktualisiert, wenn Ihr iPhone in ein WLAN eingewählt ist. So sparen Sie Datenvolumen.

Wenn Sie diese Einstellungen abgeschlossen haben, werden alle Aktualisierungen für die Apps auf Ihrem iPhone zukünftig automatisch heruntergeladen und sofort installiert. Sie müssen nichts weiter tun, als abzuwarten.

# Kapitel 16
# Datensicherheit

Datensicherheit wird heutzutage, und ganz besonders nach den Enthüllungen rund um die Geheimdienstaffäre, großgeschrieben. Man hört allerorten von Hackerangriffen, unerlaubten Datenzugriffen und gestohlenen Passwörtern. Aus diesem Grund bietet das iPhone verschiedene Sicherheitseinstellungen, die Sie an Ihre Bedürfnisse anpassen können.

*Mit der Eingabe eines einfachen oder eines komplexeren Codes können Sie Ihr iPhone vor dem Zugriff Dritter schützen.*

## Der PIN-Code der SIM-Karte

Jede handelsübliche SIM-Karte verfügt über einen vierstelligen PIN-Code, der standardmäßig auf derselben Karte gespeichert ist. Das iPhone ist werksseitig so eingestellt, dass der PIN-Code der SIM-Karte, wenn Sie das iPhone komplett neu starten oder die SIM-Karte entfernen und wieder einsetzen, erneut eingegeben werden muss.

Wenn Sie das iPhone ohne SIM-Karte – oder nachdem Sie es ausgeschaltet haben – starten, bekommen Sie als Erstes die Nachricht **Gesperrte SIM-Karte** ①. Entsperren Sie Ihr iPhone, indem Sie die Schaltfläche **Entsperren** ② nach rechts schieben, tippen Sie auf **Entsperren** ③, und geben Sie Ihren vierstelligen PIN-Code ein ④. Bestätigen Sie Ihre Eingabe, indem Sie neben dem Eingabefeld auf **OK** tippen.

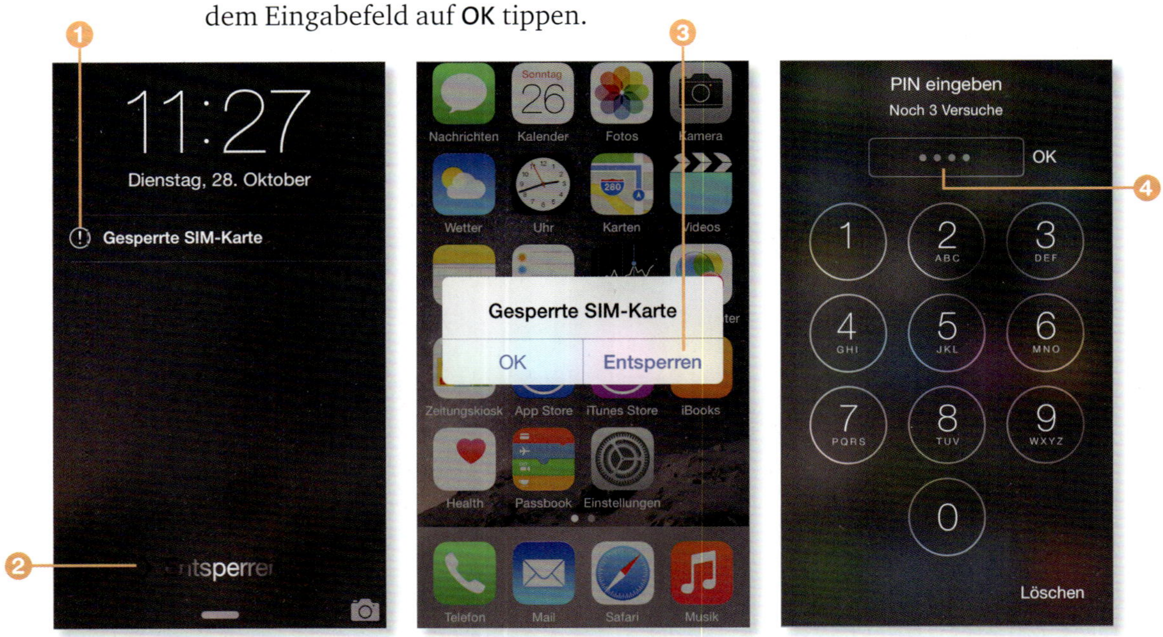

Darüber hinaus erkennen Sie den jeweiligen Zustand Ihres iPhones auch an der oberen Menüleiste. Eine gesperrte SIM-Karte wird als »SIM gesperrt« ausgewiesen. Wird die PIN eingegeben, sucht das iPhone nach Ihrem Netzanbieter. Ist er gefunden, wird er zusammen mit seiner Signalstärke angezeigt.

# SIM-PIN ausschalten und ändern

Die SIM-Karten-PIN können Sie auch ausschalten (nicht empfohlen) oder selbst ändern (z. B. in eine für Sie leichter zu merkende Zahlenkombination):

1. Um die SIM-Karten-PIN auszuschalten, wählen Sie im Menü **Einstellungen** Ihres iPhones den Menüpunkt **Telefon** und scrollen etwas nach unten, bis Sie zum Menüpunkt **SIM-PIN** gelangen. Tippen Sie ihn an, und schieben Sie auf dem nächsten Bildschirm den Regler 5 nach links, um die SIM-PIN auszuschalten.

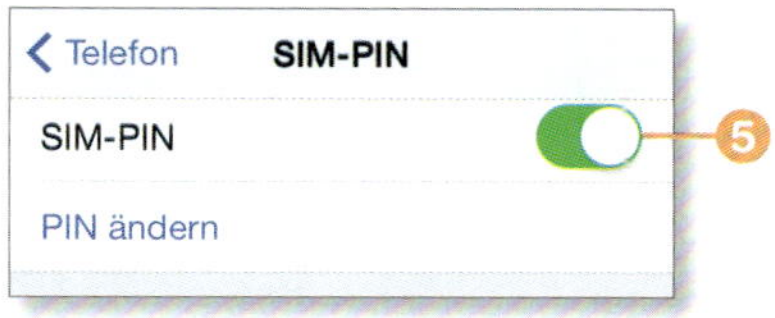


2. Um eine ausgeschaltete PIN wieder zu aktivieren, schieben Sie den genannten Regler wieder nach rechts und geben dann die SIM-PIN erneut ein 6. Bestätigen Sie die Aktion mit **Fertig** 7.

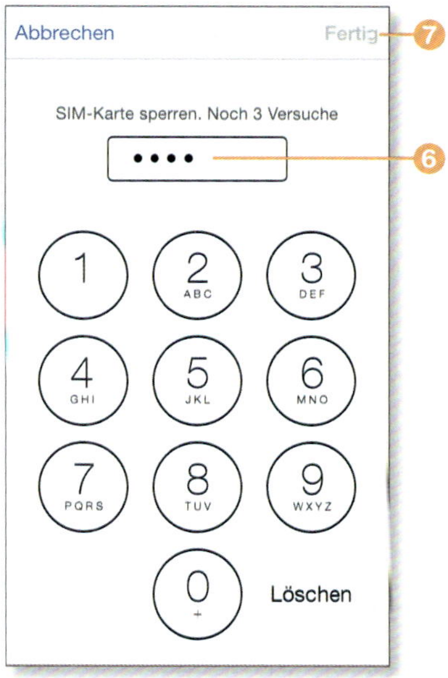


Seien Sie bei der Eingabe der SIM-PIN bitte immer vorsichtig. Wenn Sie die PIN zu oft falsch eingeben, bleibt Ihr iPhone gesperrt und kann erst mit dem PUK-Code wieder entsperrt werden (diesen finden Sie normalerweise in Ihren Vertragsunterlagen). Funktioniert auch das nicht, müssen Sie bei Ihrem Provider kostenpflichtig eine neue Karte beantragen.

### SIM-PIN ändern

Um Ihre SIM-PIN zu ändern, öffnen Sie ebenfalls das Menü **Einstellungen ▸ Telefon ▸ SIM-PIN** und tippen auf **PIN ändern**. Geben Sie nun Ihre aktuelle vierstellige PIN ein (1 auf Seite 370). Anschließend müssen Sie die neue PIN zweimal hintereinander eingeben (2 und 3). Tippen Sie dann oben rechts auf **Fertig** 4, um die Aktion abzuschließen.

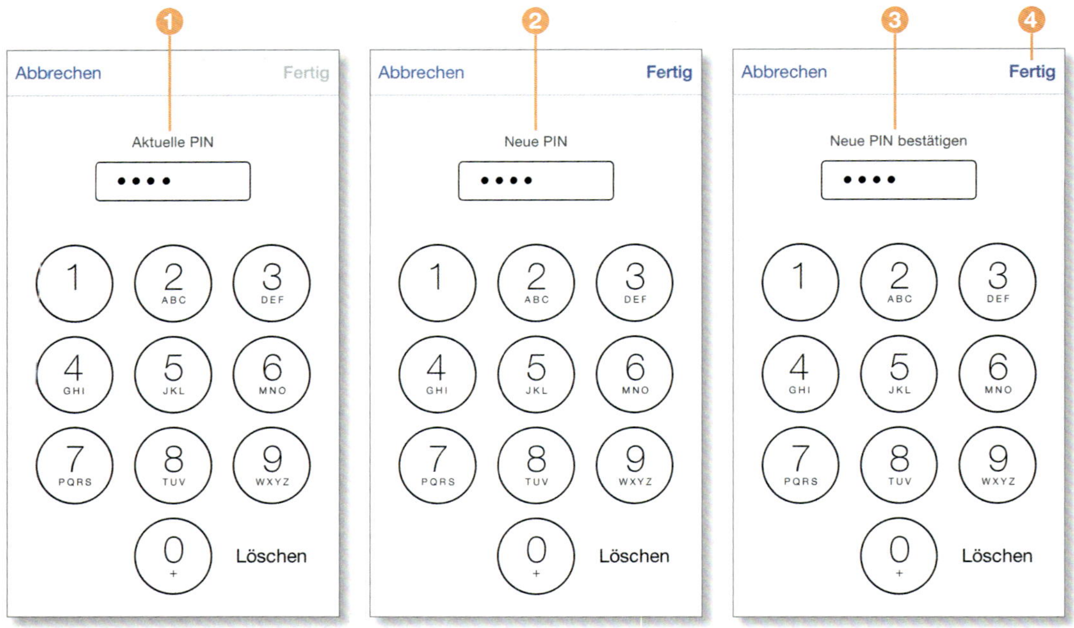


*Haben Sie die PIN korrekt eingegeben, tippen Sie auf die Schaltfläche »Fertig«.*

## Die Code-Sperre

Die Code-Sperre ist neben der SIM-PIN eine zweite Sicherheitsstufe Ihres iPhones. Diese können Sie aktivieren, um Fremden den Zugriff auf Ihr iPhone zu verwehren, die versuchen, es aus dem Standby-Modus »aufzuwecken«. Im Standby-Modus ist das iPhone ja bereits entsperrt, sodass jemand es mitgehen lassen und dann leicht nutzen könnte. Die Code-Sperre dient auch als Sicherheitscode im Zusammenspiel mit dem Touch-ID-Sensor. Wird das iPhone ausgeschaltet, muss zuerst der Code eingegeben werden, bevor Touch ID wieder funktioniert. Sobald bei Ihrem iPhone im Standby-Modus eine Taste gedrückt wird, verlangt es die Eingabe des vierstelligen Codes bzw. der Touch ID. Und so richten Sie die Code-Sperre ein:

1. Tippen Sie im Menü **Einstellungen ▸ Allgemein** auf den Menüpunkt **Touch ID & Code** 5.

2. Tippen Sie dann auf **Code aktivieren** ⑥, und geben Sie einen beliebigen vierstelligen Code ein, den Sie als Code-Sperre verwenden möchten ⑦. Den gleichen Code müssen Sie noch ein zweites Mal angeben ⑧, dann ist er automatisch gespeichert.

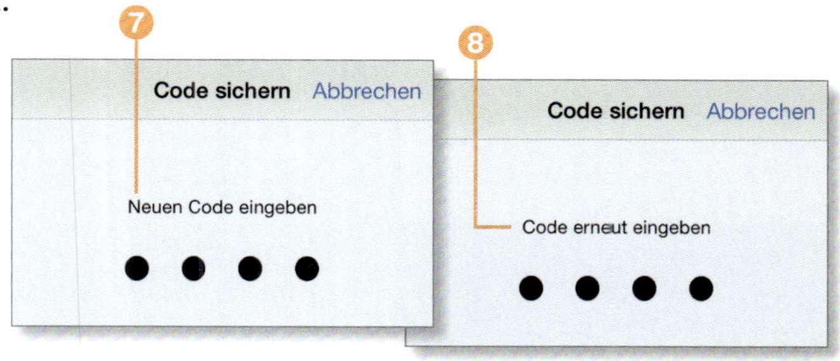


3. Um die Code-Sperre wieder zu entfernen, tippen Sie erneut auf den Menüpunkt **Touch ID & Code** und geben den eben angelegten vierstelligen Code ein, um in das Einstellungsmenü für die Codes zu gelangen. Ohne die Eingabe des Codes gelangen Sie nicht in das Einstellungsmenü.

4. Sind Sie nun im Einstellungsmenü für die Code-Sperre angelangt, tippen Sie auf den Menüpunkt **Code deaktivieren** ⑨ und geben den Code erneut ein. Der Code ist nun wieder deaktiviert.

### Ihr iPhone mit einem komplexeren Code schützen

Wenn Sie einen komplexeren Schutz möchten, schalten Sie im Menü **Einstellungen ▸ Allgemein ▸ Code-Sperre** den Regler **Einfacher Code** (① auf Seite 372) aus. Danach tippen Sie auf **Code aktivieren** – die Schaltfläche ändert sich daraufhin in **Code deaktivieren** ②. Geben Sie nun einen komplexeren Code ein, der aus einer Kombination aus Zahlen, Buchstaben und Sonderzeichen in beliebiger Länge bestehen kann ③. Wiederholen Sie diesen Code noch einmal ④, und tippen Sie auf **Fertig** ⑤, um ihn zu aktivieren.

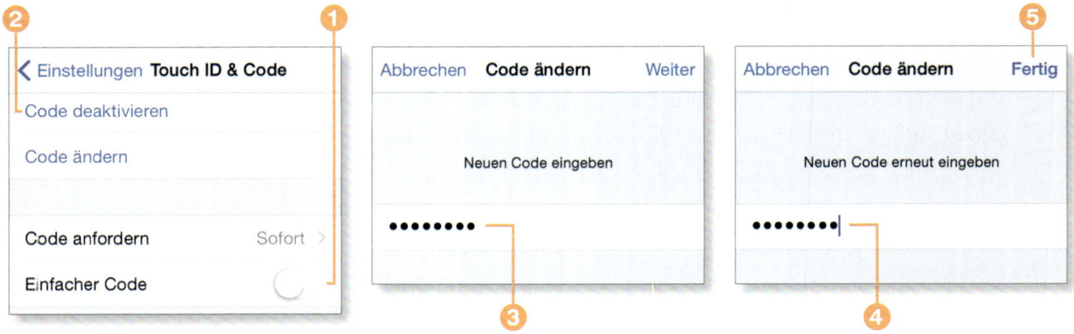

Wenn Sie nun Ihr iPhone entsperren, wird dieser neue, komplexe Code verlangt. Um den Code später wieder zu ändern, müssen Sie auch in diesem Fall zuerst den Code eingeben, um überhaupt ins Einstellungsmenü der Code-Sperre zu gelangen, wo Sie die Sperre deaktivieren können.

## Den Fingerabdrucksensor einrichten

Die biometrischen Daten eines Menschen gelten als sicheres Datenmaterial bei Erkennungsverfahren. Unter diese Daten fällt auch der Fingerabdruck. Bei Ihrem iPhone 6 oder 6 Plus kann er sogar zum Entsperren verwendet werden. Über den Fingerabdrucksensor des iPhones, von Apple *Touch ID* genannt, weisen Sie sich mit Ihrem Fingerabdruck als rechtmäßiger Benutzer aus. Wenn Sie also Ihr iPhone irgendwo vergessen oder liegen lassen, müssen Sie nun keine Angst mehr haben, dass Ihre Daten gestohlen werden können, das ist nicht mehr ohne Weiteres möglich. Zu den sensiblen Themen Datenschutz und -sicherheit lesen Sie die beiden Kästen »Wo wird mein Fingerabdruck gespeichert?« auf der nächsten Seite und »Ist Touch ID wirklich sicher?« auf Seite 375.

Touch ID lässt sich also dazu nutzen, Ihr iPhone zu entsperren, darüber hinaus können Sie diese Funktion für Ihre Einkäufe im iTunes Store, App Store oder iBookstore verwenden. Sie können auch noch einer weiteren Person, etwa Ihrem Partner, Zugang zu Ihrem iPhone einräumen.

INFO

**Wo wird mein Fingerabdruck gespeichert?**

Zwar gelten die biometrischen Daten eines Menschen als ein sicheres Erkennungsverfahren, aber gerade deshalb sollte man bei der Verwendung dieser Daten besondere Vorsicht walten lassen. Laut Apple wird Ihr Fingerabdruck für die Verwendung der Touch-ID-Funktion nur auf Ihrem Gerät in einem gesonderten, in sich geschlossenen Speicherbereich gesichert und nicht an Apple übermittelt oder in iCloud gespeichert. So soll der Zugriff Dritter nicht möglich sein, und Sie bleiben Herr über Ihre Daten.

Im Folgenden stelle ich Ihnen vor, wie Sie die Funktion Touch ID aktivieren und nach Ihren Bedürfnissen einrichten können. Zuerst müssen Sie wissen, dass der Fingerabdruck nur in Zusammenhang mit der Code-Sperre funktioniert. Um Änderungen an Ihren Fingerabdrücken vorzunehmen, müssen Sie also auf jeden Fall den vierstelligen Code eingeben.

1. Tippen Sie im Menü **Touch ID & Code** auf **Fingerabdrücke**, dann öffnet sich ein Assistent, der Sie durch die Konfiguration Ihrer Fingerabdrücke führt.

2. Wenn Sie dazu aufgefordert werden, legen Sie bitte einen Finger leicht auf die Home-Taste, ohne diese zu drücken. Ihr Fingerabdruck wird gescannt. Sie sehen den Fortschritt des Scanvorgangs anhand einer schematischen Zeichnung eines idealen Fingerabdrucks.

3. Wiederholen Sie diesen Vorgang so lange, bis keine grauen Linien mehr auf der Schemazeichnung zu erkennen sind. Ist das der Fall, wird Ihnen der erfolgreiche Scan mitgeteilt.

4. Wenn Sie auf **Fortfahren** ❶ tippen, gelangen Sie ins Menü **Fingerabdrücke**, in dem Sie entscheiden können, ob Sie weitere Finger scannen lassen möchten. Tippen Sie dazu auf **Fingerabdruck hinzufügen** ❷. Insgesamt können Sie fünf verschiedene Finger scannen.

5. Selbstverständlich können Sie Ihre Fingerscans auch wieder löschen. Wischen Sie hierzu einfach von rechts nach links über das Display, und löschen Sie Ihren Fingerabdruck wieder.

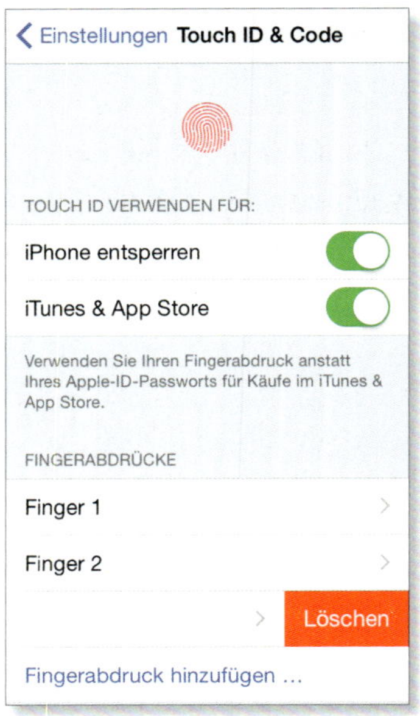

INFO

**Ist Touch ID wirklich sicher?**

Es ist Hackern bereits kurz nach der Veröffentlichung des iPhones 5s gelungen, den Fingerabdrucksensor auszutricksen. Dabei wurde das iPhone mit einer Kopie eines Fingerabdrucks entsperrt. Unter normalen Umständen ist dies nur schwierig umzusetzen, denn es wird ein vollständiger und gut erkennbarer Fingerabdruck benötigt, dessen Kopie unter Laborbedingungen erzeugt wird. Für den alltäglichen Gebrauch bietet Ihnen Touch ID daher ein gewisses Maß an Sicherheit. Sie sollten aber dennoch berücksichtigen, dass Sie Ihren Fingerabdruck täglich an vielerlei Orten hinterlassen. Touch ID kann daher ein gut gewähltes, komplexes Passwort oder eine zusätzliche Code-Sperre nicht ersetzen. Daher empfehle ich Ihnen, für den Fall eines Diebstahls außerdem den iCloud-Dienst **iPhone löschen** zu benutzen (lesen Sie dazu den Abschnitt »Das iPhone fernlöschen« ab Seite 229).

## Den Datenschutz einstellen

Sie können seit iOS 6 selbst weiterführende Datenschutzvorgaben auf Ihrem iPhone einrichten. Rufen Sie dazu unter **Einstellungen** den Menüpunkt **Datenschutz** (1) auf.

Hinter diesem Punkt verbirgt sich eine Liste von Anwendungen und Apps, für die Sie jeweils spezielle Datenschutzeinstellungen einrichten können – etwa Kontakte, Kalender oder Fotos. Wenn Sie auf eine dieser Apps tippen, z. B. auf Fotos (2), öffnet sich ein neues Menü, aus dem Sie ablesen können, welche Anwendungen auf Ihre Fotos zugreifen. Per Schieberegler können Sie diesen Zugriff jeweils erlauben oder ablehnen.

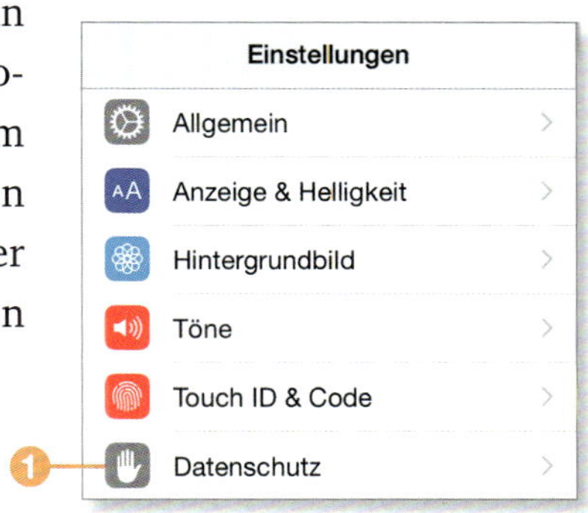

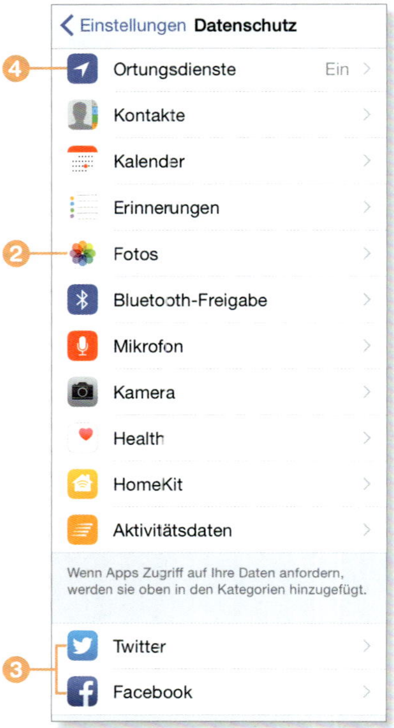


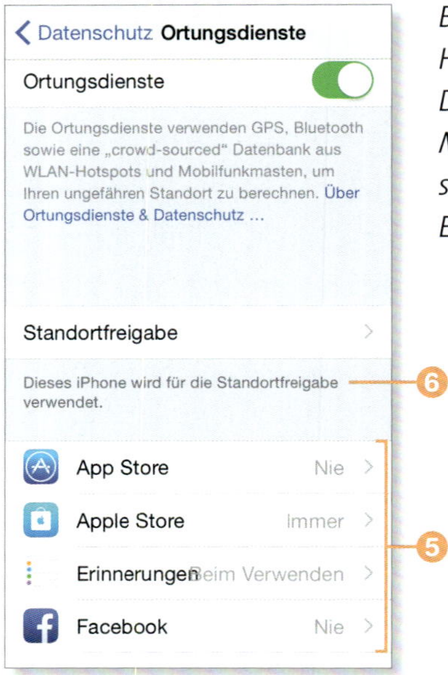


*Bleiben Sie Herr Ihrer Daten – im Menü »Datenschutz« in den Einstellungen.*

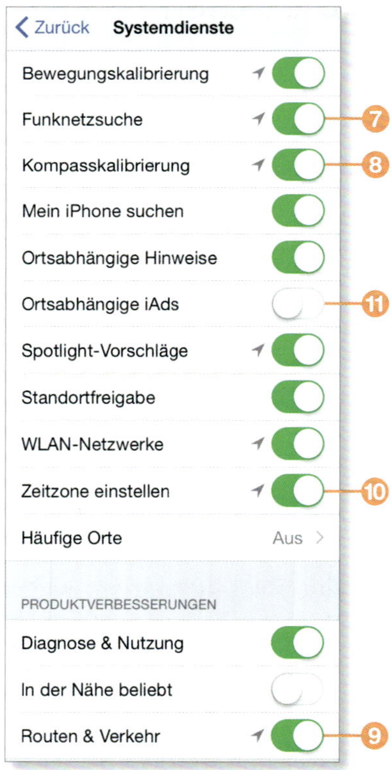


Außerdem können Sie in diesem Menü regeln, ob Sie auch Twitter und Facebook auf Ihrem iPhone nutzen möchten bzw. welche Apps auf diese Accounts zugreifen ❸. Da beide Anwendungen mittlerweile sehr tief im Betriebssystem verankert sind, werden Sie, wenn Sie den Zugriff hier beschränken, aus vielen Apps heraus nicht mehr auf Twitter und Facebook zugreifen (und z. B. Fotos teilen) können.

Auch die Möglichkeit, die Ortungsdienste zu aktivieren oder komplett abzuschalten ❹, finden Sie hier. Sie können über diese Funktion auch festlegen, welche App überhaupt auf die Ortungsdienste zugreifen darf ❺.

Hier sehen Sie auch, ob Ihr iPhone für eine Standortfreigabe ❻ vorgesehen ist.

Ganz am Ende der unter Umständen langen App-Liste im Menü **Datenschutz ▸ Ortungsdienste** sehen Sie noch den Punkt **Systemdienste**. Dahinter verbirgt sich eine Reihe wichtiger Standarddienste, die Sie aber auch alle gemeinsam oder einzeln abschalten können. Das führt dann allerdings in manchen Fällen zu Einbußen in der flüssigen Nutzung. Zum Beispiel kann ohne diese Daten bei der **Funknetzsuche** ❼, der **Kompasskalibrierung** ❽, bei den Verkehrsinformationen ❾ oder beim Einstellen der Zeitzone ❿ keine sinnvolle Bedienung gewährleistet werden. Wenn Sie aber keinen Wert auf die Anzeige ortsabhängiger Werbung (*iAds*, ⓫) legen, können Sie diese Funktion hier getrost ausschalten.

## Die Sicherheitslücke Siri ausschalten

Siri, der intelligente Sprachassistent, den es bereits seit dem iPhone 4s gibt, funktioniert in der Standardeinstellung immer. Das bedeutet, dass Ihr iPhone auch dann bedienbar ist, wenn eine Touch ID bzw. Code-Sperre für den Standby-Betrieb eingerichtet wurde. Um dies zu verhindern, müssen Sie den Zugriff auf Siri im Sperrzustand deaktivieren. Ich empfehle Ihnen dringend, das zu tun, denn auch wenn Siri in seinen Möglichkeiten begrenzt ist, lässt sich über diese Sicherheitslücke großer Schaden anrichten. Um zu verhindern, dass Fremde trotz einer Touch-ID- bzw. Code-Sperre Ihr iPhone bedienen können, indem sie Siri benutzen, öffnen Sie das Menü **Einstellungen** und wählen den Menüpunkt **Touch ID & Code** (❶ auf Seite 378) aus.

Deaktivieren Sie den Zugriff auf Siri, indem Sie den Regler nach links schieben ❷. Ab jetzt ist Ihr iPhone auch nicht mehr mit Siri zu steuern, wenn die Code-Sperre aktiviert ist. Auf die gleiche Weise können Sie auch die Funktionen **Passbook** und **Mit Nachricht antworten** ausschalten, denn beide Dienste sind ebenfalls vom Sperrbildschirm aus erreichbar.

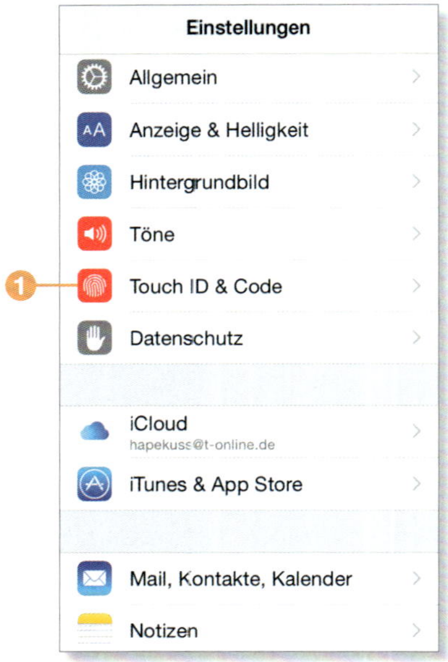


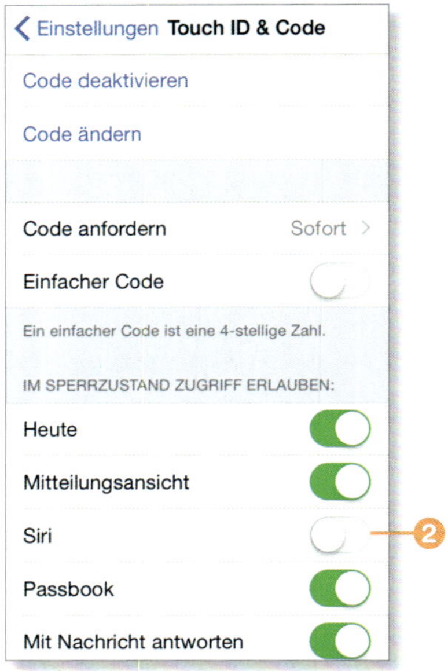


Wenn Sie Siri gar nicht verwenden möchten, schalten Sie diesen Dienst unter **Einstellungen ▸ Siri** einfach aus. Weitere Informationen zu Siri finden Sie im Abschnitt »Den intelligenten Assistenten Siri nutzen« ab Seite 32.

## Die automatische Sperre einstellen

Sie können einstellen, ab wann Ihr iPhone in den Standby-Betrieb geschaltet und der Sperrbildschirm eingeblendet wird. Das funktioniert dann ähnlich wie die Tastensperre bei älteren Handys: Das Gerät kann nicht mehr aus Versehen bedient werden, und der Akku wird geschont.

1. Zum Einstellen der automatischen Sperre öffnen Sie das Menü **Einstellungen ▸ Allgemein**.
2. Tippen Sie auf den Menüpunkt **Automatische Sperre** 3.
3. Stellen Sie nun ein, nach welcher Zeit die automatische Sperre aktiviert werden soll. Dabei können Sie Zeitintervalle zwischen 1 und 5 Minuten wählen 4. Mit **Nie** deaktivieren Sie die automatische Sperre.

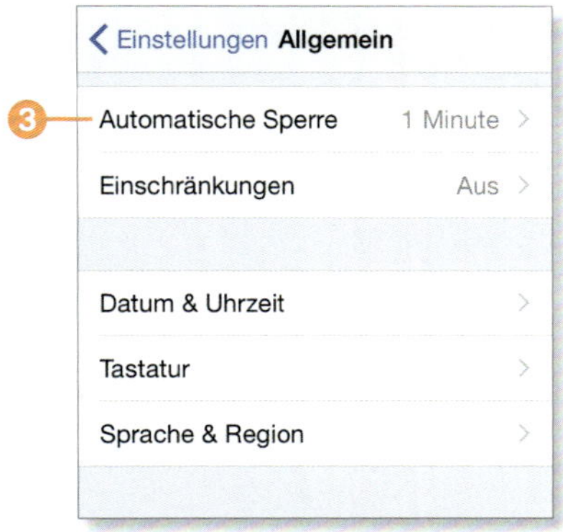


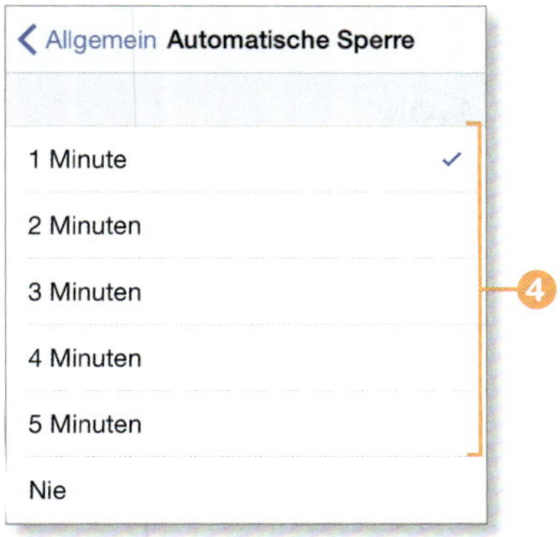


Wählen Sie die Einstellungen, die Sie für sinnvoll halten. Manchmal, z.B. wenn Sie mit einer gekauften Navigationssoftware arbeiten, ist es nützlich, die Option **Nie** einzustellen, denn so bleibt das Display immer aktiv, während Sie fahren, und wird nicht vom Sperrbildschirm überdeckt.

## Zugriff auf Programme und Inhalte beschränken

Um den Umgang mit dem iPhone noch sicherer zu machen, können Sie bestimmen, welche Programme genutzt werden können und welche nicht. Sperren Sie den Zugang zu einzelnen Programmen und Diensten, sodass nur noch Sie selbst die Möglichkeit haben, darauf zuzugreifen, indem Sie den Code eingeben und die jeweilige Funktion wieder freischalten. Das ist z.B. hilfreich, wenn auch Ihre Kinder das iPhone nutzen.

Öffnen Sie im Menü **Einstellungen ▸ Allgemein** den Menüpunkt **Einschränkungen** (1 auf Seite 380), und tippen Sie auf **Einschränkungen aktivieren** 2. Dann geben Sie einen beliebigen vierstelligen Code ein. Bestätigen Sie ihn einmal. Dieser Code muss von nun an eingegeben werden, bevor Sie etwas an den Einschränkungseinstellungen ändern können. Die Liste der möglichen Beschränkungen ist sehr lang und erfordert einige Erklärungen.

Geben Sie im ersten Bereich **Erlauben** 3 die Apps frei, deren Nutzung Sie erlauben möchten. Interessant ist dabei, dass Sie sowohl Siri hier deaktivieren können als auch einige Funktionen, die in Apps integriert sind, z.B. Air-

Drop. Auch das Installieren und Löschen von Apps sowie die In-App-Käufe reglementieren Sie hier.

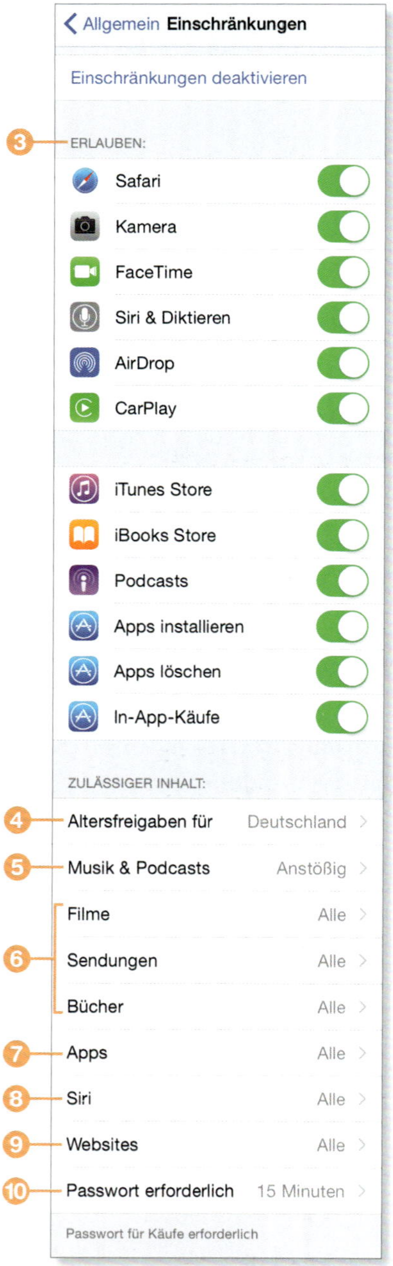


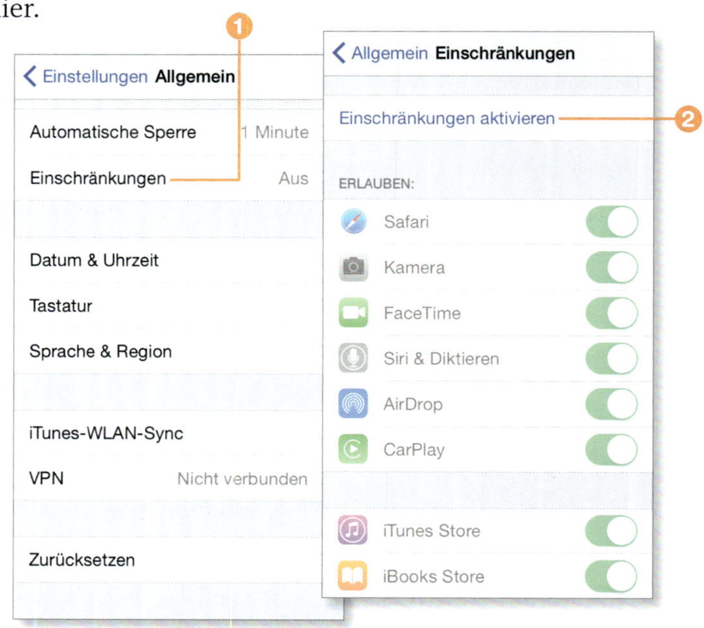


Häufig verfügen Spiele-, Zeitschriften- oder Navigations-Apps über die Möglichkeit, Inhalte via In-App-Kauf nachzuladen. Diese Möglichkeit können Sie eliminieren, damit Ihnen keine unkalkulierbaren Kosten entstehen.

Im Bereich **Zulässiger Inhalt** können Sie den Zugriff einschränken, was z. B. zum Zweck der Kindersicherung und des Jugendschutzes praktisch ist.

4 Für welches Land möchten Sie z. B. die Altersfreigaben einstellen? In der Regel ist hier **Deutschland** bereits vorausgewählt.

5 Bestimmen Sie, ob Sie die Wiedergabe von anstößiger Musik und Podcasts zulassen möchten.

6 Legen Sie die Altersfreigabe für Filme, Sendungen und Bücher fest. Soll z. B. ein Kind Zugang zu Ihrem iPhone haben, können Sie den Zugriff entsprechend beschränken.

7 Auch für Apps gibt es Altersbeschränkungen, die Sie hier festlegen können.

8 Sie können z. B. bestimmen, ob der Sprachassistent Siri anstößige Sprache unterstützen und nach Webseiten suchen können soll.

9 Bei **Websites** legen Sie fest, welche Webseiten von Ihrem iPhone aus aufgerufen werden können. So können Sie z. B. nicht jugendfreie Inhalte einschränken oder nur das Aufrufen bestimmter Webseiten erlauben.

10 Darüber hinaus können Sie festlegen, ab wann ein Passwort erforderlich ist, sollten Sie einmal im iTunes Store oder im App Store einkaufen wollen. Standardmäßig ist es so eingestellt, dass Sie beim ersten Mal das Passwort eingeben müssen, und wenn dann innerhalb der nächsten 15 Minuten weitere Einkäufe getätigt werden, muss keine neue Kennworteingabe erfolgen. Das können Sie ändern, indem Sie hier **Sofort** wählen.

In der nächsten Kategorie **Datenschutz** können Sie Ihre Datenschutzvorgaben anpassen. Sie besteht aus den folgenden Bereichen:

11 Sie können Ortungsdienste gezielt für jede App freigeben oder sperren und darüber hinaus festlegen, ob Sie Änderungen an diesen Einstellungen zulassen möchten oder nicht.

12 Sperren Sie den Zugriff verschiedener Apps auf Ihre Kontakte.

13 Legen Sie den Zugriff verschiedener Apps auf Ihren Kalender fest, sodass diese Apps bei Bedarf z. B. Kalendereinträge erzeugen können.

14 Hier können Sie lediglich festlegen, dass an bestehenden Erinnerungen keine Änderungen vorgenommen werden und neue Apps nicht auf von Ihnen angelegte Erinnerungen zugreifen können.

15 Legen Sie fest, welche Apps auf Ihre auf dem iPhone gespeicherten Fotos zugreifen dürfen.

16 Beschränken Sie hier die Standortfreigabe.

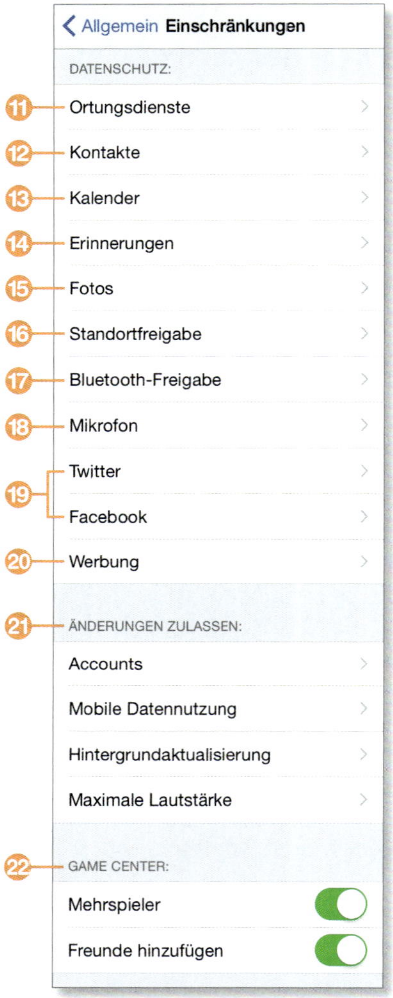


17 Über den Punkt **Bluetooth-Freigabe** verhindern Sie, dass irgendwelche Apps, die dafür nicht vorgesehen sind, Daten über Bluetooth versenden. Falls Sie Apps verwenden, die Bluetooth zur Datenübertragung nutzen, werden sie hier angezeigt, und Sie können entscheiden, wie Sie vorgehen.

18 Sperren Sie den Zugriff verschiedener Apps, z. B. YouTube, Facebook u. a., auf das eingebaute Mikrofon.

19 Legen Sie fest, ob Sie die Twitter-Nutzung auf dem Gerät erlauben oder nicht bzw. welche Apps auf Ihren Facebook-Account zugreifen dürfen und welche nicht.

20 Beim Punkt **Werbung** können Sie das sogenannte *Ad-Tracking* abschalten, wodurch verhindert wird, dass Werbetreibende Ihr Nutzungsverhalten verfolgen, um ihre Werbung zu optimieren.

In der Rubrik **Änderungen zulassen** 21 bestimmen Sie schließlich, ob Änderungen an Einstellungen der folgenden Bereiche erlaubt sind: **Accounts**, **Mobile Datennutzung**, **Hintergrundaktualisierung** und **Maximale Lautstärke**.

Zu guter Letzt können Sie im Bereich **Game Center** 22 noch Einstellungen für das Game Center vornehmen. Sie können die Mehrspielerfähigkeit beschränken und auch die Möglichkeit, Freunde hinzuzufügen.

Alles in allem haben Sie also eine ganze Reihe von Möglichkeiten, Ihr iPhone sicher zu machen und vor fremdem Zugriff zu schützen. Sollte es aber doch einmal in fremde Hände geraten, sperren Sie es via Fernsperre oder löschen die darauf enthaltenen Daten per Fernlöschen. Beide Themen behandle ich in Kapitel 9, »Synchronisieren mit iCloud«.

## Backups verschlüsseln

Wenn Sie Ihr Backup mit iTunes erstellen – egal, ob über ein WLAN oder kabelgebunden –, können Sie es in jedem Fall verschlüsseln.

1. Um Backups zu verschlüsseln, öffnen Sie iTunes und klicken oben rechts auf die Schaltfläche **iPhone**, um in die Synchronisationseinstellungen zu gelangen.
2. Setzen Sie in der Rubrik **Übersicht** unter **Backups** ein Häkchen bei **iPhone-Backup verschlüsseln** 1.

3. Daraufhin öffnet sich ein Dialogfenster, in dem Sie ein Passwort für Ihr Backup eingeben und es zur Sicherheit noch einmal wiederholen müssen 2.
4. Darüber hinaus können Sie noch entscheiden, ob Sie das Passwort in Ihrem Schlüsselbund speichern möchten 3 (nur Mac).
5. Klicken Sie dann zur Bestätigung auf **Passwort festlegen** 4.

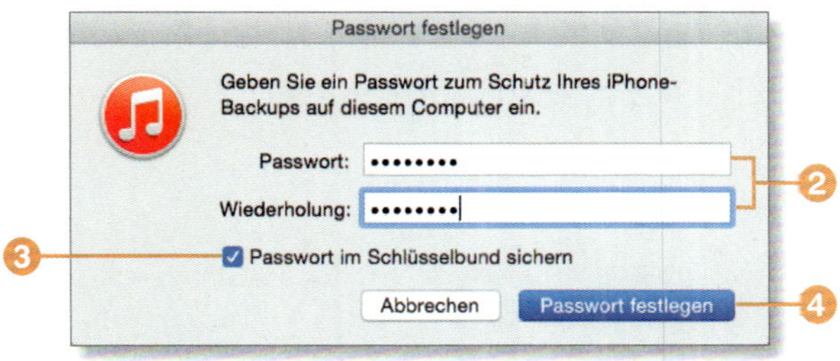

Fortan wird jedes Backup, das von Ihrem iPhone erstellt wird, verschlüsselt. Selbstverständlich können Sie bei Bedarf den Kennwortschutz auch wieder aufheben.

INFO

**Was ist ein Backup?**

Bei einem Backup handelt es sich um eine Sicherung Ihrer Daten, um einem Verlust vorzubeugen. Folgende Daten können Sie in ein Backup integrieren: alles, was Sie im iTunes Store, im App Store oder im iBookstore gekauft haben, Fotos und Videos des Albums **Aufnahmen**, alle Einstellungen Ihres iPhones 6/6 Plus, App-Daten, das Aussehen des Home- und jedes weiteren Bildschirms, Ihre Nachrichten und Ihre Klingeltöne. Sollten Sie Ihr iPhone einmal verlieren, können Sie alle diese Daten später auf einem neuen Gerät aus dem Backup wiederherstellen.

# Stichwortverzeichnis

## B



## C



## D

## G



## H



## I

## J



## K

## L

## P



## Q



## R



## S

## U



## V